核心素养导向下的小学作业设计与实施

刘芳 编著

广西教育出版社 ·南宁·

图书在版编目（CIP）数据

核心素养导向下的小学作业设计与实施 / 刘芳编著. -- 南宁 : 广西教育出版社, 2023.11
ISBN 978-7-5435-9376-3

Ⅰ. ①核… Ⅱ. ①刘… Ⅲ. ①学生作业-教学设计-小学 Ⅳ. ①G622.46

中国国家版本馆 CIP 数据核字(2023)第 215890 号

责任编辑：苏方芳
责任校对：陆嫣澄　何　云　唐　雯
装帧设计：李浩丽
责任技编：蒋　媛

出 版 人：石立民
出版发行：广西教育出版社
地　　址：广西南宁市鲤湾路 8 号　　邮政编码：530022
电　　话：0771-5865797
本社网址：http://www.gxeph.com
电子信箱：gxeph@vip.163.com
印　　刷：天津奥丰特印刷有限公司
开　　本：787mm×1092mm　1/16
印　　张：24
字　　数：408 千字
版　　次：2023 年 11 月第 1 版
印　　次：2023 年 11 月第 1 次印刷
书　　号：ISBN 978-7-5435-9376-3
定　　价：68.00 元

编委会

编著：刘　芳

编委：李艳征　朱　立　梅启华　胡　鑫　苗若楠　傅逻莎

高春艳　谢林娜　于　淼　柯梦青　田　旭　孙恩渠

邓亚庆　杨　昊　张郁馨　纪　红　田　洁　李　露

戴春蕾　刘宁欣　黄　珊

目录

序言

2021年7月，中共中央办公厅、国务院办公厅印发《关于进一步减轻义务教育阶段学生作业负担和校外培训负担的意见》，要求加强作业完成指导，教师要指导小学生在校内基本完成书面作业……教师要认真批改作业，及时做好反馈，加强面批讲解，认真分析学情，做好答疑辅导，不得要求学生自批自改作业。2021年8月，中共北京市委办公厅、北京市人民政府办公厅印发《北京市关于进一步减轻义务教育阶段学生作业负担和校外培训负担的措施》，指出学校要充分利用课后服务时间，指导学生完成作业，教师要指导小学生在校内基本完成书面作业。

为贯彻落实上述政策要求，中国农业科学院附属小学通过"统筹各学科，严格控制作业总量""出台作业管理办法'4+4'管理机制""加强作业设计有效性，完善作业布置""提高课堂教学实效，做到精讲精练""落实听评课制度""认真对待作业批改，及时反馈""组成学习小组，开展互帮互学""建立激励机制，确保作业保质保量"等八个措施，让每一名学生在校内基本都能完成书面作业。学校还通过为学有余力的学生开设金穗智慧课堂，为学习困难的学生开设金穗助跑课堂，提前向学生公布答疑的科目、时间、地点和任课教师，安排优秀骨干教师、党员教师进行答疑、辅导等四项措施，面向不同学生开展跨班级的课业辅导活动。为了更好地促进家校协同，营造促进学生成长的和谐环境，学校召开了座谈会以及全校的线上家长会，并且建立了校长热线、家校互动工作制度；针对家校沟通中反映和关注的问题，实现了意见收集、提交反馈等环节的闭环管理。学校还建立了学习培训机制，班主任在假期中开展一对一家访，详细了解、记录家长的困惑和需求，并根据家长需求确定主题，进行家长课堂培训。此外，学校建立了互动机制，金穗教育平台可以让家长及时了解学校的重大活动、重要工作。学校还设计了学习进步喜报、亲子沟通记事本、小作业大成就成长卡以及成长温馨沟通卡。

可以看出，在“双减”和新课改的大背景下，我们的作业设计内容、时间、难度等都发生了巨大的变化，在作业布置减负和优化上取得了一定的成效，但仍存在一些问题。从针对一至六年级部分学生的调研结果看，教师还没有完全转变作业设计观念，仍然存在重视结果、轻视过程，重视知识、轻视能力的现象。作业设计仍存在目标不明确、作业量无法把握、作业内容缺乏层次性和趣味性、作业布置缺乏实践性等问题。例如数学作业在内容上仍然是以教辅教材为主，在作业设计形式上多为书面作业，实践性和操作性作业很少。语文作业设计形式还是以抄写、阅读、背诵、默写教辅资料为主，很少布置实践类、体验类作业；在作业评价上仍然以全批全改、等级评价为主，缺乏针对学生个性的鼓励性评价。这些问题都需要我们在实践中解决。

2022年教育部印发的《义务教育课程方案和课程标准（2022年版）》（以下简称“新课标”）给小学教学带来了理念、目标和体系上的变革。新课标是对以往课标的继承与超越，其中既包括教学本质规律和基本性质的“不变”，也包括课程目标和内容等的“变”。根据新的课程标准对作业设计进行改革，我们的思路是：在课程目标、课程内容、课程实施和课程评价四个方面的新变化基础上，对作业设计进行改革。

首先，在作业内容和形式上，要以核心素养为导向进行作业设计，即做到以下几点。

①多样化。多样化指作业内容及形式的多样化。例如语文教师要善于挖掘生活中的有利资源，在设计作业时，添加操作、表演、观察和搜集等方面的内容，提高学生的动手实践能力和观察能力，还可以设计表演性、实践性、游戏性作业，让学生在积极的情绪中完成作业。

②趣味化。趣味化是指教师在设计作业时，应当充分考虑学生的兴趣，以

此调动学生的积极性。教师设计的作业应当新颖别致，生动有趣，能吸引学生，还要能充分体现不同阶段的学科特征。

③层次化、均衡化。作业设计要想科学高效，就要实现层次化和均衡化。一般可以分为基础型作业、发展型作业和拓展型作业三个层次，分别对应知识的巩固、提升和综合，还要做到三种类型作业的科学整合和比例适配。高年级学生还可以自选作业，自己控制作业的难度和数量。

④综合化、生活化。作业设计向课堂外、校外延伸，与其他学科和学生的实际生活结合起来，把各种知识和技能综合起来，激发学生智力发展和个性发展。综合化作业设计应契合学生的兴趣点，找对主题，激发学生写作业的积极性；应与文本紧密关联，才能有效拓展思路；应注重学生的体验，加深学生从作业中获取的对课文的理解和认知。

⑤实践化。增强新课标所倡导的发展性、情境性、实践性，实现作业内容设计的具体化、序列化、活动化。

其次，在作业评价上注重评价的多元性。

①差异性评价就是针对不同内容和层次的作业，针对不同发展阶段、个性特点的学生使用不同的评价方式、评价语言、评价主体等。比如对完成拓展型作业的学生宜采取激励性和趣味性的评价语言，用多种方式（网络平台、成果漂流等）展示学生的作业成果，激发学生的学习兴趣。

②多元性评价即在进行作业评价时要做到评价方式多元、评价主体多元、评价过程动态。评价方式多元可以综合运用分层评价、调查评价、多元智能评价等多种评价方式；评价主体多元则要改变传统教师评价“一言堂”的模式，通过自我评价、同辈评价等，促进学生、师生间的交流。

最后，作业实施以核心素养为导向。

①作业批改方式。作业批改除了最常见的教师专业批改和学生自主批改，还加入了作业展评。作业展评体现了“作业、评价与展示”一体化的设计理念和执行策略，以展促学，以评促优。这种能将外在任务驱动转化为内在目的驱动的作业批改方式，既直观可见，又公平公开，能够对学生起到很好的辅助和督促作用。该方式还采用多样的符号批改，努力改善批改环境，让学生和家长等成员能够参与进来，在各个成员的理解、支持和参与下形成教育合力。多样化的批改符号和多元化的批改主体，能够采用最恰当而又最具温情的批语促进

学生的发展。教师在批改作业时可尝试用“赠送小图画”的方式评价低年级学生的作业。这种更多关注学生“非智力因素”的批改方式，更加符合学生心理发展的特点，对教师教学目标的达成也至关重要。

②作业分析途径。作业分析目前更多的还是关注信息化时代下的智能化作业所具有的数字化和可视化分析。通过数据分析，可以为教师教学提供最直接的和可靠的证据支持。教师可利用作业数据分析学生的学习效果、学习态度和学习习惯。这种直观化的电子数据呈现，让分析学情变得更加便捷和准确，能使教师对学生采取最恰当的措施，从而促进学生发展。

③作业讲评。作业讲评主要是从讲评主体、讲评方式和讲评要求三个方面入手。首先教师、学生和家长是作业讲评的主体。其次是讲评方式，适切的反馈和评价才能让教师及时与学生沟通，发现学习中的问题并督促学生及时解决。与此同时，教师也能发现学生学习上的变化，更好地调整自己的教学方法和教学目标，在不断地反馈和评价之中，推动学生核心素养的培育。例如“汇报＋展览”情境式评价、“集约＋粗放”递进式评价和“过程＋终结”素养式评价。最后是讲评要求，要树立从重“量”到重“质”的作业评价观，要尊重学生的自主体验，关注能力形成的评价过程，要构建整体推进、彰显育人功能的作业评价机制。

④作业辅导方式。作业辅导可以借助数字化和智能化进行可视化作业辅导，提升学生学业水平。比如说“电子书包”的运用，能够让教师在一种可视化的讲解过程中不断地强化学生正确的解题思路。无论是针对少数学困生的纠错微视频，还是面向全班同学的正强化微视频，其目的都是强化正确的解题思路和流程。还有借助数字化平台实现精准化的作业辅导，以“电子作业单”的方式，通过大数据的统计分析，帮助教师或者家长对学生的作业进行辅导。在课后服务的时间，学生可以阅读、自习与做作业，教师担起监督和管理的职责。同时，面向需要作业辅导的学生提供免费帮助和指导。

综上所述，新课标背景下的作业设计与实施以学生发展为中心，需要我们转变传统的作业观念，从服务于教师“教”的作业转向聚焦于“育人为本”的作业，从作业“布置”转向作业“设计”。作业观的转变实质上就是规训性作业向创造性作业的转变，这个过程的实质是由学生作为生命个体完成生命体验的确证，我们还有更多可探讨和研究的视域和空间。

第一章

新课标对作业内涵与价值的重构

课程改革是一项综合性的系统工程，需要从课程方案、课程标准、教材、教学、作业、评价等多个方面进行考虑和设计。作业，是课程改革中不可忽视的关键领域。作业对学生学业质量、学业诊断、教师教学、家校关系、学生素养发展等方面都有至关重要的作用，并且占据了学生的大量课余时间。因此，学校教师如何设计与实施体现核心素养导向的作业，不仅是义务教育课程标准颁布后的难点所在，也是落实“双减”政策的关键所在。

2022 年新修订的义务教育课程标准反映了世界教育改革的前沿趋势，强调核心素养导向和实践育人，强调学生在真实情境中解决问题的能力，鼓励学生在行动中学习，从实际生活中成长并获得经验。长期以来，人们习惯将作业作为巩固课堂教学知识与技能的手段。实际上，作业是培养学生相关核心素养的重要手段。作业设计和实施的质量，不仅是提升教育质量的重要维度和衡量课程改革成效的关键尺度，更是影响学生发展的核心因素。

本章从历史、现实与未来的视角，围绕作业设计与实施的历史发展脉络来探寻作业观的变迁，准确地把握和了解作业设计现状中存在的问题，分析研究新课标对作业内涵与价值的重构，提出科学的作业理论来指导作业的设计与实施。

第一节 作业的内涵与价值

探寻作业的内涵，需要从作业的起源、东西方作业的历史发展脉络出发，了解作业观的发展变迁，才能更好地厘清作业的功能，进而分析作业设计与实施在现实中存在的问题。

一、作业的起源

作业是教育领域里的一个重要概念，也是学生、教师和社会绕不开的一个话题。弄清楚作业的起源不仅能够加深教育工作者对作业的认识，而且能够帮助教师在“双减”背景下更好地看待和处理作业，从而认识到作业的丰富内涵与价值，更好地解决作业难题。

（一）“作业”内涵在中国的演变

在古代，“作业”一词的含义十分丰富。在《管子・轻重丁》中，就有“行令半岁，万民闻之，舍其作业”的说法，在此处“作业”即为人所从事的工作、经营的业务；汉代《东观汉记・魏霸》中记载“为将作大匠，吏皆怀恩，人自竭节作业”，此处的“作业”是从事生产工作的意思。在古代，“作业”的内涵通常与我们今天在教育领域所谈的有所不同。那么古代有没有和我们今天教育领域所说的“作业”类似的称谓呢?《礼记・学记》记载：“时教必有正业，退息必有居学。”“正业”是对教授内容的要求，也就是说教学要有正式的课业内容，而休息的时候则一定有“居学”，此处的“居学”即为课后练习或者居家作业。从词语含义来讲，古代的“作业”和今天的“作业”在内涵上有着本质的区别，古代的“作业”主要与劳动生产有关，时至今日这个含义也依然得到了保留和继承，比如我们今天依然有“工人作业”“农民作业”的说法，但古代也有与今天教育领域中“作业”含义相对应的称谓，也就是说我们很早就有了作业这种形式。

从《礼记》的记载中可以发现，我国古代很早就强调了作业的教育价值。

此后，学者们逐步意识到知识的重要性，王夫之提出了“教必著行”的观点，陶行知提出了“知行合一”之说。随着时代的不断进步和发展，“作业”仅仅包含纯粹的脑力劳动已经不再能满足教育的需要，“劳动作业”“实践作业”的价值也得到了凸显。

（二）西方文化背景下“作业”的演变

在西方，作业一词最早源于德语“Arbeit”，指的是古代奴隶、奴仆的体力劳动。到了十八世纪，德国著名哲学家康德首次将“作业”一词扩展到脑力劳动，进而形成了如今教育学领域的“作业”的概念。不过源于生产劳动的“作业”一词，在被引入到教育领域的时候则忽略了作业中的“劳动”属性，作业慢慢在历史的发展中成了脑力劳动的代名词。

其实，东西方作业的发展变化规律大体上是相同的，都是从生产活动和体力劳动中派生出来。随着社会的不断发展，教育在社会中发挥越来越重要的作用，作业逐步从以体力劳动为主变成以脑力劳动为主，随着社会的进一步发展，教育领域的学者也开始破除对劳动作业的轻视，法国教育学家卢梭在他的著作《爱弥儿》中特别强调让儿童学习手工业、农业劳动，肯定劳动作业的教育价值。

（三）东西方作业的本源探究

通过以上内容，我们可以基本弄清楚“作业”这个词究竟是怎么来的，它并非如“咖啡”“鸦片”“沙发”等词是舶来品，而是随着中国近代教育的发展，加上西方教育制度和思想的影响，被赋予了教育意义，并逐渐成为家庭作业、课堂作业的代名词。

可是，作业与教育产生联系并不意味着我们从近代才开始有作业，实际上在古代我们就有在本质上与作业无异的丰富形式，并且可以发现此类作业的演变规律，这其实就是作业的本源。从汉代《礼记》中记载的关于作业的内容可以发现，中国最早的作业范围广泛，内容上既有巩固知识的脑力劳动，也有服务于生活技能的课后练习。秦汉时期为了人才培养的需要，作业的主要内容是文字的识记和文章的读写，老师会布置文字抄写的作业。到了隋唐时期，随着科举制度的产生、发展和完善，读书成为做官的主要途径，这一时期的作业主要是包含抄写、背诵和写作在内的书面作业，作业已经脱离现实生活，成为一种完全为科举服务的应试工具。1904 年随着《奏定学堂章程》的颁布，作业的规范化得到了进一步的发展，对作业设置也有了明确的要求。而随着学制变化而发生改变的还有学生假期的变化，民国时期出现了明确的寒假、春假和暑假的安排，相应的假期作业也应运而生，作业的内容和形式也有了新的发展。

新中国成立后，由于特殊的国情，教育的主要任务是扫除文盲，因此作业也带有那个时代的鲜明特征：作业量少，形式单一，以识字和写字为主要内容，作业的难度也比较低。到 1977 年恢复高考之后，作业更多地变成以应对高考为主的脑力劳动，学生的作业量增加，课业负担也不断加重。从恢复高考至今，国家相继出台了多项政策，旨在减轻学生的课业负担。作业的教育价值已经深入人心，且劳动作业、实践作业在教育中的价值也得到了广泛的接受和认可。

总之，无论是在东方还是西方，作业本质上源于人们的生产和劳动。作业帮助人类解决了不少困难和问题。在历史发展过程中，作业逐渐变成了以脑力劳动为主的活动，它的劳动性和实践性被不断弱化。如今，随着社会的进一步发展，作业的劳动性和实践性又被我们重视起来，作业的劳动价值和实践价值开始受到关注。

二、作业曾解决的问题

作业并非目的，而是实现教学目标的重要手段，作业应用方式不同，产生的效果也有所差异。有效的作业及科学的作业设计无疑会产生积极的效果，主要有以下几个方面的体现。

（一）提升即时成绩，落实知识与技能目标

学生利用所学知识完成作业，是信息再加工的过程，起到巩固知识、拓展思维的作用。作业分为不同类型，书面作业即练习型作业，目的是巩固课堂上学生所学习的知识；开放型作业即拓展型作业，是对知识的延伸，有利于促进学生高阶思维的发展，对于学生即时成绩产生正向影响。

（二）关注过程与方法，促进情感态度与价值观发展

作业这种形式有利于端正学生的学习态度，鼓励他们养成良好的学习习惯。课后作业应有明确的目的性、适宜的难度，使学生了解课程主旨，能帮助学生在教学活动中树立自信，最终形成高效的作业模式。学生不仅能取得更好的学习效果，而且能够获得能力及情感价值观的发展。肖丽娟认为，教师可以根据学生的个体差异设计分层作业，使每个学生都可以在完成作业的过程中加强自

我效能感，获得快乐，以此促进学生综合能力的全面发展。[①]

（三）加强家校合作，发挥协同育人作用

作业的积极影响还表现为方便家长和教师参与督促学生学习。豆亚丽通过调查问卷结果分析了当前教师、学生、家庭、学校层面在作业中存在的问题，并提出针对性建议，她认为作业可以提高家庭在教育中的参与度，增强家校联系意识，从而共同为学生综合能力的全面发展保驾护航。[②]

（四）激发内在学习动机，提高自主学习能力

作业是激发学生内在学习动机的有效途径，让学生有主动参与的意识和积极性。李尚选择中小学生作为研究对象，研究学生动机与家庭作业的关系，得出相关结论：学生在家庭作业中的自主性能在一定程度上反映其学业成就，而学习动机则影响着学生在家庭作业中的自主性。[③] 教师和家长要对学生进行正向引导，帮助学生树立自主学习意识，并与学生共同制订符合学生实际情况和需求的学习计划，而学生在明确的学习目标的导引下，能够在完成作业的过程中有效发挥主观能动性。

三、作业的现状

2021 年 4 月，教育部办公厅发布《关于加强义务教育学校作业管理的通知》。2021 年 7 月，中共中央办公厅、国务院办公厅又印发了《关于进一步减轻义务教育阶段学生作业负担和校外培训负担的意见》。不得不说，随着“双减”政策的深入实施，作业再次成为社会关注的焦点，也成为目前基础教育改革的热点。

“双减”政策实施以来，学生的作业负担有所减轻。王晓红对辽宁省朝阳市 186 所小学的作业实施情况进行调研，结果显示，“双减”政策实施效果明显，学校的教育教学质量得到进一步提高，作业布置更加科学合理，作业负担明显减轻。[④] 但不可否认的是，作为“双减”的切口，作业仍存在“痼疾”。

---

① 肖丽娟 . 减负提质背景下英语课外作业优化设计的思考 [J]. 小学教学研究，2023（9）：37-38.

② 豆亚丽 . 家校合力，发挥作业的育人功能：以小学五年级语文作业为例 [J]. 试题与研究，2023（3）：120-122.

③ 李尚 . 小学生学习动机与家庭作业努力关系研究：基于潜在剖面分析 [D]. 锦州：渤海大学，2020.

④ 王晓红 . “双减”政策下小学生作业现状调查及对策研究：基于对朝阳市 186 所小学的调查 [J]. 辽宁教育，2022（20）：65-68.

根据贾伟等人 2023 年对某市 5 所中小学 36 名学生家长的访谈及某市 9 区 1612 名学生家长的问卷调查结果来看，受到长期形成的思行惯习、对子女未来发展的投资、为实现阶层跨越的加码学习，以及升学考试激烈的选拔竞争等因素影响，家长在孩子学业中整体呈现出“自愿”奉献状态，但也存在着明显的“作业焦虑”现象，家长紧迫的外在压力焦虑感和强烈的内在付出归属感并存。① 上述困境迫使我们反思目前作业存在的问题。

（一）核心素养落实力度不够

“核心素养”围绕立德树人的根本任务，明确学生应具备的必备品格和关键能力，深入回答“立什么德、树什么人”的根本问题，引领课程改革和育人模式变革。2022 年，教育部颁布新修订的《义务教育课程方案和课程标准（2022 年版）》，各门课程基于培养目标，将党的教育方针具体细化为学生核心素养发展要求。而现有的作业研究很少将新课标核心素养的要求落实到作业实践中。比如，卢雪等人指出，作为语文教学体系中的重要环节，小学语文作业设计应从培养学生核心素养的视角出发，满足“双减”政策背景下作业减量、提质和增效的要求。现有的小学语文作业设计研究主要集中于作业设计实施策略、作业设计框架和作业设计类型等，如强调在“双减”政策背景下小学语文作业设计应实施精简化策略、层次化策略、多元化策略和理性化策略，将减轻学生的作业负担落到实处；以语文新课标中的“学业质量”标准为导向，为不同学段和不同能力的学生搭建高质量作业设计框架；将语文核心素养与作业设计结合起来，为小学高年级段学生设计课外作业、跨学科交叉作业、大单元概念作业和基础性作业等不同作业。现有研究较少从认知理念上强调语文作业设计的重要价值，也很难将语文新课标核心素养的要求落实到作业设计的实践当中。②

落实核心素养既是新课程改革的挑战性课题，也是作业的挑战性课题。如何从知识本位转向素养本位，充分发挥作业对学生核心素养发展的积极促进功能，是值得每个教师思考的问题。

---

① 贾伟，屈宸羽，蔡其勇．“双减”背景下家长作业焦虑问题还存在吗：基于扎根理论对 C 市 9 区 1648 名家长的实证研究 [J]. 中国电化教育，2023（5）：95-104.

② 卢雪，谢继红．“双减”政策背景下小学语文作业设计的价值取向与实施路径：核心素养培养的视角 [J]. 成都师范学院学报，2023，39（4）：52-57.

（二）作业设计理念陈旧

“双减”政策要求教师根据学生的差异设计多样化的作业，从心理上减轻学生的作业负担，促进学生健康发展。然而，“双减”政策实施后，部分教师在设计作业时仍然以教师和教材为中心，根据自身教学经验布置作业或者将课后习题直接作为作业内容，“以学生为中心”的作业设计理念难以落实。究其原因，是“分数至上”的观念仍未转变。受教育考试制度以及我国传统教育思想的影响，多数教师、家长总是过度关注学生的学习成绩。教师、家长为了避免学生被考试淘汰，仍然将应试作业作为取胜的法宝，“校内减负、校外增负”的现象仍然存在。

优化作业设计理念势在必行。王永颜等人指出，科学的作业设计理念能够指导教师不断提高作业设计能力。“双减”政策下，教师要明确学生是完成作业的主体，始终以学生为中心设计作业，逐步改变以教师和教材为中心的作业设计理念。一方面，定期组织作业设计研讨会是提高教师作业设计能力的有效途径。另一方面，定期组织作业设计比赛是提高教师作业设计能力的利剑。这样既符合“双减”政策为学生设计多样性作业的要求，发展了学生的核心素养，又保证了学生完成书面作业的时间。①

（三）作业设计质量有待提升

除了核心素养落实力度不够、作业设计理念陈旧，当下的小学作业设计在目标、内容、层次、评价等方面也存在问题。

以数学学科为例，丁洪对全国各省部分数学教师开展抽样调查，发现作业设计存在内容零散、表征单一、评价滞后等问题。② 比如，表征单一的体现之一是对待分层作业的态度。虽然对此认同的教师占比超过一半，但是“认同观念”与“具体实践”并不对等，实践人数少于认同人数，这是作业体验的尴尬现实。另外，数据显示，教师就算已经使用了不同类型的作业设计，也会因为“不闻不问”使得“高质量作业”出现“低水平运作”的情况，作业效果“看似有，其实无”，这是作业体验的行为误区。作业类型的丰富性是一个“从无到有”

① 王永颜，张凌虹．“双减”背景下小学作业的设计 [J]. 甘肃教育，2023（4）：47-50.

② 丁洪．“双减”背景下小学数学作业设计存在的问题及对策 [J]. 淮阴师范学院学报（自然科学版），2022，21（2）：178-182.

和“从有到优”的渐进过程，这里的“有”指向文本、观念和作为，如果窄化了“有”的内涵，那么作业效果就会走向“优”的对立面，中看不中用。

在“双减”政策背景下，作业成为减轻学生课业负担的重要一环，以新课标为方向，助推作业华丽转身，是教育的应有之义。

第二节　新课标对作业的要求

新课标对小学作业设计有了新的要求，本节将以语文、数学、英语三个学科为例，分析新课标背景下各学科作业的一系列变化与要求。

一、新课标对作业的整体要求

新课标对小学作业设计有了新的要求。具体表现为：设计素养立意的作业，促进学生学科核心素养的形成与提升；设计分层作业，让学生自主选择作业的内容、方式以及数量，激发学生的主观能动性；倡导单元作业设计，重视作业的整体性和延展性，发展学生的综合能力；注重设计丰富多样的作业，充分发挥作业的功能；重视创设真实的情境，设计紧密联系学生生活实际的作业，让学生在做中学、乐中学。

二、新课标对各学科作业的具体要求

（一）新课标对语文作业的具体要求

《义务教育语文课程标准（2022 年版）》指出，教师要以促进学生核心素养发展为出发点和落脚点，精心设计作业。具体来说，小学语文作业设计需要满足以下三个方面的新要求：聚焦语文核心素养，设计实践性作业；落实单元语文要素，设计单元整组作业；遵循学生认知规律，设计趣味性作业。

1. 聚焦语文核心素养，设计实践性作业

实践性作业是指在教师的指导下，学生结合教材知识，用脑思考，用手实践，用心感悟，全身心体验，积极开展实践活动，主动获取知识。

设计实践性作业，教师要充分利用生活中的资源，把作业设计与学生的生活实践结合起来，引导学生在实践中做作业，在运用中强化能力，在体验中促进语文素养的提升。教师要引导低年级学生关注在学校、社区、社会的所见所闻，可以让学生用身体摆出拼音字母造型，给家里的电器、物品贴上标签，还可以准备“生字积累本”，让学生把自己在路上看到的生字记下来。中高年级则要扩大信息获取的领域，可以为诗配画，为课文配插图，和家长一起游览名胜古迹；开展“啄木鸟”行动，找一找广告牌里的错别字……

教师可以根据教学内容，布置不同类型的实践性作业。如学习与动植物有关的课文后，可以布置观察记录类作业；学习古诗词课文后，可以让学生搜集资料，了解作者的创作背景；学习与动手操作有关的课文后，可以让学生学一学、做一做、说一说。

这样的实践性作业，正是学生用脑思考、用手实践、用心感悟、全身心体验的最好诠释。学生完成实践性作业的过程，也是他们潜移默化地提高语言运用能力、思维能力、审美创造能力等语文核心素养的过程。

2. 落实单元语文要素，设计单元整组作业

大单元教学已成为必然趋势，与之对应的单元整组作业设计也是大势所趋。单元整组作业既可以克服课时作业的零散化与碎片化，又可以通过创设真实的情境，聚焦单元主题，整合单元语文要素，使作业更具结构性与递进性，从而提升作业的质量。

单元整组作业的确定通常要求教师研读新课标，了解课程目标、学段目标、单元目标，并仔细研读教材，特别是单元人文主题和语文要素以及单元的习作要求。教师还要调研学情，了解学生对知识的掌握情况，学生对新旧知识之间的联系的了解程度。单元整组作业确定后教师就要根据每一课的学习目标，设计课时作业，单元整组作业的要求都要一一落实于课时作业之中。

单元整组作业通常通过创设真实的、有趣的语文活动情境，以真实任务为驱动，整合单元学习过程，落实单元语文要素。例如课文与寓言有关，教师可以创设开启“寓言村”之旅、获取“寓言村”参观通行证的真实情境，以参观村口古井、葫芦乐园等为真实学习任务，设计单元整组作业。

3. 遵循学生认知规律，设计趣味性作业

在设计作业时，应充分考虑小学生的认知规律，包括他们好奇、爱动、形象思维占优势的特点，充分调动他们的积极性，设计趣味性作业。

改变作业的名称能激发学生的兴趣。例如将“复述故事”命名为“故事大王擂台赛”，将“人物评价”命名为“撰写颁奖词”等。还可以将有趣的课文

内容改编成课本剧演一演，让学生在有趣的作业中获得愉快的体验。

作业的趣味性体现在形式上。从传统作业“写”的单一形式中走出来，采用听、说、读、写多种形式，与唱一唱、画一画、做一做、参观、访问、调查、实验等学生喜闻乐见的形式巧妙结合，让学生动手、动脑、动口，多种感官参与学习，让作业富有趣味性、吸引力。

作业的趣味性还体现在作业内容的自由选择上。提供菜单式作业，以学生为中心，充分尊重学生个性，全面考虑学生差异，让学生自主选择最感兴趣的作业。比如让学生自主选择喜欢的现代诗进行摘抄，或选择最感兴趣的一个片段做批注。还可以设计必做和选做作业，让学生根据自身情况，选择不同形式的个性化作业，激发学生的主观能动性。

（二）新课标对数学作业的具体要求

《义务教育数学课程标准（2022 年版）》强调，作业设计应落实立德树人根本任务，体现课程标准理念，指向数学核心素养，提升数学关键能力，彰显单元意识，增强作业的整体性、结构性、关联性、递进性和创新性。具体来说，小学数学作业设计需要满足以下三个方面的新要求：依托真实情境，设计素养类作业；正视学生差异，设计分层性作业；立足单元整体，设计结构化作业。

1. 依托真实情境，设计素养类作业

《义务教育数学课程标准（2022 年版）》提出了义务教育阶段数学课程要培养的学生核心素养，即会用数学的眼光观察现实世界，会用数学的思维思考现实世界，会用数学的语言表达现实世界（简称“三会”）。基于此，小学数学作业设计应尽可能设计真实情境的问题，让学生体会数学知识之间、数学与其他学科之间、数学与生活之间的联系，在探索真实情境蕴含的关系中，发现问题和提出问题，学会运用数学和其他学科的知识与方法分析问题和解决问题，从而发展学生的核心素养。

以小学数学课程内容中的“综合与实践”学习领域为例，这一领域以培养学生综合运用所学知识和方法解决实际问题的能力为目标。作业设计可根据不同学段学生的特点，以跨学科主题学习为主，适当采用主题式作业和项目式作业，设计情境真实、较为复杂的问题，引导学生综合运用数学学科和跨学科的知识与方法解决问题，在问题解决的过程中落实“三会”素养。

2. 正视学生差异，设计分层性作业

作业设计要在面向全体学生的同时，关注学生个体差异，将数学作业的内容，以及对作业的要求适当分成不同层次，由学生根据自身数学知识基础与数学学习需要，自主选择数学作业的内容、方式以及数量。

小学数学作业设计可以按照学习思维分为 A 类、B 类、C 类。其中 A 类作业是基础训练，主要落实课标规定的课程总目标中的第 1 点和第 2 点，也就是“四基”“四能”“三个联系”；B 类作业是综合提高训练，指多个知识点的综合运用，主要落实课程总目标中的第 1 点和第 2 点；C 类作业是拓展应用训练，主要落实课程总目标中的第 3 点，涉及数学情感态度、学习兴趣、信心、科学精神、数学文化等。学生可根据自己的情况选择完成不同类型的作业，既给学习有困难的学生提供再次巩固、练习的基本保障，又给中等学生以发展、进步的思维空间，同时也给学有余力的学生以更大的挑战。让每个学生都能在自己的“最近发展区”得以生长，激发其学习热情，使不同水平的学生都有获得感，真正落实“不同的人在数学上获得不同的发展”的数学教育理念。

3. 立足单元整体，设计结构化作业

小学数学作业的设计着眼于落实立德树人的任务，基于课程标准，体现单元意识，创新作业实践等方面。小学数学作业的设计需正确认识数学基础，注重“四基”“四能”在数学作业中的落实，因此开展作业设计要在研读课标、吃透教材、研究学情的基础上，整体把握内容主线，厘清内容的重难点及内在关联，了解学生的易错点。强化单元视角，可突出重点地设计需要进一步巩固、强化或拓展的学习内容，减少不必要的重复操练，为学生的学习留出空间。此外，还应进一步关注同一主题内容在不同年级、单元中的要求，理解和把握其中的区别与联系。强化作业的结构性、递进性、科学性。

在日常的作业设计中，要充分利用教材与配套练习册中的练习资源，理解每份作业的设计意图，然后选编其中紧扣目标、呼应课堂教学的部分，删减重复的部分，按需适量补充。在此基础上根据作业的属性（目标、难度、类型、时长等）建立单元作业结构，整体统筹确认该作业是否均衡合理，若有不合理之处，还需根据目标进一步优化完善，从类型多样、难度适宜、时间合适、结构合理等方面平衡各方要求，基于单元视域构建适切的作业目标体系，开展单元作业的整体设计与实施，使作业更好地服务于课堂教学和学生发展。

（三）新课标对英语作业的具体要求

相比以往的课程标准，新课标更加注重培养学生的语言实际运用能力和跨文化交际能力。在新课标的背景下，小学英语作业设计要适应新的要求，更好地促进学生的英语学习和发展。具体来说，小学英语作业设计需要满足以下四个方面的要求：第一，提高学生的英语综合能力；第二，强化学生的语言运用能力；第三，培养学生的自主学习能力；第四，增强学生的跨文化交际能力。

1. 关注学生兴趣，设计游戏化作业

《义务教育英语课程标准（2022 年版）》指出，要采用多种教学方式激发学生的学习兴趣。组织开展生动多样的活动，引导学生做到“想表达”、“能表达”和“会表达”，体验英语学习的乐趣与意义。学生具有浓厚的兴趣才能在学习上全身心投入，在英语作业设计上同样要遵循趣味性原则。为了更好地激发学生的学习兴趣和提高学习效果，教师需要关注学生的兴趣，设计游戏化的作业。

首先，小学生的兴趣爱好多种多样，教师要以此为基础设计游戏化作业，比如创编英语歌曲、制作英语小游戏等。这样可以让学生在游戏中轻松愉悦地学习英语。其次，游戏化作业设计要具备趣味性和挑战性。教师可以设计单词拼图、找不同、短文解码等作业，吸引学生的注意力和激发学生的学习热情，让学生在完成作业的过程中不断提高自己的英语水平。此外，教师还可以通过游戏化作业来培养学生的合作精神和竞争意识。通过布置英语小组竞赛、角色扮演、趣配音等作业，培养学生的合作精神和竞争意识，让学生在游戏中体验团队合作和个人成长的快乐。最后，游戏化作业不仅有利于激发学生的学习兴趣和提高学习效果，而且更重要的是其本身具有教育价值。教师在游戏化作业中可适当融入英语知识和英语文化，让学生在玩中乐，在玩中学。

2. 重视学习方法，设计任务型作业

在新课标背景下，小学英语作业设计需要更加重视对学生学习方法的指导，以帮助学生学会根据实际需求，选择恰当的学习方法完成学习任务，解决学习问题，逐步形成适合自己的学习策略。设计任务型作业是一种有效的方式，可以帮助学生在实际情境中运用英语，提高语言运用能力和综合能力，同时帮助学生掌握学习方法和技巧，提高学习效果。

任务型作业要设置具有实际意义的任务，例如写一封英文邮件、制作英文海报等，要以帮助学生在实际情境中运用真实语言为目的。任务的设置也要根据学生的年龄、兴趣和语言水平等因素合理设计，以达到最佳的教学效果。任务型作业需要注重方法指导。例如，如何进行课前预习和课后复习，如何借助图表及时梳理和归纳所学内容，如何查找课外资料等。教师要在作业布置过程中融入对学习方法的指导，帮助学生掌握方法和技巧，鼓励学生主动寻找学习资源，引导学生学会学习。作业的类型主要分为复习巩固类、延伸拓展类、综合实践类。作业的形式要多样化，包括朗读、角色扮演、复述、书面表达、故事创编、调研采访、海报制作等。基于新课标，任务型作业更加侧重学科核心素养和学生核心素养的结合，因而更加突出延伸拓展类和综合实践类作业。这并不意味着脱离书面作业，而是作业应具有一定比例的延伸拓展或综合实践部分。值得注意的是，任务型作业要注重反思与改进。教师应鼓励学生在完成任务后进行反思和总结，以提高学习效果和自主学习能力。

3. 围绕主题意义，设计项目式作业

基于主题意义的项目式作业是培养学生英语学科核心素养的有效途径。

主题是确立项目的重要基础。在设计项目式作业时，首先，要明确一个主题。教师可以以教材编排的单元话题为主题，也可依据语言内容创设一个相关主题。这个主题应该与学生的生活实际密切联系，引起学生兴趣。例如，可以选择“My hometown”（我的家乡）作为主题，让学生通过调查、采访等方式了解自己家乡的历史、文化、风俗等方面的知识，并用英语展示和交流。其次，需要确定一个具体的项目。这个项目与主题相关，并能激发学生的兴趣和创造力，可以是设计调查类、宣传类、设计类、场景模拟类、生活应用类等项目。例如，在“My hometown”（我的家乡）的主题下，可以设计一个“家乡美食节”的项目，让学生分组策划、组织和开展一场家乡美食展，并用英语介绍和推广。最后，需要制订评价标准和评价方式。评价标准应该与主题和项目相关，并且能够全面反映学生的英语实践能力和团队合作能力。评价方式采用多种形式，例如口头报告、书面报告、展示演示等，让学生将学习语言与实际运用语言融为一体，真正体现小学英语教学的育人价值。

第三节　新课标背景下的小学作业的价值重构

新课标背景下，作业从“知识本位”向“育人本位”转变，从“布置”向“设计”转变，从“单一评价”向“多元评价”转变，这些转变具有重大的价值与意义，对作业的设计与实施在策略与方法上提出了新的要求。

一、从作业“知识本位”向“育人本位”转变

传统作业被看成是课堂教学的延续和补充，目的是帮助学生消化和巩固课堂知识，习得技能或者养成良好的学习品质，注重“知识本位”。而新课标背景下小学作业不仅注重学生对“基础知识”“基本技能”的掌握，同时也关注学生全面发展所需的关键能力和必备品格，更多体现的是“育人本位”。由此看来，作业从“知识本位”向“育人本位”转变，后者不是对前者的简单否定，而是对前者的一种扬弃与超越，从而激发作业育人功能的本质性变革。

第一，明确作业育人导向，落实作业育人为本理念。新课标回归教育的育人本质和课程的育人功能，凝练了学生学习不同课程需要的核心素养，强调了各门课程的独特育人价值。基于此，许多学者提出在新课标背景下的小学作业着力聚焦素养目标，实现对作业目标的设计与重构。例如王红霞以小学语文第二学段的作业设计为例，阐述了从“根据新课程标准要求，聚焦学段关键能力”“横纵联结，厘清学力发展脉络”“素养立意，明确单元作业目标”等三个方面对核心素养导向下作业目标设计的迭代与重构。[①] 高翔以苏教版科学三年级下册“植物与环境”单元的单元作业设计为例，提炼出遵循“素养目标—学习目标—学业表现—评价任务—素养水平”的设计新路径，聚焦素养导向，统领单元作业设计。[②]

第二，厘清作业育人路径，发挥作业育人为本功能。在作业由“知识本位”向“育人本位”的转变过程中，前者还有后者需要继承和发展的东西。在批判和继承的基础上，以核心素养为理念，凸显作业反馈和巩固学科知识的功能，

① 王红霞．单元作业：核心素养导向下作业设计的迭代与重构：以第二学段为例 [J]. 语文建设，2023（6）：25-29.

② 高翔．基于学业质量标准的科学单元作业设计与实施 [J]. 教学与管理，2023（11）：63-68.

让学生养成良好的作业习惯，锻炼学生思维品质，促进学生个性化发展。基于此，教师可以从作业形式、作业内容等多项路径出发，不断优化，最大程度发挥作业育人为本的功能。从作业形式来看，新课标背景下的作业，应从学生本位出发，丰富作业形式，激发学生对作业的兴趣，例如，可以设计与教材内容相结合的动手操作类、实地考察类等特色作业，加深学生对知识的理解与运用，提升学生的问题解决能力、实践创新能力等，最终习得核心素养；从作业内容看，应该从关注群体转向关注个体，重视学生的个性化需求，以基础性、提高性和挑战性的资源为作业内容，促进学生的个性化发展。

综上所述，研究者无论是从作业目标导向还是作业内容和形式等方面，都认为新课标背景下小学作业不仅是课堂教学的延伸，更是重建与提升课程意义以及学生素养发展的重要内容。

二、从作业"布置"向作业"设计"转变

作业布置与作业设计的目的都在于帮助学生进一步消化和巩固课堂所学的知识，掌握相应的技能，养成具有独立运用知识的能力和习惯。这本是无可厚非的教学方法，但是在作业布置过程中，一部分教师或是一味追求数量而最终走向"题海战术"；或是为了布置作业而布置作业，对所有学生的作业内容、作业量、作业要求、完成时间都采取统一标准；或是作业形式过于单调乏味，仅限于对已有经验进行复制。作业设计更需要教师多思考，精选作业类型并加以改编，创新作业形式，针对学生的学习需求设计多样化的作业。

从作业布置到作业设计的转变，一方面体现了作业从为掌握知识服务向完成育人目标的转变；另一方面也体现了作业从随意性、重复性向有效性、生长性的转变。基于此，在作业设计过程中，教师就需要针对不同层次的学生，精心设计能满足其个性化需求的多样化作业，以实现课堂教学效果最大化，促进学生综合能力发展。

第一，基于课程标准，做好结果预设。教师应严格遵循课程标准的要求来设计作业，不轻易拔高难度或降低标准，依据教学目标，确立作业设计目标。在作业内容设计完成后，教师要做好充分预设，在做好结果预设的前提下，有的放矢地进行作业内容设计。

第二，划定学习进阶，整合三维目标。作业设计的重要目标就是实现学生的可持续发展，而这种发展正是知识与技能、过程与方法、情感态度与价值观

三维目标的有效整合。教师要根据教学目标和具体学情，为学生提供丰富且有价值的多层次作业，允许不同层次的学生根据自我发展的需要选择不同层次的作业。

第三，把握学生动态，转化最近发展区。通过对课堂教学情况和作业设计内容的整体分析，教师可以根据课堂上学生达成学习目标的具体情况对作业内容进行相应调整，让学生在重点处着力，提升作业质量。对于处在学生“最近发展区”的题目，教师应指导学生将“最近发展区”转换为现有发展水平，并不断创造出更高水平的“最近发展区”，实现学生能力的阶梯式发展。

第四，创新作业内容，丰富作业形式。教师在确立作业内容的过程中，首先，要关注作业的功能性，应该突出作业的开放性和探究性，这使学生在解答的过程中更注重思考和实践。其次，要关注作业的交叉性。注重设置跨学科的学习任务群，融合现代信息技术，实现不同学科作业的有机融合和互相渗透。最后，要关注作业的精炼度。在作业量分层、作业难度分层、完成时间分层的基础上保证“少而精”的作业内容。在作业形式的选择上也可以更趋向于多样性。

第五，设计长时作业，赋能持续发展。在作业设计中应注重短时作业与长时作业的结合。长时作业的研究内容多，探究空间广，思考程度深，需要比较长的完成周期。在主题选择上，多取材于学生的学习和生活，主题鲜明，目标明确，实操难度小，学生研究兴趣浓厚。在参与方式上，学生是主导者、合作者、探索者、创造者，共同建立项目式探究作业的合作小组。在完成过程中，学生的思考过程、理解过程和探索过程的时间都被拉长，更有利于学生实现知识的巩固、思维的进阶和学习的深入。对于长时作业的评价，多采用过程性和表现性的多元评价方式，关注评价的发展性和激励性，让学生能够在完成长时作业的过程中享受乐趣、挖掘潜能、发展思维、保持个性。

三、从作业“单一评价”向“多元评价”转变

教学问题专家米歇尔·帕拉第曾尖锐地指出，家庭作业是今日学校中“最任意的教学实践证明”之一，他认为家庭作业中的主要问题在于教师让学生不断地通过练习来“试错”，而且教师布置的作业只是某一科的某一方面，不能综合锻炼、发展学生的能力。除了作业布置上存在问题，在当今教学中，还存在作业评价单一的问题，即只以某一标准来衡量和评估对象。世界上最早的教育评价制度——科举制，其实就是一种单一标准的评价制度，以一试论成败，

一卷定乾坤。单一评价为迎合时代需求而产生，它效率高、操作方便，成为当今的主流评价方式。这种方式主要体现为作业批改主体单一，学生完成作业后，主要以教师为主体简单地批注符号；作业本上的评价形式单一，教师只是简单地打钩、圈点，或是写上等级。要想发挥作业评价的作用，需要把单一评价转向多元评价，多元评价就是多维度、多方面评价学生。多元评价有助于促进学生全面发展，尊重学生个性，能在一定程度上弥补单一评价的不足。

单一评价转向多元评价的原因主要有以下三点。首先，单一评价只注重对学生学业成绩的评价，并主要采用纸笔测验的方式，一卷定成败。这种评价方式忽视了对学生操作能力、学习态度、解决实际问题的能力及学习习惯等各方面的考查，无法测量学生学习过程中的情感态度和内在的思维过程，而这些正是影响学生学习的重要因素。其次，单一评价往往只以学生的语文、数学、英语等几门学业成绩为标准，强调学生之间的横向比较，分出这个群体的“优秀”“良好”“中等”和“差”等。但教育评价的目的不仅是鉴别，更重要的是促进每个学生的发展。单一评价忽视了学生个体的发展，把考试得分低的学生认定为“差生”，却没看到这些学生在自我比较中的进步，容易使学生产生厌学情绪，打击学生的学习积极性。最后，单一评价筛选少数几个“天才”，似乎只是选拔出优秀的学生进入更高层次的学习，对于大部分普通的学生，则不管不理，这一评价形式所带来的，往往是教育的不公平。

为了更好地遵循多元评价，教师可以从以下方面着手。

第一，注重作业评价语言的激励性。作业评价最终要服务于学生的学习与发展，因此教师进行作业评价时应该始终本着“以学生为本”的初心，有效落实作业评价的激励性。在作业评价中，教师不仅要注重学生作业完成的质量，而且要更多地关注学生作业完成的整体过程，同时鼓励学生关注自己完成作业过程中的情绪以及感受，同时感受在这一过程中自己能力的提高。

小学阶段的学生更渴望受到赏识和表扬，鼓励性的评价可以帮助他们树立自信，保持对学习的兴趣。作业评价应该体现出教师对学生的真诚期待与宽容，通过简单却有温度的评价让学生正确面对并虚心接受自己的不足之处，使他们怀着积极乐观的心态克服缺点、改正错误。

第二，注重作业评价类型的多样性。新课标提倡教师综合运用多种评价方式以强化评价的科学性与整体性。单一的等级制评价对学生的激励性不足，教师应该尝试一些较为新颖的作业评价方式。教师可以依据不同年龄阶段学生的学习特点与不同学段的学习目标选择恰当的评价方式。除了通常使用的百分制或等级制等定量评价，还可以针对作业内容、表达、思路等方面进行定性评价，针对作业类型进行口头评价、书面评价。

第三，注重作业评价结构的层次性。作业设计要同时兼具基础性与差异性，即作业基本上可以满足班级中大部分学生的学习需要，在这基础之上又能考虑到不同学生之间存在的差异性，使作业去机械化而趋于灵活，以达到每个学生都能在自己现有基础上逐步提高的目的。基于作业设计的层次性，教师也要对不同层次的学生提出不同的要求，对于基础知识掌握较好的学生，在肯定当前作业完成情况的同时还要帮助他们树立更高的学习目标和要求；对于基础知识掌握较差的学生，在评价过程中应更多地挖掘他们的长处和优点，引导他们总结学习方法。此外，还可以从作业完成态度、作业完成时间、作业难度等方面入手进行评价，结合学科要求制订量化评价表。

第四，注重作业评价内容的突出性。在作业设计评价过程中，教师应该重视评价的突出性。学生将作业完成之后，教师应该及时进行评改，重点评价作业中的优点，调动学生的积极性，帮助学生树立信心。当学生作业完成存在问题时，教师在不伤及学生自尊以及积极性的前提下，指出学生的不足之处。评价活动的开展，可以鼓励学生更好地完成作业。

第五，注重作业评价主体的多元性。在传统的作业评价中，教师凌驾于学生之上，长此以往，会使学生逐渐丧失学习的主体地位。当今教学中，应打破教师“一统天下”的单向性评价，在作业设计评价中体现主体多元性。学生作为学习主体应该参与进来，成为作业评价的主体。

为了让学生成为评价主体，教师在发布作业内容后，还需讲解作业评价要点和标准，让学生在完成作业的过程中对基于自身学习基础发现的难点、易错点和学习方法进行反思和总结，进行作业自评。学生与学生之间还可以小组为单位，将自己的学习思路以及解题观点进行解析和分享，在小组间形成良好的学习氛围，通过学生互评，促进学生的学习积极性。

第二章

新课标背景下小学作业的基本特征

《义务教育课程标准（2022 年版）》强调教学过程不仅是学生掌握知识的过程，而且是学生解决问题或主动设计的过程。用新课标的教学观作指导，作业不仅是教师指导下的独立学习的过程，而且是师生之间、生生之间的互动过程。新课标背景下作业的设计与实施要着眼于学生的发展，从有助于学生对学习技能和方法的实际应用，有助于活动体验、感知等实践活动出发，强调学生在学习过程中的主体地位，寓学科学习于学生的自主探索学习之中。

本章将从作业的针对性、有效性、系统性、趣味性、生活性、层次性、合作性、量力性等角度分析新课标背景下小学作业的基本特征，从而明确新课标下小学作业设计的宗旨和原则。

第一节　作业的针对性

作业的针对性，是指作业设计应当紧扣教学目标，教师在布置作业时应考虑学生的个体差异，把握作业的难度、数量和类型，从而使得作业实施实现精而炼、激发兴趣、开发智力、减负增效的效果。

一、内涵理解

作业是教学的基本环节，好的作业设计，不仅可以巩固学生在课堂上学习的知识，而且可以激发他们的学习兴趣，开发智力，点燃创造思维的火花，培养学生独立分析问题和解决问题的能力。新课标实施以来，小学作业无论是从作业设计内容，还是作业实施对象等方面都越发体现针对性这一基本特征。作业设计的针对性可简述为对症而设、精选而练、激发兴趣。针对性是作业设计应当达到的目标，教师在布置作业的时候应考虑学生的个体差异，对作业的难度、数量和类型恰当分层，使作业更具有选择性和针对性。① 有研究者指出，为了让作业具有针对性，要先明确作业目标，之后通过了解学情提升学习过程的针对性，使用突出教学重难点的代表性题型加强作业的针对性。② 这给如何选择作业内容指明了路径。也有学者从课堂教学是否达标的角度谈如何提升作业的针对性。王旭东提出，通过优化作业结构，重视表现性作业设计，注重“弹性、分层”，向学生提供选择权，从而有针对性地提升作业设计。③ 这十分契合新课标背景下作业设计的发展趋势，作业设计不能过于机械化，在进行作业设计时应该结合学情与教学内容多设计表现性作业，从而合理构成纸笔作业和表现性作业的良好结构。

教师要根据所教学科的特点、课程标准的要求、教材内容、所教年级学生

① 陈晓妍．“双减”背景下小学语文作业的开发设计策略 [J]. 语文建设，2022（8）：61–65.

② 靳帆，蔡宁．小学英语课外作业的设计 [J]. 教学与管理，2018（32）：53–55.

③ 王旭东．精设计・巧管理：作业改革促“减负”精准落地 [J]. 中小学管理，2018（7）：46–48.

的心理特点、思维特征及认知水平，认真研究每一节课所讲授的知识点和教学目的，有针对性地设计作业内容，避免盲目性、随意性。在设计作业内容时，教师要关注学生对基础知识和基本技能的掌握情况，帮助学生积累所学学科的基本活动经验，采取灵活多样的方式设计具有针对性、代表性、实效性的作业，做到教师精选、学生好做，让学生学有所得，练有收益。

二、运用意义

设计针对性的作业有利于确保教学目标的实现。在教学过程中，学生是否完成作业内容是评估教师是否实现教学目标的重要指标，对作业内容进行针对性设计是实现作业效益最大化与保证教学质量的重要手段。有研究者认为作业的针对性可以使得作业精简化，有利于教师结合教情、学情实现作业布置的优化，促进学生思考问题、总结经验、掌握技能，实现学生独立思考。[①] 比如在学习人教版英语（PEP）六年级上册第一单元“How can I get there ? ”时，其中第三次课的教学目的是让学生通过“Let' s talk”的学习，能够正确运用核心句型“How can we get there ？ Turn left/right at...”询问和描述出行路线。但在实际教学过程中，发现有学生分不清“right”和“left”，对此，教师可以设计一份作业，以《兔子舞》为背景音乐录制简单的舞蹈视频，要求学生按照视频唱跳。[②] 有针对性的作业能够与教学实际面临的困境相匹配，教师应当转化立场从学生角度去考虑作业内容以及方法的准确性，这一针对性作业设计适应了学生的最近发展区，有助于激发学生的学习兴趣，提升学生的知识水平与思维能力。[③] 王学进认为通过布置有针对性的作业还可以帮助学生建构起对某一知识的结构模型，在学生脑海中形成牢固的、便于调取的图式。[④]

综上所述，作业的针对性意义可以从教与学不同方面进行分析。一方面，作业的针对性可以指向精准目标或问题，及时反馈学情，使得教学具有方向，促进教学高质量发展；另一方面，作业的针对性可以有效把握学生的发展情况，激发学生内在的学习挑战性，使学生得到进一步发展。

---

① 谢显东，徐龙海．“双减”政策下小学语文作业设计讲究“四化”[J]. 中国教育学刊，2022（2）：106.

② 靳帆，蔡宁．小学英语课外作业的设计 [J]. 教学与管理，2018（32）：53-55.

③ 朱丽娟．“互联网 +”下小学数学课外作业的设计与实践 [J]. 上海教育科研，2020（8）：93-96.

④ 王学进．“双维”驱动，设计“生长型”作业 [J]. 人民教育，2022（Z2）：103-105.

三、案例设计

◇ 案例1：针对教学目标的作业设计

作业是课堂教学的延伸，它存在于课堂教学之前、教学之中以及教学之后，是为了更好地达成教学目标而诞生的。作业设计必须要以教学目标为导向，始终围绕实现教学目标设计。

例如，在设计统编版语文六年级上册第七单元的作业时，教师要先分析教材，梳理单元学习目标，继而梳理出单元作业目标。

单元学习目标如下表所示。

<table>
<tr><th>分类</th><th>内容</th><th>学习目标</th></tr>
<tr><td rowspan="3">课文</td><td>《文言文二则》</td><td rowspan="3">1. 会写14个生字，会写12个词语
2. 正确、流利地朗读课文。背诵《伯牙鼓琴》
3. 借助注释、课文插图等理解文言文，能用自己的话讲文言文故事
4. 借助语言文字展开想象，体会音乐之美
5. 把握文章大意，说出自己对京剧的了解</td></tr>
<tr><td>《月光曲》</td></tr>
<tr><td>《京剧趣谈》</td></tr>
<tr><td>口语交际</td><td>聊聊书法</td><td>1. 围绕书法的有关话题展开交流，分点说明，有条理地表达
2. 对感兴趣的话题能深入交谈</td></tr>
<tr><td>习作</td><td>我的拿手好戏</td><td>1. 写自己的拿手好戏，学习列提纲，把重点部分写具体
2. 修改习作，做到语句通顺，重点清楚</td></tr>
<tr><td rowspan="3">语文园地</td><td>交流平台</td><td rowspan="3">1. 交流如何做课堂笔记，养成做课堂笔记的良好习惯
2. 了解日常生活中与戏曲有关的词语，并选一两个造句
3. 学习修改说明书，使说明书更清楚明白
4. 了解并积累与艺术有关的成语</td></tr>
<tr><td>词句段运用</td></tr>
<tr><td>日积月累</td></tr>
</table>

针对以上单元学习目标，可制订相对应的单元作业目标，见下表。

内容	作业目标
《文言文二则》	1. 会写“哉”“巍”等6个生字 2. 正确、流利地朗读课文。背诵《伯牙鼓琴》 3. 借助注释、课文插图等理解文言文，能用自己的话讲《伯牙鼓琴》和《书戴嵩画牛》的故事
《月光曲》	1. 会写“谱”“莱”等8个生字，会写“谱写”“钢琴”等12个词语 2. 有感情地朗读课文，背诵第9自然段 3. 了解并展示《月光曲》的创作过程
《京剧趣谈》	能够了解日常生活中与戏曲有关的词语
聊聊书法	1. 围绕与书法有关的话题展开交流，分点说明，有条理地表达 2. 对感兴趣的话题深入交谈
我的拿手好戏	1. 写自己的拿手好戏，学习列提纲，把重点的部分写具体 2. 修改习作，做到语句通顺，重点清楚
语文园地	1. 养成做课堂笔记的好习惯 2. 学会修改说明书，使说明书更清楚明白 3. 了解并积累与艺术有关的词语

有了目标就有了方向，只有紧紧围绕教学目标制订合理的作业目标，依目标设计才能真正实现少而精，真正做到以少胜多，最大程度实现“减量提质”“轻负高效”。

◇ 案例2：针对学生年龄的作业设计

新课标背景之下，我们倡导“以生为本”“学为中心”，只有遵循学生的身心发展规律与特点，科学、合理地设计作业内容与形式，才能真正实现学生对知识的获取和素养的提升。

对于低年级的学生来说，识字是重中之重，如果只是让学生一遍又一遍地通过朗读加深记忆，他们早已经是“小和尚念经——有口无心”了。低年级的学生好奇心强，形象思维占优势，喜欢有新鲜感的事物，教师在设计作业时，要充分考虑这一年龄段学生的身心特点。例如，统编版语文一年级下册《小青蛙》一课，课后的 13 个生字中，“清、晴、睛、情、请”5 个生字都有“青”字部件。课堂上，借助教师的梳理，学生能基本把握这几个生字的字形，课后教师可以设计这样的作业（见右图），帮助学生强化记忆：同学们，“青”字宝宝会变身，请你们加一加、认一认这些生字。填完后，请你们编一首儿歌，帮助大家区分这些带“青”字部件的 5 个生字。

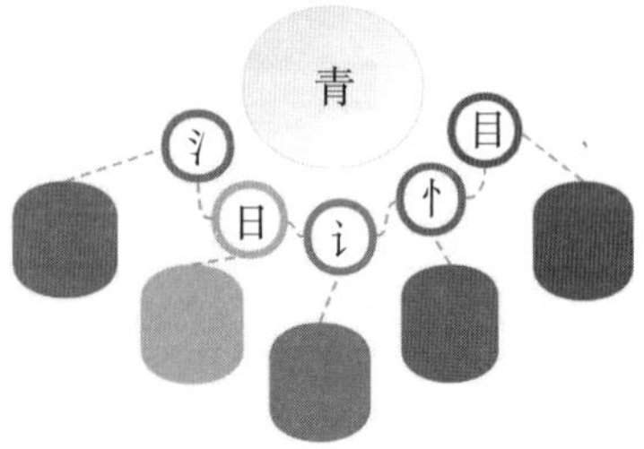

高年级的学生，面临一定的升学压力，教师习惯性地选用题海战术，不仅给学生增加了负担，而且也未必行之有效。比起重复性训练的低阶思维作业，学生更乐意选择完成认知参与度较高的少量作业，此类作业更能激发学生的学习兴趣，提升学生的学业成就。高年级的作业设计，应指向学生高阶思维能力的提高，设计促进学生深度学习的作业。例如，统编版语文六年级下册单元习作“家乡的风俗”，在习作指导课教学之前，教师可以设计这样的作业：组织学生成立项目小组，让学生选择感兴趣的风俗习惯，查阅资料或向长辈了解情况，并将搜集到的资料进行整理，梳理家乡典型的风俗有哪些、是怎么来的，现代人对家乡风俗的认识；小组内充分交流，对一些风俗习惯做点评，分析这些风俗的优与劣，给出确切而充实的依据，也可以就某一次庆祝活动展开交流，分享自己参与活动的过程和感受；学生可以以手抄报或调查报告的形式呈现综合性学习成果。可以结合一些图片和绘画，使成果更加生动有趣。这样的作业可以培养学生的综合实践能力以及他们对传统文化的热爱。

除了针对教学目标、学生年龄特点进行作业设计，教师还可以针对学科、教材、学段特点等进行有针对性的作业设计。

第二节　作业的有效性

针对教学重难点，设计难度合理、重点突出、数量合适的有效作业，可以帮助学生巩固知识、提升能力、培养习惯，从而使作业发挥出积极正向的作用。

一、内涵理解

有效性是衡量作业设计好坏的重要标准，现行教育发展中越发重视作业是否有效，作业的有效性也是检验课堂教学是否有效的重要手段。从作业设计与学习任务一致的角度出发，遵循整合性和层次性并举、合作性与探究性并进的原则，让作业设计更科学、更高效。① 这一说法结合教学要求表明了作业在精不在多，不是所有量的积累都能够实现质的飞跃。因此，作业的有效性要求作业设计要精准选定内容，选择有代表性，能够突出重点、突破难点，能够反映学生学习效果的题目作为作业内容。作业的目的能否实现不在于题目数量的多少，而在于作业质量高低，有效的作业可以帮助学生实现轻负高效，作业既不能过多也不能过少，能在课堂内完成的作业决不让学生在课外完成。② 从作业量的角度论述作业是否有效也是我们应当重视的，它有助于我们改正题海战术的弊端。有学者以实效性衡量作业的有效性，认为作业就是能够让学生从作业中受益，应该关注量与质的平衡。③ 从效率与效益的统一的角度出发理解作业的有效性，即学生在作业中投入尽可能少的时间和精力，得到尽可能多的效益，从实现效益最大化的目的去构建作业的有效性。作业的有效性还可以从强化作业的设计性去论述，通过少布置机械、重复抄写的作业，分层设计作业满足不同层次学生的需求，实现作业的形式多样化，提高作业的有效性。④

综上所述，多位研究者对作业有效性的论述丰富且具有独特之处，其衡量作业的有效性主要使用“效果、效率、效益”三个指标。

---

① 沈奕雯 . 小学低段语文分层作业设计与实施策略 [J]. 教学与管理，2022（26）：62-65.

② 郭圣涛 . 小学数学作业要以“质”提“效”[J]. 人民教育，2021（21）：68-70.

③ 靳帆，蔡宁 . 小学英语课外作业的设计 [J]. 教学与管理，2018（32）：53-55.

④ 陈小平 . 小学语文课外作业中的问题及改进策略 [J]. 教学与管理，2019（35）：54-55.

二、运用意义

有效的作业不仅能起到检验学习效果与夯基固本的作用，而且还能够适应学生的素养发展需求，可以帮助教师更好地掌握学生的作业情况与分析学情。现实中经常会有这么一个现象，相同的一份作业有的学生半个小时就可以完成，而有的学生却花费了一个小时。在此期间完成速度慢的学生表面上在做作业，但实际上是在做与作业不相关的事情，其实际用于完成作业的时间可能只有半个小时，甚至更少，这样的作业从效果、效率、效益方面都谈不上有效。从让学生更加有效地完成作业来看，作业的有效性可以激发学生的学习兴趣，全身心地投入到完成作业的过程当中，促进学生创造力与想象力的发展。① 有学者指出，有效的作业并非局限于让学生掌握对应的知识与技能，还应当能帮助学生了解过程与方法，树立正确的情感态度与价值观。这是从教学目标的三维设计来看待作业是否有效，可以有效评估教学实际与学生学情的差距。比如在学习人教版英语（PEP）三年级上册第三单元"Look at me！"时，教师设计了画人像并标出 ear，eye，mouth，nose，face 的作业，虽然第二天上课时发现有学生对知识记忆不够深刻，但是在课堂参与、学习积极性方面得到提高，因而这个作业也体现出有效性。②

综上所述，作业的有效性本质可以用"稳、准、狠"形容，重视质量不再运用题海战术，精准化作业可以有效减轻学生的身心压力，促进学生巩固、消化所学知识，促进知识转化为技能、技巧，提升学生能力，有益于学生智力与思维的发展。

三、案例设计

◇ 案例 1：有效的作业需体现发展不同能力层级

很多小学生反感作业，并不是因为他们不愿写作业，也不是因为作业难度大，而是重复性、机械性的练习给学生造成了很大的负担，不仅占用了学生的时间，浪费了学生的精力，更严重的是影响了学生对学习的兴趣。随着教育改

---

① 张爱玲 . 国内外小学英语有效作业的相关思考 [J]. 世界教育信息，2020，33（10）：78-79.

② 靳帆，蔡宁 . 小学英语课外作业的设计 [J]. 教学与管理，2018（32）：53-55.

革的不断推进，作业设计与实施也需要从“双基”走向核心素养，轻负高效的实质就是摒弃以数量取胜的观念，通过提升作业设计的质量，让作业更有效地帮助学生巩固知识，提升学科素养。只有保证了作业的有效性，才能控制作业的量，提升作业的质。

小学语文学科要求记忆背诵的内容较多，如古诗词、名人名言、课文精彩段落等，很多教师在教学这类内容之后，都会布置背诵、抄写、默写的任务，甚至要求学生多次抄写、反复抄写。但是在测试中，很多学生因不理解诗句、名言的意思导致不能结合语境、情境选择合适的诗句填空。

因此，针对这类教学内容的作业，就不能简简单单一抄了之，在单纯记忆的层级之上要关注学生的理解情况，学会迁移运用知识。如教学《迢迢牵牛星》这首古诗时，教师可以设计图配诗的作业，选择与这首诗的内容相关的图片，让学生观察图片，结合图片信息及书法作品，要求学生规范书写相关的诗句。

作业内容：同学们，今天我们学习了《迢迢牵牛星》这首诗，请你仔细观察下面的图片，选择与图片相关的诗句，竖款写在方框里，注意行款整齐，布局合理。

这样的作业设计，变“只动笔不动脑”的无效抄写为在理解基础上的迁移运用，形式更新颖，还能综合考查学生的记忆能力、理解能力和书写能力，一举多得，真正实现轻负高效。

◇ 案例 2：有效的作业需遵循循序渐进的原则

语文学科从中年段开始，为提升学生的表达能力，帮助他们积累生活中的素材，教师会布置学生练习写日记或“百字作文”。大部分情况下，学生对写日记这项作业非常抵触，因为在传统的日记作业中，教师不仅对内容有要求，对字数、篇幅也有要求，学生会觉得每天挖空心思想题材、想内容已经苦不堪言，还要考虑字数是否达标，于是东拉西扯，用流水账的形式拼凑出一篇日记。

日记作业或者“百字作文”，其实是一项非常个性化的作业。教师设计这项作业时，不能一刀切，要充分尊重“我手写我心”的原则，尊重学生的差异，尊重个性化的认知。要根据学生的能力、水平提出相匹配的要求，循序渐进地让学生接受这项作业，感受这项作业的价值和意义，让他们从每日习作中感受到乐趣。

教师可以借鉴特级教师高子阳的《日记十招》。在“第一招：14 天写‘我的第一本日记书’”这个章节当中，高老师引用了绘本《金鱼日记》的内容，这本日记书由 14 天的日记组成（以下列举前四天的日记内容）。

第一天日记：我在鱼缸里游来游去。

第二天日记：我还在鱼缸里游来游去。

第三天日记：我仍然在鱼缸里游来游去。也许，我应该打个盹儿。可鱼儿不用打盹儿，所以，我继续游来游去。

第四天日记：来了一位小伙伴，我不太喜欢他的样子。他一句话也不说，只是吐泡泡。

所以，在写日记的初始阶段，我们可以从之前的日记中获得日记作业设计与实施的灵感。日记可长可短，哪怕只有一句话也可以。写完后还可以给这句话画一幅画，涂上自己满意的色彩。可以连续 2—3 天写相似的内容，但是到了第 4 天，内容就需要有变化了，描写的角度也要有变化。第一天可以从一句话开始，第二天可以只比第一天多一个字，第三天可以尝试写段落，段落也不必多，两段就可以。

从《金鱼日记》这本绘本中还能获取很多关于“日记作业”的设计和实施方法，它给教师的启示是：对学生来说难度较大的作业，一定要遵循循序渐进的原则，用科学的方法引导学生，给学生提供作业支架，适当降低难度，否则一味地拔高要求，学生只会用敷衍的态度完成，作业的有效性会大大降低。

第三节　作业的系统性

作业的系统性指的是基于核心知识和关键能力，整体、系统地设计作业，体现一定的相关性、逻辑性和递进性，让学生在系统化的作业实践中，巩固、理解并迁移运用知识点，完成知识和能力的内化，实现自我建构，最终促进学科核心素养的形成。

一、内涵理解

从作业的设计思路出发，作业的系统性就是从零敲碎到整体构建，作业设计的贯穿主线是从思维力出发聚焦学生的整体能力建构，促进学生实现知识结构化，从而形成相对完整的知识体系，塑造学生的系统思维。从单元视角来看，作业的系统性就是要实现在单元整体框架下对作业的目标、内容、类型、时间、难度等进行整体设计与统筹分配，从而更好地实现作业之间的整体性、关联性与递进性，这就要求教师应该基于核心素养导向下的单元作业目标来设计作业，而作业目标必须达到科学合理、时间要适切、类型要丰富、难度要恰当、凸显差异性、结构要合理。① 这是把作业设计的各部分构成的整体视为系统来论述作业的系统性。从作业设计理念去看待作业的系统性，就是应当树立整合而非单一的作业设计理念，关注作业中的跨学科知识整合，作业内容与日常生活的整合，作业的巩固知识、形成能力与培养习惯多重目标的整合。② 从设计理念视角出发有助于我们更好理解作业的系统性。郭圣涛认为设计跨学科作业时，教师应该从真实情境出发，紧扣关键能力的培养与发展，整合不同学科知识，从而形成适合学情的独特的学科融合性作业，增强学生发现问题、提出问题、分析和解决问题的能力。③

综上所述，作业的系统性观点的本质都是对作业进行连续、整体化的设计，涉及整体作业设计意识与规划，如大单元作业的主题性指向、整合式作业等。

---

① 吴宏力，于洁．“双减”背景下优化小学英语作业设计研究 [J]. 中国教育学刊，2023（S1）：140-141，147.

② 王梦倩，王陆．教师作业设计改进：应然性与实然性互动的视角 [J]. 中国电化教育，2023（4）：91-98.

③ 郭圣涛．小学数学作业要以“质”提“效”[J]. 人民教育，2021（21）：68-70.

二、运用意义

重视作业的系统性可以使作业的布置更加科学合理，有效解决作业设计过程随意化、作业内容重复化、作业布置零碎化等问题。作业的系统性用整体原理指导作业设计，实现系统中诸要素的最佳整合。例如，单元作业设计的系统性可以帮助学生建构对单元主题的整体认知，在这个过程中促进学生知识与技能凝练成核心素养发展，促进学生正确态度和价值观的形成，实现知行合一。[①]同时以单元整体设计为核心，全方位思考各因素后进行精心设计，注重教与学的连贯性与一致性，通过系统化设计作业，更有效地发挥作业的积极功能，让学生进行系统性的练习，有助于学生把单一的知识碎片转化为知识网格。作业设计重视系统性可以帮助学生整合学科知识，丰富学生学习经历，实现作业的功能最大化。[②]

综上所述，对作业的系统化设计从功能角度分析，一方面有助于学生整合所学知识，促进对知识的记忆掌握，另一方面可以帮助学生启发思维，内化形成自身知识结构，实现情感与知识的共生发展。

三、案例设计

◇ 案例：单元系统作业设计

新课标颁布以来，我们的教研、教学围绕着一系列关键词展开，如“大观念”“大单元”“大主题”“大问题”“大任务”等。作业设计与实施要紧跟课程改革的步伐，进行大单元整体规划。这里的“单元”有两种形式，第一种是以教科书编者设计的自然章节为一个单元，可以称之为“自然单元”；还有一种是教师依据教学内容和学生学情，挑选合适的文本内容、学习资料等组成全新单元，与教材自然单元形成互补，可以称为“重构单元”。

以“单元”为单位的作业设计，可以增强同一单元不同课时作业之间的关联性，凸显差异性，体现结构性和系统性；有助于教师系统思考单元教学目标、课时教学目标、教材各部分的作用，从而提升教师对学科课程的整体把握和系

① 王若语，李奕奕．“双减”背景下小学英语作业的三个指向 [J]. 中国教育学刊，2022（2）：108.

② 韩慧敏．小学一年级语文实践性作业的设计策略 [J]. 教学与管理，2018（23）：52-53.

统设计的能力，更好地发挥作业的功能，也更能体现学科的逻辑性。

如统编版语文五年级下册第五单元，是习作策略单元，以培养学生的习作能力为单元的主要目标。本单元的语文要素是“学习描写人物的基本方法”，习作要求是“初步运用描写人物的基本方法，具体地表现一个人的特点”。教师要根据教学需要，结合教材的编写特点，灵活运用教材单元中各板块的资源，进行整体设计，把整个单元的学习视为一个完整的闭环，习作单元的作业也是其中的一部分，单元系统作业可以进行如下设计。

1. 课前预习作业：填写表格，初识人物

在走进单元之前，让学生借助“单元人物信息表”这一学习支架，先对两篇精读课文中的四个人物进行初步的了解，在原有学习经验的基础上，判断作者在表现人物特点时选取的事例及主要描写方法。这个表格在本单元的学习中会不断得到丰富，随着后续学习的深入，学生会逐步发现作家描写人物的“秘钥”，并对表格“描写方法”一栏进行多次完善，表格不断完善的过程，也是“学习真正发生”的过程。

单元人物信息表

人物姓名	人物特点	选取事例	描写方法
嘎子			
祥子			
严监生			
刷子李			

2. 课中巩固作业：习得策略

为帮助学生在阅读鉴赏中揣摩、领悟与本单元习作要素相关的表达方法，教师可以为学生提供相关的读物，让学生巩固所学知识。

教师可推荐《范进中举》《林黛玉初进荣国府》《项链》《我的老师》等相关材料，布置阅读批注的作业，让学生在读的过程中对有关人物的语言、动作、神态、心理等相关内容做批注，进一步感知、领悟本单元的习作要素，具体设计如下。①

选文	出处	作业	目的
《范进中举》选段	《儒林外史》	批注描写范进语言、动作、神态等方面的内容，感受人物形象	进一步感受选用典型事例写人的方法，抓住人物的语言、动作、神态、心理活动等写出人物特点
《林黛玉初进荣国府》选段	《红楼梦》	批注描写王熙凤语言的内容	
《项链》选段	《项链》	批注展现人物心理活动的内容	
《我的老师》选段	《我的老师》	梳理文章选择了哪些事例写蔡老师	
《泥人张》等	《俗世奇人》	整本书阅读，按计划每天阅读；重点关注写人的方法	既是对教材选文《刷子李》的拓展阅读，又是整本书阅读的任务

3. 课后练习作业：大展身手

学生按照顺序学习了三项写作策略：①选取典型事例表现人物特点；②运用侧面烘托法间接写出人物特点；③运用外貌、神态、动作、语言、心理描写把人物特点写具体。在单元习作教学中，学生要综合运用习得的策略完成一篇写人作文。

① 余国卿，柳云. 交际语境下习作单元作业设计：以五年级下册第五单元为例 [J]. 语文建设，2023（8）：29-33.

第四节　作业的趣味性

作业的趣味性指的是作业的设计富有创意、形式新颖，能提高学生写作业的兴趣，帮助学生从被动学习走向主动学习，使学生在一种愉悦的氛围中，体验获得知识和提升能力的乐趣。

一、内涵理解

新课标背景下小学作业设计的发展方向是渗透趣味性，但是关于作业的趣味性还存在着不同的理解。有研究者从创新的角度出发，认为作业的趣味性就是利用互联网环境，将乏味的作业设计为有趣的、富有创造性的作业任务。[①]将作业设计突破常规布置有利于培养学生的创新思维。有学者从情境出发去认识作业的趣味性，认为创设比较复杂的思维情境有利于培养、训练学生的高阶思维，引导学生进行深度学习。[②]这一观点有助于在作业中更好地落实目标，使得学生学习更具有效率。有研究者发现可以依托游戏的形式凸显作业的趣味性，突出“玩中学习”，将所学知识蕴含于游戏之中，可以使得学生对学习产生亲切感。[③]这一论述强调兴趣是学生最好的老师，在进行设计作业时特别要重视、考虑学生兴趣，通过兴趣引导可以有效激发学生的求知欲与好奇心，进而提升学习积极性。作业的趣味性表现应该是在方式上要新颖，在形式上要多样，在内容上要有创造性，从而彰显趣味。这么做可以有效淡化作业痕迹，适应学生身心发展。

综上所述，作业的趣味性本质是要立足学生的心理需求，通过创意设计吸引学生，使他们更容易接受作业，激发学生的兴趣，提高学生对写作业的积极性，从而忘却作业的枯燥，获得愉悦的作业体验。作业设计可以从“游戏型、情境型、创新型”等方面渗透趣味性。

---

① 朱丽娟.“互联网+”下小学数学课外作业的设计与实践 [J]. 上海教育科研，2020（8）：93–96.

② 程惠萍，杨花，张智媛.“双减”视域下区域推进作业优化实践探索 [J]. 教育理论与实践，2022，42（29）：55–57.

③ 戴子. 小学数学微实践作业设计思考 [J]. 教育理论与实践，2023，43（8）：59–61.

二、运用意义

实践证明，作业越具有趣味性，学生对所学内容越感兴趣，因此，在作业设计中渗透趣味性可以有效激发学生学习的主动性与完成作业的积极性。具有趣味性的作业可以让学生成为乐学者。比如学习人教版数学一年级上册“认识钟表”时，教师可以设计“乐在其钟”数学实践活动，让学生自己设计钟表，帮助学生深入了解钟表的构造，巩固所学知识，体会到生活中处处充满数学知识。比如学习苏教版数学二年级上册的“有趣的七巧板”之后，教师可以设计这么一份作业：你还能用七巧板拼出哪些图形？把你拼出的图形与同学们进行交流，互相欣赏，还可以回家和家长一起拼。① 通过这么一份别样的作业，学生拓展了思维，激发了思考的积极性。在进行作业设计时创设有创新、有情趣的作业，以新奇有趣的形式为学生带来不同的情感体验，进一步为学生运用知识提供实践机会。重视作业的趣味性可以激发学生的学习兴趣，从而提升学生的求知欲，提升学生学习能力。② 有研究者将作业的趣味性表达为作业应充满童趣，认为这样的作业可以激发学生学习欲望，如通过编顺口溜、讲故事、做游戏等方式体现。③ 作业的趣味性有助于激发学生学习的主动性与积极性。

综上所述，在新课标背景下进行小学作业设计，要十分重视作业的趣味性，它是实现作业目的的重要影响因素。

三、案例设计

◇ 案例：创新作业形式体现趣味性

在新课程改革的过程中，作业设计的重要性不言而喻，而传统作业的问题不仅仅在于负担过重，还在于形式单调，内容枯燥。随着课程改革的深化，各学科要结合自身的特点进行改革，创新作业形式，让学生对写作业充满兴趣，能够在完成作业的过程中最大程度地发挥主观能动性。

对于语文学科的预习作业，教师通常都会布置朗读任务，要求学生读三遍

---

① 戴子．小学数学微实践作业设计思考 [J]. 教育理论与实践，2023，43（8）：59–61.

② 钟雄伟．基于核心素养的小学数学创意作业特点研究 [J]. 华夏教师，2019（29）：74–75.

③ 韩慧敏．小学一年级语文实践性作业的设计策略 [J]. 教学与管理，2018（23）：52–53.

课文，为什么要读三遍？学生真的会按照要求认真读三遍吗？然而即使读了三遍，也不能保证学生读通顺、读流利。这种没有目标和结果导向的朗读作业，对学生朗读质量的提升并没有切实的指导意义。没有听众的朗读，是枯燥的，学生往往用默读代替朗读，一些文辞优美、极具朗读价值的文章，并没有实现功能最大化。

为提升学生的朗读能力，教师可在班级中分小组开展“最佳朗读者”的评选。教师精选课文中比较难读的句子、文辞优美的语段、饱含深意的句段等，让学生通过反复练习，读准确、流利后，通过录音、视频的形式共享到学习小组。小组成员之间可以相互欣赏、点评、学习，然后由小组成员投票选出每周的“最佳朗读者”。每周“最佳朗读者”诞生之后，还可以参与每月一次的“月擂主”朗读评选，分别评出“金牌朗读者”“银牌朗读者”“铜牌朗读者”。以评比的形式开展朗读活动不仅能激发学生朗读的热情，还能保证朗读的质量。学生在发作品之前会不断练习、尝试，他们也会有模有样地向那些朗读能力强的同学学习，模仿他们的站姿、语速、情感等，久而久之，语文学科最为重要的能力之一——朗读能力会在每个单元的朗读作业之中得到夯实。

第五节　作业的生活性

作业的生活性是指将作业设计和生活紧密联系、相互融合，设计与生活相关的实践作业，以生活为素材，以实践为主要方式，激发学生的学习兴趣与探索欲望，让学生在生活中习得相关知识，并能够将知识运用到实际生活中，解决生活中的问题。

一、内涵理解

新课标背景下作业的生活性可以简述为实践性作业，教师要根据教学内容与学生特点，将生活中的问题转化为实践作业，使学生运用所学知识解决生活问题。结合生活实际设计实践作业，表明了教学并不局限于课堂，也可以融合到生活之中，设计与生活相关的实践作业内容有助于激发学生的学习兴趣与探索欲望，也能让学生学会把知识运用到实际生活中。结合课内课外设计作业可以让学生学以致用。只有将所学知识与现实生活结合，把生活资源引入作业内容才能使学生真正理解知识的内涵并熟练运用，从而提升学生的思维品质，从生活的视角帮助学生掌握知识，提升学生的学习兴趣。

作业设计要突出实践性，通过设定任务为学生创设较真实的应用环境，把学习知识与解决现实问题结合起来，帮助学生把知识运用到现实生活中。通过实践，帮助学生获得学习知识的成就感。作业的生活性还可以表现为作业是在生活中做出来的，应是书本知识与真实生活的结合点。[①] 这拉近了教学与生活之间的距离。有学者用开放性作业凸显作业的生活性，通过情境开放联系生活，使学生产生兴趣与求知欲。[②] 在此基础上可以拓展学生运用知识的范围与开阔学生思维。作业的生活性应贴合时代，表明作业布置内容除了要考量与课内所学勾连，同时也要与实际生活联系，脱离现实生活的作业，不利于学习兴趣的激发。[③] 因此，教师布置作业时应将作业内容兼具课内与课外，将课本内容与社会生活联系起来，实现与时俱进的效果。

综上所述，作业的生活性就是体现生活实践，将作业与现实生活紧密联系起来，拉近书本与社会生活的距离，与时俱进，提升学生的实践能力。

二、运用意义

作业蕴含生活性有助于学生将理论联系实际，因此，作业设计应源于并回归社会与生活。教师可设计与生活密切联系的、能够动手操作的课外作业，从而让学生亲身体验知识的形成过程，经历一次知识的被发现过程，这能够促进学生知识能力发展，提高学习积极性。作业形式与内容应贴合学生生活，这有助于学生对其产生亲近感，领会到所学知识的真正价值。比如在人教版数学四年级上册条形统计图教学之后，教师可以通过具有实践性质的作业将课本内容延伸到生活，以知识应用促进课内外的联系，因此可以布置这么一个作业：请同学们统计自己家厨房中碗、锅、筷子、勺子的数量并绘制条形统计图。[④] 这份作业与生活实际联系密切，让学生在生

① 李臣之，张潇云．论“双减”背景下高质量作业设计 [J]. 教育科学研究，2023（3）：55–61.
② 贾轩，曾小平．小学数学开放性作业的设计方法 [J]. 教学与管理，2019（23）：52–54.
③ 默文婷．“双减”背景下语文作业针对性设计的实施路径 [J]. 教育科学论坛，2022（14）：52–54.
④ 贾轩，曾小平．小学数学开放性作业的设计方法 [J]. 教学与管理，2019（23）：52–54.

活中发现数据并统计，有利于增强学生联系生活进行探究的能力，实现知识的理论性与生活的实践性相结合。学生通过自己的实践加强对知识的认知，提高自己运用所学知识解决实际问题和用数学眼光观察世界的能力。

综上所述，多位研究者对作业渗透生活性十分重视，作业的生活性能够避免学生对所学知识停留在概念阶段，帮助学生提升实践能力，让学生独立思考探究，主动发现、分析、解决问题；能够培养学生的创新品质，实现知识与实际生活结合；能够达到巩固知识的效果，还能帮助学生提升解决实际问题的能力，真正感受到知识的魅力。

三、案例设计

◇ 案例：假期作业的生活化设计

陶行知先生主张将教育与生活深度、密切结合。当下，我们的课堂教学内容、形式、活动等正在向生活回归，作业设计与实施同样需要从生活中来，再回到生活中去，借助生活化情境，创建真实的学习运用场景；借助生活化作业，让学生在真实情境中运用所学知识解决实际问题，这也是新课标的基本要求。

武汉市一所小学在2023年的寒假设计了各年段各学科的寒假特色作业，将寒假作业与寒假生活紧密相连，让学生在生活中习得知识、探究知识、运用知识。

一年级语文作业“会送祝福的吉祥兔” 任务：虎年就要过去，兔年就要到来，在这辞旧迎新的日子里，希望同学们能展示自己的好口才。大家可以为自己的每一位家人送上新年的祝福，记得一定要根据家人的年龄及特点，想好祝福的话语。大家还可以把自己的新年愿望告诉家人。如果你在交流中可以用上你积累的好词好句，那就更棒了！（习得语言、运用语言）

一年级数学作业“活力四射的实践兔”任务：同学们，随着扫码支付的普及，生活中用到现金的机会越来越少，但下学期我们要学习“人民币”，所以请大家趁过年买年货时开展实践操作。认识100元、50元、20元、10元、5元的纸币，1元、5角和1角的纸币和硬币，仔细观察并说一说它们的区别。（认识人民币）

二年级数学作业“心灵手巧的手工兔”任务：同学们，贴窗花是中国传统的节日习俗。每到新春佳节时，许多地方的人喜欢在窗户上贴各种剪纸窗花，以寄托辞旧迎新、接福纳祥的美好愿望。请你也来动手做一做窗花，将剪下来

的窗花贴在笔记本或墙上，然后仔细观察，看看这些窗花有什么特点。（了解轴对称图形）

四年级数学作业“行针步线的设计兔”任务：同学们，为了提供营养又健康的午餐，学校食堂正在向全校学生征集供应方案，一起来参与吧！大家可通过图书馆或网络，查阅、搜集有关儿童膳食结构及营养健康方面的资料，做些准备工作。实践活动按以下提供的信息完成任务。

①了解日常膳食中的一些主要品类：谷类、薯类、蔬菜类、水果类、动物性食物、奶及奶制品、大豆及坚果类等。

②结合地域和学校实际，选定各品类中比较常见的食物。（每类不超过 5 种）

③基于合理膳食、营养均衡等要求，制订合理的搭配方案。（如分为必选和可选两类，每类搭配包含几种食物）

④根据自己设定的方案尝试进行搭配，并计算一共有多少种不同的搭配。

⑤调查同学们对相关食物的喜好程度，以适当的方式统计数据，并选出你认为值得推荐的 5 种搭配。

⑥为了使搭配方案更合理，还需要考虑哪些因素？

总结评议时，先组织学生分小组交流各自的搭配方案，然后选出其中具有代表性的方案做集体展示，供全班评议。重点交流方案生成的过程中主要考虑了哪些因素，以及如何基于已有数据、信息做出决策和优化。该作业以学校食堂征集午餐供应方案为引子，与学生的生活密切相关，能够很好地激发学生的主人翁意识和探究兴趣。学生需要综合运用数学、生命科学、信息检索等方面的知识与技能以及生活经验，经历查阅资料、选择搭配、调查统计、决策优化、交流探讨等主体性活动，经历探究、解决生活实际问题的完整过程。通过这样的实践活动，培养学生全面有序思考问题的习惯，分类处理信息的意识，基于数据做决策的观念，以及健康生活、合理膳食的理念。

第六节　作业的层次性

作业的层次性在班级授课制不变的前提之下，对同一班级中不同层次的学生，根据其水平、能力层级，设计出相适应的作业，着眼于促进各层次的学生在各自原有基础上，不断提高其能力。

一、内涵理解

新课标背景下教师要十分重视发挥作业的层次性。宋晓东认为作业的层次性是考虑学生水平与实际情况，布置不同层次的作业，满足不同水平学生的需求。可以将此分两个方面理解，一是可以根据学生的水平，将学生划分为不同的层次，然后根据学生的层次，制订不同难易程度的作业，二是根据特定教学内容，制订有针对性的作业，进一步根据学生对某个知识点的学习情况，制订不同水平的作业，保证学生在现有学习基础上得到一定的提升。① 这就要求作业设计既要考虑学生差异又要考量教学实际，做到教情与学情的统一。有研究者指出作业的层次性就是分层设计、自主选择，教师根据学生的层次差异设计出难度不同的作业，让学生自主选择，从而使不同发展水平的学生都能较好地完成作业，享受做作业的快乐。② 有研究者将作业的层次性理解成作业内容要由浅入深，由易到难，具有一定的梯度，体现教学内容的层次性。③ 从作业对学生的要求去展开分析，因此教师在进行作业设计时需要布置多梯级、多层次的作业，以满足不同学习水平学生的作业需求，实现预期的作业效果。有学者主张作业布置应分层推进，体现作业的层次性，要求教师熟悉自己的学生，尽可能对不同水平学生布置略有区别的作业，在作业布置时，教师应针对不同学业水平的学生，尽量提出不同的内容要求或者形式，但与此同时要务必注意，虽然针对不同学业水平的学生，作业内容要求或者完成形式有所不同，但其背后的能力训练侧重应保持一致。④ 有研究者把作业的层次性论述为尊重学生群体差异，适当增减作业难度，实施作业层次化策略。⑤ 这一说法将作业层次性

---

① 宋晓东．“双减”背景下小学数学作业的育人功能提升：评《“双减”背景下作业的创新设计与批改》[J]. 中国教育学刊，2023（2）：139.

② 陈晓妍．“双减”背景下小学语文作业的开发设计策略 [J]. 语文建设，2022（8）：61–65.

③ 吴宏力，于洁．“双减”背景下优化小学英语作业设计研究 [J]. 中国教育学刊，2023（S1）：140–141，147.

④ 默文婷．“双减”背景下语文作业针对性设计的实施路径 [J]. 教育科学论坛，2022（14）：52–54.

⑤ 谢显东，徐龙海．“双减”政策下小学语文作业设计讲究“四化”[J]. 中国教育学刊，2022（2）：106.

具体化为在对学生的作业能力客观评价的基础上坚持因材施教理念，适当提高或降低作业难度，找准学生发展层次和最近发展区，以确保每个学生都能够在规定时间内保质保量完成作业。

综上所述，尽管研究者关于作业的层次性的解释有些许区别，但都可归纳为根据学生的独特性与教学的集体性，设置有层次的作业以适应不同发展水平的学生的需求，实现学生的差异化发展，提高作业的针对性与有效性。

二、运用意义

作业的层次性对学生与教师教学都具有巨大价值。有研究者从提升个人能力方面论述其意义，采取分层作业设计才能实现让不同学生都能通过作业练习提高自身综合实力。① 分层作业能够有效适应学生的个体差异性，避免完全统一的作业对学生学习兴趣与自主学习能力的抑制。从教与学互构的角度分析，有研究者认为作业的层次性可以呈现出两种方式。一种思路是设置具有难度层次的多种题型，如必做题和选做题、多种星级题目，必做题和低星级题目起到巩固知识的作用，要求所有学生都完成，选做题和高星级题目为拓展、突破型作业，可以满足优等生拔高的需求。另一种思路是设置具有开放性答案的弹性作业，一题多解也是一种分层作业，例如一位语文教师在实践性作业中的要求是优等生不仅要能细致观察，具体描写，还要通过文字表达出一定的喜爱之情；中等学生要细致观察、条理清晰、描写较具体；后进生要仔细观察，能比较有条理地抓住主要特点，写一段话。② 分层作业可以兼顾不同层次学生的学习需求，有助于解决教师面临的教学困境，实现教与学协同发展。

综上所述，研究者认为作业的层次性的意义集中于学生个人发展与学校教学，可表述为作业的层次性可以满足不同学生的发展需求，有效推进教学。

---

① 吴宏力，于洁．“双减”背景下优化小学英语作业设计研究 [J]. 中国教育学刊，2023（S1）：140-141，147.

② 王梦倩，王陆．教师作业设计改进：应然性与实然性互动的视角 [J]. 中国电化教育，2023（4）：91-98.

三、案例设计

◇ 案例：提供套餐式作业供学生选择

在教学过程中，要让学习有困难的学生掌握最基础的知识，同时又能让优秀的学生在作业中获得发展和提升，因此，实施分层性作业是非常必要的。教师可以设计基础性作业、发展性作业和提升性作业，各层级的作业之下可以设计多种题目套餐，供学生自主选择，在充分评估学生的现有知识、能力水平和潜力倾向之后，分层次布置作业，使各层次的学生在原有学习基础上，提升和发展自己。例如，统编版语文五年级下册第一单元的作业可以做如下层次性设计。

五年级下册第一单元作业设计

阳光大道 ☆☆☆ （基础性套餐）	★第一关：古诗觅童年（《古诗三首》） 1. 读通、读熟、背诵古诗。默写《四时田园杂兴（其三十一）》 2. 根据诗旁注释，想象画面，大致理解诗意 ★第二关：园中忆童年（《祖父的园子》） 1. 读通、读熟课文，会认二类生字词，会写一类生字词，摘抄、理解文中的“ABB”式词语 2. 默读课文并思考：祖父的园子里有些什么？“我”和祖父在园子里做了什么？（解决课后习题，考查对课文内容的理解） ★第三关：月下梦童年（《月是故乡明》） 1. 读通、读熟课文，会认二类生字词，摘抄、理解文中的四字词语。掌握多音字“燕”的读音并组词 2. 默读课文并思考：作者由月亮想到了哪些往事？抒发了哪些感受？（解决阅读提示，考查对课文内容的理解） ★第四关：梅香思童年（《梅花魂》） 1. 读通、读熟课文，会认二类生字词，摘抄、理解、背诵文中引用的诗句 2. 默读课文并思考：课文写了外祖父的哪几件事？表现了他怎样的感情？谈谈你对“梅花魂”的理解（解决阅读提示，考查对课文内容和中心主旨的理解）

续表

柳暗花明 ☆☆☆☆ （发展性套餐）	★第一关：古诗觅童年（《古诗三首》） 根据古诗内容，选择其中一首改写成短文（基于对古诗的理解，再结合自己的想象，添加恰当的环境和人物的细节描写进行读写结合的训练） ★第二关：园中忆童年（《祖父的园子》） 读句子，体会“我”的内心感受，再从课文中找出类似的句子（解决课后习题，考查抓句中的关键词句，体会作者感受） ★第三关：月下梦童年（《月是故乡明》） 1. 重点读第 5 自然段，体会作者表达情感的方法 2. 从哪些句子可以体会出作者对故乡小月亮的喜爱呢？请摘抄相关句子，并说说你的理由 ★第四关：梅香思童年（《梅花魂》） 读写结合：选择一种你欣赏的事物，用“借物喻人”的写作手法，表达你对它和他们的欣赏
曲径通幽 ☆☆☆☆☆ （提升性套餐）	★第一关：古诗觅童年（《古诗三首》） 1. 搜集、摘抄其他体现儿童童真、童趣的古诗，尝试背诵 2. 跨学科：给自己喜欢的诗句配画（旨在在学科融合中感受诗趣，体悟诗情，从而感受诗中蕴含的童真、童趣） ★第二关：园中忆童年（《祖父的园子》） 1. 小练笔：结合《祖父的园子》，想象你就是离开家后的萧红，尝试给祖父写一封家书，表达对祖父的思念 2. 课外阅读：结合本课“阅读链接”，找到相关作品的章节，你也来读一读并思考，为什么“我”对祖父的印象那么深刻。记录下你读后的独特感受吧 3. 跨学科：（二选一） （1）画一画：将“我”和祖父在园子里快乐的身影定格下来，体会祖孙间的其乐融融 （2）种一种：在祖父的园子里选择一种植物来栽培，体会种植的快乐 ★第三关：月下梦童年（《月是故乡明》） 搜集、摘抄其他“借月思乡”的古诗，也可以以诗配画

续表

曲径通幽 ☆☆☆☆☆ （提升性套餐）	★第四关：梅香思童年（《梅花魂》） 1. 类文阅读：阅读余光中的《乡愁》，仿照这首诗的形式，结合课文主要内容仿写诗歌，题目自拟 2. 跨学科：在中国人的心里，梅千百年来一直都是一种受人敬仰的花木。尤其是诗人墨客，更是将梅花写入他们的诗词和文章之中，成了影响一代又一代中国人的精神食粮。你还知道哪些像梅一样的植物呢？给它配上诗句，画出来吧

第七节　作业的合作性

作业的合作性是指在作业设计的过程中把独立学习和集体学习有机结合起来，给学生提供相互合作的机会和空间，让学生以小组或全班为单位，积极互动、各抒己见、取长补短，充分调动每一个学生的学习积极性，发挥每一个学生的特长，让他们在合作中完成作业，培养学生自主学习、共同学习的能力和沟通能力。

一、内涵理解

新课标聚焦于学生核心素养的培养，反映到小学作业的设计上，具体表现之一就是作业的合作性。目前关于作业的合作性说法不一。朱丽娟认为作业的合作性可以论述为通过网络技术创造了新型的实践交流模式，其合作性可以表现在学生之间、师生之间、家校之间。[①] 这是通过互联网技术设计出的一种同时联系多元主体的交流模式。有研究者提出作业的合作性表现为教师在布置课内作业的同时，根据学生的作息规律，联动各位家长合理规划学生的家庭作业

① 朱丽娟．“互联网 +”下小学数学课外作业的设计与实践 [J]. 上海教育科研，2020（8）：93-96.

时间。[①] 这主要是从家校合作能有效培养学生的角度而提出的。有研究者将作业的合作性解释为合作互助，其主要可以从三个角度理解，首先是师生之间就作业相关问题达成的约定，其次是家校协同设计作业，最后是通过政府支持设计平台实现作业的合作。[②] 林雪峰则是根据作业的效能感将作业的合作性论述为家长协同完成或者师生协同完成。[③] 通过协同育人设计出高效能的作业，提升学习的有效性。有研究者认为作业的合作性体现为合作式的作业，重视培养学生的合作意识，表现为尽可能多地提供小组讨论作业实现合作学习。[④]

综上所述，尽管研究者对作业的合作性解释不一，但就其实质达成了共识，即鼓励学生走出孤立的自我学习，进行多个主体间的联系与协同，主要可分为学生之间、师生之间、家校之间的合作联动，形成一种范围宽广、氛围融洽的学习方式。

二、运用意义

作业的合作性对促进学生全面发展具有重要意义。通过建立作业合作，学生可以树立团队意识，增进情感交流，这是培养学生合作精神的重要途径。作业的合作性对多个主体之间都具有重要意义。对师生而言通过建立作业的合作可以有效缩短师生间的距离；对家校而言可以促进二者就学生的学习情况展开沟通交流，实现协同共育；对家庭而言可以促进亲子关系的发展。比如，在设计作业时，家长可以和教师协作设计一份亲子共同完成的实验，提升孩子的探究能力，家长和孩子都参与作业完成的过程不仅会给孩子带来不一样的作业体验，还能形成更亲密的亲子关系。又比如，教师在语文课堂上讲授一些带有故事性的课文时可以将作业设计为情境表演，学生通过小组合作的方式完成作业。合作完成作业的实践活动有助于激发学生学习的兴趣与主动性，从而提高教学质量。作业的合作性作为桥梁，可以有效促进同学关系、亲子关系、师生关系、家校关系的和谐发展，有利于多元主体融合育人。

---

① 谢显东，徐龙海．“双减”政策下小学语文作业设计讲究“四化”[J]. 中国教育学刊，2022（2）：106.

② 李臣之，张潇云．论“双减”背景下高质量作业设计 [J]. 教育科学研究，2023（3）：55-61.

③ 林雪峰．浅谈乡村小学生课外作业效能 [J]. 教育理论与实践，2018，38（35）：63-64.

④ 高有华，陈紫茹．外化型小学语文作业系统建构 [J]. 中小学教师培训，2017（12）：36-40.

三、案例设计

◇ 案例：整本书阅读的合作性作业

合作是相互学习、智慧碰撞、取长补短的重要途径。新课标倡导培养学生的团结合作、主动探究精神。教师为学生布置合作性作业，不但可以帮助他们巩固知识，还能培养学生的合作能力、创造能力。

小学语文教材中有诸多故事性较强的课文，特别是中高年级编排了民间故事、古典名著和外国名著单元。这些篇目，故事情节曲折、人物形象立体，在课内完成相关语文要素的学习之后，教师可以布置合作性作业，让学生进行整本书阅读，在小组之间开展形式多样的共读活动，进行读书交流。

例如在学完《鲁滨逊漂流记》之后，教师可以在班级里开展整本书共读活动。在阅读推进过程中，让学生分小组汇报读书心得。小组成员之间可以根据自身优点和特长，合理分工。学生可以合作朗读书中精彩片段，或是在完成一个阶段的阅读之后，针对书中的问题，在小组中开展讨论，并填写记录卡。

有趣问题“议一议”

提出问题： 讨论过程： 得出结论：			
评价：	提出问题☆☆☆	得出结论☆☆☆	讨论激烈☆☆☆

《鲁滨逊漂流记》这本书故事性很强，故事情节引人入胜，人物形象鲜活，在整本书阅读之后，教师可组织各阅读小组进行剧本编写，深刻领悟作品的思想内涵，并鼓励学生合作表演，以提高他们的交流表达能力、组织协调能力和团结协作能力。

第八节　作业的量力性

作业的量力性是指教师设计的作业难易程度、呈现方式要符合课程标准的学段目标要求，不能盲目拔高或降低要求，要适合不同层次学生的实际发展水平，既要让学生有能力完成，又要找到各个层次学生的最近发展区，让每个学生都能在作业实施中获得知识，提升能力。

一、内涵理解

量力性是影响作业得到有效实施的关键因素，对教与学都具有重要影响。目前学术界对作业的量力性认识还未达成统一标准。其中陈小平将量力性表述为增强作业的适切性，设计菜单式的作业，让学生根据自己的能力水平有选择性地完成作业。① 这能够实现作业与学生学情的适应搭配，提高教学效益。王学进认为作业的量力性可以表现为作业的选择性，可简述为作业同时兼顾检验与满足的功能，设计基础作业、提升作业、挑战作业。② 这主要是从作业设计的难度与类型去解释量力性。有研究者通过作业的学生选择空间和作业自主权体现作业的量力性，具体可以表述为学生根据自己能力选择难度适宜的作业，根据自己的兴趣爱好选择自己喜欢的作业。③ 有研究者将作业的量力性描述为注意作业弹性与分层的同时给学生作业选择权，即设计作业时根据难度和能力将作业分为必做题和选做题两个层次，严格控制必做题的数量和难度，让学生根据自身学业水平以及课堂学习效果自主选择，而不是依据学生的学业水平将学生分为若干层次。④ 这不仅兼顾了学生学情与教学实际的差距，还体现出对学生的尊重，能够有效激发学生的主动性。有研究者从促进学生个性发展的角度将作业的量力性解释为作业设计要走在学生发展之前，在立足学生差异性的基础上，将可预期达到的学生更高发展水平作为着力点来设计作业难度，将作业设计类型分为基础夯实型、拓展提高型和挑战创新型作业，让学生根据自身

---

① 陈小平 . 小学语文课外作业中的问题及改进策略 [J]. 教学与管理，2019（35）：54-55.

② 王学进 .“双维”驱动，设计“生长型”作业 [J]. 人民教育，2022（Z2）：103-105.

③ 王梦倩，王陆 . 教师作业设计改进：应然性与实然性互动的视角 [J]. 中国电化教育，2023（4）：91-98.

④ 王旭东 . 精设计 · 巧管理：作业改革促“减负”精准落地 [J]. 中小学管理，2018（7）：46-48.

知识基础和学习能力自主选择。[①] 从最近发展区的层面去论述作业的量力性有助于帮助学生发展，也能提升教学水平。

综上所述，尽管研究者对作业量力性的表述不一，但都认为作业设计应当呈现出层次，使作业能够满足不同水平的学生的需求，体现出循序渐进及因材施教。

二、运用意义

教育要面向全体学生，学生具有独特个性，这要求教师在设计作业时既要考虑共性也要思考差异性。作业的量力性可以做到满足不同学生的不同需求，有助于学生个性的全面发展，也有助于学生愉快地完成作业，提高作业的针对性与有效性。比如在语文课堂上学习了古诗《绝句》后，教师可以设计这样一些作业供学生根据自身发展选择，如朗读两首古诗，并能背诵给同桌或家人听；画一画诗中的春景图；查找一些描写春天的古诗词，并摘抄几首自己喜欢的诗词；将这些诗写成硬笔或软笔书法作品；根据自己的理解、体会及感受，将其改写成描写春天的小短文等。学生可以自由选择这些作业中的一项去完成，这样既满足了不同学生的需求，也让所有学生体会到写作业的快乐，基于此给教师提供反馈有助于提升教学整体质量，实现更好的教育。

综上所述，作业的量力性不仅能够激发学生的学习主动性，让学生通过学习知识获得完成作业的成就感，也能够帮助学生实现有效发展，保证教学质量促进教学效益最大化。

三、案例设计

◇ 案例1

作业的量力性，体现在教师的作业设计要面向全体学生，要充分考虑学生所处的学段学情。课程标准将义务教育阶段的课程分为三个学段，并分别提出了各学段的课程目标和课程内容，三个学段的目标要求由浅入深、螺旋式上升。因此，教师在设计作业时，要依据课程标准对每个学段的要求，设计科学合理、符合学生身心特点和能力水平的作业。

---

① 李臣之，张潇云 . 论“双减”背景下高质量作业设计 [J]. 教育科学研究，2023（3）：55-61.

例如，关于长方形、正方形、平行四边形、三角形、圆形等平面图形的知识，第一学段提出“经历图形的抽象过程，积累观察物体的经验，形成初步的空间观念”的目标，以及“能辨认长方形、正方形、平行四边形、三角形、圆形等平面图形”的课程内容。而第二学段则提出了认识“直角三角形、锐角三角形和钝角三角形”“认识等腰三角形和等边三角形”的课程内容。可见，平面图形这一知识点，在不同学段有不同要求，教师要依据学段要求，设计难度合理的作业。

结合以上课标要求，第一学段“认识图形”的作业可以做如下设计。

操作作业：1. 找一找、摸一摸、拍一拍家里物体的面（长方形、正方形、圆形、平行四边形、三角形）。2. 画一画、剪一剪、分一分。画出 5 种图形，每种图形各 3 个，剪下来，打乱后再进行分类。3. 用自己的话说一说 5 种图形的特点。

实践作业：同学们，我们生活中的很多事物都是由一个又一个的图形组成的，你也试着用这些图形设计一幅漂亮的画吧。

（1）这幅画的名称是：《　　　　》。

（2）你选择的方式是（请打“√”）。

①利用身边的立体图形拓印或描出学过的平面图形，设计成一幅画。（　　）

②用彩纸剪出学过的平面图形，贴成一幅画。（　　）

（3）在你的画中，用到了哪些平面图形？各有几个？请数一数，填一填。

以上三种作业，符合低年段课程标准的要求，也符合学生的身心特点，遵循了量力性原则。

◇ 案例 2

作业的量力性，还体现在教师的作业设计要兼顾学生的个体差异。虽然素质教育的第一要义是要面向全体学生，但学生之间的知识与能力的差异是客观存在的。教师在设计作业时，应尽可能兼顾这种差异，不能一刀切，而应该从实际出发，因材施教，针对学生的个体差异，设计有层次的作业，让不同层次的学生都能得到提高。教师在设计作业时，要切实考虑到各层次学生的接受程度，遵循“量力而行，共同提高”的原则，针对不同层次的学生布置不同的作业。

例如，统编版语文六年级上册第七单元《文言文二则》，在学习完《伯牙鼓琴》这篇文言文后，教师可以设计如下作业。

（1）背诵作业：要求学生熟读并背诵《伯牙鼓琴》。

设计意图：背诵这篇文言文是课后习题的明确要求，熟读成诵也是学习文言文的一种较为简单直接的方法，能培养学生的文言语感，积累文言知识。此项作业要求全班学生完成。

（2）仿写作业：试着像锺子期一样去夸赞伯牙的琴声，可以结合图片中的景物，也可以写自己喜欢的景物。

这一项仿写作业是让学生结合图片，仿写“形似意通”的句子，可以让学生的思维更加开阔，积累文言句式，此项作业可以布置给中等水平的学生完成。

（3）提升作业：诵读下面三首诗，感受伯牙与子期心意相通的深厚情谊。

伯　牙

［宋］王安石

千载朱弦无此悲，欲弹孤绝鬼神疑。
故人舍我归黄壤，流水高山心自知。

月夜听卢子顺弹琴

［唐］李白

闲坐夜明月，幽人弹素琴。
忽闻悲风调，宛若寒松吟。
白雪乱纤手，绿水清虚心。
钟期久已没，世上无知音。

示孟郊

［唐］孟浩然

蔓草蔽极野，兰芝结孤根。
众音何其繁，伯牙独不喧。
当时高深意，举世无能分。
钟期一见知，山水千秋闻。
尔其保静节，薄俗徒云云。

设计意图：此项作业为拓展延伸作业，选取的三首诗是补充课后资料袋中的诗文，通过诵读，学生可以进一步体会伯牙与子期心意相通的深厚友谊，感受中华传统文化的魅力。此项作业可以让学有余力的学生选择完成。

第三章

素养导向的作业类型与设计实施

自经济合作与发展组织（OECD）首次提出“核心素养”以来，各国都试图通过建立符合本国“核心素养”的体系以提升人才质量，增强竞争力。我国教育部于 2014 年发布《关于全面深化课程改革落实立德树人根本任务的意见》，明确提出“核心素养”是学生应该具备的适应终身发展和社会发展需要的必备品格和关键能力，同时要求各个学科都应当落实核心素养，并制订各学科学生发展核心素养体系。2019 年初，教育部正式启动我国义务教育课程方案和课程标准的修订工作。本次义务教育课程方案和课程标准修订的一大突破是以核心素养为导向，阐述各学科课程的育人目标，强化义务教育课程的育人功能。基于核心素养的义务教育课程改革是新时期素质教育的深化和发展，是对我国基础教育改革成果和经验的继承与创新。而作业作为各学科教学中的重要环节，能够直接检验教师教学和学生学习的效果，提升学生的学习能力，所以通过科学设计作业来培育学生的学科核心素养至关重要，以核心素养为导向来设计作业势在必行。

第一节　素养导向作业的内涵与价值

核心素养是智能化时代和创新经济模式对我国义务教育提出的新要求，是完善义务教育育人目标体系的枢纽。作业，经常作为学生复习、巩固、理解、掌握所学知识的途径，它是学校教学环节中的关键一环，是课堂的延续。因此作业设计就成了教师教学工作中的重要一环，是教师根据作业对象和作业目标，将教学过程的要素有序、优化地安排，形成作业方案的过程。作业若具有丰富且多样的内涵，那么在培育学生的核心素养方面也可以发挥不同程度、不同层面的作用。因此，素养导向的作业指向多样化、多途径、全方位地促进学生核心素养的发展。

一、素养导向作业的内涵

《关于全面深化课程改革落实立德树人根本任务的意见》明确提出核心素养是“学生应具备的适应终身发展和社会发展需要的必备品格和关键能力”。《中国学生发展核心素养》指出，中国学生发展核心素养以“全面发展的人”为核心，包括自主发展、社会参与、文化基础三个方面，具体表现为学会学习、健康生活、责任担当、实践创新、人文底蕴、科学精神六大核心素养。①

素养导向作业指向促进人的全面发展，关注学生的全面发展所需的和必备品格关键能力，更加体现“育人本位”的理念。作业是学生习得、掌握基本知识与技能的重要途径。学生通过作业可以直接地、及时地回顾所学知识，提高鉴赏、评价、探究等能力，养成良好的学习习惯。学生能力的形成和发展不能仅仅依靠教师在课堂上讲授，还需要学生亲身体验。所以，学生要将知识和能力内化为素质结构，不局限于学科知识，重视“五育”并举，促进自身健康、

① 林崇德．中国学生核心素养研究 [J]. 心理与行为研究，2017（2）：145-154.

全面发展。

素养导向作业重视真实情境的发现和解决真实情境中的问题。素养导向的作业需要创设具有生活性和真实性的情境，从而点燃学生的学习热情，形成认知冲突，激发学生自主学习的内驱力。通过聚焦特定学科，明确该学科侧重培养的素养，并以此往外推进，提高学生知识迁移的能力和解决综合性问题的能力。将问题作为导向，综合运用各种知识和资源，打破学科之间的限制，对过程从整体上进行系统化、流程化的设想，以各种丰富且有效的形式达成目标，培育学生的核心素养。

素养导向作业重视学生的实践。真实的实践活动往往涉及多学科的相互渗透和融合，因此素养导向的作业关注对学生跨学科学习能力的培养。素养导向的作业是作为一种以作业为载体达成素养培养目的的学习活动，需要从全课程角度思考作业的全息融合，融入多学科的学习，重视对高阶思维、学科素养和超学科能力的培育。

素养导向作业设计和完成需要较长的周期。因为素养导向的作业中所蕴含的知识迁移，不仅是在学科情境中的迁移，而且包括迁移至其他领域，是一种整体性教育行为，强调对作业的统整、组织和深入研究，而非局限于单一学科领域或学科内单一内容板块知识和技能把握的学习形式。这是一种相对而言需要长期持续的作业，也是一个比较完整的学习活动。

总而言之，素养导向作业是以提升学生核心素养为目的的教学活动的延续，是教师站在全面育人的角度，整合学科的内容和素材，为培养和发展学生核心素养而设计的。素养导向作业以具体情境为基础，以现实问题为导向，具备打破学科间壁垒，将知识迁移至其他领域，从而实现跨学科融合，提高学生综合能力和培育核心素养的本质属性。

二、素养导向作业的价值

作业设计作为学科课程教学中的一个重要环节，能够直接检验教师教学和学生学习的效果，提升学生的学习能力，所以通过科学设计作业来培育学生的核心素养是至关重要的。其实作业和发展学生素养之间本身就存在着一定的逻辑关系，因为作业本身就是一项教学活动，能够展现出扩充教学、继续提高的价值，同时，学生通过完成作业能够让自身积累更多的学习资源，促进学习的个性化发展，挖掘学习潜力。学生在解决问题的过程中能够培养情感、提升能力、巩固知识，实现对学科知识的深化与发展。

与传统形式的作业相比，素养导向作业具有它独有的价值意蕴。相比传统的作业，素养导向的作业是一种要求较高的作业类型，是知识学习的显性表达，凸显学生的动手能力，能够体现学生的综合素养。核心素养包含多个方面，这就要求素养导向下的作业必须是科学的、合理的，能够提高学生多方面的能力水平，从根本上全面提升学生的核心素养。

素养导向作业突破了学科的界限，实现学科统整，体现了整体育人观。传统的作业总是受制于学科内容，把学生的能力生硬地切分为多个单一的方面，希望通过“拼拼图”的形式拼成学生的能力发展。但这种形式实际上忽略了学生作为“人”的整体性、全面性，也忽略了核心素养多个方面的相互关联。而素养导向作业来自更高维度的思考，不再是学生发展核心素养的障碍，反而会成为学生核心素养发展的助力。这种作业的改变，更能反映出当下整个教育环境理念和行动的变化。比如依托专题的长作业将静态的“文本课程”转变为动态的“体验课程”，变作业的单一性、机械性为现实性、新颖性、丰富性和开放性，为学生营造更加广阔的探究时空，为其专业发展提供了更有力的支撑。① 对素养导向作业而言，更加强调与生活的联系，生活化属性更加突出。这种侧重学生在具体情境中灵活运用多学科知识的作业，充分体现了对整体育人的思考。

素养导向作业要求学生解决真实情境中的问题，引导学生在“做中学”，从作业形态上实现由静到动的转换，从作业主体上进行深层丰富的开拓，变传统为新式，突破时间和空间的局限，最终实现学生长期持续且细致到位的素养提升。当学生面对一个具有挑战性的真实问题，他们收集资料，并尝试解决问题，之后会提出更深刻的问题。这个过程会持续、循环，直到学生得到一个满意的答案或解决问题的方案。素养导向的作业把单纯的纸笔作业转变为实践性作业，学生在投入过程的同时会引发多种思考，继而尝试运用，综合素质会得到提升。② 既能让学生感受到足够的乐趣，又能使学生的综合素质得到发展，

① 孙方友 . 基于专题长作业的小学数学课程融合教学研究述评 [J]. 中国教育学刊，2023（S1）：68-70.

② 褚晶 . 实践性作业：打开心智之“窗”[J]. 人民教育，2016（7）：50-52.

同时保证教学目标顺利实现，这种作业方式的革新变化，在凸显学生个性的同时，更能促进学生的高阶思维发展。作为一种以解决问题为目的的作业，其素养导向的价值在整个实践过程中不断地被实现。

素养导向作业开放性强，格局更加开阔，更能提升学生的综合能力，提升学生的核心素养。素养导向作业常围绕单元主题的大概念展开设计，主题作业整合单元主题，统筹思考不同课时作业之间的结构性与递进性，减少低认知层级作业在不同课时内的简单机械性重复，围绕单元主题为全体学生布置作业。单元主题作业内容丰富、形式多样，立足本学科，融合跨学科知识和技能，在培养学生动手能力、动脑能力、设计能力、绘画素养、审美情趣、表演技巧、想象能力、创新能力的同时，兼顾促进其思考、坚持、友爱等良好个人素质的发展。重组教学内容，运用多种作业类型，共同指向单元主题目标，从而减少重复性、机械性作业，实现由关注作业结果到关注学生发展的过渡，真正体现作业的育人价值。统整和聚合可以将作业结构化，帮助学生掌握基础知识，培养学生主动学习的意识和基本能力，提高学生的理解能力，并在迁移运用中发展学生的核心素养。

作业是学生成长过程中极其普通而又特殊的经历，其普通性在于其属于学生的经常性学习行为，其特殊性则在于作业经过了教育的设计。① 作业设计的质量高低直接关系到作业的价值能否充分发挥，素养导向作业立足于学生的认知和能力基础，在教师的引导下由学生自主操作、独立完成，这有助于学生迁移运用课堂所学，提升自己在实际生活中发现问题、分析问题、解决问题、反思问题等能力。这一过程既包括学生社会化的发展，又包括个性化的培养，既促进学生智力水平的提升，又注重其动机、品质、情感等非智力因素的发展。

第二节　素养导向下的作业设计

提高作业设计和实施的质量，是重建课程、提升课程意义、促进学生素养

① 李臣之，孙薇．发展主义作业观 [J]. 课程・教材・教法，2013（7）：17-24.

发展的重要内容。以素养为导向优化作业设计，厘清作业育人路径，有助于切实发挥作业的优势与价值，落实育人功能，促进学生核心素养的形成与提升。

一、素养导向的作业设计特点

随着课程改革的深入推进，学校越来越强调素养导向的作业设计，强调对作业的目标、内容、形式、难度、时间等进行整体规划，重视单元间、学段间的相互关联。素养导向的作业设计与以往传统形式的机械化、重复化和生硬化的作业设计相比，有以下几点特点。

（一）统筹性

学生在理解能力与学习进度等方面存在个体差异，教师在设计作业的时候注意统筹，围绕学生的生活经验、学习动机、个性差异、认知水平来明确作业设计流程。例如语文学科核心素养中的四个要素是相互促进、相辅相成的，其中包含了语言建构和运用、文化传承和运用、审美鉴赏和创造、思维发展和提升，教师要将这些内容融合在一起进行作业设计，让学生在解答问题的过程中增强自身的文化归属感、审美素养，锻炼自己的语言表达能力与思维能力。在核心素养导向下的作业设计过程中，教师还要注意理论性与实践性相统一，实现文本知识和实践活动的融合，使学生养成良好的行为习惯与学习习惯，发展学生的学科核心素养。

（二）整体性

新课标倡导把每堂课教学的知识置于整体知识的体系中。在整合性和层次性并举的原则下，教师应基于功能目标的整合性要求，尽可能整合作业目标，让学生通过一项作业，完成多个环环相扣的学习任务。同时，设计时还需要关注作业类型、作业难度、作业时间和作业结构等关键要素。结合以上要求，单元主题作业体现了素养导向的作业的整体性的特点。单元主题作业以单元主题为核心，以实际生活为背景，以一系列的任务为形式，学生在完成作业过程中，能够获得真实体验，对单元主题形成有效认知，并深入了解相关的文化内涵。教师在设计作业时，要分析和整合单元知识，关注课时之间的衔接，使作业设计呈现阶梯式和连贯性。这类作业不是课时作业的简单累加，而是从知识巩固到技能培养，循序渐进，逐步深入，从而帮助学生构建学科知识体系，提升学生的必备品格和关键能力。

在单元整体教学中，教师需要把每个教学单元或每个教学模块看成一个整体，关注联系，整合设计。通过知识整合提炼出核心问题，引导学生用整体联系的眼光把知识点串成线、结成网，让学生逐步学会学习。单元主题作业作为单元主题教学的延续，是教师站在单元整体的角度，整合本单元的内容和素材，为培养和发展学生学科核心素养而设计。学生通过完成一份份课时作业，最终形成对单元整体的感悟，体会语言的内涵。以英语学科为例，低年级学生活泼好动，爱唱爱跳，喜欢表演与游戏，“小戏剧”的作业形式深受学生喜爱。英语学习与戏剧表演的有效结合，能够促使学生和作业一同“动”起来。对于低年级学生来说，牢固掌握英语教材中的功能句型尤为重要，因此课文可以作为初级剧本，学生通过反复研读剧本理解语境，掌握功能句型，支撑语言输出，还可以在保证基础后打磨剧本，结合已有知识为剧本增添适合的对话和情境。研磨剧本环节，使课文变“活”，同时“小戏剧”的形式也打破了以往被动僵化的作业形式，学生在写作业的过程中真正“动”起来。

（三）情境性

核心素养导向不能停留在确立方向、目标的层面，还必须明晰实施路径及实现方式，否则无法落地。将核心素养界定为“个体在特定的情境下能成功地满足情境的复杂要求与挑战，并能顺利地执行生活任务的内在先决条件”，也就意味着它是在应对特定情境中形成的。与此相适应的教学就是引导学生在不确定性情境中定义问题和任务，并尝试分析、解决问题，完成任务。

素养导向的作业需要创设学科的认知情境、学生主观的体验情境以及社会生活情境。学科认知情境是指能有效启动并推进学生探究与学科本体有关的学习行为的任务情境，包括两个方面的内容：一是借助自身已经掌握的知识或能力有效完成新的学习任务；二是能够在完成新的学习任务的过程中将新、旧知识进行结构化重组，达到将简单的知识或方法运用到实际生活的目的。主观体验情境是指还原学生个体在实践活动中的个人体验、价值认知的情境，它可以激发学生对作业的兴趣，引领学生融入具有个体主观体验的综合实践活动中。社会生活情境是指为了解决学生在生活中遇到的真实问题而创设的情境。在解决实际问题的过程中，学生能将经验转化为新的能力和素养，纳入自己的认知结构中。

学生的核心素养培养不是一蹴而就的，而是在每天的学习过程中逐步进阶的。学习任务情境要包含驱动性问题，将核心知识、关键技能或大观念蕴藏其中，让学生经历发现、探索知识和规律的过程，学习掌握解决典型问题的方法，培养在真实情境中运用知识解决复杂问题的能力。在教学过程中，教师尝试以“任务驱动”为路径，在创设问题情境时，不管是社会生活情境、学生的主观体验情境，还是学科的认知情境，都要为学生的新知探索提供丰富的学习资源，拓宽学生学习视野，指明探究方向。在“任务驱动—自主探索—问题解决”的学习过程中，需要学生用学科思维展开思考，在教师点拨、同伴启发和小组共学的过程中解决新问题、激发新思考，进一步积累经验，再尝试用恰当的语言进行适切的表达……这在一定程度上帮助学生形成了积极的情感、态度和价值观，发展了核心素养。

（四）实践性

作业设计要联系现实生活，增强学生的语言理解能力。教师要深度解析教材内容、现实生活以及核心素养之间的关联，充分挖掘和运用生活中的资源，设计生活化、开放性的作业。一方面，小学生的好奇心较强，教师将作业内容与学生的生活联系起来，能够利用真实的语言情境调动学生的已有经验，帮助学生深度理解语言知识。另一方面，学生在完成生活化的作业内容时可以积累更多的经验。此外，教师要积极组织生活实践，培养学生的应用能力。教师要紧密联系学生的生活，以生动活泼的作业代替枯燥乏味的作业，让学生充分体验与观察生活，利用所学知识解决真实的生活问题。

（五）多样性

如果采用单一的作业形式及内容，将会限制学生个性思维的发展，不利于挖掘学生的潜能。因此，教师要结合最近发展区理论，充分尊重学生的思维差异及发展特征，向学生提供类型多样、难度适宜的作业，引导学生自主选择。例如，在学生学习完《刷子李》一课时，教师可向学生提供以下自选作业：一是回顾文章，用自己的话讲述故事内容；二是与其他同学开展角色扮演活动，演绎“刷子李”以及其他《俗世奇人》中的奇人奇事；三是发现自己身边的“俗世奇人”，用笔记录他们的“奇人奇事”。教师让学生结合自己的实际情况灵活组合题型，激发学生的作业兴趣，培养和发展学生的个性和思维。

在小学作业设计工作中，教师需要围绕小学生的心理特征、学习进度、学习需求合理设定作业内容、形式，改变以往题海战术、知识灌输的作业布置形式，要让学生在完成作业的过程中自主思考、全面探究、合作学习，让作业成为提升学生综合素质的重要工具，全面落实核心素养，展现出作业的育人价值、审美价值，促进学生的个性化成长。

二、素养导向的作业设计思路

素养导向的作业设计以培育学生的核心素养为最终目的，关于其设计思路的研究主要集中于以下几方面。

首先是基于生态理论进行研究。在丰富的生态理论模型中，洋葱模型和给养网络是研究者关注的重点。在参考生态理论的基础上，有研究者基于洋葱模型来进行作业设计。在洋葱模型中，核心是学生学习和学生发展，根据距离学生自身范畴大小可大致分为五层洋葱圈，由小至大分别是：学生学习发展特点、完成作业支持条件、知识特点与教学要求、教师—家长—学校层、社会和政策精神，作业设计需要兼顾各个圈层的一致性目标和个性化差异，逐层拓展、逐级延伸，确定作业类型。① 以不同的洋葱圈之间的差异进行不同类型的作业设计，并以多层次之间的相互融合和扩充不断丰富作业设计，达到学生全面发展和素养提升的目标。而在生态给养理论的基础上，有研究者基于全视角学习来进行生态化作业设计。生态化作业设计需要消解其忽视个体和环境关系的弊端，创建学生和环境整体关联的作业设计模式，为作业学习提供丰富的给养网络。这些给养网络包括：聚焦作业意义的教育给养、聚焦协作互动的社交给养、支持作业可完成性的技术给养和增加作业完成意愿的情感给养。②

作业需要有用、可用且愿用，才能被学生积极转化。第一，在作业设计中为学生提供充足的教育给养。除了基础性作业所使用的教材、辅导练习资源，还要提供多形式的学习资源。以英语学科为例，英文歌曲、拓展性阅读、相关文化拓展视频等资源，都是促进学生学科素养发展所需要的教育给养。学生在发展语言能力的同时，在文化意识、思维品质等方面也获得提升，促进英语学科核心素养的落实。第二，在作业系统中，学生之间、师生之间、亲子之间具有互动属性，因而在作业设计中需要提供给学生社交给养。作业不是独立的自主练习，也不是师生之间单向的批改和讲评，而是具有互动性、协商性以及融

---

① 王学男，赵江山．“双减”背景下作业设计的多维视野和优化策略 [J]. 天津师范大学学报（社会科学版），2022（2）：38-44.

② 张黎．“双减”背景下的作业生态化设计研究 [J]. 当代教育科学，2022（4）：61-71.

合多元评价的系统设计。第三，支持作业可完成性的技术给养必不可少。在完成作业的过程中，学生可能会出现能力不足、无法获取资源、沟通不畅、时间不足等问题，因而需要在作业设计中为学生提供一定的技术给养，促进环境和个人的融合，保证作业的可用性。第四，在作业设计中还需要提供积极的情感给养，增强学生完成作业的意愿。情感态度是促使学习发生的重要因素，积极的情绪为学生的学习提供内驱力支持，增强个体与环境互动的深度；消极的情绪降低学生的参与度，抑制学习内容的同化和顺应。

其次是基于逆向设计模式进行研究。逆向设计模式不同于常规的课程设计，它强调以清晰的学习目标为起点，以促进学生有意义学习为宗旨，评价设计先于教学活动设计，最终促进目标的达成。逆向设计的模式适合培养学生的核心素养，其蕴含的通过主要问题来落实大观念学习要求的思想与培育核心素养的学习目标高度契合。根据逆向设计理论，作业设计不再是教学设计的最后环节，而是作为评估学习结果的证据之一，应先于教学过程而设计，即作业设计应该成为教学设计的起点，从而保证作业设计与学习目标、学习过程一致，降低作业设计的随意性，增强作业的针对性和目标性，最终落实学科育人要求。有研究者结合我国的相关政策文件，提出依托大概念构建一体化的单元作业目标体系、基于大概念学习要求设计评价方案和围绕表现性目标创设和组织学习活动。[①] 而在强调课程、教学与评价一体化的当下，着力解决作业目标、作业任务和作业评价这三方面的作业设计问题更有利于推动素养培养的课程改革。基于逆向设计模式的单元作业设计围绕核心素养，以单元学习目标和作业目标的确定为先，通过大概念和基本问题将作业进行整合设计，找准关键点，使单元作业设计具有目标统整性、问题导向性和即时反馈等特点，能够有效地解决单元作业内容忽视整体设计、缺乏综合性、不可迁移、重结果轻过程等问题，有助于教师基于整体观和发展观，落实学科育人的要求。

再次是基于项目式学习理论进行研究。项目式学习是在真实的情境中，提供真实主题，在教师精心设计任务的基础上，让学生借助多种资源开展探究活动，并在一定时间内解决一系列相互关联问题的一种新型探究性的学习，是最

① 李学书，胡军 . 大概念单元作业及其方案的设计与反思 [J]. 课程 · 教材 · 教法，2021（10）：72-78.

终实现学生有意义的知识建构和提高自身能力的一种学习方式。通过设计具有真实性、实践性、开放性的项目式作业，可将学生被动接受书面作业的传统学习方式，转变为在解决问题过程中主动运用知识，提升综合素养的学习方式。此外，项目式学习模式的一个显著优势则是综合性、应用性与实践性，强调课程的实用价值，有助于促使学生做到学用合一，便于学生形成良好的学科素养。教师可以设计综合类作业，与其他学科教师共同合作，找到所授学科与其他学科的关联性，通过综合类作业培养学生的知识迁移能力，使学生在综合类作业解题过程中巩固知识，实现自主学习。

最后是基于深度学习理念进行研究。发展学生核心素养是深度学习的终极追求，要设计基于深度学习的单元作业，就要对深度学习理念进行解读，强化深度学习理论的指导意义。深度学习的核心特征为注重理解与批判，强调联系与构建，着意迁移与运用。它面向问题解决，提倡终身主动学习，即学习者不应对所有知识全盘被动地接受，而是具备一定的批判精神，用审慎的态度看待事物。并且，在知识经济时代的大背景下，学习者应该树立终身学习意识，不断主动地更新和重构自己的知识结构，才能更好适应时代的发展。① 深度学习视域下的作业设计基于学生立场，强调学生自主构建知识和经验，符合发展学生学科核心素养的要求。教师需要像关注课堂教学设计一样精心设计作业，始终以核心素养为统领，结合课程标准、教学目标、学生学情等对作业进行深度思考与设计。

三、素养导向的作业设计流程

素养导向的作业从设想到最后落地实施，需要经历流程化的设计和长时间的反复检验。

一方面，对于普遍意义上的作业设计流程，会更加强调过程中的普适性和可操作性。有研究者将整合理念贯穿作业设计的流程，通过整合理念将各个环节和各个要素联系起来，彼此协调，共同发挥作用。基于整合理念的作业设计框架，从设计依据到设计环节再到设计要求，执行各要素内容有机整合、协同

① 童颖，李烁 . 深度学习视角下初中信息科技作业设计策略 [J]. 中小学电教，2023（4）：22-26.

发展。[①]无论是从作业目标、内容、形式、适应性、结构还是评价来看，整合理念对于整体的作业设计都起到了很好的衔接和促进作用。例如，基于深度学习理念进行单元作业设计，作业设计基于课标、教材和学情，通过梳理各要素之间的关系，合理设置学习单元，其设计流程如下图。

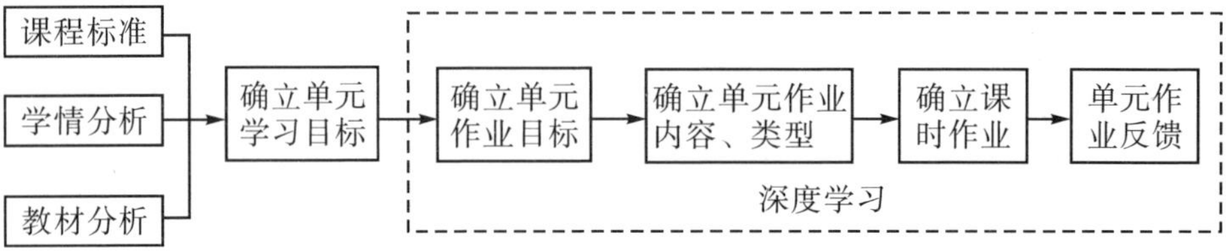

单元作业整体设计的基本路径如下。

1. 明确学习目标——教学的出发点和归宿

教师在设计单元作业之前，必须明确单元学习目标。单元学习目标是学生完成单元学习后应达到的行为或状态，它回答的是学生学习一个单元后“能做什么”的问题，体现了教材单元的教育价值，指向学生学科核心素养的培育。单元学习目标的设计要依据课程标准、教材分析和学情分析，需要关注单元主题情境下学习内容各要素之间的关联性，根据学情和学习重难点分析，通过创设情境或者增加条件，合理确定学习内容。单元学习目标统领整个单元的教学，因此单元作业目标是在单元学习目标的引领下进行设计的，每一课时的作业目标又是在单元作业目标的引领下设计的。单元学习目标、单元作业目标和课时作业目标之间层层递进，上位目标统领下位目标，下位目标为上位目标服务。

2. 转换单元作业目标——对应单元学习目标

确定单元学习目标后，在设计单元作业目标时，教师需逐条分析单元学习目标，确定哪些目标需要通过作业来巩固。教师在设计单元作业时要进行整体设计，如考虑这个单元涉及的核心内容有哪些，内容之间的关系如何，单元及课时预期达到的程度如何，学生的语言能力、文化意识、思维品质和学习能力需要达到什么程度。为与单元学习目标有机整合，教研团队在单元作业设计

① 袁野，袁文，黄梅. 整合理念下高质量作业设计的逻辑理路和实践进路 [J]. 基础教育，2022，19（6）：99-109.

研修过程中聚焦新课程理念和学科核心素养，始终指向单元学习目标，围绕单元主旨和核心内容，以双向细目表形式把单元学习目标转换成单元作业目标。

3. 精心拟定课时作业——紧扣学科核心素养、单元主题

单元作业设计要紧扣教材知识和单元主题，要有助于发展学生的学科核心素养。作业设计应落实到每个课时，课时作业的设计要依据单元作业目标。第一，多视角落实课时作业目标。目标具有一致性有利于教师整体把握学生的能力水平要求、难易程度和完成时间，帮助学生巩固本单元的知识；语境的创设能激发学生的兴趣，提升他们的学习能力。第二，多方位兼顾作业的方式及特性。在设计课时作业时，教师需思考作业是否围绕核心教学目标，设计的作业是否具有趣味性、多样性、进阶性、探究性、实践性等特点。在作业方式的设计上，教师要尽可能遵循学生的学习规律，紧紧围绕单元主题和单元的知识要求，多方位考虑采用何种作业方式能培养学生的核心素养。

另一方面，对某些特定类型作业的设计流程，要更加强调其特殊性。基于给养理论的设计流程，有研究者提出了生态化作业设计的流程图，分为准备、实施和评价三个阶段。准备阶段包括作业目标的制订以及依据目标和给养分析对给养和支持的设计，而评价与实施是同步进行的。[①] 对于特定类型的作业设计流程进行探讨，可以使得该类作业的可行性和有效性得到很好的检验，能更好地为学生素养的培育服务。有的研究者基于自身的实践经历，提出作业研制流程。从作业设计的要素出发，将教师融入学科教研组、年级备课组、年级大组，构建了三级作业研制组织，并且将作业研制过程分为专项培训、分组研讨、分工研制、团队审核、信效度检验、实施反馈等环节，通过对照优质作业的特质进行反思修正。[②] 这种相对详细并且可操作性强的作业设计流程，既能锻炼和提升教师的作业设计能力，又能更加充分和到位地依据所要培育的学生素养进行合理的作业设计。还有研究者对家庭作业进行了思考，提出“教务处宏观控制、备课组商讨制定、分年段梯状设置、阶段性定期评价、模块化多元选择”

① 张黎．“双减”背景下的作业生态化设计研究 [J]. 当代教育科学，2022（4）：61–71.

② 汤瑾．构建新型作业体系的区域性探索 [J]. 中小学管理，2021（10）：21–23.

的作业设计五环流程。[①] 而更加偏向非书面形式的作业，以解放、发现、欣赏和信任学生为基点进行的作业设计流程，对于解放学生的自然天性和促进其全面发展起着更加有力的助推作用。

四、素养导向的作业设计建议

（一）设计原则

素养导向的作业，作为一种符合学生实际需要和未来发展重点的作业，在设计时可遵循以下几项原则。

首先，趣味性原则。低年级小学生的思维能力尚未完全形成，知识储备并不充盈，教师若是设计难度较大的课后作业，容易使学生产生畏难情绪与抗拒心理，进而无法保持良好的状态完成作业任务，也无法有效激发自身的主观能动性与学习积极性。传统课程作业设计通常以机械式作业为主，难以调动学生的学习兴趣，加大了学生的课后学习负担，与核心素养教育理念背道而驰。因此，教师要设计难度适宜且具有趣味性的作业，激发和保持学生的学习兴趣。

其次，开放性原则。当前，信息技术的发展拓宽了学生的知识获取途径与信息获取途径，学生的学习需求呈现多元化发展趋势。因而，作业设计需要遵循开放性原则，教师要在传统作业模式的基础上，结合时代要求做出改进与调整，以确保在完成作业环节为学生预留充足的自主发挥空间、自主思考空间，满足学生的个性化学习需求与多元化发展需求。教师不应拘泥于传统的作业形式，而要为学生预留多元化的课后作业，可以是最为基础的纸质作业，也可以是实践性作业或体验性作业，用开放式作业代替传统的单一化作业。

再次，优化原则。教师可以从明确设计目标、创新作业形式、完善作业评价等角度对作业设计进行优化，进而让更多的学生在高质量的作业中夯实基础、提升能力、发展素养。从作业的表现形式、实施路径和评价方式来看，素养导向的作业设计还需要更进一步地优化和完善。有必要减少传统的、单面的、机械的作业，努力拓展作业的新形式，重构作业的新方式，革新作业实践的新路径。但这并不意味着要全盘否认传统作业，只是在数量上和结构上进行适当调整，比如减少单一性的作业，适当增加综合性的作业。一方面，教师要不断

---

① 李武南，滕闽军，周昊天．非书面家庭作业：基于儿童发展的作业变革与十年探索 [J]. 人民教育，2021（Z1）：53-55.

地突破教材内容的限制，让学生观察生活、体验生活，将枯燥、乏味的作业转变为生动、活泼的作业，培养学生的综合能力。另一方面，学生利用知识在实践中解决了问题，他们获得了学习的成就感，同时激发了学习兴趣。

最后，层次性原则。因为学生的家庭背景以及自身基础素质存在差异，所以即使在同一环境下，面对同样的知识，学生的学习能力也不尽相同，展现出的学习成效差异明显。为有效凸显学生的主体地位，尊重学生的个体差异，教师应当秉持因材施教、分层教学的原则，为学生设计课后作业。教师可将作业分为基础性作业与提高性作业，学生结合自身的发展需求以及学习能力，自主选择作业类型，完成作业任务。这样可以有效凸显学生的主体地位，发挥学生的主观能动性，显著提升课后作业完成效率以及教学效率。

（二）设计建议

1. 基于学科基础进行作业优化设计的建议

从作业的表现形式、实施路径和评价方式来看，素养导向的作业设计都还需要更进一步地优化和完善。教师可以从明确设计目标、创新作业形式、完善作业评价等角度优化作业设计，让更多的学生在高质量的作业中夯实基础、提升能力、发展素养。

（1）明确设计目标，夯实基础。目标是教学的指南针，作业设计要先明确作业设计目标，依托教材，根据课标要求，选择适合学情的作业内容。这样设计出的作业既能减少作业的数量，又能提高作业的质量。此外，这样设计出的作业指向性明确，可以帮助学生夯实基础，更好地发挥作业的功能和价值。

（2）创新作业形式，提升能力。单一的作业设计形式会降低学生做作业的兴趣，不利于学生能力的培养，教师要尝试创新作业的形式。教师通过创新作业的形式，从多个角度为学生能力的培养提供锻炼的机会，达到提升学生能力的目的。

（3）完善评价机制，发展素养。作业评价是作业效果的反馈，传统的评价方式单一乏味，教师批改完作业后写分数（或等级）和日期的居多，这样的评价方式不能很好地发挥与学生有效交流的功效。作业评价是教师与学生沟通交流的重要桥梁，优质的作业评价对学生的学习起到一定的促进作用。作业的评价方式还可以从多个角度完善，如教师写鼓励或表扬性的评语，同学之间互相评价等。评价的标准不仅仅是正确率，还可以是书写、态度、整洁度等。作业评价是学生学习的重要环节，教师需要有意识地完善作业评价机制，达到发展学生素养的目的。

2. 基于设计理念的设计建议

理念是行动的引领，行动取得多大的成效，很大程度上是由引领的理念决定的。作业设计的核心目的是“作业是学生需要的作业”，包括满足学生发展的基础需要和多维需要。这两方面需要的明确，既满足了学生获取基础知识和发展基础技能的要求，也满足了学生全面发展和素养提升的要求。有的研究者是在作业设计的实践中不断地反思和改进设计策略，提出要注重培养学生的高阶思维，从单一学科独立走向多学科整合，注重个性化和创新性作业的设计，以及注重校本化教研和有效的评价反馈。① 高阶能力的培养是素养导向的作业应该达成的目标，而跨学科融合的统整性会更有利于学生个性的发挥和能力的发展。其中，学会提问是开启学生自主学习的钥匙，亦是作业设计中发展高阶思维的起始点。自主提问的本质是学生在学习活动中发挥主体作用，不断发现问题、提出问题，使学习真正有效的发生。

第三节　素养导向的作业实施

作业设计强调目标导向，而作业实施重在发现学生在学习过程中存在的问题，针对不同的学情开展有针对性的教学，不断改进和完善作业设计、批改与辅导。本节将围绕作业的辅导方式、批改方式、分析途径、讲评策略等四个方面展开。

一、作业辅导方式

素养导向的作业辅导，在传统作业辅导方式之外，受着特定背景的影响，有着不一样的表现形式。

---

① 王学男，赵江山．“双减”背景下作业设计的多维视野和优化策略 [J]. 天津师范大学学报（社会科学版），2022（2）：38-44.

（一）启发学生思考的作业辅导

学生在完成作业的过程中，可能会遇到一些困难，这时他们需要辅导，以顺利完成作业。其实多数学生可以凭自己的思考解决作业中的问题，只是刚刚习得的新知识还有一个内化理解的过程，因此，教师在辅导时就应想办法调动学生的思维。给学生提供一些一般性的策略对于解决作业中的问题会有很大帮助。以数学学科为例，可以这样进行作业辅导。

第一步：审题。题目看懂了吗？可以多读几遍题目，画出题目中的关键信息，看看已经知道了什么条件。

第二步：分析。信息和题目之间有什么关系？可以画画图，可以借助学具操作，也可以列举尝试。

第三步：回顾。看看课上讲的习题、记的笔记会不会有所帮助？

第四步：检查。能想办法验证结果是否正确吗？

上面的四步辅导，虽然没有给予学生任何知识层面的指导，但能启发学生自己思考，让学生沿着一定的思维路径，自己探寻解题的思路。长期使用时，教师还可以跟学生约定好用特定的符号替代这些步骤提示，展示在教室内或印制在作业备注栏，提升辅导的效率，帮助学生掌握解题策略。

（二）依托网络及数字技术的作业辅导

近年来网络及数字技术飞速发展，也给教育带来了极大改变。疫情期间，借助各种平台开设的线上课程不受时间和空间的限制，教师可以正常完成教学任务。师生及家长的信息化水平显著提高，熟练掌握线上交流、视频音频学习资源获取、直播教学等技能。

在数字化和智能化的背景之下，随着各种数字技术的兴起、成熟和应用，网络对于作业辅导的影响也开始不断地凸显。比如电子书包（电子资源的存放空间，可以是邮箱、网盘、群文件等）的运用，能够让教师在一种可视化的讲解过程中不断地强化学生正确的解题思路。无论是针对少数学困生的纠错微视频，还是面向全班同学的正强化微视频，其目的都是强化正确的解题思路和流程。① 这些微视频是开放的，可以由网络视频搜集、加工整理而成，比如疫情期间各平台推出的网课视频是宝贵的资源，教师根据辅导需要简单剪辑就能派上用

---

① 曾茂林，刘汶汶．小学数学作业可视化监控及辅导技巧 [J]. 教学与管理，2016（35）：41-43.

场。也可以由教师亲自录制微视频，这样辅导更具有针对性。还可以邀请对知识掌握得比较好的学生来录制微视频，从学生的角度用更易理解的语言进行讲解，辅导效果往往会更好。而且在减轻教师负担的同时，学生能从“小老师”角色中获得成功的体验，提高学习的积极性。这种通过可视化作业辅导提升学生学业水平的途径正在不断地被应用，也因其便利性、可行性和有效性得到广泛的认可。

借助数字化平台的搭建可以实现精准化的作业辅导，在线作答的“电子作业”能智能化地即时批改对错，同时收集学生作答情况的相关数据，通过大数据的统计分析来帮助教师或者家长更准确地了解学生对知识的掌握情况，进行相应的作业辅导。通过作业数据即时反馈反哺课堂，也可以根据学生的个性化数据报告开展针对性辅导。[①] 目前以数学的口算练习和语文基础知识的练习较为常见，题型多限于有准确答案的填空题、选择题、计算题，像语文阅读理解这样的主观题实现智能批改、分析还有一定难度。

（三）一对一作业辅导

在“双减”背景下，伴随着课后服务的兴起，学生在校时间逐渐延长。这段课后服务时间之内，学生可以阅读、自习、做作业，教师一般起着监督和管理的职责。同时，针对需要作业辅导的学生提供免费帮助和指导。[②] 教师一对一的作业辅导是最直接、最有针对性的学业辅导，需要占用的时间和精力较多，课后服务在课时之外提供了时间的保障。这种辅导可以兼顾“培优”和“辅差”，帮助更多的学生进步。这种作业辅导方式，既能够帮助学生在减轻课业负担的同时完成学业要求，又能够深化师生关系、发展学生特长和提升学生素养，从而实现育人功能。

此外，学生也有机会成为“小老师”，为同学进行一对一作业辅导。对于完成作业有困难的同学，教师可以指定“小老师”对其进行帮助。由于“小老师”与学生年龄相仿，交流探讨更方便，真正达到教学相长，“小老师”在讲解的同时又加深了自己对知识的理解。根据埃里克森的心理社会发展理论，在小

---

① 屈强 . 探索数智教育新样态：以数字化转型助推学校高质量发展 [J]. 中小学管理，2023（1）：28-31.

② 游莎，周先进 . 弹性离校背景下中小学生课后服务的内涵、价值与目标 [J]. 教学与管理，2020（9）：31-35.

学阶段，如果学生能够完成学习课程，获得成功的体验，就能够塑造勤奋的品质，激发其努力学习、不断提高的动力。对于“小老师”而言，不仅自己完成了相应的作业任务，而且能够帮助他人解决问题，在学业中体会到了信任感，这使得他们在今后的独立生活和承担工作中都能充满信心。对于班级而言，人人都争当“小老师”帮助他人，同学间关系融洽，学习氛围浓厚。

作业可以看作是对学生学习效果的诊断工具，因此，作业批改、分析、讲评要始终保持科学性，既关注学生知识与技能的掌握情况，又关注学生创新实践能力以及素养的形成，坚持以生为本，促进学生素养的发展，体现育人价值。作业不在多，而在精；讲评不在全，而在有效。在作业的实施与反馈中，教师要不断改进教学方式，帮助学生巩固知识，改善学习方法，感受学习的乐趣，实现“教—学—评—测”一体化。

二、作业批改方式

教师经常用对错、等级或评分等传统的批改方式，虽然简便直观，可以提高批改的效率，但是也存在很多不足。比如教师用“×”表示错误，在“√”上打一个“\”表示有的地方对了但不完全对，学生看了可能并不知道自己错在哪里，改正错误的时候通常会重新做一遍或者换一种方法做，但这样即使更正了学生也不会关注自己原先错在哪里。这样的批改方式不利于帮助学生查漏补缺，也不利于培养学生的反思意识。统一的批改符号或者等级制评分标准不能照顾到学生的个性需求，同样是“良好”等级制评分标准的学生，他们的思维水平、学业能力可能是完全不同的。传统的等级制评分标准缺少师生之间的交流，对等级成绩好的学生而言，这样的批阅方式可能只会带来一时的喜悦，缺少促进他们持续进步的发展动力；对于等级成绩不理想的学生而言，这样的批阅方式也不能帮助他们改进，甚至还会给学生造成心理负担，长期不理想的等级还可能让学生丧失学习的信心。由此可见，传统的批改方式虽然“快”，但是从素养导向的视角看不利于促进学生发展。

（一）利用符号批改

素养导向下的作业批改，既可以延续传统作业的批改方式，又可以有符合自身特色的批改方式，如教师在作业批改中增加了多样化的批改符号——笑脸、哭脸、感叹号、问号、小星星、大拇指、下划线等，使批改更加生动有趣。符号语言简洁直观，生动形象，如学生某一个过程不对，教师可以在这一步下面画线，旁边画一个问号，学生看到后马上就能知道哪一步有问题，小问号就像教师正在旁边问学生："再看看这里，你是怎么想的？"如果学生作业思路正确，但计算的错误率较高，或字迹潦草，教师可以画一个哭脸，这比"×"更容易让学生接受自己的问题。当学生作业进步很大，书写工整，思路巧妙，解题方法独特的时候，教师可以画一颗星星或者一个大拇指，这能让学生感受到教师对自己的肯定和表扬。利用符号批改作业让师生之间有互动，比单纯的等级或对错等更能激励学生。

（二）增加评语和批注

随着学生识字量的增加，学生对文字的理解能力逐渐增强，教师可以在作业批阅时采用恰当而又温馨的评语、批注，促进学生的发展。当作业中出现错误但学生可能不易发现、不易理解时，抑或学生需要提炼方法时，教师可以利用评语对学生进行指导。例如，教师可以在作文的评语中告诉学生这篇作文在选材、结构、语言表达等方面的优势或者需要改进的地方，便于学生总结经验、改正错误；数学作业中学生思路有问题，教师可以借助画图或者批注帮助学生分析数量关系、理清思路。评语和批注的方法在很多学科作业中都使用，教师的几句鼓励，都能让学生感受到成功的喜悦，激发他们学习的热情。有针对性的评语和批注可以帮助学生提高思维的广度和深度，帮助学生养成良好的学习习惯。评语和批注还可以看成师生间的对话，教师通过问句引导学生反思，创造交流互动的机会，有助于增进师生之间的感情。

（三）巧用作业展评

作业展评是一种指向素养导向的批改方式，体现了作业、评价与展示一体化的设计理念和执行策略，以展促学，以评促优。[①] 这种能将外在任务驱动转化为内在目的驱动的作业批改方式，既直观可见，又公平公开，能够对学生起到很好的辅助和督促作用。作业展评重在相互学习，书画展、手工作品展、话剧汇报等将课堂与活动结合起来，既强化技能又提升素养。作业展评，展是形式，评是手段，因此作业展评前教师需要让学生明确评价的标准，这个标准可以是教师给出的，也可以是学生通过讨论制订的。例如，教师布置了制作 2019 年台历的作业，要求台历中体现我国的传统节日和纪念日，台历页面的设计要

① 方建兰，汪潮 ."双减"政策下语文作业的设计趋势 [J]. 语文建设，2021（22）：4-9.

有意义、有特色。本次作业采用全班展评的方式，作业展评是把评价权给学生，那么学生怎么评呢？教师组织学生讨论，细化评价标准。有了这个评价表学生会评价了，同时，学生在制作台历时也有了标准。对于高年级学生展评的作品，从评价内容到评价标准都可以由学生自行讨论。有些展评的作业是通过小组合作完成的，在学生进行展评的时候应该把合作的过程也作为过程性成果进行展示。无论是对学生作品的评价还是对合作过程的评价，展评类的评价方式改变了评价的主体，学生自评、生生互评，都为学生自我发展、自我反思创造了机会。

台历评价表

评价内容	自评	互评
1. 台历内容正确	★★★★（ ）	★★★★（ ）
	★★★（ ）	★★★（ ）
	★★（ ）	★★（ ）
2. 能正确标出传统节日（至少 5 个）和纪念日（至少 10 个）	★★★★（ ）	★★★★（ ）
	★★★（ ）	★★★（ ）
	★★（ ）	★★（ ）
3. 设计有意义、有特色的页面（配图、配诗、配小常识；书写规范、美观）	★★★★（ ）	★★★★（ ）
	★★★（ ）	★★★（ ）
	★★（ ）	★★（ ）

注：评价时在对应星级括号内打“√”。“优秀”为 4 颗星；“良好”为 3 颗星；“一般”为 2 颗星。

组内个人表现评价表

评价内容		组员及评定分值				
制作环节	能跟着组内同学，可以理解任务内容（2 分）；能在组内发表自己的想法，并能积极倾听别人的想法，做出合理的判断（3 分）；能够在完成任务过程中建立知识的联系，总结经验，并能结合别人的观点表达自己想法（5 分）	组员姓名				
		评定分值				

续表

评价内容		组员及评定分值				
汇报环节	能听懂别人的发言，但未能通过别人的发言形成自己的想法（2分）；能通过别人的发言获得启示，并积极表达自己的思考（3分）；能结合别人的观点进行总结联系，表达自己的思考（5分）	组员姓名				
		评定分值				

（四）灵活运用奖励

还有的教师针对低年级学生的心理特点，在批改作业时利用“小奖票”“印章积分”“金穗币”的方式进行评价。低年级的学生既要直观教学，也要“直观批改”。教师这种批改方式更多地关注学生的非智力因素，更加符合该年龄段学生心理发展的特点，而且对于教师教学目标的达成也至关重要。口算练习是数学学科作业中需要常抓不懈的内容，但是单一的练习容易使学生出现倦怠，除了改变练习形式，教师还可以采用积分形式，例如连续5次全对可以换一张“免做作业奖票”，学生可以凭此奖票免做一次口算作业。教师也可以结合前文提到的符号批阅，学生当次作业书写工整，教师在等级的旁边画一颗星星，集齐10颗星星可以换一张“金穗币”，在每个月的指定时间用“金穗币”兑换相应的奖品。安排学生在作业批改与评价上采用这种方式时必须始终坚持伦理向度，避免打击训斥、甄别奖惩等行为。① 这种作业评价也应该是温馨、和谐的，采用哪种方式要看教学目标是否有利于学生发展，因此，教师要坚持发展性观点，尊重学生人格，以情感鼓励为主，但是也不能放任学生坏习惯的形成。

（五）互联网助力作业批阅

当下，互联网已经深刻地影响教育的方方面面，包括作业的批改。有很多作业以网络作业的形式呈现，教师通过互联网进行作业批改已成为日常现象。主观性质的题目，目前大部分都是以照片或者音视频的方式上传网络并进行作业的提交。教师可以给出标注、等级，并对语音或视频进行评价。② 这种更具

① 李晓红. 小学作业设计的伦理失衡与纠偏 [J]. 中国教育学刊，2016（6）：69-73.

② 朱丽娟.“互联网 +”下小学数学课外作业的设计与实践 [J]. 上海教育科研，2020（8）：93-96.

针对性和及时性的批改方式，可以更高效地对学生进行个性化指导。

疫情期间学生居家学习，利用软件进行作业批阅可以更好地帮助教师及时了解学生的学习情况。教师利用软件每天定时发布作业，学生根据自己的实际情况提交作业。通过软件教师可以直观地看到哪些学生交作业了，哪些没交，哪些学生改完了，哪些学生全对，教师对学生的作业情况一目了然。教师在手机端就可以完成作业批阅，软件也为教师提供了星星、大拇指等符号，方便教师批阅时向学生反馈作业情况，帮助学生了解自己对知识和技能的掌握情况。如果教师需要跟某个学生单独交流或者对某道题进行集中反馈时，软件中的留言功能就可以发挥作用，教师可以发送语音、短视频给全班或者某个学生，学生可以反复听留言。不仅教师可以给学生留言，学生也可以给教师留言，师生间的互动就在线上开始了。这种批阅作业的形式与常规批改相比非常新颖，深受学生欢迎。

三、作业分析途径

作业讲评是根据学生作业的表现进行教学补救的一种措施。讲评要有针对性，教师要重视必要的统计与分析，特别是一些突破重难点目标的作业、开放性的作业，教师要认真分析学生的作业结果，从学生的作业结果中反思作业设计和教学中存在的问题，改进作业设计以及教学活动的设计。

在实际教学中，教师对作业的统计和分析环节不够重视。很多教师在对作业进行分析的时候主观经验的判断居多，缺少客观分析，缺少证据意识。教师对作业的批改不能仅仅做出对错的判断，而要发现学生出错的内容和原因。教师要经常记录和分析日常作业、试卷中的问题以及学生的学习习惯，不断增强作业和评价的有效性，促进学生学习兴趣的提升和学习习惯的培养，同时让个别辅导针对性更强，从而达到因材施教的目的。例如，一年级数学教师安排学生以小组为单位完成收集树叶的任务，然后制作树叶画。学生收集树叶后，教师发现各组学生都把树叶简单放到了一起，没有分类。结合教学目标，教师安排了一节整理树叶的作业讲评课，让学生整理自己收集的树叶。在教师提出要求后，学生呈现出两种不同的情况：4.6% 的学生不能理解如何分类，把叶子胡乱粘贴；95.4% 的学生可以根据已有的分类经验对树叶进行分类。在后者中，有的学生按叶子大小分类，有的学生按颜色分类，还有的学生按形状分类。在分类的过程中出现多种分类标准的情况，如有的学生分出黄叶子、红叶子、大叶子和小叶子这样的四类，还有的学生按形状分但又把不同颜色的叶子粘贴到一起。可以看出，这部分学生对在同一标准下进行分类的概念还有些模糊。教师在黑板上展示学生的分类情况，请小组代表上台汇报，讲解过程中追问学生是按什么分类的，加强学生对“分类标准”的理解。同时，台下的同学提建议，最后黑板上呈现了树叶贴纸的多种不同的分类标准，各组同学利用所学的分类的方法重新整理树叶。

素养导向的作业的分析，目前主要关注信息化时代下的智能化作业所具有的数字化和可视化分析功能。当前的数字化技术，已经能够将以往的纸笔作业变成电子数据储存。这种数字资源，通过数据分析，可以为教师教学提供最直接的和可靠的证据支持。教师可利用作业数据分析学生学习效果、学习态度和学习习惯。① 这种直观化的电子数据呈现，让分析学情变得更加便捷和准确，能使教师在全过程中对学生采取最恰当的措施以促进学生发展。

四、作业讲评策略

“双减”政策下，学生的作业量和难度都在调整，作业讲评能否发挥更大的作用，提升学生的学习效率？通常作业讲评的任务由教师完成，怎样才能让作业发挥更大的效果呢？可以采用如下几种作业讲评策略。

（一）统计作业的出错率

教师布置的作业都有相应的教学目标与之对应，学生完成作业后教师可以通过统计出错率的方式掌握学生的学习效果，进而关注出错率高的题目或者关注出错率高的学生，开展有针对性的教学辅导。通过统计学生在各项作业中目标的达成情况，教师选择不同的讲评形式，这也为后续进行教学改进和作业调整提供了依据。如果不借助网络，教师也可以在批阅过程中对有错的作业进行分类，类型不用太多，可以按照满意程度分为较易题、中等题、较难题，其中较易题主要是考查学生对基础知识和基本技能的掌握情况，中等题主要考查的是学生运用知识解决简单问题的情况，较难题考查的是学生综合运用知识解决问题的情况。通过对有错作业的简单分类，教师可以了解全班学生的学习水平，确定作业的讲评形式。

---

① 曾素林，许慧 . 数字化驱动作业管理：价值意蕴、问题审视与实践路向 [J]. 教育研究与实验，2022（6）：102-106.

（二）寻找作业中的错误典型

教师可以对一些学生的作业答题情况进行记录，特别是对答案不唯一的开放性作业，教师进行分类统计，分析学生核心素养的培养情况，掌握学生在同一作业中的不同表现，这些典型错题也可以变成教学资源，为后续作业讲评做好准备。例如，有一位数学教师组织学生以小组为单位观察校园中的物体，寻找指定图形。教师在学生完成作业的过程中观察各组学生表现，发现有 2 个组拿到学习单后没有进行讨论，而是各自分开寻找，找了一会儿没有找到答案，组内的一部分学生开始干其他事情，游离小组之外。教师持续观察一段时间后，叫来遇到困难的组长，组织大家回忆任务分析问题。在教师引导下，学生有序思考，先商量方法再寻找答案。面对完成作业有困难的小组，教师没有完全放任不管，而是及时指导学生进行调整，发挥教师的主导作用。同时，教师在作业分享过程中，通过照片帮助学生回忆完成作业的过程，让学生一起反思成功的原因和失败的教训。

（三）变换作业讲评主体

传统教学中讲评活动的主体是教师，作业是教师设计的，教师最清楚作业设计的意图，在作业评价中也最有能力从作业中获取学生对知识的掌握程度等方面的信息。具备专业优势使得教师的讲评具有一种其他主体没有的权威性和科学性，教师也是最为大众所认可的讲评主体。素养导向的作业讲评中，学生也可以成为讲评的主体。学生互相交流的讲评形式为学生创造了平等交流的机会，改善以往都是教师讲、学生听的单一模式。课堂上，教师可以采取分层交流模式：把重思维过程的题让能力尚可的学生讲评，让他们互相展示解题过程，针对存在的问题进行辨析、纠正；把思维拓展的题让能力较强的学生讲评，他们独特的解题过程，也许会让其他学生受到启发。

学生分享自己解题思路的过程就是在头脑中强化解决问题的过程。在互动的过程中，讲评的学生既能巩固自己的思路，又能锻炼自己的语言表达能力；听的学生既可以积极吸收他人的方法，查漏补缺，也可以对比自己与其他同学的解题思路的异同，帮助自己完善知识体系。

（四）信息化讲评方式

在网络作业逐渐兴起和流行的当下，利用互联网讲评作业也成为作业讲评的一种方法。有的教师利用教学软件来进行测评，实现一种量速评价。[①] 如利用软件中的题库资源为学生选择不同难度的习题进行练习并对客观题进行反馈。这种讲评方式，不仅快捷，而且也更加具有针对性，能够给予不同的学生适切的个性化评价，助推学生素养的提升。疫情期间，学生居家学习，教师根据学生的作业表现将学生分组进行线上作业讲评，根据学生的不同水平安排生生互讲或者教师个别辅导，还可以让学生把需要讲评的作业录成视频或音频分享到班级群。教学平台中有很多教学资源，教师也可以推荐给学生进行自主学习。这些方式满足了学生的个性需求，借助便捷的信息互通的交流方式，促进了生生、师生、家校合作的持续推动。

（五）选择适切的讲评方式

讲评的方式是多样的，只有适切的反馈和评价才能够让教师及时与学生进行沟通，共同发现学习中的问题并及时进行改正。与此同时，教师也能发现学生学习上的变化，更好地调整自己的教学方法和教学目标，在不断地反馈和评价之中，推动学生素养的培育。基于以往的一些讲评方式，比如说及时评价和针对性评价等，有的教师根据自身的教育实践，提出了更加具体化的反馈优化策略。这包括“汇报＋展览”情境式评价，“集约＋粗放”递进式反馈和“过程＋终结”素养式评价。[②]通过具体可操作的评价方式，在不断地尝试和完善之中，对学生综合能力的提高起到一定的助推作用。也有的教师更加地关注学生的情感体验，提出以鼓励评价为主。教师以学习伙伴、益友或知己的身份，用善于捕捉亮点的眼睛和平等的态度，根据学生作业的实际情况写下鼓励性的语言，这样可以让学生感悟到教师字里行间对自己的关注、赞赏与鼓励，从而受到激励。[③] 对学生的鼓励和赏识，能够让学生更加充满自信和动力去迎接挑战并战胜困难，全方位地提升学生素养。从单纯地关注学生的作业表现，到转变为关注学生在完成作业的过程中展露的行为、情感、态度和价值观，实现了评价的变革。全方位、多视角地对作业提供反馈信息，而不仅仅是关注作业的完成情况。在将作业视为一种可以借助的载体渠道之后，帮助学生成长，综合提升学生核心素养。

---

① 鲍淑琴．基于核心素养的网络作业及评价创新 [J]. 上海教育科研，2017（3）：61-63，29.

② 焦憬．多类型・重反馈・成体系：学校作业设计的三个维度 [J]. 中小学管理，2022（7）：47-49.

③ 戴天扬．小学英语作业设计与评价的创新思考 [J]. 基础教育课程，2018（10）：59-64.

（六）以育人为导向开展作业讲评

在以育人为目的而搭建素养导向的作业体系时，需要同步构建起更加和谐、更加综合和更加适切的作业讲评体系，而这个体系有着属于自己的要求。有教师从评价观、评价过程和评价机制等方面提出了自己的看法。要树立从重“量”到重“质”的作业评价观，要注重尊重自主体验、关注能力形成的评价过程，要构建整体推进、彰显育人功能的作业评价机制。[①]作业讲评过程中也要给不同水平的学生展示机会，帮助学生对自我进行反思，把作业讲评小组间的评比结合起来，提高学生的竞争意识；将游戏闯关和作业讲评结合起来，提升学生的兴趣和参与度。无论是从理念层面，还是从行动层面，都对素养导向的作业讲评提出了新的要求，更加凸显出素养培育的目标导向。也有教师着眼于探讨作业讲评的特点，并以特点为要求去打造合适的作业讲评。这包括综合性、激励性、诊断性和多主体性。[②]当作业讲评能够很好地体现出其应该具备的特点时，相对应的讲评要求其实就已经得到了满足。在评价方式上，我们提倡多元评价，这能有效引起师生的情感共鸣，进而让作业讲评成为学生喜欢学习的助推器，激发学生做好作业的积极性。

---

① 汤瑾．构建新型作业体系的区域性探索 [J]. 中小学管理，2021（10）：21-23.

② 刘辉，李德显．指向学会学习素养的中小学作业如何设计 [J]. 天津师范大学学报（基础教育版），2022，23（5）：18-23.

第四章 素养导向的作业设计案例

素养导向的作业类型是多种多样的，基于不同的分类标准，或者不同的现实需要，诞生了不同类型的素养导向的作业。对于素养导向的作业类型，目前并没有规范的名称限制，也没有明确的边界限制，更多的是处于一种不断发展变化的过程之中。如何设计体现核心素养导向的作业成为值得教育从业者思考的问题。通过研究，教师发现可以从“充分挖掘教材”“关注真实情境”等方面创新作业设计的类型。本章结合学校各学科的教学实践，将素养导向的作业分为 16 类：制作类作业、观察类作业、表演类作业、推理类作业、合作类作业、单元式作业、调查类作业、调研类作业、生活类作业、实践类作业、实验类作业、梳理归纳类作业、体验类作业、阅读类作业、专题类作业、竞赛类作业。这 16 类作业体现了当前教育从业者对作业的理解。

第一节　制作类作业

一、概述

《义务教育课程方案（2022年版）》强调，要变革育人方式，突出实践，突出学科思想方法和探究方式的学习，加强知行合一、学思结合，倡导“做中学”“用中学”“创中学”。

动手制作是重要的实践学习方法，也是学生通过自主探究认识与改变世界的一种方式，在动手制作过程中形成的创新意识和实践创新能力是小学生应具备的核心素养之一。在教学活动中开展制作类任务，学生将自己的创意或方案付诸现实，最后转化为成品或作品，这个过程正是培养学生核心素养的关键所在。

设计制作类作业强调学生在真实情境中完成实践活动任务，关注真实情境下学生的主观认识与实践活动的交互作用，通过手与脑的结合丰富学生的直接经验，培养实践能力与创新能力。完成任务的过程具有创意物化的显著特征。

二、制作类作业设计理念

制作类作业将教材内容和实践活动结合起来，属于实践类作业中的一种，这类作业可以分成两类：一类是做中学，另一类是学后做。做中学，让学生在活动中思考，在思考中动手，让学生“动”起来、“想”起来；学后做，通过动手操作帮助学生加深对所学知识的理解，拓展学生的知识面，达到学以致用的效果。制作类作业可以由学生独立完成，也可以采用小组合作的形式完成。小组合作型的制作类作业可以是生生合作，也可以是学生和家长合作，还可以是学生和跨班级、跨年级的学生合作，在合作中充分发挥各自的优势，提高学生的合作能力和解决问题的能力。

三、制作类作业设计方法

1. 设计思路

制作类作业应创设真实的学习情境，在情境中提出核心问题，明确学习任务。以问题驱动学习任务的方式将核心问题拆分成多个子问题并形成多个子任务，学生完成所有子任务即回答了核心问题。通过展示成果，学生交流并分享自己对核心问题的看法，最后进行反思拓展。

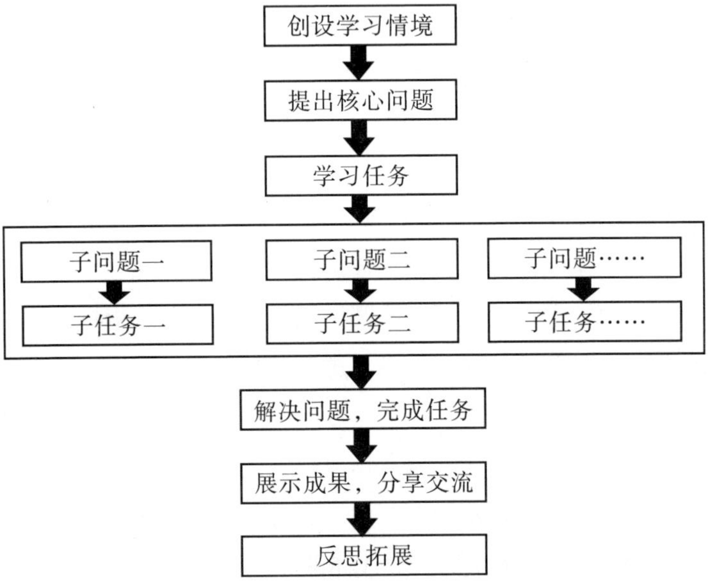

2. 设计建议

教师在设计制作类作业时需要创设特定的任务情境，具体情境容易让学生产生代入感。教师在具体情境下布置学习任务并形成核心问题，学生在情境中分析核心问题并将核心问题分解成子问题同时形成子任务。在完成制作类作业时以问题驱动任务的完成，让学生在解决问题的过程中思考自己的设计理念与制作内容，通过思考、学习、发现、实践提升解决问题能力。教师在学生制作的过程中要给予学生先进、前沿的学习范例，并且提供充足的发现、创造的时间和空间。

四、制作类作业设计与实施案例

1. 教材内容

“环保小屋”是人美版（主编：杨力）美术四年级下册设计应用领域的内容。《义务教育艺术课程标准（2022 年版）》在第二学段的学习目标中指出，能运用传统或现代的工具、材料和媒介，创作平面、立体或动态等表现形式的美术作品，表达自己的所见所闻、所感所想，学会以视觉形象的方式与他人交流。同时了解实用与美观相结合的设计原则，为班级、学校的活动设计物品，体会设计能改善和美化人们的生活。

可持续发展已经成为当下人们关注的一大主题，世界各地的建筑师纷纷尝试设计环保建筑。将环保理念赋予建筑，唤醒人对环境保护的认识。本课旨在唤起学生对生存环境的关注，培养学生保护环境的意识。

2. 作业目标

对于四年级学生来说理解环保建筑的内涵有一定难度，因而教材以丰富的内容，引导学生了解环保建筑，帮助他们初步理解环保建筑的造型、色彩、功能、材料与环境之间的关系，体验设计、制作的过程，学习用多种媒材设计、绘制、制作环保建筑的方法。基于对学情与教材的分析，本次作业目标如下。

（1）通过此次制作活动，提升学生解决问题的能力与创新的能力，增强学生在人与自然和谐共生环境中的保护意识。

（2）通过此次制作任务，增强学生对环保建筑的审美感知、艺术表现、创意实践能力并加深对环保的深层文化理解。

（3）通过此次制作课程，学生能够观察、讨论、分析环保建筑，发现其功能、造型特点与设计意图，并理解其与环境之间的关系。在讨论、交流的过程中，发展创新思维；在实践体验中，学会设计制作，逐步养成大胆想象、追求创新的习惯，关注自然环境与人的关系，树立环保意识。

3. 作业内容

《义务教育艺术课程标准（2022 年版）》并未明确提及“作业”的概念。但却明确提出学习任务的目标与要求，狭义的概念下艺术学科的学习任务即为作业，作业是学习任务的具体表现形式。

本节课将总任务转化成三个子任务，分别从概念理解、设计实践、展示评价这三个部分对总任务进行分解，结合学生艺术核心素养要求，子任务的具体设计如下。

作业任务分解表

驱动性问题	学习任务	作业要求
核心问题： 如何理解自然环境与建筑的关系？	总任务： 通过环保模型展示你对环保的认识与设想	1. 设计制作环保建筑的或画一幅模型画 2. 把你的设计理念介绍给同学
子问题一： 什么是环保建筑？它们与普通的建筑有什么不同呢？	子任务一： 通过自主调查与材料阅读，说一说你对环保建筑的独到见解	1. 思考什么样的建筑才可以称为环保建筑 2. 思考并讨论它与普通的建筑有什么不同
子问题二： 如何结合环境特点设计制作你的建筑呢？	子任务二： 依据你的设计绘制或制作一个环保建筑的作品	1. 作品中要体现不同地形环境中如何利用清洁能源 2. 通过作品实现环保建筑节水、节材、节能、节地的目标 3. 作品要突出自身的环保理念
子问题三： 如何从美学的角度去介绍作品呢？	子任务三： 以小组为单位向全班陈述各自小组的环保建筑设计理念	1. 清晰、明确、合理地表达自己的环保设计理念 2. 能够生动地表达出人与自然的关系 3. 说出你对未来人与自然的展望

4. 作业设计流程

考虑到学生的认知与能力水平，在完成本次制作类作业过程中，教师利用学生熟悉的我国某地区的建筑创设学习情境，将“如何理解自然环境与建筑的关系”作为核心问题，并提出“通过环保模型展示你对环保的认识与设想”作为学习总任务，学生通过讨论交流梳理出三个子问题和相应的三个子任务。任务分解的过程帮助学生明确达成学习任务的方法。教师在这个过程帮助学生梳理设计思路，指导学生采用有效、合理的制作形式，构建认知框架，提升创意实践与艺术表现的创新能力。作业反馈主要采用展评交流的方式，目的在于提升学生的审美感知能力与文化理解能力。

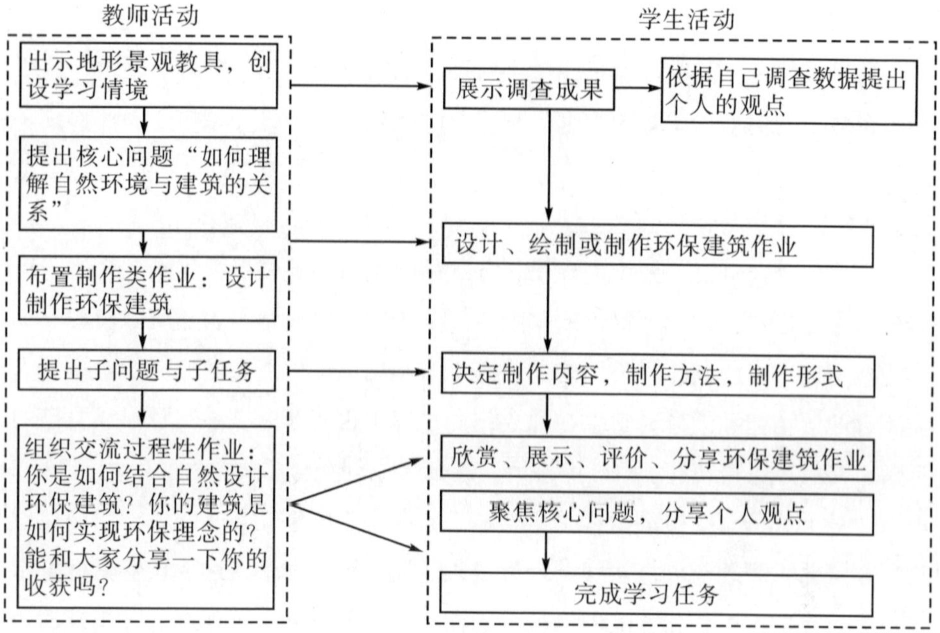

5. 评价标准

由于艺术实践具有其独特的属性，排除艺术作品的主观因素，仅从学生艺术学科核心素养的四个方面与课堂认知、实践、评价三个维度的客观表现给予学生评价。

作业评价标准表

评价维度	水平 1	水平 2	水平 3
审美感知［认知维度］	能够理解环保建筑的概念	能够结合自然环境分析环保建筑的功能	能够结合自然环境，提出自己对环保建筑的独特见解
艺术表现与创意实践［实践维度］	能够设计出环保建筑	能够结合环境制作或画出环保建筑	能够结合自然环境制作或画出富有美感的环保建筑
文化理解［评价维度］	能够展示与评价自己的作品	能够结合自然环境从美观性与实用性的角度表达自己的作品	能够结合自然环境从美观性与实用性的角度表达自己的作品，能够表达出人与自然和谐共生的环保理念

6. 实践效果

通过子任务一的完成过程，学生对环保的概念更熟悉，并且能举出与其生活紧密联系的例子，如节约用水、利用清洁能源等；能将环保的知识迁移到环保建筑上，审美感知的素养得以提升；增强应用思维下发现问题的能力，创造性思维得到充分发展。

艺术表现与创意实践维度在子任务二中得到具象反馈。学生的艺术表现可以选择多种形式，在教师提供的实景教具下进行自由设计，表达所思所想。如学生利用废旧木块制作收集风能的建筑，并利用山地风能来发电，解决事关人类生存的清洁能源问题。学生在完成作业过程中也逐渐对核心问题形成自己的见解，并对环保建筑有了自己的理解，逐渐形成创新与实践能力。

子任务三分享交流的过程是学生核心素养中审美感知与文化理解的内化过程，也是艺术表现与创意实践的外显过程。通过展评的形式达成作业目标。学生结合自己的理解将作业应用到教具的情境下，从艺术的美观性与实用性的角度展示自己的作业，并能够表达出人与自然和谐共生的环保理念。

7. 实施建议

（1）关注制作类作业真实情境的创设。美术学科制作类作业的真实情境应具备自身的学科特色，教师可以模拟真实的自然环境制作教学工具，为学生提供美观且真实的教学情境，学生通过此情境结合自己过去从科学学科中掌握的自然环境中不同地形的特点，展开学科间知识的迁移与融合。模拟真实情境的教学工具可以成为学生作业展示与评价的平台。

（2）关注制作类作业问题指引任务驱动。核心问题与其形成的子问题贯穿教学始终，所以核心问题要具备高度概括性，子问题也要精准，并且要通俗易懂，便于学生理解。增强问题的指引性可以更好解决教学重难点，提升制作类作业的品质。

（3）关注制作类作业的趣味性、实践性、创新性。兴趣是学生最好的老师，是激发学生积极主动地学习、创造的重要工具。面对长时间且单一的艺术表现形式，学生会产生厌烦的心理。他们对新颖、富有创意的制作类作业满怀期待。他们喜欢通过自己动手制作一些有意义、有趣的小作品。这类作业会不断地引起学生的好奇心和好胜心，激发学生学习美术的兴趣。艺术来源于生活，又回归生活。美术学科的作业设计应体现实践性，注重培养学生运用所学美术知识与技能表现自己的想法。创新来自实践，小学美术制作类作业为学生的“做”提供了极好的场景和条件。陶行知先生曾说，中国教育革命的对策是使手脑联盟，结果是手与脑的力量都可以大到不可思议。[①]手脑并用的制作类作业便是基于这样的思考应运而生的。美术作业本身就自带创新性的属性，而制作类作业更能激发学生的创新思维火花。根据每个学生认知水平和学习能力的不同，他们可以制作出符合自己审美特点的作品。学生在制作时能够培养自身的专注力和创造能力，充分发挥想象力和思考能力。

（本节作者：许然）

第二节　观察类作业

一、概述

观察是一种有目的、有计划、比较持久的知觉过程，是科学探究的第一步。拥有良好观察力的人善于发现事物本质，但是良好的观察力并不是人生来就有的，需要经过后天系统、科学地训练。

观察是最基本的科学研究方法，也是小学生认识周围世界，获得科学知识，探索科学规律重要的方法之一。观察既是学生学习活动的方式，也是学生应该掌握的科学方法。掌握科学观察方法，具有初步的探究实践能力是小学生必备的素养之一。教师在教学中布置观察类作业，可以培养学生热爱科学研究的态度、实事求是的品质，以及在真实情境中解决问题的能力。

观察类作业是学生进行观察活动的支撑和载体，能够帮助学生明确观察目标，完成观察任务，掌握观察方法，提高观察能力。小学生在生活中并不缺少对事物的观察活动，但较少带着问题、有计划地运用一定的方法去观察，在观察的目的性、精细性和敏锐性等方面有所欠缺。这也是观察类作业促进学生提升观察能力的增长点。

---

① 陶行知 . 中国教育改造 [M]. 合肥：安徽人民出版社，2019：152.

二、观察类作业设计理念

观察类作业是人们在自然科学领域有目的且积极主动的活动形式。通过感知器官抑或借助科学器材，有计划、有目的地考察和描述自然现象，是人理解客观事物、挖掘科学事实的一种重要科学研究方法。小学生，特别是低学段的学生，要能利用多种感官或简单工具，观察和描述具体事物的外部特征、构成要素，获得相关信息。教师布置观察类作业需要围绕学科核心概念，从学生的经验出发，创设真实的问题情境，引导学生进行观察活动；评价建议中提出作业要体现难度的适切性、形式的多样性、方式的实践性。

三、观察类作业设计方法

1. 设计思路

观察类作业的出发点是问题情境，要明确观察是为了解决什么问题、达到什么目标。在观察之前，要知道观察的顺序、能够运用的工具，以及活动过程的记录要求等。边观察、边收集信息，之后呈现出观察结果或者得出结论，最后进行分享交流，发现问题要及时回顾反思或再次观察。

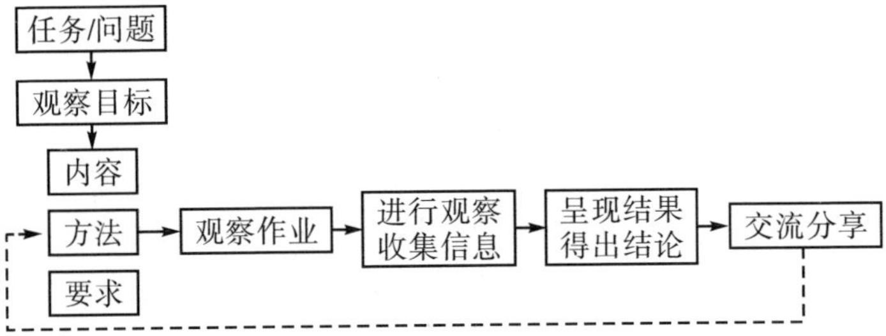

2. 设计建议

在设计观察类作业时，为了适应小学生的年龄特点和认知水平，观察方式最好以直接观察为主，教师尽量引导学生在真实的环境中体验和观察。学生记录方式多样，记录单的设计要简洁易用，符合小学生的能力水平，能够帮助学生简要记录观察信息，避免成为学生的负担。观察的各环节时间设计要合理，特别是“得出结论”“交流分享”是对观察信息的处理，是学生思维活动的过程，与观察过程同样重要。教师要避免因为观察活动时间过长导致之后的环节无法进行。

四、观察类作业设计与实施案例

1. 教材内容

“植物”是教科版科学一年级上册的内容，也是刚刚步入小学阶段的学生最开始学习的科学课内容，共包括6课，即“我们知道的植物”“观察一棵植物”“观察叶”“这是谁的叶”“植物是‘活’的吗”“校园里的植物”。本单元的1—5课，主要是观察和认识植物及其重要器官“叶”，第6课要求学生走出教室，走到校园中，观察校园植物。

植物是地球上、自然界最重要的部分，生活中时时处处可见，人对植物有天然的亲近感。从科学观察的真实性角度来讲，观察植物最好的办法就是观察自然状态下的、完整的植物。因此，可以尝试在前几节课就让学生在校园中观察、认识和了解植物。本单元的观察作业设计以“观察校园中的植物”为主题，把观察校园植物融入“这是谁的叶”“观察一棵植物”“校园里的植物”3课中，让学生在对校园植物的观察过程中认识植物、熟悉校园、爱上科学。

2. 作业目标

刚入学的一年级小学生对小学的校园环境和学习方式都比较陌生。通过在校园中观察植物，可以帮助学生尽快熟悉校园，产生“归属感”，增强对校园的心理认同与联结。本次作业的目标如下。

（1）通过多次校园植物观察活动，熟悉校园环境，增进学习科学的兴趣和对学校的认同感。

（2）能够用多种感官观察植物，发现植物不同方面的特征，培养科学观察的意识，提升观察能力。

（3）认识校园植物，能说出部分校园植物的名称及特征。通过观察和记录校园植物，能说出植物有根、茎、叶、花、果等器官，叶的结构包括叶片和叶柄。

3. 作业内容

本单元安排了三份连续的观察类作业，分别是“这是谁的叶”“观察一棵植物”“校园里的植物”。这些作业在内容上逐渐丰富，在能力要求上不断提升，既符合一年级学生的认知水平，又满足学生的个性化需求。

任务	作业内容	要求
任务一：“这是谁的叶”	描述图片中叶片的特征，到校园中寻找这种植物，并用多种感官观察植物（观察卡附在表后）	（1）观察前的准备和要求 ①小组活动，每组3—4人 ②每组领一张观察卡（各组植物不同），在校园里找到这种植物，再运用眼、手、鼻等感官进一步观察植物的其他特征，包括叶、花、果整体形状 ③注意安全，爱护植物。捡拾的叶、花、果在观察之后要放回花坛 （2）记录方法 ①找到这种植物，在后面画√；用到了哪种器官去观察，在后面画√ ②观察到的，特征明显画√，特征不明显画×，没观察到画○（举例：看到了冬青卫矛叶子的形状，画√；闻过了，没有气味，画×；没找到冬青卫矛的花，画○）
任务二：“观察一棵植物”	选择一棵校园植物，观察并画在记录单上（记录单附在表后）	（1）小组选择一种植物，向教师确认植物名称。小组同学观察并说一说这种植物的特征，每个同学各自记录 （2）按照一定的顺序进行观察和记录，先画土，再画茎、叶、花、果。着重画出植物的特征
任务三：“校园里的植物”	在校园里寻找、观察植物，并采集植物的一部分粘贴在记录单上（记录单附在表后）	（1）小组活动，按照一定的方位顺序在校园里寻找植物，每组一份记录单 （2）爱护植物，捡拾掉落的叶片、花或果其中一种即可，或采集植物的一片叶

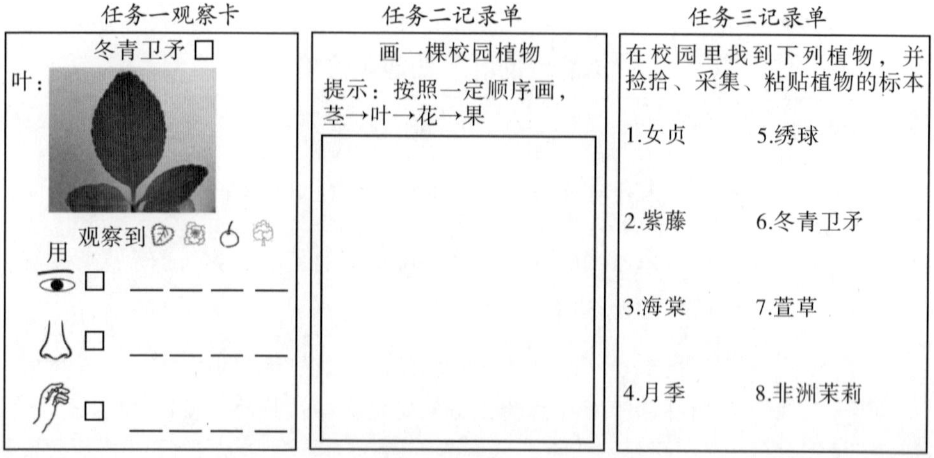

4. 作业设计流程

考虑到学生的年龄特点和认知水平，观察校园的作业被分解成三个子任务，这样设计便于学生操作，既可以巩固知识又可以逐步提升学生的学科素养。教师布置每一个子任务前都会向学生解释作业中的观察内容和观察要求，为了保证学生能完成作业，教师还为学生设计了学习单。学生完成本次作业后，教师在科学课上组织学生进行作业交流，同时根据评价表对自己的作业情况进行自评。

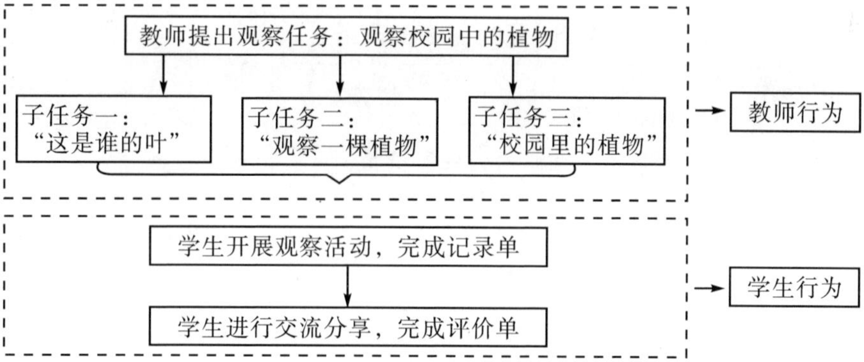

5. 评价标准

“这是谁的叶”任务评价单

评价等级	能力水平
一	能描述本组叶的叶片、叶柄特征，能用眼看的方法观察植物
二	能描述本组叶的叶片、叶柄特征，能用眼、鼻、手等感官发现叶的特征并找到它属于哪种植物
三	能描述本组叶的叶片、叶柄特征，能够运用眼、鼻、手等感官辨别叶属于哪种植物，并能发现这种植物的更多特征

“观察一棵植物”任务评价单

评价等级	能力水平
一	能画出植物的大致轮廓
二	能按照一定顺序，大致画出植物的茎、叶等器官以及植物的整体轮廓
三	能按照一定顺序，仔细画出植物的茎、叶等器官的形态以及植物的整体轮廓

“校园里的植物”任务评价单

评价等级	能力水平
一	能辨认出 8 种以内的校园植物，并贴出某一特征的标本
二	能辨认出全部 8 种校园植物，并贴出某一特征的标本，知道植物在校园中的位置
三	能辨认出全部 8 种校园植物，并贴出某一特征的标本，知道植物在校园中的位置，能做到爱护校园植物、喜爱校园

6. 实施效果

（1）学生初步认识了植物的基本特征。通过观察校园植物，学生认识了植物的整体形态结构及其重要器官叶的结构，知道了植物都是有生命的，了解到校园中有各种各样的植物，不同植物有不同的特征，尝试运用了多种感官观察，并能按照一定顺序观察。

（2）学生探究自然科学的兴趣得到了提升。通过多次到校园中观察实践，学生体会到了认识植物、学习科学的乐趣。每次上课前都非常期待，下课时意犹未尽，课下也更加留意观察植物，对科学课的学习态度更加积极。

（3）学生对小学校园更加熟悉和认同。学生多次带着不同的学习目标，到校园中观察植物，更加熟悉校园，感受走出教室的观察学习方式，很快适应了小学生活。

7. 实施建议

（1）教师应提前熟悉校园植物。教师要在课前对校园植物拍照、确认名称、查阅相关资料等，根据不同植物的特点，确定某一课重点要观察的植物。教师只有充分了解校园植物，才能在活动中随时指导学生，及时反馈学生的问题。

（2）记录形式要多样。一年级学生认字、写字还比较困难，所以在对植物的系列观察活动中，以图的形式呈现要求，以打钩、画、贴实物等形式记录观察过程和结果，尽量不要用文字记录。这样就降低了记录难度，减轻学生记录的负担，使他们在活动中能够更加专注地观察植物。

（3）要明确外出观察的要求，帮助学生养成观察的好习惯。刚刚入学的一年级新生对校园环境不熟悉，对科学课的课堂要求不明确，因此教师在带领学生观察前，一定要讲清楚活动要求。基本的要求有以小组为单位一起活动，在校园中按照一定的方位顺序观察和寻找植物，爱护校园植物，及时记录等。

（本节作者：牛春晓）

第三节　表演类作业

一、概述

表演是通过人的演唱、演奏、肢体动作、表情来塑造形象、传达情绪和情感，从而表现生活的艺术。对小学阶段的学生而言，综合素养变得越来越重要，但课堂留给学生展示的空间相对狭小，同学之间的合作交流少。表演类作业可以搭建舞台让每一个学生都有展示的机会，加深同学间的联系与合作。此外，审美感知、艺术表现、创意实践、文化理解是学生发展中的重要能力。

表演类作业设计坚持素养导向，重视表现性评价，围绕学生艺术学习实践性、体验性、创造性等特点，坚持多主体评价，通过多方共同激励的机制，增强学生学习艺术的动力和信心。旨在强化学生的学习兴趣，为音乐课堂提质增效提供保障，从而提升学生的艺术核心素养。

二、表演类作业设计理念

表演类作业旨在通过特定情境帮助学生经历审美感知、艺术表现、创意实践和文化理解的过程，引导学生通过编演音乐作品，表达自己的思想感情，进而在创作中积累经验，形成一定的审美判断能力。表演类作业既可以以学生为主体探索表演主题、项目、任务等内容组织方式，也可以设计跨学科主题学习，还可以设计拓展内容，供学有余力或有兴趣的学生选学，不做统一要求。加强同学间的联系与合作，并在学习评价中搭建舞台，让每一个学生都有展示的机会。鼓励学生发现身边的音乐，在玩创音乐中提升核心素养。

三、表演类作业设计方法

1. 设计思路

教师在设计表演类作业时可以参考《义务教育艺术课程标准（2022年版）》中的要求，注重素养立意，体现开放性、情境性、整合性，难度合理，类型多样，可包括独立完成型与团队合作型、书面型与活动实践型、巩固练习型与创意实践型，以及共性化作业与个性化作业。

表演类作业评价既要关注结果，如实物作品、视听表演、数字化编创作品等，也要关注过程，如方案策划、素材收集、创意构思等。依据作业意图，确定表演类作业评价的侧重点，可注重统一要求，也可注重创意表达，处理好两者之间的关系。综合运用质性分析和量化评定，重视书面或口头反馈，发挥评价的引导、激励功能。具体思路为设计问题情境后提出活动目标，在教学过程中注意引导学生交流分享，教师根据学生的反馈进一步调整教学方案，最后以开展音乐实践活动的方式展示成果。

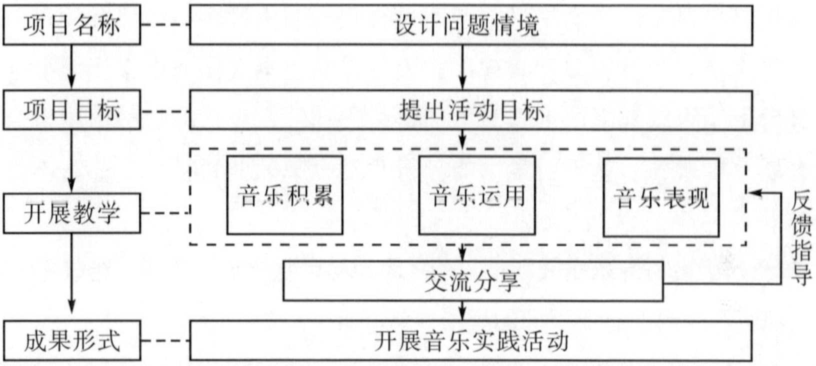

2. 设计建议

随着科技的发展和自主参与式学习的盛行，表演类作业评价是儿童音乐教育课堂教学评价发展的必然趋势，真实任务情境设计的引入对增强儿童主动学习动机来说具有十分积极的作用。在今后的教育教学实践中，教师要在提升音乐素养方面下功夫，从而提高课堂教学质量和效率。

四、表演类作业设计与实施案例

1. 教材内容

《红星歌》是人音版（主编：敬谱）音乐二年级下册的内容。《红星歌》是一首合唱形式演唱的作品，合唱在实际生活中有着广泛的应用，《义务教育艺术课程标准（2022 年版）》的教学提示中指出，要重视并着力加强合唱教学，积极创设条件开展全员参与的班级合唱。可运用模唱、手势辅助、声部叠加、音程构唱等方法培养学生的多声部听觉感知能力和合唱能力。学习歌曲《红星歌》可以将演唱教学与社会文化活动、校园文化活动等结合起来，在真实的活动情境中锻炼学生的演唱能力。学生在参与音乐实践活动中感受、体验二声部合唱歌曲的演唱形式特点，理解和尊重文化艺术的多样性，提升审美感知；领略中国合唱歌曲的美，在审美感知、文化理解的基础上提高艺术表现。

对不同的作业类型设计不同的评价方式，社会表演类作业偏重研究报告、汇报演出等形式，学科作业的设计上侧重通过单点知识、多点知识等帮助学生了解学习合唱的意义，培养学生提出问题和解决问题的能力。

2. 作业目标

二年级学生在以往的学习中经历过合唱与演出过程，可以利用已有经验进行曲目选择，学习用多种表现形式表达作品。本次作业中学生需要在原有学习经验上学习以合唱的形式对歌曲进行表达，在表达的过程中提升合作意识，发展综合素养。基于对学情的分析和对合唱歌曲目标的分析，本次作业目标如下。

（1）乐于参与音乐实践活动，有兴趣参与课堂合唱的练习。通过《红星歌》作品的演唱与表现，感受不同的音乐要素和音乐形象。

（2）能够准确、和谐地演唱二声部作品，尝试以小组合作的方式为歌曲编创不同表现形式。

（3）在演唱和欣赏歌曲的活动中，能够通过聆听、模仿、体验、对比、探究等方法进行学习，能用流畅、自然的声音准确演唱歌曲，表达歌曲意境，达成“让学生们的脸上洋溢着笑容”的音乐学科主题。

3. 作业内容

（1）前置性作业。

任务一：利用感受与体验等方式自主积累本单元的合唱作品演唱形式。

为两乐句编创二声部旋律，请一个同学分享编创内容，并邀请全体同学分声部演唱。

任务二：唱准二声部音高。

听乐谱，找出两个声部间的联系，再听一遍，找出不是三度音程的部分，全班同学分声部演唱。

任务三：在歌曲学唱中表现歌曲。

首先，选一个喜欢的声部学唱歌曲，学生在学唱过程中发现的问题，通过生生合作、按词读节奏、柯尔文手势辅助、对比演唱、加入指挥手势等方式解决。

其次，教师邀请部分学生演唱两个声部，个别检测音准，并指出问题，教师指导纠正。教师在气息、音准、唱法等方面进行指导。

任务四：理解歌曲育人意义。

（2）“红色经典永流传　金穗少年展风采”第四届校园音乐节活动。

任务一：学唱单元歌曲《红星歌》。

任务二：选择歌曲《红星歌》参加学校“红色经典永流传　金穗少年展风采”第四届校园音乐节活动。

活动之前，教师对学生进行动员，号召有舞蹈、声乐、器乐甚至书法等特长的学生将所学特长与歌曲结合，了解班级内的家长资源，将有热情、有能力的学生和家长组织起来，组建临时团队，配合班级排练。

各个班级根据本班学生特长在歌唱中增加诗朗诵、舞蹈、道具、手语动作等，让每一首耳熟能详的歌曲在观众眼前更加动听、更加鲜活。

任务三：演出结束后学生和教师研讨、反思。

活动不仅能锻炼学生的交流沟通能力，也能提高学生的核心素养，让学生了解作为“小演员”站上舞台背后需要付出的努力和责任。

4. 作业设计流程

学生完成本次表演类作业前，需要先完成音乐积累、音乐运用和音乐表现三项前置性作业。教师帮助学生明确表演内容和表演方法，及时修改设计方案，鼓励学生独立完成音乐节表演设计作业。作业反馈主要采用展评交流的方式，目的是充分发挥学生的主动性，全班交流、小组交流给了学生向其他同学学习的机会和自我反思的机会，帮助学生修改、完善自己的作业。

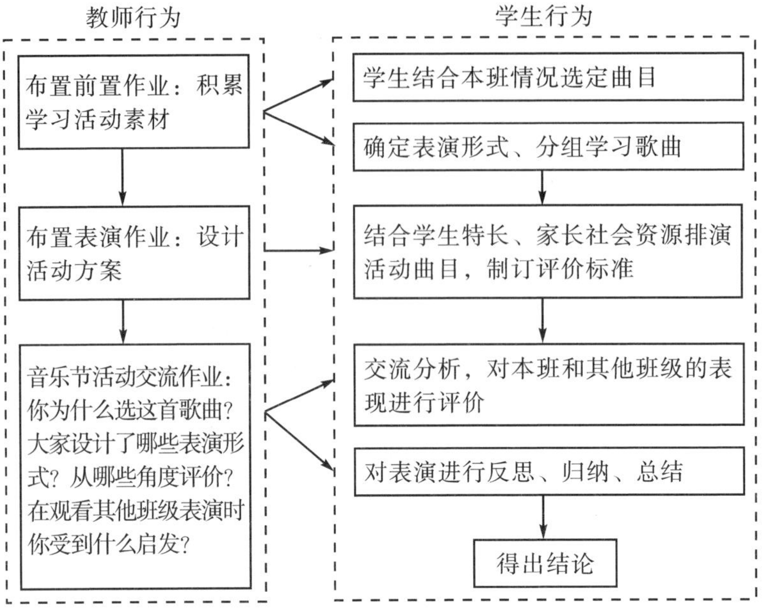

5. 评价标准

对表演类作业的评价需要细化成外显的、可操作的、可观察的、可测量的行为表现。本次作业重点关注了学生的合作能力，主要体现在以小组合作的方式在学会歌曲的基础上用不同的演唱方式进行表现和创作，需要根据问题的背景选择合适的方法。结合本次作业特点将学生在合作中的表现水平设计成以下评价量规。

（1）课堂评价标准。

①交流与分享评价。

学生通过学习音乐获得知识、能力以及情感体验，最终实现提升音乐素养的目标。音乐素养就是学生在学习和表演的过程中积累和整合的能力。因此，在学习过程中，学生不仅需要在交流与分享中对自己的学习进行评价，还需要在与教师的互动中获得评价，学生与学生之间进行相互评价，以促进自身音乐素养的提升。

学习评价标准表

<table>
<tr><th rowspan="2">评价主体</th><th colspan="4">具体内容</th></tr>
<tr><th>任务</th><th>标准</th><th>方式</th><th>目的</th></tr>
<tr><td>学生</td><td rowspan="2">学生介绍所选演出歌曲</td><td rowspan="2">是否吸引听者倾听</td><td>如介绍人分享的歌曲的表现形式吸引人，用乐器演奏一段歌曲或小组学生合唱歌曲</td><td>让学生学会倾听他人发言，帮助讲述人树立听者意识</td></tr>
<tr><td>教师</td><td>奖章＋语言评价</td><td>让学生感受交流、分享的乐趣，学会自主探知</td></tr>
</table>

②小组合作的评价。

学生在学习过程中的态度表现、合作表现、学习的意志力都是促进学生发展的关键因素。首先，需要对学生在学习过程中的态度进行评价，通过学生参与学习活动的认真程度，如自学及小组交流的认真程度来评价；其次，需要对学生在学习过程中的合作表现进行评价；最后，对学生在学习过程中学习的意志力进行评价，这方面的评价可通过学生在面对学习困难时自己能否积极应对来评价。

学习评价表

评价内容	自　评	小组评价	教师评价	总　评
学习态度				
学习合作				
学习意志				

备注：按照评价标准在“自评”“小组评价”“教师评价”中以星号进行评价。“优秀”为 4 颗星，“良好”为 3 颗星，“一般”为 2 颗星。活动结束之后统计“总评”中星号的数量，评选出本节课的小组优秀学员

（2）“红色经典永流传　金穗少年展风采”第四届校园音乐节评价标准。

①评价标准表。

评分项目	评分要求	分值	此项满分	备注
精神面貌	精神饱满	10	30	1. 评委需要填写评分表中班级演唱得分、特色加分得分和总分 2. 演唱得分满分为 50 分
	着装整洁	10		
	上下台安全、安静、有序	10		
演唱	节奏准确，不跑调	10	50	
	演唱吐字清晰	10		
	歌唱速度与伴奏一致	10		
	声音圆润，不喊唱，有适当的表情	10		
	演唱学生知道与指挥配合	10		
指挥	指挥节拍正确	10	20	
	指挥动作大方与音乐速度一致	10		
特色加分	表演或演唱形式有设计	1	5	1. 有特色加分，无特色不加分 2. 不累计加分，只加其中一档分数 3. 特色加分最多加 5 分。根据各班表演实际效果适度加分
	表演或演唱形式新颖	3		
	表演或演唱形式特色突出	5		

②奖项设定。

以校区为单位，同年级各班进行评比，每个年级按照实际表演水平设奖，如精神文明奖、校园好声音、最佳表现奖、优秀指挥奖。

6. 实施效果

从前置作业中发现，学生根据个人需求设计歌曲内容、演唱形式、演唱方法。前置作业中有 6.7% 的学生想到通过向家长寻求帮助学习歌曲，3.2% 的学生没有方法，90.1% 的学生盲目开始学习歌曲。通过交流，学生想到可以通过精神面貌、演唱、指挥、特色等方面获得准确、有效的学习方法，为后续良好的演唱效果扫清障碍。

从表演类作业中发现，少数的学生能从精神面貌的角度分析整体表演情况，多数的学生利用已有经验能选择适合自己的曲目，还有一小部分的学生既考虑所选曲目与演员的绝对关系又考虑到相对关系；少数的学生愿意并能准确指挥所选定歌曲，多数的同学能用不同的演唱形式准确表现。

学生完成作业后教师组织学生通过交流互动进行作业反馈，在这个过程中学生发现，设计演唱效果评价标准的时候大家的分类标准不同，整理出的数据也不同，小组中有的同学将类别分得很细致，有十几项内容；有的同学按照演唱、表现只分了 4—5 类；有的同学表格中还出现重复的内容；还有的同学分得不全面，出现交叉的情况。因此学生产生了讨论分类标准的需求。重新确定分类标准后，学校设计并整理了“红色经典永流传　金穗少年展风采”第四届校园音乐节的评价标准，在这个过程中让学生感悟听众与表演者的关系，理解活动过程中如何选取合适作品，增强学生的合作意识。

少数学生能计算出每班综合得分并进行比较，发现不仅能看出每个班成绩的情况，还能和其他同学进行比较。在班级相互比较的过程中还发现，班级表现形式设计越丰富时，所得总分越高，说明学生越有热情；有些班级总分虽然相同或相近，但利用特色加分进行分析可能得出不同的结论。学生在与同班同学交流这些发现后不仅增强了自身的合作意识，而且为后续学习合唱作品，解决问题提供了一定的经验。

少数学生观看演出后表示本班歌曲演唱或形式设计还不够理想，下次演出前准备还要更充分；有的认为还可以利用家长、社会资源为本班演出贡献力量；有的为自己家制订了模拟下次演出计划；有的发现自己的大部分时间都用在了学习文化课知识上，所以自己要更好地学习其他学科，这样可以让自己在各个方面均衡发展；还有的同学为班级创作了班歌，进行了知识拓展。

7. 实施建议

第一，面向全体。“双减”背景下，以学生为主体，把课堂的主动权真正还给学生，是设计表演类作业的关键。依托《义务教育艺术课程标准（2022 年版）》

和教材，筛选适合学生开展活动的教学素材。将筛选出的教学素材进行主题内容划分，让学生自主选择曲目，设计合唱表演，面向全体学生，开展合唱实践活动。

第二，促进全面发展。学校创造性地将“生长教育”定位为学校的办学理念，让学生的品德、智力、体质、审美、劳动五个方面健康生长。基于“生长教育”的核心理念，根据学生的生长规律，确定了活动的培养目标——通过参与本次表演类作业的实践活动，激发学生的学习兴趣。采用多学科融合的方法，转变课堂教学方式，丰富课堂活动形式，针对活动内容，从精神面貌、演唱、指挥、特色四个层面确定音乐节的评价标准，提升学生的核心素养水平。

第三，实施个性化、差异化教育。教师要积极实施“个性化和差异化教育”，推进分层次教学，因材施教，关注、关爱每一名学生，托底培优，彰显个性化教育。针对各个层次的学生设定量化学习目标，从“情感态度”“知识技能”“合作交流”等细节入手，优先照顾能力较弱的学生，让他们掌握感受音乐的基本技能，进一步提升他们的学习兴趣，从而完成活动任务；对能力一般的学生提出能按照歌曲情绪表现音乐作品的要求；对能力较强的学生提出更高的要求，引导他们通过自己的努力，激发潜力，完成高水平演唱的探究任务。

第四，实现自我超越。促进学生之间的合作学习，构建互帮互助的合作氛围，逐步提升他们的学习能力，不断增强他们解决困难的信心和决心。以绘制宣传海报为例，教师以宣传海报为支架，通过课前演讲等活动介绍选定的歌曲内容，努力突出歌曲健康、阳光励志的主题，鼓励学生提出自己感兴趣的问题。每个学生既是参与者，又是评价者。学生在活动中进行评价，教师需要引导学生梳理、建构出评价表。在师生互评、生生互评中实现自我超越。

（本节作者：贺婷婷）

第四节　推理类作业

一、概述

《义务教育数学课程标准（2022 年版）》强调，教师需要从学生的已有生活经验出发，引导学生积极探索并运用数量关系、几何直观和推理意识分析和解决数学问题，帮助学生在作业练习中初步形成数学抽象、推理意识和模型意识素养的发展。

推理意识主要是指对逻辑推理过程及意义的初步感悟。可以从一些事实和命题出发，依据规则推出其他命题或结论；能够通过简单的归纳或类比，猜想或发现一些初步的结论；通过法则运用，体验数学从一般到特殊的论证过程；对自己及他人的问题解决过程给出合理解释。研究表明，小学生更愿意用计算的方式来解决问题，很少有学生愿意主动地进行数学推理。教师在教学中应该如何培养学生的推理意识呢？设计与教学目标匹配的推理类作业发挥了重要的作用。

小学生的推理意识是通过观察、实验、归纳、类比等获得数学猜想，并进一步在寻求证据、给出证明或举出反例的过程中不断发展和积累起来的。教师要在日常教学中布置一些综合化、情境化的逻辑推理作业，激发学生的探究兴趣，给学生充足的时间与充分的空间进行探索与发现、解释与验证，循序渐进地发展他们的推理意识，从而逐步养成讲道理、有条理的思维习惯，最终形成实事求是的科学态度与理性精神。

二、推理类作业设计理念

推理素养是学生综合素养中极其重要的组成部分，对学生今后的学习、发展和成长有着重要影响。建构主义提出，儿童的学习就是知识不断建构的过程。而推理在知识建构中起着十分重要的作用，许多知识都需要学生以合情推理去探索、去发现，再通过演绎推理去论证、总结，两种推理形式在知识构建中相得益彰。学生构建知识的过程其实就是从简单到复杂、从特殊到一般、从已知到未知的推理过程。作业的最终目的是培养学生学会学习和自主学习，推理探究类作业也不例外。教师精心设计的作业，既可以激发学生的学习热情，使其形成良好的思维方式，积累丰富的学习经验，还可以让学生从小养成思维缜密、逻辑严密的思考习惯。

所以，在作业设计的过程中，教师要从高阶思维入手，构建以培养推理意识为导向的推理类作业内容，让学生在原有公式、定理定义的基础上，通过合理地演绎、类比、归纳，得出正确的推论。

三、推理类作业设计方法

1. 设计思路

新课标中的推理意识主要表现为三类活动：猜想、说理、例证。这三类活动同时也是推理学习过程的核心活动。猜想是合情推理的关键与核心，是合情推理的具体方法和必要环节。猜想的提出是对推理思维过程的概括和推理思维内容的提炼，能获得数学发现的机会，能锻炼数学思维。“猜想—验证”是合情推理的基本路径，验证是指以数学事实为依据，运用数学语言有根据、有逻辑地解释结论和确认结论的过程，是对说理和例证的综合运用。

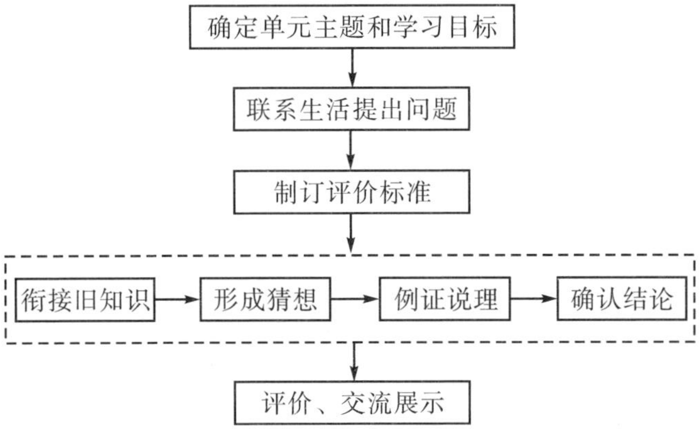

当一个单元的教学完成后，需要复习巩固，让许多分散的知识点联结在一起，形成知识模块，让新学的方法、技巧与原来的内容充分融合，丰富认知、积累学习经验。教师要精心设计推理作业，通过确定学习主题和学习目标，联系生活提出问题，让学生经历“衔接旧知—形成猜想—例证说理—确认结论”的学习路径，给学生交流、评价、展示的时间和空间，使不同水平的学生都能有所进步。

2. 设计建议

建议教师围绕单元知识，在构建单元整体、发展学生核心素养的基础上，注重设计的情境化、生活化，联系学生的生活实际，创设不同的情境引发学生猜想，引导学生规范表达自己的推理过程，以使学生逻辑缜密地进行推理。教师可通过提出问题，使学生把握正确的推理方向，激发学生的学习热情和主观能动性，同时教授不同的推理方法，促使学生形成推理意识，实现数学核心素养的提升。

推理作业并不是每一课学习都需要设计，而是教师对整个单元的教学目标充分解读，再根据单元的基础性练习内容，剖析学生还需要经历怎样的思考过程，进而设计相应的推理作业。

教师要制订合理的评价标准，对学生的作业、作品进行科学合理的评价，辅以一定程度的鼓励，对不同水平的学生都予以肯定，继而在师生、生生的交流互动中，使得不同层级的学生都能有所进步。

四、推理类作业设计与实施案例

1. 教材内容

“圆”是北师大版数学六年级上册的内容，属于“图形与几何”领域中“图形的认识与测量”，本单元涉及的主要知识点有：圆的认识、圆的周长、圆的面积。既有对图形的认识，也有对图形的测量。

《义务教育数学课程标准（2022 年版）》中对“图形的认识与测量”第三学段提出的要求是：认识圆和扇形，会用圆规画圆；认识圆周率；探索圆的周长和面积计算公式，能解决简单的实际问题。在图形认识与测量的过程中，进一步形成量感、空间观念和几何直观。学生在推导一些常见图形周长、面积、体积计算方法的过程中，感悟数学度量方法，逐步形成量感和推理意识。

2. 作业目标

圆是小学阶段学生学习的最后一个平面图形，单元教学完成后，学生已经认识了圆的各部分名称、含义及其关系，知道了“圆，一中同长”的特点，能够熟练运用公式计算周长和面积，但部分学生对“圆”这一概念的认知仍然模糊，不能清晰理解圆的概念本质。他们虽然已经初步掌握了圆的周长和面积的计算方法，但对公式的由来认识比较单一，没有经历全面、丰富的推理过程，对“化曲为直”“化圆为方”的转化思想存在思维断层。

因此，开始本单元的复习课前，作业设计要能够让学生在原有的基础上，基于图形的转化思想和度量思想，将圆的周长和面积问题转化成已有知识经验来解决，在充分经历、感悟圆的概念形成、周长和面积的探究实践活动过程中形成推理意识。

①通过简单的阅读材料引发猜测与联想，在熟练掌握周长、面积概念以及所学图形周长、面积计算公式的基础上，综合运用所学知识，经历简单的推理

过程，验证自己的想法，掌握“周长相等的情况下圆面积最大”的知识。

②在解决问题的过程中，学生总结关于图形周长和面积的学习经验，厘清周长和面积的概念以及和各要素之间的关系，对比认知圆与其他直边图形的内在联系。

③在交流讨论的过程中，培养学生认真聆听的态度、语言表达的能力和发展推理意识，带领学生感受思考的乐趣和“圆”这种图形的美妙。

3. 作业内容

（1）前置作业。学生要在单元复习中独立完成一份比较综合的推理类作业。教师应提前在课时教学和作业中设计相应的推理内容，为学生积累一定的推理经验。“圆”单元整体教学的课程设计以及有关“推理”的作业设计如下表所示。

课程及作业设计表

课　型	学习内容	课时目标及核心问题	相关作业
概念课	圆的认识	在真实情境中抽象图形概念，体会圆的特征与要素，探究生活中的圆	（1）半径、直径有什么特点？它们之间有什么关系？ （2）圆的大小与什么有关？圆的位置与什么有关？
公式推理课	方案设计	猜测圆的周长与面积与什么有关，自主规划学习路径	你认为圆的周长和面积与什么有关？关于圆的周长和面积计算方法的学习，你有什么设想？请你自主阅读教材相关的内容，利用思维导图的方式做一下规划吧
	圆的周长	探究圆周长与半径、直径的关系，经历圆周长公式的推导过程，应用圆的周长公式	圆的周长与什么有关？你能根据它们的关系填写下表吗？（“圆周长关系表”附在表后）
	圆周率的历史	了解“π”的历史，从不同角度认识“π”	略

续表

课　型	学习内容	课时目标及核心问题	相关作业
公式推理课	圆的面积	探究圆面积与半径的关系，经历圆面积公式推导的过程，应用圆的面积公式	（1）将一个圆等分成16份，拼成一个近似的梯形。梯形的高相当于圆的（　　）；上底相当于圆的周长的（　　） （2）除书中介绍的转化方法以外，你还可以转化成什么图形，推导出圆的面积公式？（用你的方法记录下推导过程，注明转化前后的图形有什么关系）
实践应用课	生活中的问题	熟练掌握圆周长和面积的计算方法，掌握灵活运用知识解决问题的能力	略
拓展课	圆与方	通过观察、比较、分析，找到圆与方之间的关系	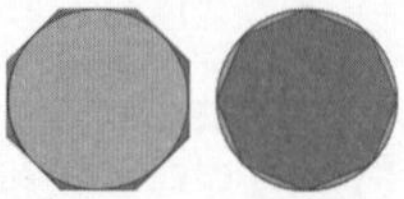 （1）观察上图，你有什么发现？ （2）你能想办法求出圆内正八边形的面积吗？ （3）回顾刚才的操作，你有什么想法？

附：　　　　　　　　　　　圆周长关系表

半径	2分米		
直径		5米	
周长			18.84厘米

（2）学生在完成每课时的推理作业后，独立完成以下推理作业。

《埃涅阿斯纪》中记述了这样一个故事，狄多女王在国家发生动乱以后逃到了非洲，她乞求当地的土著首领赐给她一些土地。她说自己需要的只是一张公牛皮所能围起来的地方。这似乎是一个很微小的请求，首领便答应了她。精明的女王把公牛皮分割成细细的条子，用它围出一块最大的土地，并在此建立起一座城市——毕尔萨（意为牛皮城）。

你们觉得女王用细细的牛皮条围成的最大的土地是什么图形？请你用学过的知识试着分析一下女王这样做的理由。

4. 作业设计流程

学生完成本次推理作业前，先随着教师的课堂教学活动完成前置作业，通过猜想、验证等活动，在探索与发现、解释与验证的过程中积累经验。作业反馈主要采用展评交流的方式，目的是充分发挥学生的主动性。全班交流、小组交流给了学生向其他同学学习的机会和自我反思的机会，有助于学生修改完善自己的作业，在这个过程中，学生学会把圆的周长和面积与圆的要素建立联系，并且有理有据地表达。

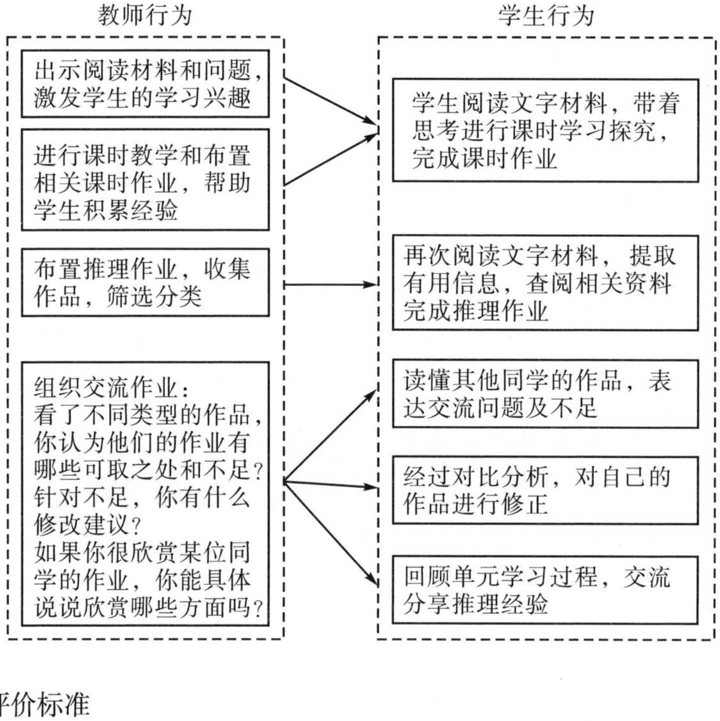

5. 评价标准

对本次任务中学生表现的评价量规如下。

“周长相等，圆与其他平面图形的面积关系”作业的评价指标与要素表

评价指标	评价要素
完成任务的思路	正确读题、审题，适当圈画批注
	理解周长、面积的概念，会运用公式，掌握思考问题的方法
任务完成后的发现与反思	画图帮助思考
	记录自己的猜测、想法、发现
	及时调整思考过程，聚焦研究问题
任务完成后的结果与效果	感悟圆与其他平面图形的特点
	理解平面图形之间的内在联系
	培养推理意识

“周长相等，圆与其他平面图形的面积关系”作业的评价量规

等级水平	表现行为描述
水平 1	只是从“形”的角度去想问题，没有推理的过程
水平 2	知道从图形要素的角度考虑问题，但把“周长相等”想成正方形边长和圆的直径或半径相等，没有从“周长相等”这个关键条件通过推理得出图形要素的具体情况
水平 3	理解了周长相等的意思，通过“设数”的方式得出正方形的边长和圆的半径长度，再通过计算得出面积，从而比较大小。但没有考虑到圆周长和正方形周长的计算特点，数据不方便计算
水平 4	能够明确条件，不但知道圆半径和正方形边长与周长的关系，还能够根据圆周长和正方形周长的计算特点，想出来的数字是 3.14 和 4 的公倍数，通过简单计算得出面积，从而比较大小
水平 5	借助未知数的运算，得出普遍的规律

6. 实施效果

学生作业成果展示表

等级水平	表现行为描述	学生作品
水平 1	只根据直边、曲边或者有角、没角等直观的表象判断，没有推理的过程	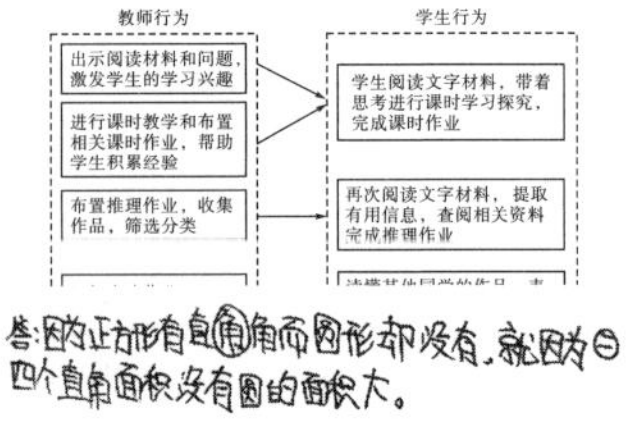
水平 2	能知道圆的面积与半径有关；正方形的面积与边长有关。对公式比较熟悉，但认为圆的半径和正方形的边长相等，忽略“周长相等”的信息	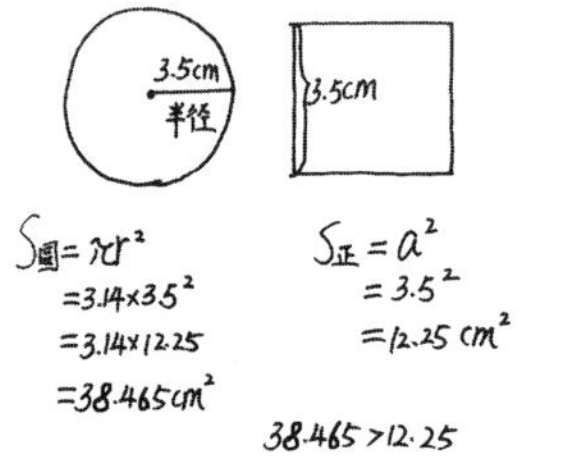
水平 3	知道圆半径和正方形边长与周长的关系，但答题过程比较慢，随意想个数字作为一样的周长，没有考虑到圆周长和正方形周长的计算特点，数据不方便计算	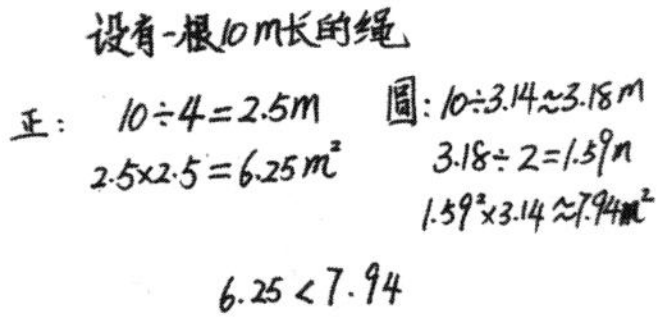
水平 4	能够明确条件，不但知道圆半径和正方形边长与周长的关系，还能够根据圆周长和正方形周长的计算特点，想出来的数字是 3.14 和 4 的公倍数，通过简单计算得出面积，从而比较大小	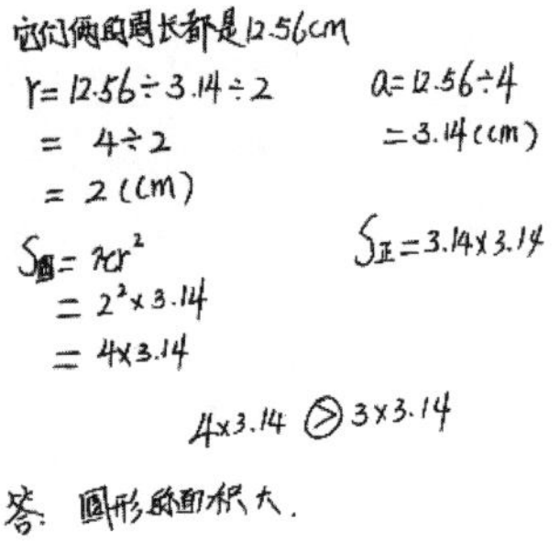

续表

等级水平	表现行为描述	学生作品
水平 5	先有猜想，再进行验证，用未知数来表示两个图形的周长，用含有未知数的算式来表示两个图形的面积，通过比较判断大小，然后进一步对原有观点进行挑战，总结出一般结论	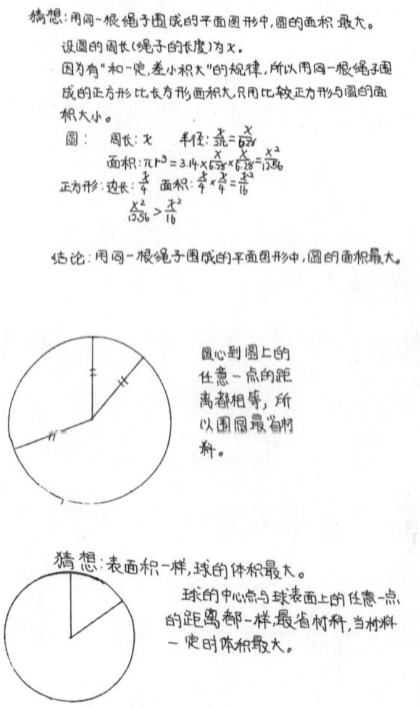

教师对学生作业成果进行分析，得到一些学习情况和反馈。

① 100% 的学生能够借鉴前期的学习经验，知道在直边图形中，周长相等时，正方形的面积最大，所以问题聚焦到周长相等时，正方形和圆的面积对比上。

②有 5.6% 的学生没有从情境中提取出有效的信息，并不清楚解决这个问题需要用到哪些经验和知识，仅仅从图形“样子”的角度做浅显的解释，知识点是孤立的。

③绝大部分学生对圆周长和面积的计算方法掌握得比较牢固，但不能灵活应用，对周长和面积的概念以及计算公式理解得不到位。

④ 83.3% 的学生能够从圆和正方形的要素出发思考问题；有 27.8% 的学生把周长相等的条件自动变为圆的半径和正方形的边长相等，对图形周长的理解停留在公式的记忆上，没有从周长和要素之间的关系理解。

⑤有 55.6% 的学生能够从“周长相等”这个条件出发，从“设数”的角度出发思考问题，能够熟练地运用公式推导，能体现推理的过程。

⑥ 8.3% 的学生，能够用未知数来代表周长，得出圆的半径和正方形的边长，

最终得出面积再比较大小，紧紧抓住关键的图形要素，具备了一定的推理能力。

教师批阅学生的作业成果，然后分类，筛选出有代表性的作业让学生交流，让学生在“读懂—分享—比较—修正”的过程中逐渐明确问题的本质，学会利用图形要素与周长、面积之间的关系进行推理，达到梳理相关概念、公式，并且能够理解、灵活运用的目的。

7. 实施建议

培养学生的推理意识是一个长期的过程，需要落实到每一阶段的学习中。单元整体教学为学生推理意识的形成提供了优质的“土壤”，有助于学生推理意识的发展。本项作业包括简短的阅读材料和需要解决的问题，教师可以把这项作业作为单元教学设计的起点，引领本单元的教学。学生一边学习圆的相关知识，一边回忆和积累关于图形学习的经验，如感知和理解图形的特点，周长和面积的相关概念以及计算方法的由来。在明确计算方法的基础上，了解周长、面积公式的推导方法并应用公式解决问题。

培养推理意识，让学生学会“有理有据”地进行表达至关重要。在课时教学结束后，让学生借助先前积累的经验，运用所学知识来完成这项作业，不仅要让学生对基础知识准确、熟练地掌握、灵活运用，而且要让学生把学过的知识系统化，通过图文并茂的方式一步一步地、逻辑清晰地把自己的想法说清楚，让别人能读懂、听懂。

第一，提供丰富的生活素材，让推理过程“有意义”。教师要设计生活化的情境，最好和学生生活中的事件相关，这样既能激起学生参与、学习的兴趣，也能让学生对数学产生亲近感。

第二，呈现完整的推理表达，让思考过程“有条理”。教师要帮助学生从情境中获取信息，令其能够明确问题和哪些数学知识相关。从学生的作业中不难看出，有些学生面对推理问题是无从下手的，教师要帮助学生读懂问题、提取有用的信息，还要帮助学生回忆知识点，比如周长、面积指的是什么？圆、正方形的周长和面积与什么有关等。

第三，设置递进的推理问题，让学生学会“讲道理”。不同学生的推理水平有较大的差异，学生是否获得感悟和体验，教师往往是不了解的。因此，需要设计层层递进的推理问题，引导学生逐步经历归纳、演绎、类比等思维过程，并从对问题的探索求解中获得推理的方法和感悟，学会“讲道理”。

第四，创设互动的交流分享平台，让推理意识“落地生根”。教师要组织学生对不同水平层次的作品进行交流，寻找共性和特色。在读懂他人的作品、交流分享的过程中，互相启发促进，让不同思维层次的学生都有机会提升，体会数学推理的乐趣和意义。除了正确的方法，教师还要寻找一些有代表性的错误的作品，把错误当成资源，让学生充分交流，肯定做得好的地方，同时分析问题出在哪里、如何更正等，在互动中让所有学生在原有的基础上获得提升，发展学生的观察能力、语言表达能力。同时，让推理行为变为主动的思维习惯，养成逻辑严密、科学严谨的思考习惯。

（本节作者：谢林娜）

第五节　合作类作业

一、概述

“合作与沟通”是面向 21 世纪的核心素养之一，《教育部关于全面深化课程改革落实立德树人根本任务的意见》指出，要明确学生应具备的适应终身发展和社会发展需要的必备品格和关键能力，突出强调个人修养、社会关爱、家国情怀，更加注重自主发展、合作参与、创新实践。

合作是个人与个人、群体与群体之间为达成共同目的，自愿结合在一起，通过相互间的配合和协调而实现共同目标的一种社会交往活动。通过合作，有助于促进学生树立团队意识，增进情感交流，是培养合作精神的重要途径。学生以共同的作业目标为导向，以小组为基本组织形式，在个体独立探究的基础上，在小组内或集体范围内充分展示自己的思维方法及过程，通过探索研讨、合作互助，揭示知识规律和解决问题。小组成员在完成作业的过程中互帮互助、合作交流、互相尊重、互相评价、互相认可，满足自身交往的需要、尊重的需要和自我实现的需要。只有当学生的内部需要得到满足时，才能激活其内在的学习欲望和热情，对于作业的态度从“要我完成”转化为“我要完成”。

二、合作类作业设计理念

合作类作业是指学生与他人通过合作，共同完成某项作业的作业形式。在合作的过程中，学生学会如何表达自己的观点，在完成过程中与组内成员共同出谋划策，充分发挥每个成员的积极性，求同存异，融会贯通，在互动中激活思维，开启智慧，加深对知识的理解，提高学习效率。此外，学生在合作完成作业的过程中需要相互尊重和理解，在遇到问题和冲突时通过换位思考等方式，学会交流、接纳和宽容，在发展个性的同时逐步提升人际交往与沟通的能力。

三、合作类作业设计方法

1. 设计思路

教师引导学生通过合作类作业激发学习英语的兴趣，引导学生通过小组讨论交流进一步夯实语言基础，在真实情境任务中体验探究过程，在实践中不断培养合作精神与创新意识。

合作类作业以作业目标的确立为起点，通过设计真实情境任务，引导学生自主组合为小组，小组依据作业内容共同讨论并设计方案，在作业活动的实施中，共同合作探索解决问题的方法，在体验与实践的过程中，根据遇到的问题或困难及时反思并调整改进，最后进行展示交流，教师基于目标从不同维度进行总结和评价。

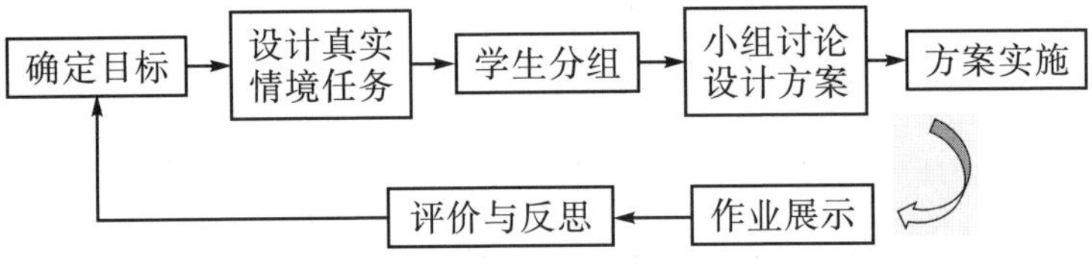

2. 设计建议

合作类作业更适用于实践类活动，学生在任务的驱动下以小组为单位，共同开展学科实践任务。教师在实践任务中要确立并引导学生围绕主题，自主合作，通过小组合作实践和探究，完成设计计划、解决问题、决策、创作作品和交流成果等一系列任务。此外，教师以倾听者、引导者和促进者的身份参与作业实施，将舞台留给学生，学生在与同伴交流和协商中，发挥自主与主动性。但在分组环节，教师需要进行协调，建议遵循异质分组的原则，在尊重学生自主结组的基础上合理划分小组，并根据学情进行小组职责的分工。

四、合作类作业设计与实施案例

1. 教材内容

《义务教育英语课程标准（2022 年版）》中多次强调合作学习的重要意义，倡导通过开展英语综合实践活动，促进学生核心素养的全面发展，并将同伴合作、问题解决、创造性思维等方面纳入评价范围。本单元选自人教版英语（一年级起点）五年级上册第四单元“Shopping Day”，话题为“购物”，旨在培养学生通过交往与合作，提高解决生活中的实际问题的能力。学生借助在日常生活中的购物经验和本单元的学习，能够用英文询问和回答物品的价格，表达自己对商品的喜好，为他人提出购买建议，初步建立理性的购物观。本单元在单元评价设计中将真实情境任务作为一种评价方式，帮助学生将单元所学内容迁移并运用到生活中。因而，本单元设计了真实情境任务——English Flea Market （英文跳蚤市场），学生通过小组合作开设英文跳蚤市场，进行真实购物。

2. 作业目标

五年级学生思维活跃，自主意识不断增强，喜欢在情境体验、实践参与中学习，具有一定的交往合作能力、分析能力和动手操作能力。此外，学生在学习中能够通过查找资料，与同伴讨论等方式探究和解决问题。基于对学情的分析和对本单元学习目标的分析，本次作业目标如下。

（1）学生能够在实践任务中提升合作与交往的能力，促进主体个性化与社会化发展。

（2）学生能够在真实情境中用英文购物，表达自己对商品的喜好，为他人提出购买建议，初步建立理性的购物观。

（3）学生能够使用所学语言进行购物，如“Can I help you？ How much is it？ It's.../Ok， I'll take it.”等。

3. 作业内容

为了帮助学生小组更好地完成英文跳蚤市场活动，教师在单元学习中设计了一系列小任务及学习单，以任务为驱动，引导学生在体验中相互合作，共同完成。

（1）成立店铺，准备货品并记录。完成合作实践性作业要组建学习小组，小组的建立以组内异质、组间同质为原则。在教师的指导下，4 个学生组建一家店铺，组员共同制订活动实施方案并进行任务分工，同时准备闲置物品作为店铺的货物，整理货物并记录。

________’s Shop

Role	leader （小组长）	goods keeper （物品管理员）	accountant （财务会计）	monitor （监督员）
Name				

Goods in Our Shop（我们店铺的物品）

No.	Goods Name （物品名称）	Price （价格）	Quantity （数量）	Owner （所有人）
Example	pencil sharpener	5 元	2 个	Bill
1				
2				
3				
4				

（2）共同设计商品英文促销海报。每家店铺设计英文促销海报，张贴在教室内进行宣传。学生根据自己的特长，各司其职，共同完成海报设计。

（3）获得购物流通“钱币”。教师设计并提供具有不同面额的流通“钱币”，“钱币”上印有本单元重点词汇。小组成员在单元学习中，根据表现获得“钱币”，积累资金。活动的资金可以在跳蚤市场中购买物品。

（4）填写购物单。学生根据自己获得的资金合理购物，填写购物清单。购物单上提供了购物时涉及的交际用语。

______'s Money Chart

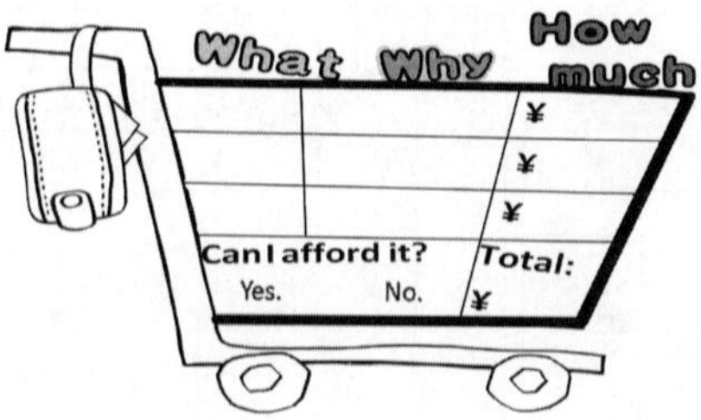

（5）在跳蚤市场开展交易，并记录小组销售信息。学生在合作完成本项任务中，既是顾客也是售货员，一方面体验用英文购物，另一方面作为售货员，需要统计自己店铺所售物品，计算总价。最后学生根据“业绩”，评选出最佳销售小组。

Sales Record（销售记录）

No.	Goods Name（物品名称）	Price（价格）	Quantity（数量）	Total Price（总价）
Example	pencil sharpener	5 元	1+1+1 个	15 元
1				
2				
3				
4				

4. 作业设计流程

学生完成本次作业前，需要明确作业目标，了解作业任务、学习单及任务基本流程，并在教师的指导下在课堂教学活动中进行异质分组，成立自己的店铺并为店铺起名，为后续的团队合作做准备。在完成合作作业的过程中，学生需要开展小组讨论，进行任务分工，制订计划方案并逐步实施，例如从家中带来闲置物品并标记英文名称，进行货品的定价、整理和记录，讨论并设计店铺宣传海报等。在此合作过程中，教师的角色更多是指导者和协调者。学生在教室内的各家“店铺”中进行物品买卖，在英文跳蚤市场中用英文交流。活动结束后学生梳理店铺销售业绩，评选最佳销售小组，并对自己在此项任务中的表现情况进行自评和互评。

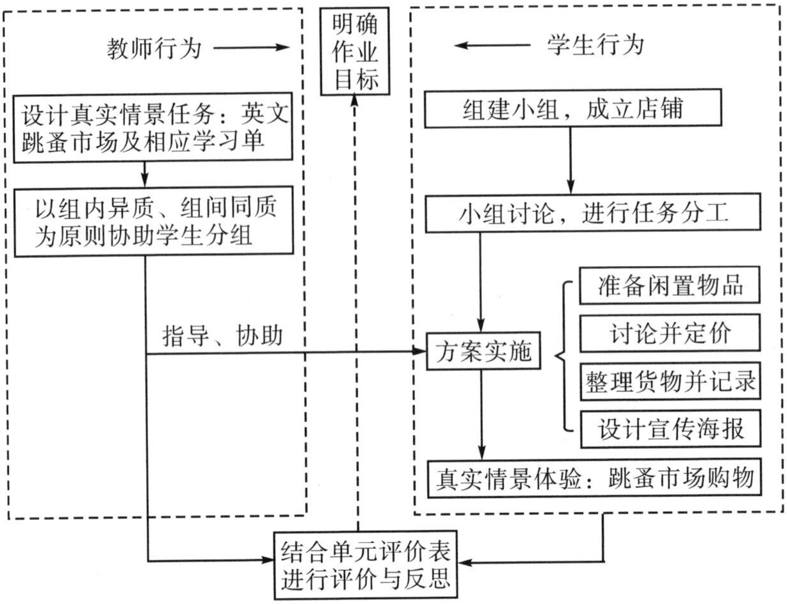

5. 评价标准

单元评价单贯穿任务始终，既有小组合作的评价，也有学生对自己完成任务的表现进行自评。

单元评价单

目标	评价标准	评价结果
针对目标1	我能够积极参与小组合作，共同完成实践任务	
	我能够胜任组内职责，明确自己的任务并实施	
	我能够在组内认真聆听，互助互学	
	我的小组被评为“最佳”销售小组	
针对目标2	我能够在英文跳蚤市场中购买物品并合理消费	
	作为销售员，我能够向顾客提供适当的购物建议	

续表

目标	评价标准	评价结果
针对目标 3	我能够听、说本单元 5 个英文学具词汇	
	我能够听、说、编写购物相关对话，如 Can I help you？ Yes， please. I want to buy.../How much is it？ It's ...yuan. Ok， I'll take it.	

注：评价结果根据实际情况选填“符合”“基本符合”“不符合”。

6. 实施效果

（1）学生对本项合作类作业非常感兴趣，参与和完成率都很高。此项作业获得了学生的认可与支持，100% 的学生参与其中，他们积极地筹备物品，将物品标注英文名称。对于英文查找感到有困难的学生会积极向同组同学、教师寻求帮助，学生学习的主动性有所提高。

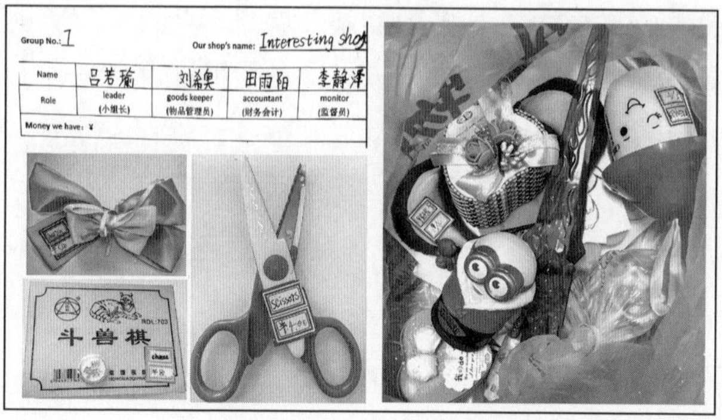

（2）英文跳蚤市场的顺利开市，是学生团队合作的成果，学生通过同伴间的合作交流提升了自身的合作意识和人际交往能力。通过此次任务，学生不仅要尝试购买物品，合理消费，而且需要与同伴合作完成多项任务，如成立店铺、设计宣传海报、物品整理与销售等，这一过程中学生的设计、创新等能力在逐渐提高。例如在设计宣传海报环节，有的小组画出自己店铺的物品海报，张贴在教室中，有的小组使用电脑设计海报，打印并分发给同学。学生的协作、创新以及语言能力在不断提高。

（3）学生能够在英文跳蚤市场中进行真实语言运用。在跳蚤市场，能够看到学生积极地运用英文交流，虽然教师设置的“市场语言监督员”起到了一定作用，但更多是学生自觉地在用英文交流。为了卖出自己的货品，同学们还各自发挥本领，尝试用更丰富的语言介绍自己的物品，无论是顾客还是售货员，交谈声此起彼伏，大家兴致勃勃。

7. 实施建议

（1）依托真实的情境任务设计作业，提升学生合作交往能力。学生的学习离不开真实情境和真实问题，合作动机是产生良好学习效果的关键因素之一。在真实的情境任务驱动下开展合作作业，有助于学生体验合作的乐趣，感受自身的价值，同时感悟团队合作、思想碰撞的重要意义。例如，本案例中教师创设了英文跳蚤市场这一情境，任务的顺利开展离不开每一家店铺、每一个成员的团结合作，学生要整理物品、记录物品清单、设计宣传海报、记录销售物品等，这些对五年级学生而言既是一种挑战，更是解决真实问题、发展核心素养的机会。

（2）以学生为主体，教师转变角色。在学生完成合作类作业的过程中，教师要将学习的主体地位还给学生。教师更多是扮演引导者、管理者和促进者的角色。完成作业前教师需要帮助学生为本次小组合作作业做好准备，如明确学习目标、任务以及有关规则和评价标准。同时，在进行小组任务实施过程中，教师要善于观察和倾听，时刻关注每个小组的情况，根据学生意愿、需求、能力等情况及时引导和协调，鼓励小组成员友好合作、互帮互助、共同进步，帮助学生学会合作，提高团队效率。

（本节作者：苗若楠）

第六节　单元式作业

一、概述

《义务教育课程方案（2022年版）》提出，聚焦核心素养，面向未来。即依据学生终身发展和社会发展需要，明确育人主线，加强正确价值观引导，重视必备品格和关键能力培育。核心素养的落实不仅限于课堂，也体现在作业中。

单元式的作业不仅能够将单元的知识点进行整合，而且能够渗透单元育人价值、能力培养等。单元式作业的目标与单元主题和育人价值一致。依据单元学习框架，单元式作业可分为：基础类作业——对知识的考查和巩固；拓展类作业——对所学内容的延伸，考查学生的应用实践；综合实践类作业——考查学生在真实情境中运用所学知识解决实际问题的能力。学生在完成这三类作业时，需要调动已有知识，逐步将所学内容迁移到真实情境中，在这个过程中，学生的学习能力、思维能力、沟通能力、合作能力及探究能力等都在提高。不同类型的作业可锻炼不同的能力，辅佐学生实现最终的学习目标。

二、单元式作业设计理念

单元式作业的设计应从单元整体出发，以单元的育人价值为最终目标进行设计。为了实现这一目标，教师将最终的结果通过单元实践任务来体现，即在本单元结束时，在创设真实的情境中，让学生运用所学内容，探究解决问题。将课堂所学与学生生活实际关联，做到学用结合、课内外结合。

三、单元式作业设计方法

1. 设计思路

在设计单元式作业之前，教师需要明确设计的意义。单元式作业的设计目的是帮助学生达成学习目标，突破难点，进而在完成作业的过程中发展能力。另外，教师还需要基于学情及教材，结合学生的实际情况，如已有生活经验，将所学内容和学生实际生活结合起来，做好桥梁衔接。作业的设计离不开教材，因此教师要深入研读语篇，读懂教材背后的意义，此举对单元确定育人价值和目标有着指向性作用，进而指导单元式作业设计的方向。另外，作业的设计要体现梯度，不同类型的作业发展学生不同方面的能力，如基础类作业发展学生的语言能力，拓展延伸类作业发展学生的学习能力、思维能力及增强文化意识等，综合实践类作业发展学生的跨学科迁移、创新能力等。学生通过作业能够突破难点，达成学习目标，并能够在实际生活中运用所学解决问题。

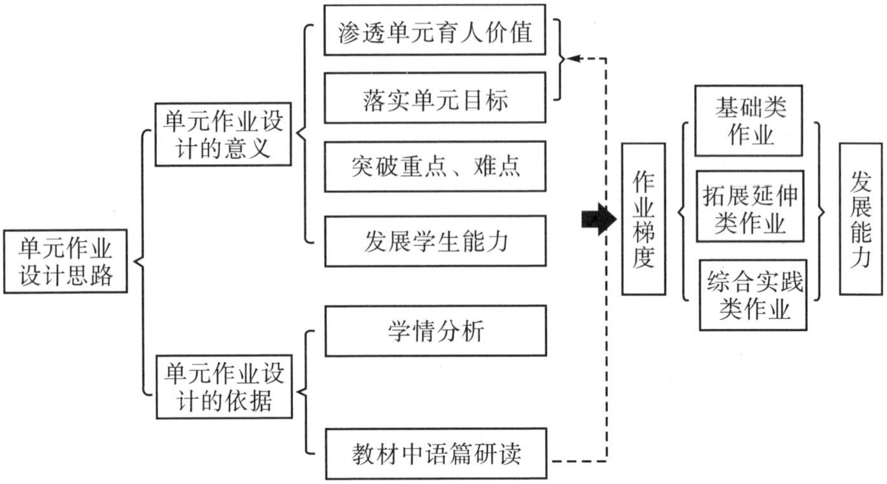

2. 设计建议

单元式作业的设计基础是语篇研读，教师需要在设计前，从主题意义、文体风格、语言特点和价值取向等几个方面对整个单元语篇进行深入分析，发现背后暗含的意义，再总结提炼出单元意义。之后将学习内容进行重组，使单元内容结构化，且在学习意义上有进阶性，逐步深入，凸显主题，落实育人价值。同时，单元式作业需要根据单元整体框架体现不同的层级，如有基础类、拓展延伸类及综合实践类等。

四、单元式作业设计与实施案例

1. 教材内容

“Keeping Healthy”是人教版英语（一年级起点）五年级下册第一单元。属于“人与自我”主题，涉及健康、文明的行为习惯与生活方式。保持健康这一话题与学生生活紧密相连，教材依据不同的情境，通过饮食、锻炼、作息时间、卫生习惯等方面给予他人健康建议。从教材上看，内容都是围绕健康建议展开，但是比较琐碎，需要将所学内容结构化。

《中国学生发展核心素养》提出，健康生活，主要是学生在认识自我、发展身心、规划人生等方面的综合表现。具体包括珍爱生命、健全人格、自我管理等基本要点。《义务教育英语课程标准（2022 年版）》指出，通过开展英语综合实践活动，促进学生核心素养的全面发展。教师应基于一定的课程目标，以学生的兴趣和直接经验为基础，以与学生学习、生活密切相关的各类现实性和实践性问题为内容，本着“学用结合、课内外结合、学科融合”的原则，开展英语综合实践活动，把学生的学习从书本引向更广阔的现实世界。

本单元“在不同情境中给予恰当的健康建议”贯穿整个单元学习的过程。这部分的最终学习效果，可以通过单元实践任务来体现。即从期待的“终点”为起点倒推，为了实现上述的目标，本单元的实践任务以“网上问诊”为背景展开，而学生将作为健康专家 Dr. Health，以邮件的方式给来信者健康建议。建议要针对来信者的健康问题，有条理地从健康饮食、作息习惯、卫生习惯等方面展开。为此，教师对教材进行了调整。第一节课学生借助小故事理解健康的重要性。之后的第二、第三、第四、第五节课就常见健康问题和建议进行学习，在这四个课时的学习过程中，学生对常见健康问题有所了解，能够分辨哪些是健康行为，哪些是不健康行为。后续课时针对不同的健康问题展开，通过学习，学生知道健康问题产生的原因和导致的后果，以及如何根据特定的问题给予恰当的建议。最后一节课学生通过阅读和实践任务来体现自己对于健康生活的理解，践行和倡导健康生活理念。

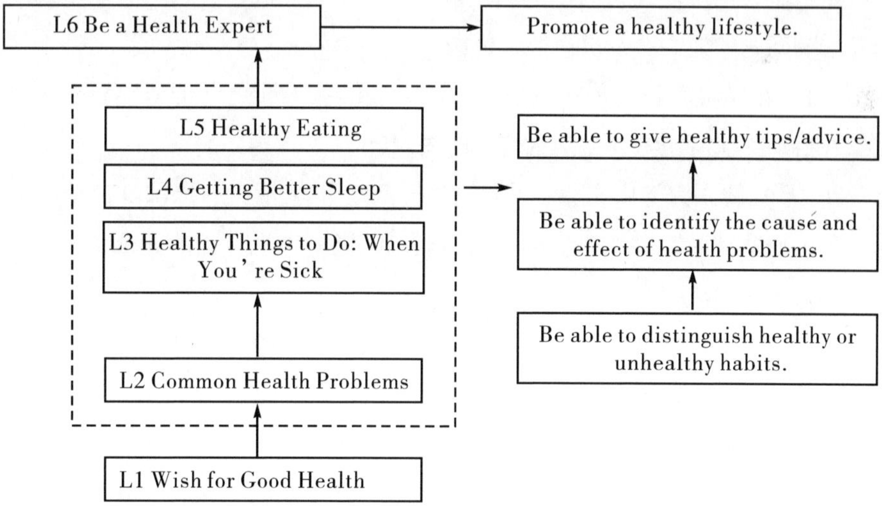

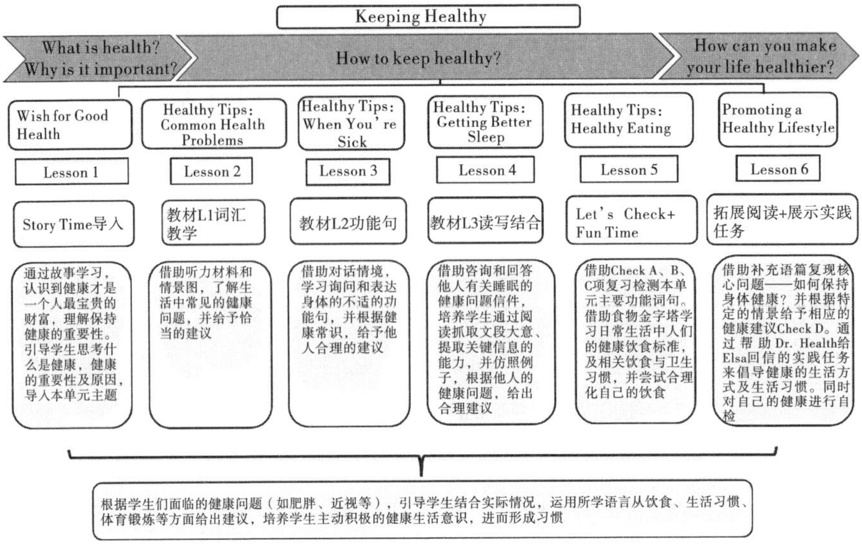

2. 作业目标

本单元教师以“Keeping Healthy”为主题，结合学生当下面临的健康问题（如肥胖、近视等），在真实的情境中引导学生从饮食、生活习惯、体育锻炼等方面给出建议，培养学生主动积极的健康生活意识，进而形成习惯。学生能够根据特定情况，给出切实可行的健康建议，借助单元实践任务，培养学生发现问题及解决问题的能力。本次作业目标如下。

（1）在倾听和给予他人健康建议时，能够从不同角度辩证地看待事物。能够在活动中认真思考，主动探究，解决问题。

（2）尝试作为健康专家，能够在线上问诊的情境中，以邮件回信的形式给予他人健康建议，并在班级内介绍和展示。同时审视自己的健康状况，养成健康的生活习惯。

（3）根据不同的情境，能够从不同方面给予他人健康建议。

3. 作业内容

单元作业内容及安排与单元整体框架相匹配，在难度上体现了渐进性，作业内容与相应的课时主题相呼应，层层递进。其中前三个课时作业为基础类作业，第四、第五课时作业为拓展延伸类作业，第六课时作业为综合实践类作业。

第一课时作业设计目标：能够与同伴交流，分享自己对健康的理解。

本部分作业内容对应单元课时框架第一课时，属于课堂作业。学生通过阅读小故事理解什么是健康及健康的重要性。

（1）课中学生借助 Story Map 分析并了解故事主人公最后选择健康愿望的原因，结合自身实际情况体会健康的重要性。

（2）课后借助朗读教材的小故事，再次复习和巩固。

同学们，在成为健康专家之前，我们得先理解健康的重要性。新的一年，你对自己的健康生活有哪些期许呢？我们一起来阅读 Mrs Brown 和 A Little Man 的故事，并完成下面的任务，也许对健康会有不一样的看法。

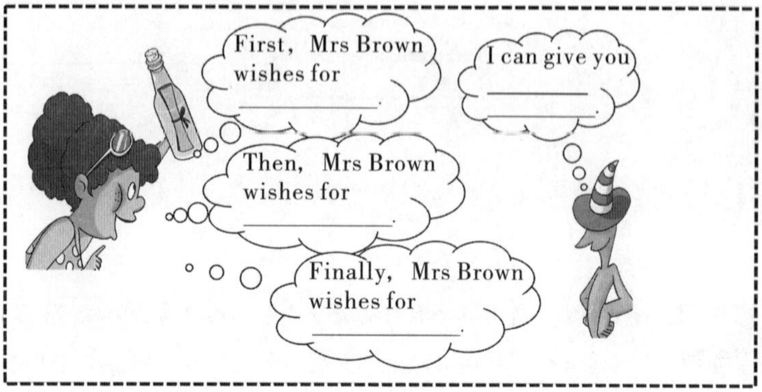

Talk to your partner.

Do you agree with（同意）Mrs Brown's last wish? Why or why not?
If you could make a wish, what would you wish for? Why?

第二、第三、第四、第五课时作业设计目标：根据不同的情境，能够从不同方面给予他人健康建议。在完成这部分作业过程中，教师也渗透了素养培养。教师引导学生从不同角度辩证地看待事物，主动探究，解决问题。以下是具体内容。

第二课时作业主要复习在情境中给出建议的短语。教师引导学生分辨哪些是健康的生活方式，哪些是不健康的生活方式，为提升自己的健康生活质量打下认知基础。

同学们想要成为小小健康专家，应当清楚哪些是应该做的事情，哪些是尽可能少做的事情。快来看看你能不能根据情景给出正确的建议吧！请把单词或短语规范地填写在横线上吧！

It is lunch time! I ________ wash hands before eating. 	Bill is overweight(超重). He ________ eat too much meat. 
Lucy usually goes to bed at 11:30pm. She always feels tired and sleepy. She should ________________. 	Tim often eats candies. Look! Tim has got a toothache. He shouldn't________________. 
Tina likes watching TV. But now she can't see the words on the blackboard. She shouldn't________________. 	Leo wants to be tall and strong. He should ________________ ________________. 

第三课时作业主要复习在情境中如何询问他人身体状况及提出健康建议的功能句。

哇！你刚刚做得太棒啦！作为一个合格的健康专家，不仅需要管理好自己的生活，也需要关心身边的人，用恰当的语言让别人感受到你的关心，并且愿意接纳你的意见。今天 Lisa 感觉不太舒服，Ms. Lin 是如何关心她并给予建议的呢？我们一起来学习吧！请把序号填写在横线上。

School

Ms. Lin: ______
Lisa: I feel tired and sleepy.
Ms. Lin: Wha's wrong?
Lisa: ______
Ms. Lin: ______
Lisa: I usually go to bed at 11: 00 pm.
Ms. Lin: Oh! That's too late!
Lisa: ______
Ms. Lin: ______
Lisa: Thanks, Ms.Lin!

A.What should Ido?
B.How are you, Lisa?
C.You should go to bed before 9: 30 pm and you should exercise every day.
D.I have got a headache.
E.When do you usually go to bed?

第四课时作业结合教材的内容，尝试口头有条理地表达，给予他人相应的建议。教师对这部分原教材进行了修改，补充了相应表达顺序的词汇，帮助学生更加有条理地表达。这部分内容也是本单元的难点。本单元的实践任务是根据患者的来信给予健康建议，作为健康专家，给予的建议就得做到对症下药，在语言上有逻辑性。

Now write a letter to Mary.

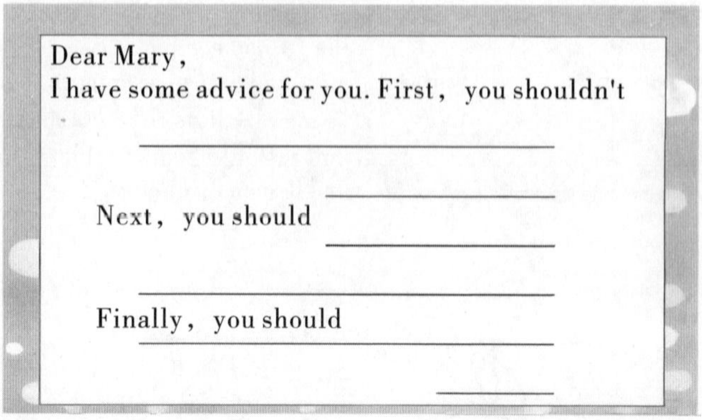

Dear Mary,
I have some advice for you. First, you shouldn't ________________________
________________________. Next, you should ________________________
________________________. Finally, you should ________________________
________________________.

在课堂中，教师需要引导学生发现和讨论教材中提出的健康问题到底是什么，文段中的语言虽然描述了几种不健康的生活习惯及现象，但是这之间的关联性并没有被太多地提及，这显然与日常实际交流情况不太相符。因此，教师应引导学生分析具体的健康问题。学生发现了一个“恶性循环”，即 Worried 感觉疲劳和困倦，因此在课上睡觉，导致成绩不好。又因为白天上课时睡觉，Worried 晚上睡不着，就看电视和玩游戏，又加重了困倦和劳累的状态。所以信件的第一句话其实就已经概述了健康问题，后续的都是进一步的阐述。在了解了具体的问题后，学生再读回信，分析和讨论回信是从哪些方面给予相应的建议，教师引导学生在表达时注意运用顺序词进行衔接。

Dear Linda,

I always feel tired and sleepy. I sometimes sleep in class. I like my teachers and I like all my subjects, but I don't get good marks. At night I can't sleep, so I go on the computer or watch TV. It's not good. What should I do?

Worried

Dear Worried,

Many students have this problem. You are going to be OK. I have some advice for you. First, you should exercise every day. Play football or basketball with your classmates or do morning excrcises. Next, you shouldn't play too much on the computer or watch too much TV. So turn off the TV and computer at 9 pm. Try to walk more and help your mum do some housework. Finally, you should go to bed before 9:30. Try these things. I think you'll soon feel better.

Linda

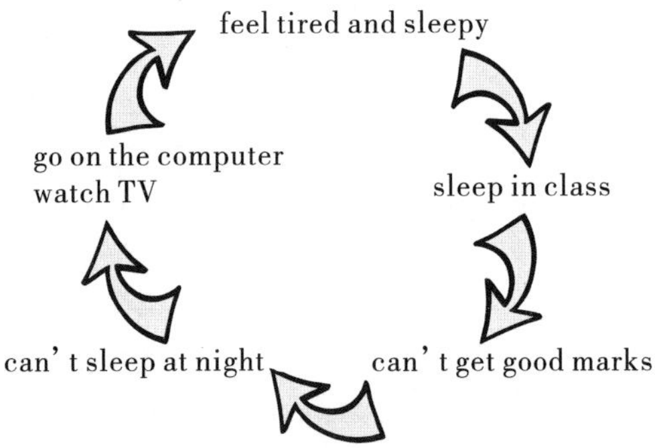

当学生读到作业中 Mary 的健康问题描述时，就可以参照课上教师分析问题的方法进行分析。待了解主人公的实际问题后，学生可以根据其问题给予相应的建议，而不是随意地将所学语言套入所学的句型进行输出，造成文不对题的结果。

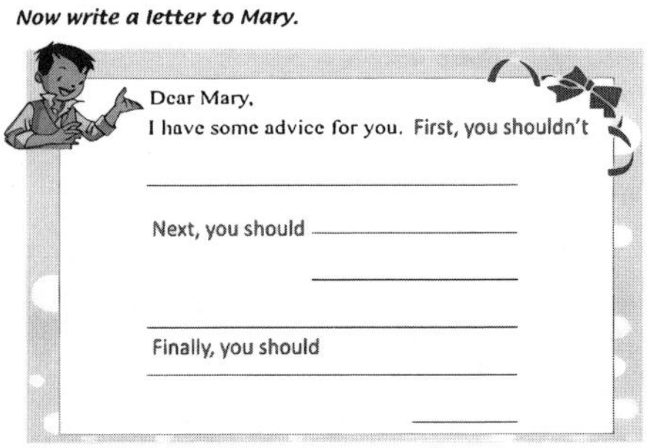

在完成此作业前，教师引导学生先了解作业内容，课后再由学生自主完成。本课的作业为后面的单元实践任务作业打下基础，实现了作业间的延续性。

第五课时作业主要是拓展阅读有关睡眠的文章，帮助学生进一步了解健康的生活习惯，并借助阅读审视自己的生活习惯是否健康，以及如何改善，为最后的单元实践任务做准备。

你离一名合格的健康管理专家越来越近啦！良好的生活习惯，可以促进我们的身体健康，你的生活方式健康吗？请阅读短文，完成下面的任务。

How much sleep do we need? We are all different. A baby needs 16 hours of sleep every day. Children 6 to 12 years old need an average(平均) of 10 to 12 hours of sleep. A teenager（13 to19 years old） needs 9 to 10 hours of sleep. An adult(成年人) needs an average of 7 to 8 hours a night. There are some people who need only 3 hours of sleep. Others need 10 hours of sleep. After the age of 50, the average sleep time goes down to 6.5 hours a night. About one in three Americans has a problem with sleep. Many of these people cannot fall asleep or stay asleep. Most people have some nights when they cannot sleep. The name of this problem is ***insomnia.***

任务一：判断下面句子的描述是否与文段内容相符，如果相符写“T”，不相符写“F”。

(　　) 1. I am 14 years old. I sleep 10—12 hours a night.

(　　) 2. Some people need only three hours of sleep.

(　　) 3. After age 50，the average sleep time is 6.5 hours a night.

(　　) 4. Many young people in the USA have a problem with sleeps.

任务二：根据上下文，推断词义，选择恰当的选项。

(　　) 5. What does the word “*insomnia*” mean？

A. Fall asleep.　　B. No sleep.　　C. Have a dream.

第六课时作业要求学生能够在线上问诊的情境中，以邮件形式给予他人健康建议，并在班级内介绍和展示。由此来审视自己的健康状况，养成良好的生活习惯。这一课时目标旨在引导学生借助情境能够主动思考，解决实际问题。

本课时学生需要综合运用本单元所学，结合邮件内容，从健康专家的角度给予来信者健康建议，将学习内容迁移运用到情境中。

同学们，经过一个单元的学习，相信你对保持健康有了不少自己的见解和想法。Dr. Health 在网上问诊期间收到了 Elsa 的邮件，在邮件中她说了自己的一些困惑。作为健康专家的你，可否有条理地从健康饮食、作息习惯、卫生习惯等方面展开，给 Elsa 一些健康建议呢？

To: Dr. Health

Subject: Elsa's Health Problems

From: Elsa123@qq.com

Send | Attach

Dear Dr. Health,

How is everything? I hope you are fine with all your family.

I am writing to tell you my problems. I like playing computer games and watching TV at home. I often stay up late. It's difficult for me to get up early. I have lunch with my classmates from Monday to Friday. I like to eat vegetables but I don't like to eat any meat. I often feel sleepy and hungry in the afternoon. I really don't know what I can do. What should I do? Can you help me? I am looking forward to hearing from you.

Yours sincerely,

Elsa

To: Elsa

Subject: Dr. Health Tips

From: Dr. Health@163.com

Send | Attach

4. 作业设计流程

在设计单元作业之前，教师需要基于《义务教育英语课程标准(2022年版)》、《海淀区义务教育学业标准与教学指导》、学生情况分析及研读教材语篇确定单元主题及育人价值。之后确定单元实践任务，此任务也是检测单元学习效果的证据之一。最后，确定单元各课时学习目标、内容、学习框架图，以及相应的作业内容。作业中还要注意学习策略的渗透、价值观引领及重难点突破。这就需要教师进行逆向思考，即评价优先于教学活动来备课，进而设计作业。而学生在完成作业之前，需要明确单元主题、目标，了解单元的最终走向。

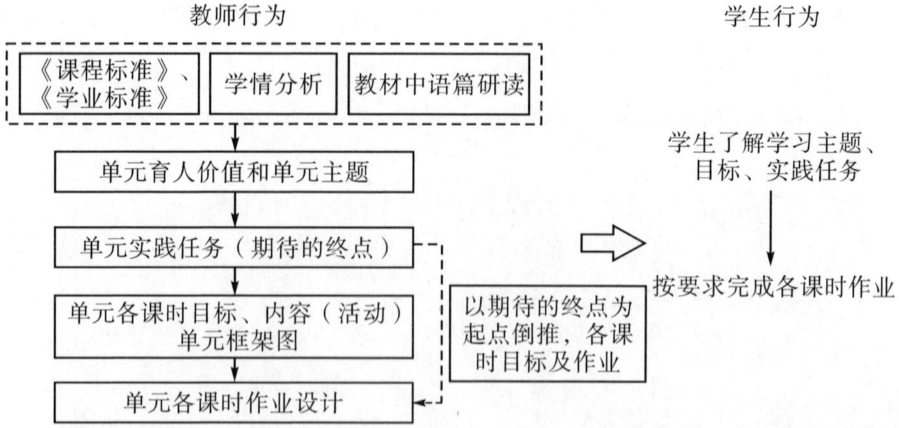

5. 评价标准

对于单元作业的评价量规采用评星级的方式，学生根据自己的完成情况，如果能够全部完成可获得 3 颗星，完成一部分内容可获得 2 颗星，需要帮助则获得 1 颗星。

单元学习自我评价表

评价标准	星级
我能朗读本单元所学的与保持健康主题有关的短语、简单对话、语段、配图故事	
我能与同伴就常见的健康问题进行简单交流，如分辨健康与不健康行为，根据情况给出身体不适、睡眠不足时的健康建议	
我能根据情境，以回信的形式，从健康专家的角度给予他人健康建议	
通过本单元的学习，我认识到健康的重要性，在生活中倡导并践行健康生活理念	

注：能做到就评 3 颗星，不能完全做到就评 2 颗星，做不到就评 1 颗星。

6. 实施效果

作业是反映学生学习效果的重要凭证，也是教师检测教学效果、发现学习问题的重要途径。通过学生作业，教师发现学生能够分辨哪些是健康行为，哪些是不健康的行为，能够和他人交流分享健康的重要性；对于他人的健康困惑，能够给出恰当的建议。课时之间的作业紧密联系，帮助学生构建知识网络。学生能够在作业中逐步深入，解决实际问题，形成自己的观点。

（1）关于基础类作业。

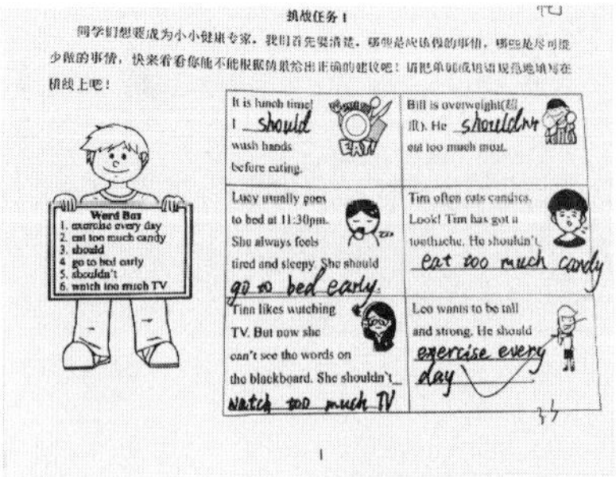

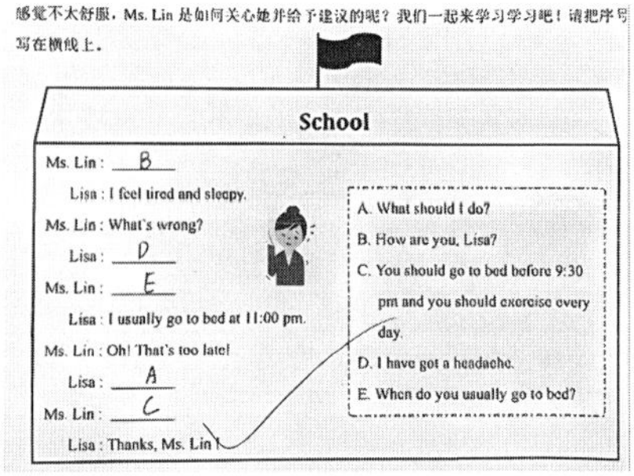

作业效果评析：这部分属于基础作业，从作业完成度来看，学生能够根据作业提供的情境，选择合适短语给予健康建议，并能够在语境中完成给某人建议的对话。与之前抄写单词句型的作业相比，此项作业提供了语境，让学生在语境中巩固对语言意义的理解及使用，提高了作业的效用。

（2）关于拓展延伸类作业。

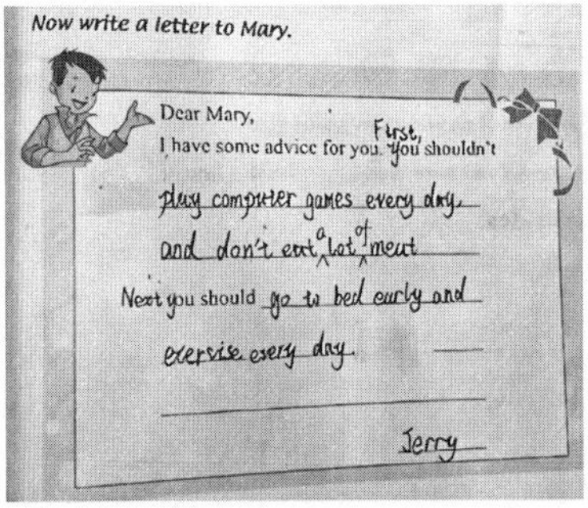

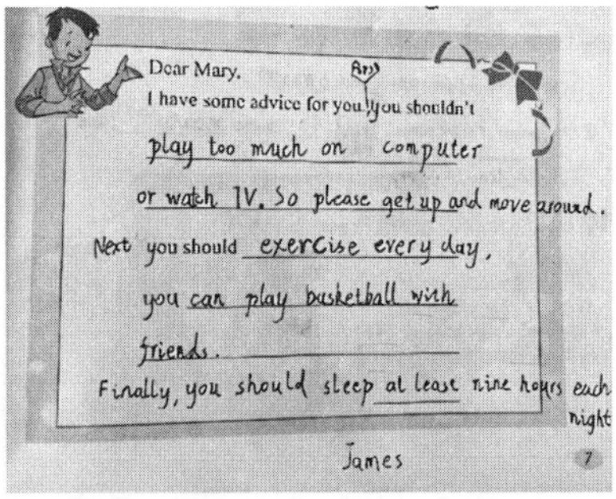

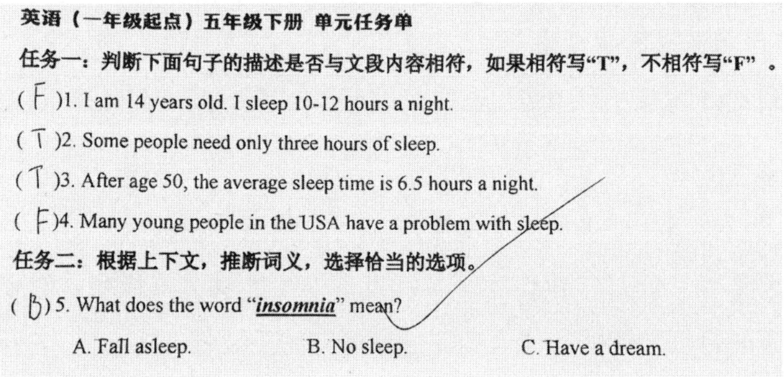
英语（一年级起点）五年级下册 单元任务单

任务一：判断下面句子的描述是否与文段内容相符，如果相符写“T”，不相符写“F”。

(F)1. I am 14 years old. I sleep 10-12 hours a night.

(T)2. Some people need only three hours of sleep.

(T)3. After age 50, the average sleep time is 6.5 hours a night.

(F)4. Many young people in the USA have a problem with sleep.

任务二：根据上下文，推断词义，选择恰当的选项。

(B) 5. What does the word “***insomnia***” mean?

A. Fall asleep. B. No sleep. C. Have a dream.

作业效果评析：此部分是教材写作部分，学生初步尝试有逻辑地给予他人建议。从作业中看出，学生能够找到 Mary 的主要健康问题——玩电脑时间过长，并基于问题给予相应的建议。可以看出，学生的建议还是比较简单的。这也为之后的实践任务打下基础。补充的语篇阅读，除拓展学生健康常识外，还反映和渗透了阅读策略。如题目中涉及了猜测单词意义，这就需要学生借助上下文推测。因此，此部分作业在拓展的同时，也在渗透相应的学习方法。

（3）关于综合实践类作业。

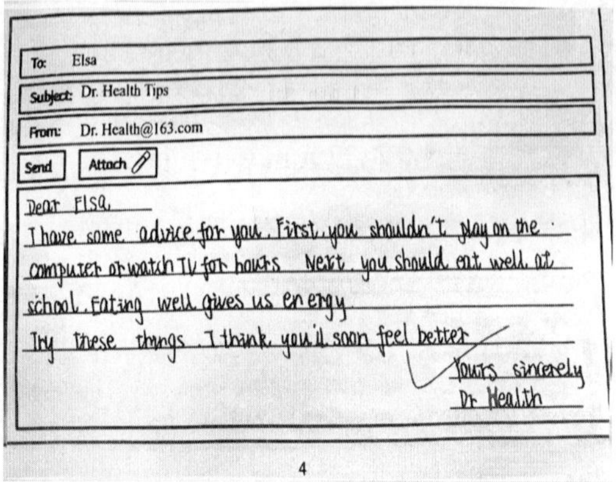

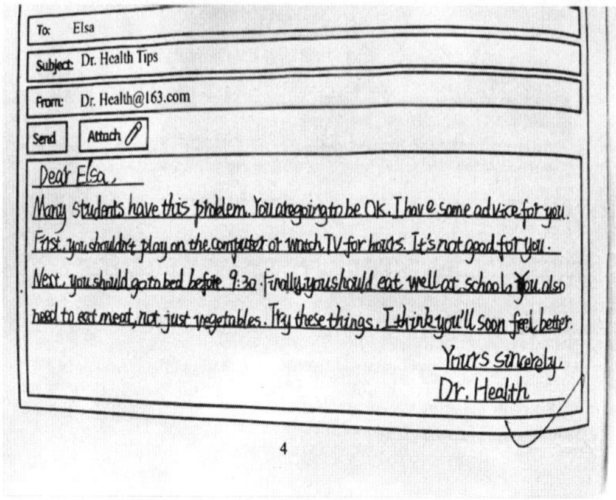

作业效果评析：最后的综合实践类作业，学生需要根据来信，从健康专家的角度给予建议。从学生的作业可以看出对于来信人的健康问题，学生能够精准地判断，找到问题的症结，并有礼貌地回信。第一封回信中，学生简明扼要的就 Elsa 的玩游戏问题、饮食问题给予了建议。第二封回信在第一封的基础上，还增加了关心的话语，从语言上看更加自然，从生活实际上看也更符合日常实际，从情感上更能体现其对来信人健康的关心，从沟通的角度上看更符合健康专家的语气，很专业。同时，第二封回信提供的建议更加详细，除对来信中的主要问题给予建议外，还说明了长时间玩游戏对身体无益，并建议来信人早睡，更加贴近生活。这也是育人价值的体现。

另外，借助此次作业设计，教师发现作业的设计需要结合学生实际情况，这样学生的参与度才会高。比如网上问诊，就非常符合当下的实际情况。有的学生因为有过网上问诊的经历，感同身受；也有的学生对此种方式很好奇，也想在生活中试一试。但是本次的实践作业也有问题，比如所有学生都是根据教师提供的来信给出健康建议，网上问诊的情境虽然相对真实，但是应让学生根据自己的实际问题描述健康状况，而应不局限于某一个人的健康问题，从而让学生能更深刻的体会综合运用所学解决实际问题，更能体现学习的探究性和实践性。

在学生完成单元实践任务后，教师还安排了展示活动，让学生进行思维上的碰撞，分析给出的建议是否合适，并提出相应的建议，同时通过阅读他人习作来提升自己。

7. 实施建议

第一，基于学情、语篇研读设计作业。在作业设计前，教师首先要精准分析学情，了解学生的实际需求。如在经历了新冠疫情后，大部分学生对健康的重要性都有着深刻的体会，养成了良好的卫生习惯。但是在日常生活中怎么保持健康，如何有条理地提出建议，如何按照自己的健康方案执行，养成良好的健康习惯，是需要学生在实际生活中体验和感受的。另外，在青少年中还广泛存在一些问题，比如过度使用电子产品导致近视、缺少锻炼导致肥胖等，这些与学生生活紧密相连，教师需要渗透在课时中，让学生以实际问题为出发点，尝试探究并解决问题，进而形成自己的健康策略。因此，需要教师仔细研读各课时语篇，将语篇和单元内容有效整合，再结合每课时内容设计作业，使作业具有实效性。

第二，学生完成作业过程中为其提供学习支架。在布置作业前，教师应根据课时内容，在课堂中让学生先对作业内容进行思考。如需要动笔的作业，在课上就要先提供相关表达的框架；口头输出的作业，就需要在课堂中提供相应的表达机会或示范。学生完成作业后教师还要组织学生交流互动，引导学生在聆听他人反馈的同时，审视自己作业完成的情况。

（本节作者：张郁馨）

第七节　调查类作业

一、概述

《义务教育课程方案（2022 年版）》指出，加强知识学习与学生经验、现实生活、社会实践之间的联系，注重真实情境的创设，增强学生认识真实世界、解决真实问题的能力。

调查是人们认识客观世界的一种方法，人们运用各种科学的方法和手段对客观世界进行了解、考察、核查、统计，获取并掌握确凿的材料和情况。在调查过程中人们会获得数据，通过分析数据从而帮助人们决策和判断。数据观念是学生发展中的一个关键能力，对小学阶段的学生而言培养数据意识变得越来越重要，但学生在课堂上获取信息的渠道相对单一，信息量小，如何把学生的学习和对客观世界的认识联系起来，培养学生的数据意识呢？调查类作业发挥了重要作用。

调查类作业能够将学生的生活和数据意识培养有效地联系起来，学生可以在真实情境中通过调查活动获得数据信息和其他相关信息，帮助自己认识真实世界，感受数据在现实生活中的重要作用。教师要结合各学科的特点引导学生在真实情境中发现问题和提出问题，利用观察、猜测、实验、计算、推理、验证、数据分析、直观想象等方法分析和解决问题。

二、调查类作业设计理念

调查类作业旨在通过特定情境让学生经历“数据的收集、整理与表达”的过程，感受生活中存在大量的数据，其中蕴含着有价值的信息，并通过数据分析，认识到数据作为判断和预测的依据的重要性，形成数据意识。调查类作业的选材既可以来自自然生活，也可以来自社会生活，学生从自己的家庭环境、社会环境中了解自然问题和社会问题，经历调查、访问、资料查阅等活动，通过小论文、调查报告等方式来表达自己的观点。调查类作业重在实践体验，学生通过完成调查作业体会实事求是的做事原则，学会思考、交流合作，同时还可以促进自身多种能力的提升。

三、调查类作业设计方法

1. 设计思路

教师在设计调查类作业时需要优化作业设计，注意从学生熟悉的生活和社会情境出发设计问题情境，让学生经历“发现和提出问题”的过程。学生在调查中对数据进行收集、整理、分析和表达，逐步形成数据观念。设计调查类作业前教师需要针对学习目标从自然生活和社会生活中选取学生容易理解的情境。学生通过分析情境提出需要调查的问题，根据问题设计调查计划，收集和整理数据，对数据进行分析得出结论。学生完成调查作业后，教师组织学生交流分享，学生在分享的过程中还可能发现新的需要调查的问题，继续开展调查，直至得出最终的结论。

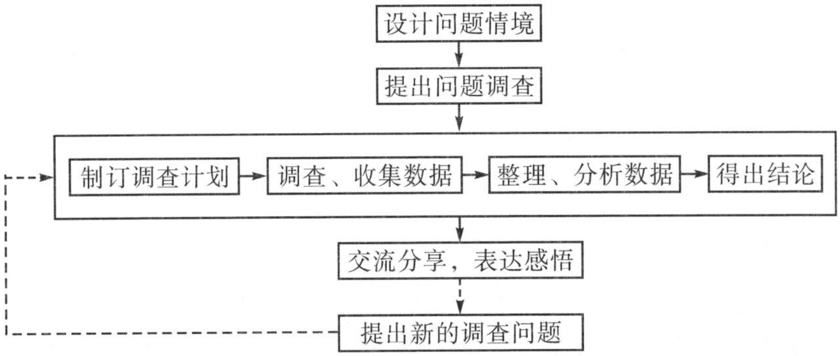

2. 设计建议

义务教育阶段，培养学生的数据意识需要先让学生了解统计与概率方面的基础知识，经历数据分析的过程，逐步形成数据意识。调查类作业是学生通过社会调查，用数据认识周围世界的一种方式。设计调查类作业要体现帮助学生客观了解生活中某个现象或者解决某个实际问题的作用。学生亲历收集数据、整理数据、分析数据、表达数据的过程，通过数据蕴含的信息了解生活中的现象或者对某个问题形成自己的观点。调查类作业中的调查范围可以涉及家庭、学校或社会等方面。布置调查类作业将学生的学习场域从课内延伸到课外，从校内走向校外。学生在完成作业的过程中学习与同伴、与他人交往，学会沟通技巧，学会客观分析和评价社会现象。

四、调查类作业设计与实施案例

1. 教材内容

百分数在实际生活中有着广泛的应用，“百分数”单元是北师大版数学六年级上册第四单元。《义务教育数学课程标准（2022 年版）》指出百分数教学要引导学生知道百分数是两个数量倍数关系的表达，既可以表达确定数据，也可以表达随机数据，建议利用现实问题中的随机数据引入百分数的学习，帮助学生了解百分数的统计意义，了解利用百分数可以认识现实世界中的随机现象，作出判断、制订标准。

教材安排了丰富的、学生熟悉的问题情境，教师在教学中要充分利用这些情境，也可以利用学生身边的情境，鼓励学生分析问题情境中的数学信息和数量关系，提出数学问题。在解决问题的过程中，教师引导学生感受从现实情境中抽象出百分数的过程，知道百分数是两个数量倍数关系的表达，突出百分数作为模型的作用；教师结合现实情境将随机数据引入百分数的学习，帮助学生了解百分数的统计意义，培养学生提出问题和解决问题的能力。

教师在教学中要精心设计和利用实践活动，鼓励学生开展调查，发现生活中的百分数，促使学生不断体会百分数的意义，并应用百分数解决实际问题。

2. 作业目标

六年级学生在以往的学习中经历过数据的收集与整理过程，可以利用平均数对数据进行分析，用条形统计图、折线统计图表达数据。本次作业中学生需要在原有的学习经验上学习用百分数对数据进行分析和表达，在此过程中提升数据意识，发展应用意识。教师基于对学情的分析和对百分数学习目标的分析，制订作业目标如下。

（1）在调查的过程中培养学生尊重事实、善于合作、不断反思等优良品质。

（2）学生尝试应用百分数或统计图表分析和表达数据，解释和分析家庭支出情况，提升数据意识和应用意识。

（3）学生经历收集、整理家庭支出的过程，应用百分数的意义分析家庭支出情况，感受百分数是对事物程度的刻画，体会百分数可以帮助人们作出判断。

3. 作业内容

（1）前置作业。学生要完成的作业是一份调查类作业，因此，学生需要明确自己调查的任务是什么，如何进行调查，教师在布置作业前预留了一份前置作业。

我国每年会对国家经济情况进行调查，请你阅读下面的材料，思考通过这条消息你知道了哪些信息？

“中国网 1 月 17 日讯 国家统计局 1 月 17 日公布了 2021 年居民收入和消费支出情况数据，2021 年，全国居民人均可支配收入 35128 元，比上年名义增长 9.1%，扣除价格因素，实际增长 8.1%；2021 年，全国居民人均消费支出 24100 元，比上年名义增长 13.6%，扣除价格因素影响，实际增长 12.6%。”

结合你的家庭生活想一想：你有什么想了解的问题吗？

你准备调查什么内容，采用什么调查方法，如何分析调查后的数据，把你的想法填在表格中。

调查内容	调查方法	分析方法

（2）调查作业。学生通过交流把调查内容聚焦到自己家某月的支出情况。教师在前置作业中发现，学生缺少类似的调研经验，调查方法很少，很多学生凭借主观经验臆断数据。为了解决这一问题，教师向学生展示自己家的真实月度账单，介绍利用手机软件收集数据的方法，引导学生思考还可以用哪些方法收集数据。当学生明白要调查什么内容、怎样调查后，教师才开始布置调查作业。

家庭调查作业：这月我当家——调查本月家庭支出情况。

作业要求：

①用自己喜欢的方法收集、整理自己家本月的家庭支出情况。

②选择合适的方法分析本月的家庭支出情况并用自己喜欢的方式展示分析的结果。

③通过分析你家本月家庭支出情况，你有什么感受。

4. 作业设计流程

学生完成本次调查作业前，先随着教师的课堂教学活动完成前置作业，明确调研内容和调研方法，及时修改调查方案，然后独立完成调查作业。作业反馈主要采用展评交流的方式，目的是充分发挥学生的主动性，全班交流、小组交流给了学生向其他同学学习的机会和自我反思的机会，帮助学生修改完善自己的作业。有的学生修改了整理数据的方法，有的学生调整了分析和表达数据的方法，这些都有助于学生客观评价自己家本月的家庭支出情况。

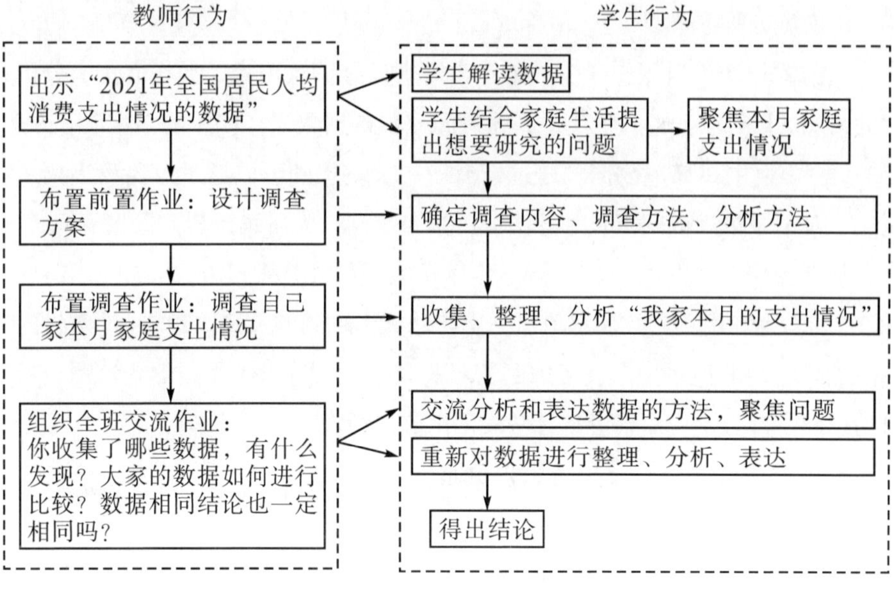

5. 评价标准

数据意识和应用意识是一种内隐的心理特征，只有在相关的数学活动中才能逐步形成、发展、表现与评价，所以在评价中需要将数据意识和应用意识细化成外显的、可操作的、可观察的、可测量的行为表现。本次作业中重点关注学生的数据意识，主要体现在：知道同一组数据可以用不同的方式进行分析和表达，需要根据问题的背景选择合适的方法。教师结合本次作业的特点将学生在数据意识方面的表现水平设计成以下评价量规。

数据意识的评价量规表

评价内容	对应水平标准			
	水平 1	水平 2	水平 3	水平 4
数据的分析	只是对数据进行罗列	只对数据进行分类，没有对数量关系进行分析	将分类后的数据从绝对关系的角度进行分析	将分类后的数据既从绝对关系角度进行分析，又利用分数或百分数从相对关系角度进行分析
数据的表达	简单记录数据	利用统计表表达数据	利用条形统计图表达数据	利用扇形统计图表达数据

6. 实施效果

从前置作业可以得知学生根据个人需求设计调查内容、调查方法、分析方法的情况。仅有 11.9% 的学生想到通过问家长得到数据，4.7% 的学生没有方法，83.4% 的学生主观臆造数据。通过交流后，学生想到可以通过对购物小票、对账单、对记录单、询问家长等方法获得真实数据，为后续分析数据扫清障碍。

从调查作业中发现，18.6% 的学生仅从绝对数量关系的角度分析支出情况，58.2% 的学生利用百分数表示单项支出与总支出之间的关系，23.2% 的学生既考虑到数量之间的绝对关系又考虑到相对关系。大部分学生用条形统计图表示支出情况，小部分学生用扇形统计图表示出支出情况。

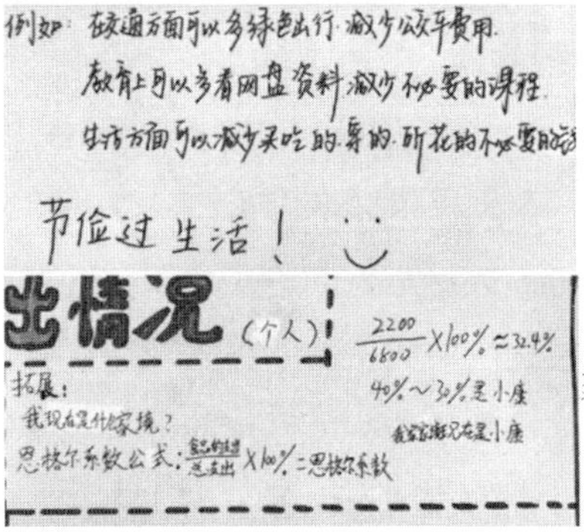

学生完成作业后，教师组织学生通过交流互动进行作业反馈。在这个过程中学生发现，分析数据的时候大家的分类标准不同，整理出的数据也不同，小组中有的同学将类别分得很细致，有十几项内容；有的同学按照衣食住行只分了 4—5 类；有的同学表格中还出现重复的内容；还有的同学分得不全面，出现交叉的情况。分类标准不统一不便于分析数据，因此学生产生了讨论分类标准的需求。重新确定分类标准后，统一要刻画的量，对数据进行二次整理，在这个过程中感悟不同事物的属性，确定不同的种类，懂得统计过程中如何选取样本，从而实现自身数据意识的进阶。

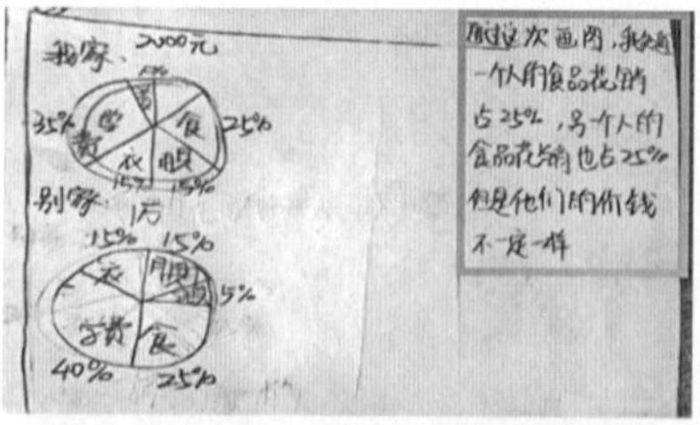

超过半数的学生重新计算出每项支出所占百分比再进行比较，发现不仅能看出自己家支出了多少，还能和其他同学进行比较。在小组相互比较的过程中还发现：一类物品的支出钱数相同时，如果所占总支出的百分比越小，说明家庭总支出越多，如果所占百分比越大则说明家庭总支出越少；有些数据虽然相同或相近，利用百分数进行分析可能得出不同的结论。学生的这两个发现不仅实现了学生在数据意识上的又一次进阶，还为后续学习百分数解决问题积累了一定的学习经验。

有的学生分析支出数据后表示家长为自身花的钱很少，要多关心爸爸妈妈；有的学生分析了自家不必要的开支，比如买很多零食、玩具等，认为自己应该做到生活节俭，不浪费；有的学生为自己家制订了省钱计划；有的学生发现自己家的医疗开支的大部分都用在了为自己治疗近视上，所以自己要保护好眼睛，这样不但可以让身体更健康还节省一部分开支；还有的学生调查了恩格尔系数，计算了自己家的生活水平，进行了知识拓展。

7. 实施建议

第一，创设真实情境展开调查，感悟统计的价值。真实的问题情境和任务驱动是帮助学生感悟数据意义、体会统计价值的必要条件。教师在进行作业设计时，要明确课标要求，然后思考这份作业需要什么样的情境，学生要完成的真实任务是什么，再考虑学生是否能完成这个任务，最后考虑设计实施的具体要求。

第二，强调对数据的收集、整理与表达，突出数据意识。设计调查类作业是为了帮助学生在生活中遇到问题时，能想到可以通过收集、整理、分析数据来解释现象或者预测发展趋势。要重视学生发现和分析数据的环节，突出数据的价值，感受数据有用，数据有力量。有两个学生发现自己家的食品花销占家庭总支出的 25% 左右，占比相同但是实际支出的金额却不一样。教师抓住这个契机，组织学生讨论为什么会出现这样的情况。经过交流得出结论，25% 表示的是食品支出占家庭总支出的情况，占比虽然相同，但是家庭总支出的金额可能不同，所以对应食品支出的钱数也会不同。

76.2% 的学生在表达数据的时候都绘制了统计图，但是小学阶段调查类作业不宜过分突出绘制统计图，会看图，会分析，学会依据统计数据合理地判断或预测事情的发展变化才是数据意识培养的关键，是学生必备的核心素养。

第三，通过交流促进反思，在互动中提升表达能力。学生完成作业后，教师安排互相交流环节帮助学生反思，首先让学生互相展示自己的作品，检查所计算的数据是否正确，并及时改正；其次交流分享自己在收集、整理、分析数据过程中的方法和结论；最后全班汇报，结合大家分享的心得与体会，再次完善自己的作品。调查类作业不仅是学习经验的积累，还对学生的思维方式、沟通能力等方面产生影响，多种能力共同参与从而促进学生核心素养的提升。

（本节作者：朱立）

第八节　调研类作业

一、概述

《义务教育数学课程标准（2022 年版）》多次强调数学要确立以核心素养为导向的学习课程目标，要设计体现结构化特征的课程内容，要实施促进学生发展的教学活动。调研类作业是在讲授新内容之前进行的，能够让教师提前了解学生对于即将要讲解的新知识的掌握情况。有利于教师根据学生的不同情况，设计不同层次的教学环节；以学生发展为本，提前构思在课堂中适合学生发展的教学活动；根据学生的问题确定教学重难点的同时明确育人导向，落实培养学生的核心素养的目标。调研类作业不仅可以提升课程教学效率，还有助于学生核心素养的培养。

二、调研类作业设计理念

调研是调查研究的简称，指通过各种调查方式系统客观地收集所需要的信息并研究分析。调研类作业一般是在课前进行的，教师在上课前的一段时间内，根据要讲解的新内容设计规划后，布置给学生课下完成。这种作业适用于小学数学所有领域新内容的学习，它的目的是收集信息，了解学生已有的相关知识储备，学生解决问题的思维方式和角度，学生如何面对新知识可能出现的难点。然后教师有针对性地设计教学活动，并提出相应的课堂教学策略。

三、调研类作业设计方法

1. 设计思路

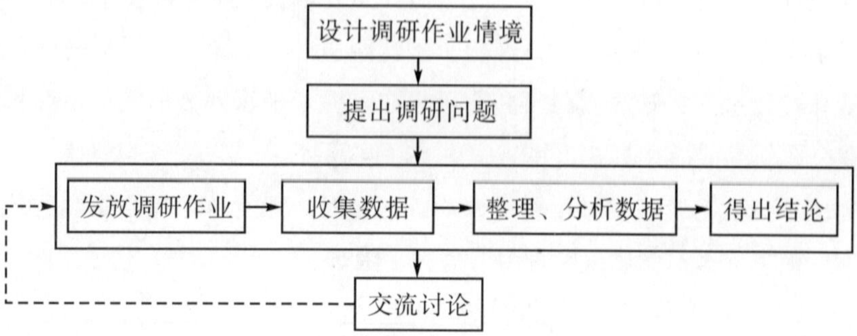

2. 设计建议

同样的教材，面对不同的学生所采用的教学策略和方法也会有所不同。这就是教师在落实核心素养时经常强调的“因材施教”，也就是需要教师通过调研，对于学生的情况做到心中有数。教师设计的调研问题一定是有针对性的，能为教学设计起到参考作用。调研题目的数量最好不要太多，精简题目，选取最能反映学生问题的、最核心的题目进行调研，以便开展有针对性的教学。

教师在设计调研类作业的时候要做到以下几点。

（1）提前了解即将讲授的新内容，设计能了解学生知识“起点”和“盲点”的调研内容。

（2）认真分析学生的调研作业，进行分类整理。了解学生对已有知识的掌握情况，对于新知识的认知程度、认知方法、认知难点和思维误区等方面的情况。

（3）根据学生的作业情况，可以选取有代表性的个别学生深入交流。了解学生的想法和思考问题的角度，以便更好地了解学生，找到新内容认知难点的教学突破口。

（4）根据调研的整体情况和新内容的教学目标，设计整体教学框架，再设计具体的教学环节。教学环节的设计要层次清楚，难度递增。每个教学环节都应该为教学目标服务并逐步解决教学重难点问题。

四、调研类作业设计与实施案例

1. 教材内容

“多边形的面积”是北师大版数学五年级上册第四单元。通过学习本单元，一方面，学生基本掌握多边形面积的计算方法，能独立探索并解决生活中遇到的实际问题；另一方面，也为学生进一步探索并掌握其他平面图形的面积奠定基础。学生在本单元的学习中，经历了平行四边形、三角形、梯形的面积公式的推导和转化过程，初步具备了转化思想；掌握了平行四边形、三角形和梯形的面积公式，并能应用公式计算、解决实际问题。

完成单元学习，很多学生在写课后练习题时，面对练习题第 7 题的最后一问“你发现了什么？尝试说明理由”遇到了困难。

7.（1）如图，梯形的面积是多少？
（2）如果把这个梯形的上底增加1 cm、下底减少1 cm，得到的新梯形和原梯形的面积之间有什么关系？
（3）如果梯形的上底增加2 cm，下底减少2 cm呢？
（4）你发现了什么？尝试说明理由。

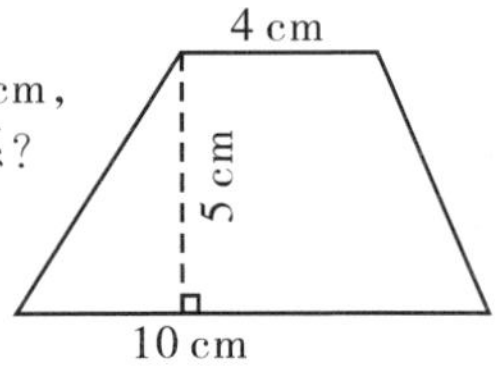

本题旨在培养学生的推理意识，提升学生推理能力，教师以此为契机，把这道练习题作为调研作业，梳理学生的作答情况，收集分析学生出现的问题，带领学生在解题的过程中培养推理意识。

2. 作业目标

学习本单元之前，学生初步认识了长方形、正方形、三角形、平行四边形和梯形，学习了面积和面积单位及长方形、正方形的面积等有关知识，初步形成了解决面积问题的思维方式。推理是数学的基本思维方式，也是人们学习和生活中经常使用的思维方式。推理能力是培养学生数学素养的重要内容，也是数学课程和课堂教学的重要目标。小学数学教材并没有明确给出推理的定义，不同版本教材在不同领域都涉及了丰富的教学内容，例如，很多教材中的“你发现了什么？”“你是怎么想到的？”“这些数有什么特点？”等内容，显然在鼓励学生进行推理。通过解决问题培养学生的推理意识是一种行之有效的方法。

（1）在完成调研作业的过程中，培养学生交流合作、善于反思、不断改进的好品质。

（2）在解决问题、观察、分析、猜想、验证等数学活动中，引导学生掌握推理的方法，培养学生的推理意识。

（3）学生经历推理的学习过程，可以用推理的方法自主解决问题。

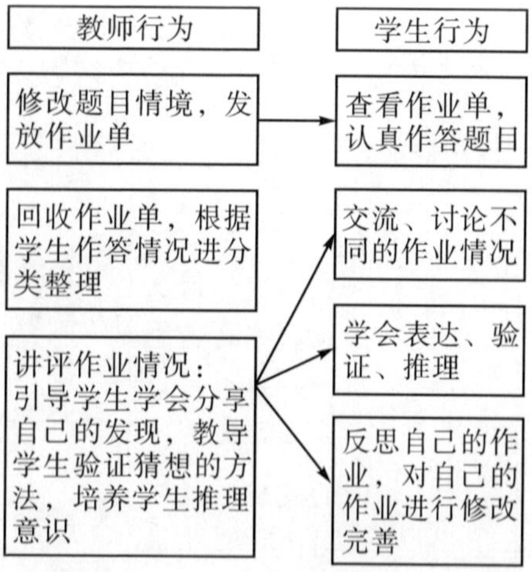

3. 作业内容

对北师大版数学五年级上册四单元“多边形面积”第 62 页第 7 题的情境进行改编，并单独印制作业单，让学生课下完成。

4. 作业设计流程

教师先给作业题目加入真实的生活情境，然后印制并下发学习单。学生认真审题，完成作业后上交学习单。教师要一一认真查看学生完成作业的情况，根据学生的作答情况，把作业分类整理。其中，先根据学生的猜想进行第一次分类，再根据学生验证猜想的情况进行第二次分类，并找出每类典型的代表在课上交流讲解。

学生在课上进行学习交流后，对自己的作业进行反思。在知道如何作答后，对自己的作业进行修改。

5. 作业评价标准

本次作业中重点关注的是学生的推理意识，学生根据题意能有自己的猜想和发现，并选用合适的方法进行验证。收集调研作业后，根据学生的作答情况，把学生的推理意识表现分为以下几种水平。

推理意识的评价量规

评价内容	对应水平标准			
	水平 1	水平 2	水平 3	水平 4
推理意识情况	能根据梯形上底和下底的变化对梯形面积的影响有自己的发现，并能用文字表述出来	能根据梯形上底和下底的变化对梯形面积的影响有自己的发现，并且验证是正确的	能根据变化有自己的发现；能找到合适正确的理由证明或者验证自己的发现	在验证自己发现的时候，有的学生用已有例子举例验证（较低水平），有的学生用多举例的方式验证(中等水平），还有学生能用公式推理方法验证（较高水平）

6. 实施效果

通过调研情况发现，95% 的学生能达到水平 1 的要求，即在解决完问题后，经过观察分析，有自己的归纳或者猜测。其中有 63% 的学生的发现是正确的，也就是达到了水平 2 的要求，这就说明学生解决问题的能力比较强。但是有了发现猜想后，能证明自己的发现猜想的学生比较少。在猜想正确的这些同学中，只有 40.5% 的学生达到水平 4 的要求，能用合适的理由验证自己的想法。大部分同学都不能选用合适的方法验证自己的发现猜想，学生推理意识确实急需培养。

主要遵循以下几个步骤开展调研类作业。

（1）提前查看每个学生的作答情况。把学生的作业收上来后，需要认真仔细地检查每一个学生的作答情况，对学生完成作业的情况做到心中有数。对作业深入分析后，挑选完成得较好的作业，以便在上课时给予学生及时的肯定和鼓励。同时也要找出作业中普遍存在的问题，分析其出错的原因。作业情况也是帮助教师设计课堂教学思路和环节的直接依据。

（2）课上直接呈现学生作业。课上直接呈现学生的作业可以节省时间，需要提前挑选好典型作业。教师对于每份作业怎么分析，分析到什么程度，达到什么效果，要做到心中有数，这样才能提高课堂效率。课上交流时，教师按照提前规划好的“发现规律、归纳猜想、推理验证”三个教学环节进行，要针对每个教学环节提前选取典型作业类型。

环节一：自主发现规律。

学生通过自主解决问题，发现其中的规律。教师从中选取两种有代表性的解决问题的方法，让学生理解不同的解决思路。

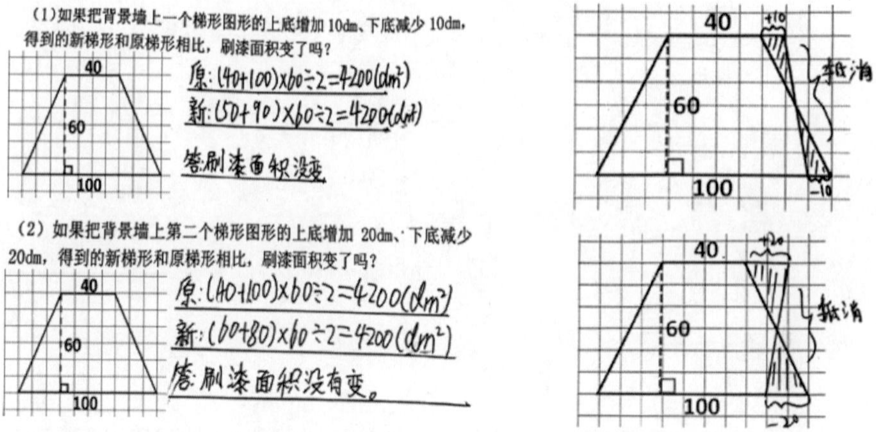

环节二：表达归纳猜想。

提前收集作业中学生的发现猜想，让学生学会在陈述发现的时候表述具体、清楚。有的时候“发现”是要具备一定的前提条件的，要把前提条件表述完整。教师用学习单的形式，把 3 个典型的发现猜想印到学习单上。

学习单

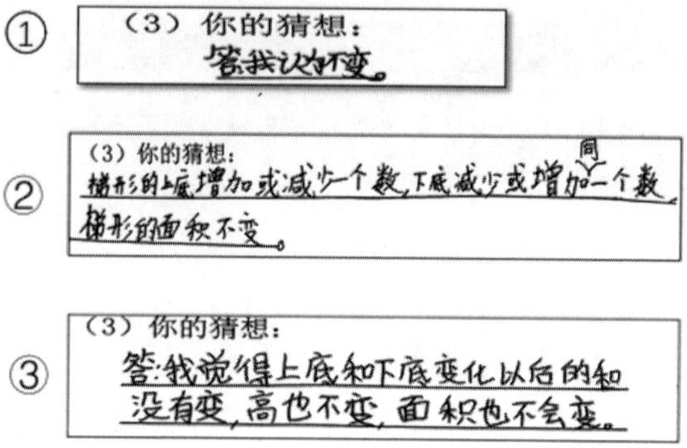

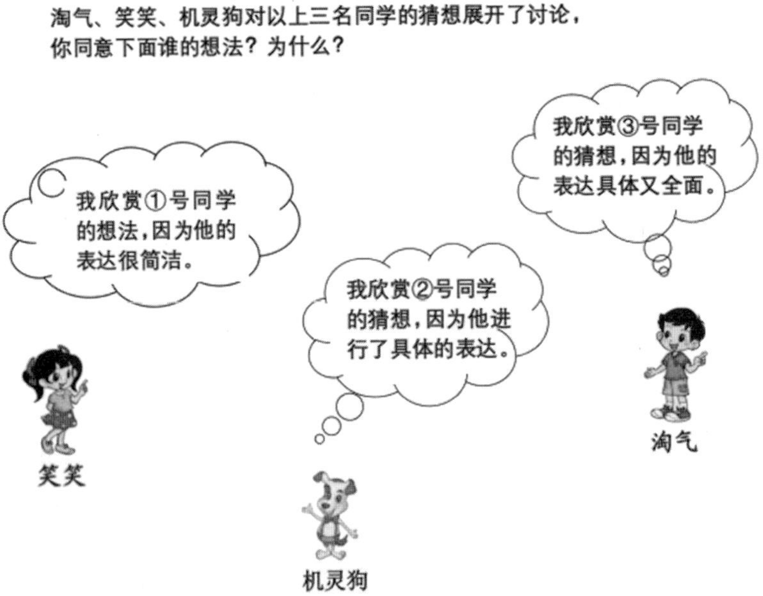

让学生小组讨论，哪种猜想的表述方式好。通过这样的讨论，可以让单向信息交流变为多向信息交流，有利于激发学生思考，促进学生对问题的理解。

环节三：感知不同的推理验证方法。

教师提前挑出两个具有代表性的推理验证的方法。

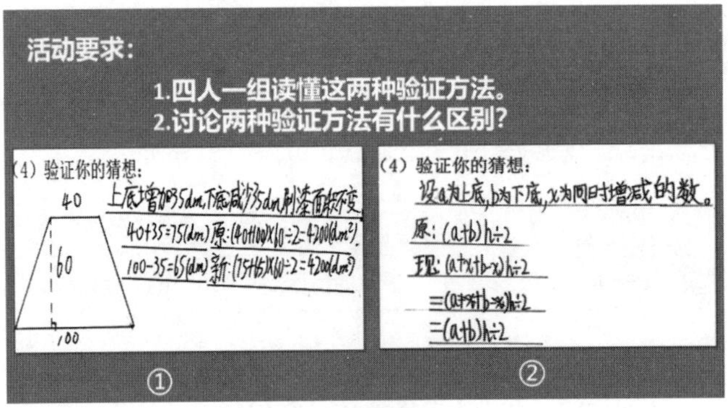

一种是用举例的方法，验证自己的猜想；另一种是用公式法验证猜想，这两种验证方法之间有细微差别。交流作业时，让学生感知方法之间层层递进的关系。教师挑选作业时要有针对性，让学生的感知由浅入深，感受推理验证的方法哪种更好。

学生通过这 3 个教学环节，学会了这道题本身的知识内容，也感知了推理过程，知道了每个问题应该从哪些角度回答，回答到什么程度才是优秀的答案。完成作业和讲解作业的过程，也增强了学生的推理意识。

7. 实施建议

调研作业作为教师实施“以学定教”的一种策略，为教师的课堂教学提供了学生真实的学习情况，促使教师客观、全方位地把学习内容与学生自身的认知水平紧密结合，以学生已有的知识水平和思维情况为基础，探索适合学生“就近发展区”的教学策略与方法。在实施调研作业时，教师要注意以下几点。

（1）让作业融入真实情境中。课本对应课后习题的第 7 题没有任何情境，教师考虑到激发学生的学习兴趣，尝试把作业题目和现实生活结合起来。于是，把生活中的装修情境加入进来。“大家家里是不是都装修过？装修的时候，很多家庭会设计一些背景墙。背景墙往往由一些我们学过的图形组成，例如圆形、长方形、梯形……王叔叔最近要为酒店大堂设计一面漂亮的背景墙，但是他遇到了一些问题，我们一起帮助他，好吗？”

让学生帮助王叔叔解决问题，激发学生的学习动力。内在学习动机很重要，当一个人内心渴望理解知识时，学习就会变得更加轻松。同时利用数学知识解决现实生活问题，学以致用也能激发学生的学习兴趣。

（2）借助课前调研强化学生预习效果。学生在拿到调研作业时，会不由自主地回忆与之相关的知识，对即将要学习的新知识进行预习。在完成调研作业的同时，学生会思考相关问题。在正式学习新知识的时候，就可以快速进入学习状态。例如，在面对关于面积变化的调研题目时，学生会快速回忆与面积相关的知识内容。回答“你有什么发现”时，学生会思考如何回答，如何清楚地表述自己的发现，为后续课堂的学习做好铺垫。

（3）根据调研情况，提前规划教学方式。本节课要根据作业中的问题培养学生的推理意识，推理意识的培养需要一个渐进的过程。为了解学生的推理意识情况，高效地安排教学环节，先让学生在课下提前完成调研题目，上课直接汇报。在汇报的时候，教师根据学生的作答情况，安排学生根据教学所需的层次来汇报，体现了层层递进的特点。还可以根据调研情况，安排直接质疑、小组合作等不同的学习形式，精心设计符合学生认知发展特征、能调动学生学习积极性的教学环节。

作业是学生获取、巩固、应用知识的一种手段，更是课堂教学的延续；作业也是师生交流互动的一种方式。写作业的目的是促进学生全面发展。教师应当把每次的作业变成学生自主性的学习、探索性的学习、反思性的学习，从而提高学生的学习能力，响应“双减”政策对学生核心素养培养的要求。

（本节作者：王爽）

第九节　生活类作业

一、概述

《义务教育课程方案（2022 年版）》指出，加强课程内容与学生经验、社会生活的联系，强化学科知识整合，统筹设计综合课程和跨学科主题学习。开展跨学科主题教学，强化课程协同育人功能。

在校园生活与居家生活中，学生完成的每一件事都体现着学生的综合素质与能力，学生的成长和个人能力的提升就是在保持好习惯中形成的。当知识内容与生活实际相融合，学生的应用意识、实践能力、综合素养等均会得到一定程度的提升。

生活类作业注重知识内容与生活的融合，让学生在日常生活中对知识有所应用，切实帮助自身解决实际问题，感受知识与生活的密切联系。生活类作业能帮助学生不断拓宽其体验的维度与宽度，将课堂上所学的知识运用到生活中，让教育落地、生根、开花、结果。此外，生活类作业与德育的融合，统筹了跨学科主题学习，提升了学生的综合素养。

二、生活类作业设计理念

设计生活类作业应满足学生的身心特点，使学生在完成作业的过程中获得一定的提升。同时还应满足不同层次学生的学习需求，确保每个层次的学生都可以找到适合自己的作业，具备一定的开放性和自主性。教师在设计生活类作业时也应注重其多元性，使其既能丰富学生的课余生活，也能使其发挥出教育价值。

三、生活类作业设计方法

1. 设计思路

生活类作业的形式多样，依据作业的完成形式，可以分为操作性作业、日记式作业、记录式作业、打卡式作业等。教师在设计生活类作业时要结合学生的年龄特点，确定学习内容，依据作业目标选择恰当的作业形式，然后进行记录、汇总，梳理作业完成情况并引导学生进行反思，最后鼓励他们在全班交流分享。

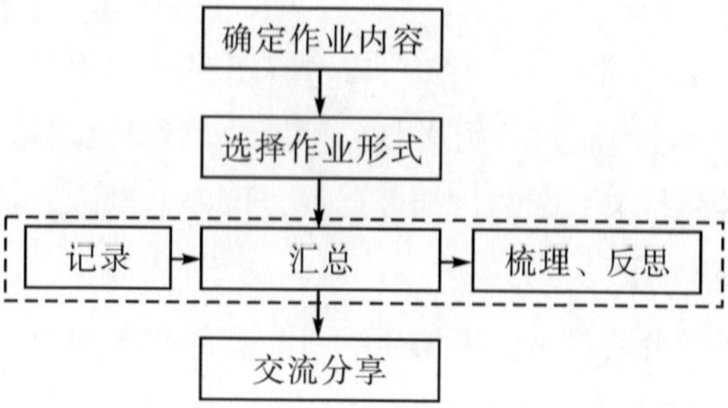

2. 设计建议

设计生活类作业，教师要将教材中要求掌握的知识和技能融入学生的真实生活中，其作业形式应符合学生的身心特点，使其体现个性化、生活化的特征。教师还应处理好作业的“质”和“量”的关系，在减少学生学习负担的同时提高学生对知识的吸收效果，让学生获得更加全面的发展。此外，对于作业的评价形式应开展多元化的作业评价以增强学生学习的信心，激发学生的学习潜能。

四、生活类作业设计与实施案例

1. 教材内容

“年、月、日”是北师大版数学三年级上册第七单元的内容。年、月、日属于数与代数领域中“常见的量”，与人们的生活息息相关。新课标中将年、月、日划分为综合与实践领域，是第二学段（3—4 年级）的主题活动之一。要求学生认识年、月、日，知道它们之间的关系；能运用年、月、日的知识解释生活中的问题，提高应用意识。

“调查与记录”是北师大版数学二年级下册第八单元的内容，属于统计与概率领域。新课标中指出，统计与概率在小学阶段主要包括“数据分类”“数据的收集、整理与表达”“随机现象发生的可能性”这三个主题。本册书中的

“调查与记录”属于“数据的收集、整理与表达”中的内容，让学生在学习过程中，初步感受现实生活中存在大量的数据，蕴含着有价值的信息，初步形成数据意识。

2. 作业目标

应当从小培养学生学习、做事的好习惯，自理性、自律性、规划性、能坚持、会反思等都是帮助学生成长和进步的好伙伴。学生养成这些好习惯，无疑是其成长道路上收获的一笔宝贵的“财富”。为此，教师结合年级德育教育和数学学科，设计了“好习惯养成记”综合性生活类作业。要求学生每月确定两个成长小目标，借助日历打卡记录，在长期的坚持中，实现综合素养的提升。

（1）通过目标打卡、调整目标等形式，培养学生做事有条理、有计划、能坚持、善反思的能力。

（2）学生通过台历打卡，了解年、月、日的有关知识，提高应用意识，感受数学与生活的密切联系。

（3）学生通过记录、整理、分析数据，获得自身目标完成情况的信息，同时发展数据分析观念，培养学会用数学的语言描述现实世界的能力。

3. 作业内容

“好习惯养成记”生活类作业要求学生根据自身情况，从生活和学习两方面，每月确定两个小目标，每日进行日历打卡，每个月统计自己小目标的完成情况。根据统计结果，分析、反思、评价自己在完成小目标过程中的优势或不足，与同伴、家人、教师交流自己的体会，下个月可依据情况，再次确定小目标，打卡记录。每个学生小目标的设定都是依据其自身发展情况而定，每个学生在这个活动中都能得到个性化、多元化的发展。

目标制订评价表

目标内容（每月选两个）		目标具体要求（学生根据自身实际情况制订具体要求）	关键能力发展	目标完成天数	评价方式（☆☆☆☆）			
					自评	互评	家长评	师评
居家生活	作息时间	例：每天晚上 9：30 之前睡觉	时间规划、规律作息					
	饮食习惯	例：在学校喝够 2 杯水	身体健康、健康身心					
	家务劳动	例：每晚睡前对照课表整理好书包	自理能力、自立精神					
学校生活	课堂发言	例：每天在 × 课上，积极举手，大胆发言 1 次	课堂参与、表达能力					
	作业情况	例：在学校完成当天作业及改错	时间规划、主动学习					
	同伴交往	例：同学帮助我之后，主动说“谢谢”	沟通交往能力、解决问题能力					
个性发展	自主学习	例：每天完成 30 道口算题 / 每天练习英语口语 10 分钟	学习能力、时间规划、独立自主					
	才艺练习	例：每天练琴 30 分钟 / 每天练习 1 篇字帖	琴棋书画、才艺特长、个性展示					
	体育锻炼	例：每天打篮球 20 分钟 / 每天游泳 500 米	协调能力、身体健康、积极心态					

注：“优秀”评 4 颗星，“良好”评 3 颗星，“一般”评 2 颗星。

上表汇总的是学生在制订目标时出现频率较高的内容。具体目标要求也只是简单举例，在学生的日历中，会出现很多个性化的目标。学生在具体操作时，只需在自己的日历中写清目标 1 和目标 2 的具体要求，每天在日历上打卡记录，每月统计完成天数，然后根据自身的实际情况和完成天数进行自评、家长评，在班级里开展交流、反思活动后，进行生生互评和教师评价。

4. 作业设计流程

教师带领学生完成“好习惯养成记”生活类作业包含四个步骤（每月需完成这四部分）。

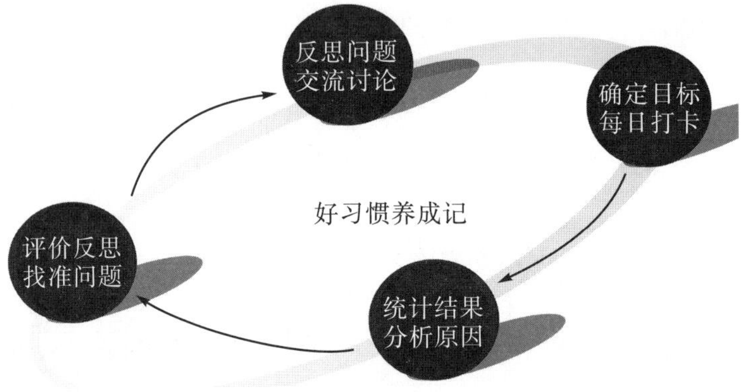

学生在教师的带领下，完成“好习惯养成记”要做到下图的三步走。

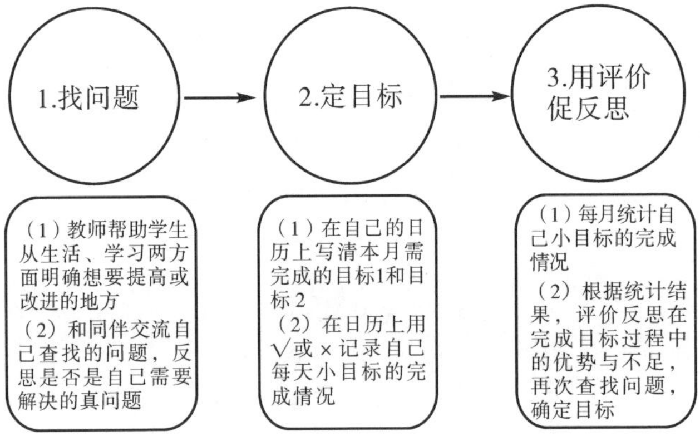

5. 评价标准

结合学生当前的年龄特点和身心发展，从学生所制订的具体目标要求中，教师可以了解学生对不同阶段不同成长点的关注和侧重点，由此可以帮助教师读懂学生的想法，了解学生的状态，便于在平时的教育教学中能够向学生提供有针对性的帮助和指导。

目标完成情况评价表

具体内容	目标达成天数及对应标准		
	0—10天	11—20天	21—31天
情况分析	（1）目标制订太高，难以完成；目标制订太低，不屑于去做，均与自身实际情况不符 （2）自律性极差，做事没有安排和计划	（1）目标设定有助于自身成长，但需要坚持 （2）有一定的自律性，但习惯未养成	（1）目标设定贴近自身实际，且能够坚持做好 （2）自律性强，做事有计划，良好的习惯正在逐步养成
下一步指导建议	再次反思，找准符合自身实际的且能够完成的真问题，重新确定目标	目标完成情况不理想，习惯也没有养成，可以在下一个月继续进行，有助于好习惯的养成	目标完成情况较好，可以换一个方面确定新的目标，持续进步和成长
教育教学启示	在平时的教育教学中，教师应加强对出现此种情况的学生的关注，要从学生完成的过程和结果入手进行评价，帮助学生诊断问题，分析、查找原因，修改、调整目标。给予学生一定的鼓励和督促。有必要的情况下也应多与其家长沟通，了解学生在家的学习生活情况，给予有针对性的指导建议，形成家校合力，促进学生成长	在平时的教育教学中，教师应利用零碎时间加强与此类学生的交流。教师还可以利用留言条写鼓励性的评语，对学生学习习惯的养成、目标的达成进行引导和督促	在平时的教育教学中，教师同样需要了解学生在学校学习时和日常生活中的需求，可以给此类学生设置一些“跳一跳才能够到”的任务，激励其不断进步

6. 实施效果

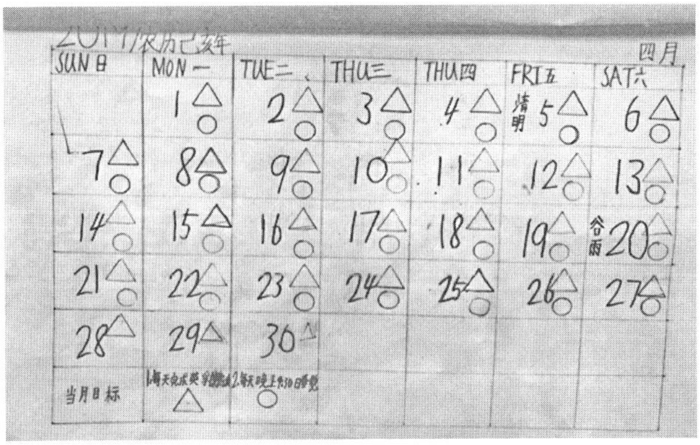

在利用台历打卡记录的过程中，学生不仅了解了年、月、日的知识，还利用数学的语言表达现实世界，既培养了数据分析能力，也提高了应用意识。此外，打卡活动在当下的生活中非常流行，对于培养学生养成好习惯来说，这无疑是一种轻松的作业形式。

通过“确定目标—打卡记录—评价反思—再次确定目标”一系列具体的活动，有的学生学会了自我反思，知道如何查找自身问题；有的学生提高了自理能力，物品收拾得整齐有序；有的学生提高了写作业的速度，课堂发言次数增多，变得大胆勇敢；有的学生坚持兴趣练习，顺利考下了相关的等级证书；有的学生懂得了珍惜时间，知道做事之前要有安排和计划；有的学生与同伴的矛盾减少了，懂得了宽容和感恩……学生的这些变化都源于他们对自身成长的关注。

7. 实施建议

布置“好习惯养成记”作业是希望学生在轻松愉快的情绪中通过作业的形式帮助学生养成良好习惯。本次作业存在极大的个体性差异，教师在对学生进行指导时，应结合学生目标的完成情况及其自身实际因素具体分析。明晰原因后，教师帮助学生制订合理化、可操作、助发展的小目标，逐步培养、锻炼学生的生活能力和学习能力，帮助学生养成好习惯。

要素	阶段		
	阶段一	阶段二	阶段三
目标	关注基础习惯养成（生活、学习习惯）	关注知识与技能的获得	关注个性化发展、关注人际交往
具体内容	1. 作息时间 （时间观念） 2. 整理内务 （建立秩序） 3. 个人卫生 （健康身心）	1. 校内学科知识学习 （作业、改错等） 2. 辅助资料练习 （单独的练习题、课外班） 3. 课堂表现 （听讲、发言）	1. 兴趣、特长的学习 （琴棋书画、运动） 2. 同伴交往 （同学友好相处） 3. 家人互动 （陪伴家人、帮助父母） 4. 课外实践学习 （社区实践学习等）

（本节作者：武文颖）

第十节　实践类作业

一、概述

当今世界科技进步日新月异，网络新媒体迅速发展、普及，儿童及青少年的成长环境发生了深刻变化，学习方式在变革，作业方式也随之改变。传统的作业大多只重视知识技能的被动训练，这远不能满足新课改提出的义务教育阶段的培养要求。所以，作业形式多样化、内容丰富化已成为教师教学必须考虑到的重要内容之一。

《义务教育课程标准（2022 年版）》指出，要统筹设计综合课程和跨学科主题学习。实践类作业作为实践性课程的表现形式之一，基于学生学习经验，联系生活实际，注重在制作和生活使用过程中综合运用学科知识解决实际问题的能力以及合作交往、创新等非数学认知能力，从而发展学生的核心素养。

小学生天性活泼好动，对动手操作的活动有极大的兴趣，实践类作业的设计可以激发学生的学习、研究兴趣，让学生在轻松愉悦的氛围中完成任务。在具体操作过程中，学生能在运用知识时深度思考，激发求知欲。在制作过程中，还能激发学生的创造潜能，锻炼和发展他们的思维品质，形成创新意识和能力。中高年级学生已有很强的动手能力和观察、思考周围事物的能力，实践类作业可以根据当下比较“热”的话题展开。教师指导学生结合所学知识认真观察、深入思考、发散思维、充分交流，激发学生的创造能力和科研精神。

二、实践类作业设计理念

实践类作业是以学生在校内外的实践活动为主要载体的作业形式，一般贯穿整个单元的学习过程，强调学生在生活情境中综合运用所学知识进行多学科融合，达到培养学生关键能力、合作能力、审美能力、问题解决能力和创新能力的目的。实践类作业以提高学生的实践能力与合作能力为目的，侧重学生亲身体验与实践训练，强化作业的综合性、实践性、活动性、多样性、趣味性、体验性、感悟性、合作性、交流性等特点。其设计理念可以概括成以下几个方面。

①从教学内容切入，设计实践作业，帮助学生梳理巩固知识。

②依托实际情境，设计实践作业，引导学生发现并解决问题。

③发挥评价作用，设计实践作业，助力学生用标准指引行为。

三、实践类作业设计方法

1. 设计思路

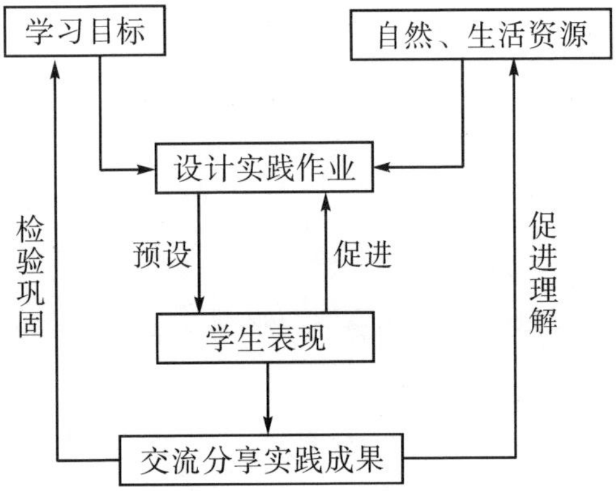

实践类作业在实践操作过程中培养学生的综合能力。教师结合当下学习目标和现实自然、生活资源，设计实践作业。在设计实践作业过程中，教师需要预设学生表现，同时在完成实践作业过程中，教师需要根据学生的表现不断调整、再设计实践作业任务，对整个作业设计起到促进作用。最后是交流分享实践成果环节，该环节不但可以检验和巩固学习目标，而且可以促进学生对现实生活现象的理解和感悟。

2. 设计建议

（1）实践类作业的功能，一是能够让学生借助任务深度思考知识，发展学科素养；二是在学生完成实践任务过程中对他们的情感、态度、价值观等方面进行全面的培育。因此，设计实践作业需要从以上两个方面挖掘育人要素，提取作业的育人价值。

（2）作业一般是完成学习任务后布置的，但实践类作业也可发布于学习任务前，学生明确自己即将完成一份实践类作业任务，而这一过程中会用到接下来学习的新知识。学生带着对任务的疑惑和思考开始学习，在学习过程中解决疑惑，构建知识网络，进而完成实践任务。

（3）实践类作业以活动为载体，以体验和感悟为主要内容。作业评价更是需要包含实践过程中的方方面面，不同的学生在完成作业过程中的体验不同，因此建立标准时可以让学生参与进来，制订标准的过程，也是学生对自己实践作业再次反思的过程。

四、实践类作业实施案例

1. 教材内容

“圆柱与圆锥”是北师大版数学六年级下册第一单元，其内容属于图形与几何领域。本单元不仅是学生掌握圆柱与圆锥相关知识的重要部分，也是帮助学生积累研究图形的实践经验，发展空间观念，培养应用意识的重要内容。《义务教育数学课程标准（2022 年版）》对这部分内容的要求和教学提示指出，知识技能层面要求学生掌握圆柱与圆锥的基本特征，以及相应表面积、体积的相关内容。核心素养层面上，本单元着重发展学生的空间观念、空间想象能力和应用意识。此外，本单元学习中学生需要借助几何直观描述图形或分析问题，因此，几何直观也在本单元的教学中发挥着重要的作用。

教材安排了丰富的情境，帮助学生理解数学知识，积累活动经验，培养学生的空间观念和应用意识。教学中要注重引导学生观察和思考“面体联系”“未知和已知的联系”“变量之间的联系”等，从整体把握知识，促进学生认知上的升华，从而培养学生发现问题和解决问题的能力。此外，圆柱和圆锥有关知识在生活中有着广泛的应用，所以，教师还需要鼓励学生搜集大量来自现实生活的实际问题，引导学生灵活应用所学知识解决问题；还应精心设计实践活动，鼓励学生联系相关知识动手制作，巩固和拓展对数学知识的理解。

2022 年，是中国载人航天工程立项实施三十周年，火箭的外观构造正是以本单元圆柱与圆锥为基础图形打造的。于是教师计划以此为背景，融入单元学习内容创设实践活动，构建单元学习框架。其意图是在实践中，引导学生更好地在立体图形与平面图形间建立联系，收获丰富的体验，借助几何直观，不断发展空间观念和应用意识。

2. 作业目标

六年级的学生已经具有了一定的知识储备，但常规的练习作业已不能满足他们的认知需求，此时，实践性作业可以很好地支撑起学生对该单元知识的整体认知需求，并且在完成实践作业过程中，学生还可以结合经验，完善价值观层面的认知。具体作业目标如下。

（1）在完成火箭模型实践作业过程中，带领学生了解中国航天史，增强学生对国家的认同感。

（2）借助首次制作火箭模型任务作业的机会，发现学生的学习困难点，引导学生对单元整体知识脉络产生构建需求。

（3）借助第二次制作火箭模型任务作业的机会，帮助学生复习、巩固圆柱与圆锥单元的学习内容，促进空间观念和应用意识的形成。

（4）在小组合作过程中，增强学生的合作意识，形成勇于探究、勤于反思的解决问题的方式。

3. 作业内容

（1）小调查：借助访谈、网络、参观中国国家博物馆等方式，收集关于火箭的小知识，把你的发现写在下面的调查单里。

我的调查单	
火箭的形状特征	其他我感兴趣的……

（2）利用彩纸，参考图例的样子，尝试制作一个简易模型。

（3）带着你对本单元的理解，小组合作研究火箭的组成，在原有基础上完善本组的火箭模型设计。（计算时允许学生使用计算器，在制作圆柱与圆锥时注意接口处不要重叠，实际计算中接口处忽略不计）

4. 作业设计流程

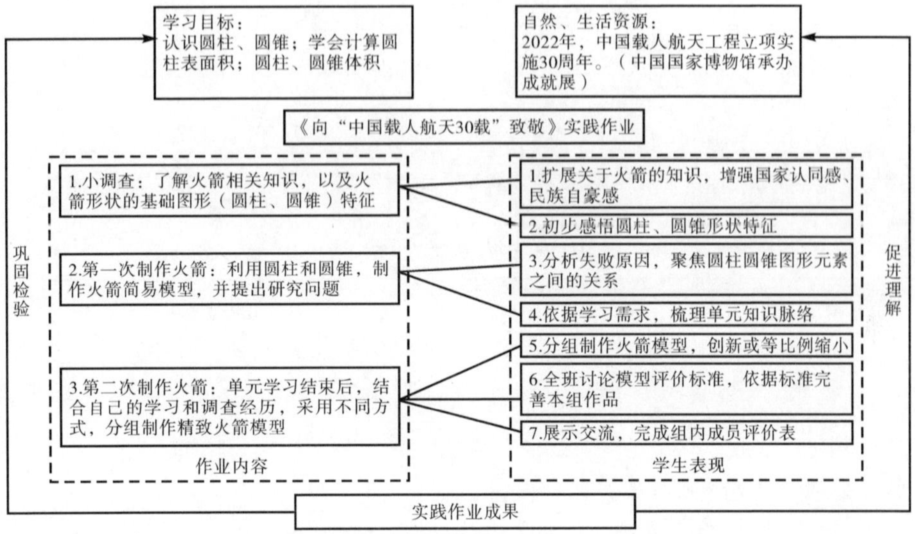

5. 评价标准

针对本次作业最终的火箭模型作品，以及实践任务过程中学生的参与和表现情况，教师设计了两份评价表。其中“作品评价表”只给出了模型外观、内部设计和汇报效果三个大的评价维度，而在这三个维度之下的项目细则，是在成果汇报之前由班级内部自行讨论得出的。“组内个人表现评价表”是成果汇报结束后，由小组内部讨论得出。

作品评价表

评价项目		星级		
		好（★★★）	较好（★★）	一般（★）
模型外观				

续表

评价项目		星级		
		好（★★★）	较好（★★）	一般（★）
内部设计				
汇报效果				

组内个人表现评价表

评价方向	姓名					
制作环节： 能跟着组内同学，可以理解任务内容（2分）；能在组内表达自己的想法，并能积极聆听别人的想法，做出合理的判断（3分）；能够在完成任务过程中建立知识之间的联系，主动总结经验，并能结合别人的观点表达自己想法（5分）						
汇报环节： 能听懂别人的发言，但未能通过别人的发言形成自己的想法（2分）；能通过别人的发言获得启示，并积极表达自己的思考（3分）；能结合别人的观点对知识结构进行总结联系，表达自己的思考（5分）						

6. 实施效果

该实践任务作业贯穿单元学习的始终，在不同的时段，其产生的实践效果也不同，因此，下面将从单元学习前和单元学习后两个阶段依次介绍实践效果。

单元学习前，借助调查活动和制作火箭简易模型，学生了解了构成火箭的基本形状特征，通过与参观“逐梦寰宇问苍穹——中国载人航天工程30年成就展”的同学交流，学生丰富了关于火箭的航天知识，增强了民族自豪感。具体实践效果分析如下。

作业实践效果分析表

维度	学生表现	图示
知识技能	1. 多数同学只想到了圆柱的侧面展开是长方形。圆锥的侧面展开存在问题	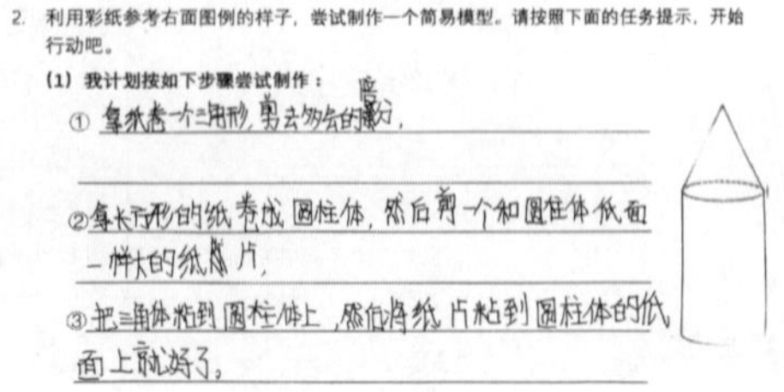
	2. 简易模型错误多见于不清楚圆柱（圆锥）底面周长与侧面长之间的关系	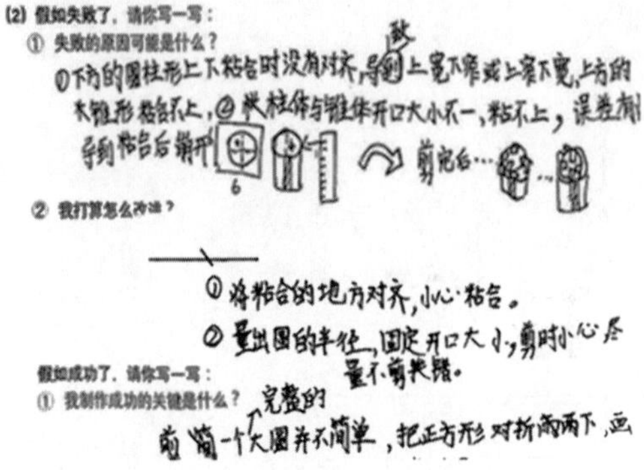
	3. 多数同学将自己的错误归结为手工粘贴问题，没有从特征走向图形元素之间的关联	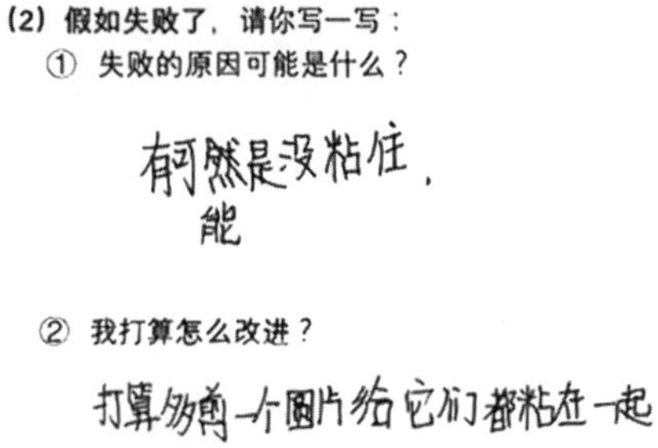

续表

<table>
<tr><th>维度</th><th>学生表现</th><th>图示</th></tr>
<tr><td rowspan="2">情感态度</td><td>1. 通过“小调查”实践作业，学生采取各种方式完成调查报告，丰富了自己的认识，发展信息意识</td><td>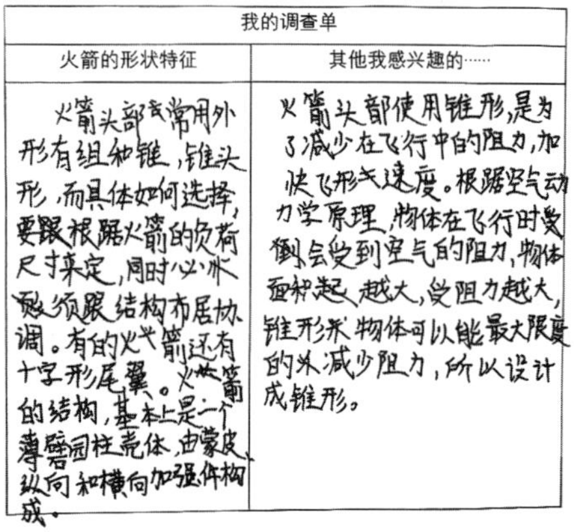
我的调查单
火箭的形状特征
火箭头部通常用外形有钝锥，锥头形，而具体如何选择，要跟根据火箭的负荷尺寸来定，同时必须跟结构布局协调。有的火箭还有十字形尾翼。火箭的结构，基本上是一个薄壁圆柱壳体，由蒙皮、纵向和横向加强件构成。
其他我感兴趣的……
火箭头部使用锥形，是为了减少在飞行中的阻力，加快飞行速度。根据空气动力学原理，物体在飞行时受到会受到空气的阻力，物体面积越大，受阻力越大，锥形物体可以能最大限度的减少阻力，所以设计成锥形。</td></tr>
<tr><td>2. 借助参观博物馆活动，学生了解了中国航天事业的发展历程，在参观和分享过程中培养了民族自豪感和社会责任感</td><td>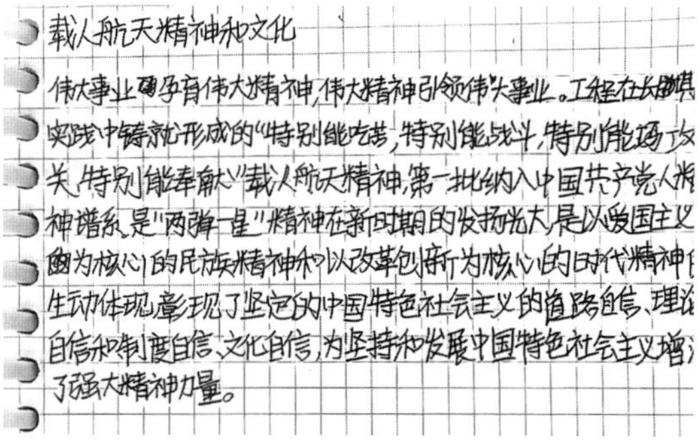
载人航天精神和文化
伟大事业孕育伟大精神，伟大精神引领伟大事业。工程在长期实践中铸就形成的“特别能吃苦，特别能战斗，特别能攻关，特别能奉献”载人航天精神，第一批纳入中国共产党人精神谱系是“两弹一星”精神在新时期的发扬光大，是以爱国主义为核心的民族精神和以改革创新为核心的时代精神的生动体现，彰显了坚定的中国特色社会主义的道路自信、理论自信和制度自信、文化自信，为坚持和发展中国特色社会主义增添了强大精神力量。</td></tr>
</table>

可见，单元前的实践作业充分显露出了本单元学习的困难点。在单元启动课上，教师依据学生的作业表现，组织学生梳理本单元的学习路径，让学生在开启单元学习任务之前就对本单元的学习内容有了一定的把握，助力后续的学习。而聆听参与调查的同学的分享，让学生对航天工作者能吃苦、能战斗、能攻关、能奉献的中国航天精神有所触动。再次回看自己第一次的失败作品时，学生可以从客观角度分析原因，寻找解决方案，并对第二次实践作业跃跃欲试。

单元学习后的第二次制作火箭的实践作业，目的是让学生带着第一次制作模型时的困惑和遗憾，完善或重新完成模型的制作。本次作业的成果明显好于第一次，从分工合作到设计图的绘制，从模型制作到汇报展示，学生在不同阶段有不同的收获。

在设计环节，回顾单元知识的同时，学生着眼于圆柱和圆锥各部分的“关系”，发展几何直观。

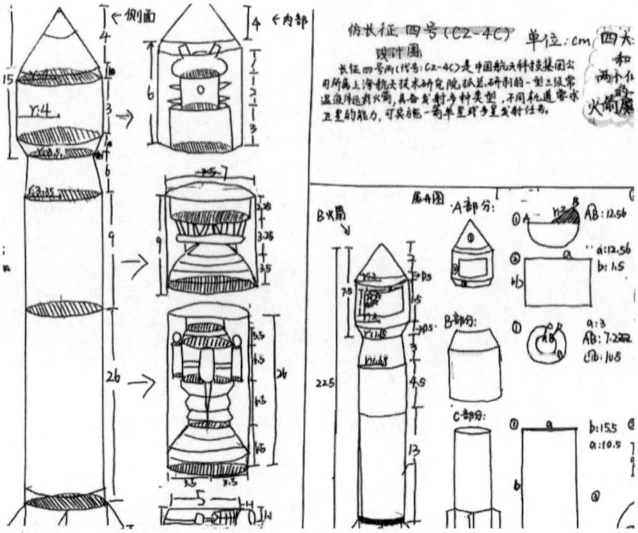

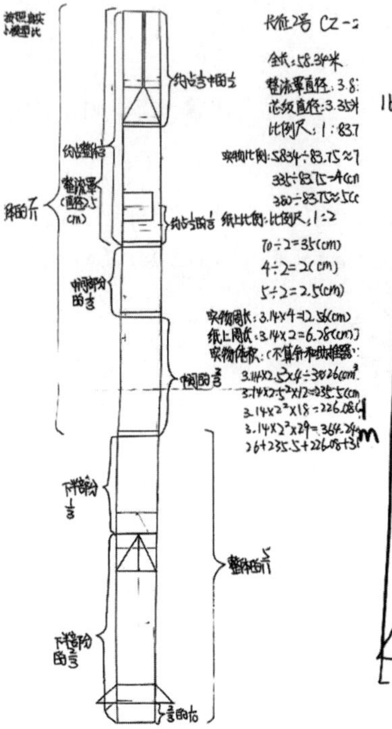

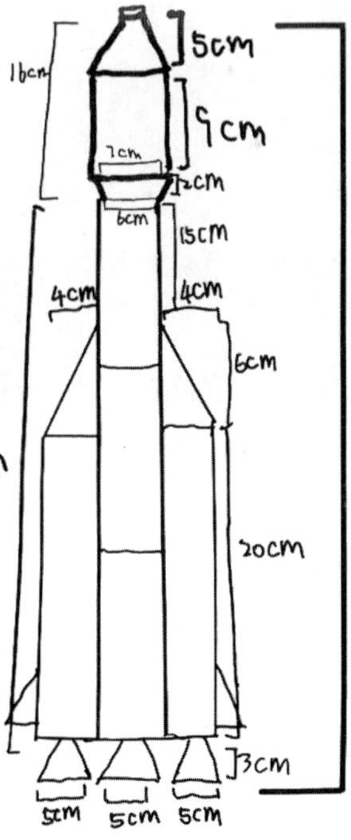

在制作模型环节，学生采用多种方法（面的旋转、围拼法、面的累加、3D打印等），在完成任务过程中，发展空间观念。

在小组合作过程中，学生积极讨论，分工明确，目标一致，完成任务。

7. 实施建议

在单元开启课初期，教师向学生展示了简易火箭模型，要求学生按照模型的样子进行简易火箭的制作，制作完成后教师汇总了学生在制作时遇到的问题、困惑、经验和思考。

①圆柱可以用长方形纸“围”成，并且分别以长边和短边两个方向围成的圆柱是不一样的。

②有的同学在“围”圆锥时遇到了困难，分别是正面观察圆锥是一个三角形，但是用三角形围不成圆锥；用长方形的纸从一个角出发卷成圆锥，但是在实际制作火箭时这种方法不可行；把一个圆沿着一条半径剪开，然后围成一个圆锥（用重叠的方法），实际制作火箭时方法也不可行。到底用什么样的图形才能围成一个圆锥，学生陷入了困惑中。

③圆锥和圆锥不能很好地贴合，只能通过修剪其底面圆的大小来完成贴合。圆锥底面到底有多大，和圆柱底面的关系是什么？

针对以上的困惑，教师组织学生进行了交流。在交流后，学生解决了制作简易火箭相关问题，并对圆柱和圆锥有了进一步的认识。①用扇形围圆锥，扇形的弧线长度就是圆柱底面圆的周长，也就是围成圆柱的长方形的长。②圆锥的侧面展开图是扇形，圆柱的侧面展开图是长方形。③圆柱底面周长就是侧面展开图长方形的长。

通过此环节，学生对于组成火箭的基本图形有了一定的认识，并对圆柱和圆锥的某些特点有了初步的认识。

接着教师向学生发起号召，请同学们利用周末去中国国家博物馆参观“逐梦寰宇问苍穹——中国载人航天工程 30 年成就展”，旨在让学生了解我国载人航天的发展历程，观察火箭造型，同时激发学生的想象力、探求欲，以及亲手设计并制作火箭模型的兴趣，进一步激发学生的民族自豪感，鼓励学生崇尚科学、勇于创新。

在学习完本单元的所有知识后，教师布置了“制作火箭模型”的任务，让学生充分讨论、交流活动的步骤。通过激烈的讨论，学生共同约定了以下步骤。

①确定小组成员（6—7 人），自愿结组，确定小组长，举行第一次小组会议，商量分工（收集火箭造型资料、制作火箭模型资料、制作模型材料等）。

②举行第二次小组会议。初步确定火箭模型的外观（绘制草图、寻找材料，进行第二次小组内分工）。

③进行标准图纸绘制（外形、内部结构、材料说明、平面图、比例尺等）。

④举行第三次小组会议。讨论图纸的合理性，进行第三次小组内分工。

⑤制作—调整（图纸和作品）—成品。

⑥举行第四次小组会议。总结作品制作过程，准备进行汇报材料的撰写和 PPT 制作，进行小组内第四次分工。

⑦小组汇报。

这一活动让学生体验在完成一个具体的小组合作任务时应该先制订计划再实施，避免盲目行动。拟订方案是解决问题的一个重要环节，缺乏计划能力常常影响到问题解决的全过程。实践类作业为学生提供了这样的机会，学生在充分权衡和综合考虑的情况下，设计、选择并修改方案，使得方案更加合理，更具可行性。

这一活动引导学生留存和整理过程性材料。学生还讨论出了评价标准，如下表所示。

项目评价标准表

评价项目		评价等级														
		好（★★★）					较好（★★）					一般（★）				
模型外观	1. 图和实物匹配	√		√	√	√		√								
	2. 特色	√		√	√	√							√			
	3. 整体美观		√		√	√	√		√							
内部设计	1. 有无					√			√			√	√			
	2. 精细、简单			√	√	√	√	√								
	3. 合理			√		√	√	√		√						
汇报效果	1. 分工	√	√	√		√									√	
	2. 设计图	√				√		√	√	√						

教师在学生整个实践作业过程中进行不定时、不定期的指导，解决学生在活动中遇到的各种问题。

（本节作者：周洋、王蓉）

第十一节　实验类作业

一、概述

《义务教育课程标准（2022年版）》指出，坚持问题导向，遵循学生身心发展规律，提升课程的科学性和系统性，进一步精选对学生终身发展有价值的课程内容，减负提质。

小学阶段是积累活动经验，形成初步的应用意识、合作意识的重要阶段。实验是科学研究的基本方法之一，是认识自然现象、自然性质、自然规律的重要途径之一，因此学生需要学会通过实验的方法认识和了解现实世界。各学科要充分利用本学科的特点为学生创造实验机会，帮助学生掌握研究方法，还可以充分挖掘教材内容为学生进行适当拓展，借助实验类作业发展学生的动手能力、合作意识，将科学研究与现实世界结合在一起，发展学生的模型思想和应用意识。

实验类作业能够将学生的生活、动手操作能力和数据意识的培养有机结合在一起，学生可以借助真实问题情境，通过发现和提出问题，在实验中获得实验数据，分析实验数据，在解决真实的问题中感悟学科知识与生活的紧密联系。教师要结合学科特点，引导学生发现和提出生活中的真实问题，利用猜想、实验、调整方案、再实验、估算、数据分析、直观想象等方法分析和解决问题。

二、实验类作业设计理念

综上所述，设计实验类作业是帮助学生认识和了解现实世界的重要途径，也是发展学生核心素养的重要载体。通过实验类作业，让学生经历实验过程，学会设计方案，并能通过实验解释生活中的现象，解决生活中的新问题。因此设计实验类作业可以让学生通过多学科融合认识和了解自然现象、自然性质和自然规律，积累丰富的活动经验，进而发展学生多学科的核心素养。

三、实验类作业设计方法

1. 设计思路

实验类作业在培养学生动手实验能力的同时，还注重培养学生的合作意识、交流意识和应用意识。实验类作业需要学生积极主动参与，经历提出问题、分析问题、利用多学科知识解决问题的过程，积累活动经验。实验类作业将学生的校内知识与校外经验结合，将不同学科进行融合，这也是与常规作业最突出的不同点。

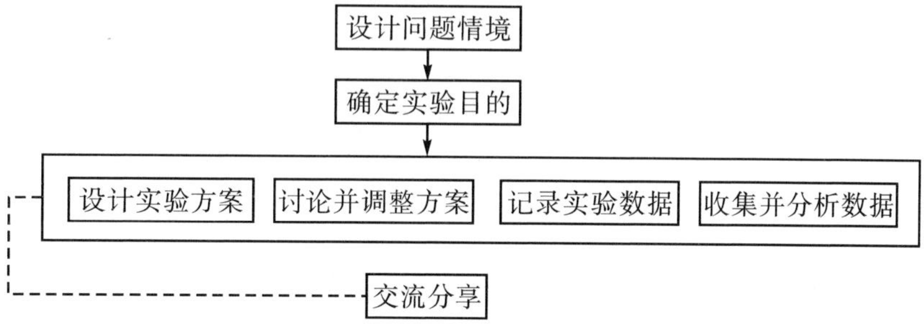

2. 设计建议

首先，选择真实且贴切的问题情境。新课标指出，要加强知识学习与学生经验、现实生活、社会实践的联系，增强学生认识真实世界、解决真实问题的能力，因此在设计实验类作业时教师要根据作业目标，从生活中选取真实的问题情境。

其次，设计明确且可实施的活动任务。教师在设计实验类作业时，要明确作业的目标、作业形式以及时长，让学生清楚要做什么，从而后续能够有目的、按计划进行操作。

最后，设计要有过程性、指导性的评价。实验类作业评价主要基于作业的目标，要注重过程性评价与表现性评价相结合，从多个维度评价学生。

四、实验类作业设计及实施案例

1. 教材内容

“滴水实验”是北师大版数学四年级上册综合与实践领域的内容。《义务教育数学课程标准（2022年版）》中关于第二学段的学业要求指出，能够积极参与活动，在活动中能独立思考问题，主动与他人交流，加深对数学知识以及数学与其他学科关联的理解；经历解决简单实际问题的过程，提高应用意识，积累数学活动经验，感悟数学的价值。

综合与实践这部分鼓励学生在课内、课外进行活动，教师根据四年级学生的特点，引导学生主动参与，深入思考，实践操作，得出结论，经历探求解决问题策略的过程，丰富他们数学学习的经验。在“滴水实验”中，教师首先根据我国水资源情况设计了学生熟悉的问题情境。新课标提出的“会用数学的眼光观察现实世界”，因此需要通过真实的问题情境使学生感悟做实验的必要性，从而激发他们的学习兴趣。其次，鼓励学生讨论实验思路和实验步骤，设计实验方案，然后进行实验，收集数据，估算数据，得出结论。让学生经历完整的实验研究过程，学会用数学的眼光观察现实世界，解决现实世界中的问题。最后，交流分享实验结果并进行评价。通过完整的独立思考流程以及与他人合作研究的过程，可以发展学生的应用意识，激发他们的环保意识，促进学生养成良好的生活习惯。

2. 作业目标

四年级学生对于实验已有一定的认识和了解，但自己设计实验并实施的机会较少，实验的经验不足。借助本次作业学生可以积累实验的经验，明确实验目的，明晰实验流程。教师根据课标要求和学生特点，设计了如下作业目标。

（1）在实验过程中培养学生独立思考、乐于合作、不断反思、严谨认真的良好学习品质。

（2）在经历完整的研究过程中，学生能够运用估算、直观想象等方法分析数据，发展学生的应用意识，激发环保意识。

（3）针对“滴水实验”的任务，经历设计实验方案、收集数据的过程，积累数学活动经验。

3. 作业内容

（1）前置性作业。教师播放我国水资源利用情况的视频，让学生了解我国水资源情况，请学生思考我国是否属于水资源取之不尽，用之不竭的情况。引导学生先想一想，然后想办法验证自己的观点。

学生想到可以用水龙头滴水进行实验，于是自主设计方案，并尝试实验，自主解决问题。从学生初步的实验结果来看，有 85.7% 的学生实验得到了 1 分钟的滴水量，在这些学生中有 22.2% 的学生计算了 1 小时的滴水量，有 47.2% 的学生计算出了 1 天的滴水量，有 31.5% 的学生计算出了 1 个月、1 年的滴水量。从学生的作业中来看，有 94.4% 的学生仅仅罗列了实验数据，数据缺乏直观性和说服力。

（2）过程性作业。我国的水资源总量位于世界第六，但同时也是一个水资源严重缺乏的国家，主要是因为人口多和浪费现象严重。如果一个人在洗漱后忘记拧紧水龙头，会浪费多少水呢？请学生小组合作调整设计实验方案，自主实验并估算出水龙头滴水 1 小时、1 天、1 年会浪费多少水。

作业完成时间：20 分钟。

滴水实验表

测一测	1 分钟大约滴（　　）滴水
估一估	1 时：________ 滴水 1 天：________ 滴水 1 年：________ 滴水

4. 作业设计流程

实验类作业强调通过实践来培养学生的探究和创新意识，发展综合运用的能力，增强学校与社会的密切联系。通过滴水实验的情境，学生自主设计方案，积极主动参与，发展了创新精神和实践能力。同时滴水实验也面向学生生活，为学生提供开放的思维空间。学生在实践过程中，也能收获丰富的活动经验，促进学习方式的变革。因此，教师在原有的流程图上进行了优化和调整。

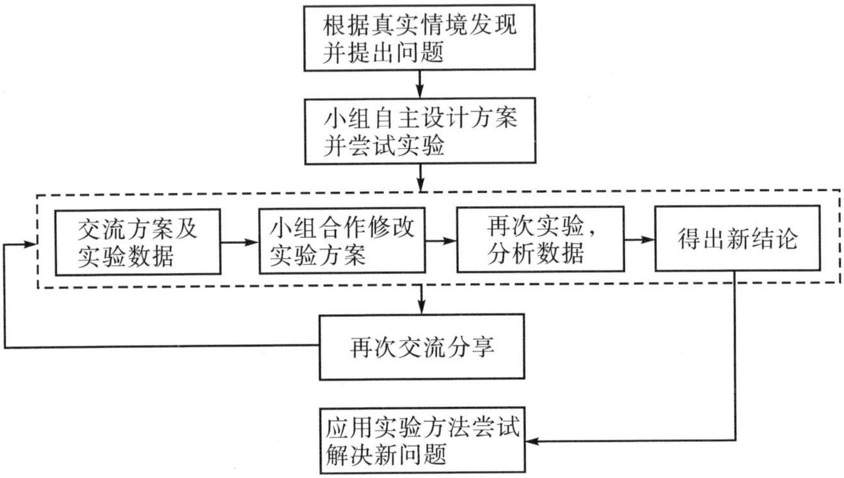

5. 评价标准

小组合作探究评价标准表

评价内容	对应水平标准		
	水平 1	水平 2	水平 3
小组合作	没有参与到小组合作中	参与部分小组合作	积极参与小组合作，设计实验过程，并提供思路、方法
设计实验方案	完全没有思路	有思路，但设计思路有缺陷，缺乏严谨性	有明确的设计思路，且设计思路严谨，考虑实验的严谨性，进行多组尝试取平均值
数据意识	仅仅罗列数据	进行简单的分析，但分析不准确	能够对实验数据进行分析，并能够结合数据列举生活中的现象来帮助理解

6. 实施效果

学生完成这份作业需要经历设计方案—收集数据—分析数据三个过程。学生在设计方案时需要关注实验的步骤是否完整，实验是否严谨，降低误差。在收集数据、估算数据时要注意不能仅仅计算出水滴的数量，更要与生活情境相结合，通过真实的生活情境，反映出水滴数量，更直观、更好理解。学生在整个研究过程中，将统计知识、估算与生活联系起来，既巩固了学科知识，又养成了节约的好习惯。

学生处于第二阶段，用真实的问题情境贯穿课程始终，经历完整的实验研究过程，不仅能激发学生的学习兴趣和环保意识，而且可以让学生认识到数学与生活的紧密联系，发展学生的应用意识。

大部分的学生通过实验得到了 1 分钟的滴水量，三分之一的学生计算出了 1 个月、1 年的滴水量；从学生的作业来看，有 94.4% 的学生仅仅在罗列实验数据，数据缺乏直观性和说服力。因此在后续上课时，教师先展示学生只测量 1 分钟的实验数据，引导学生思考实验数据的不足，然后向学生展示计算出 1 小时、1 天、1 个月、1 年的实验数据，引导学生认识到仅罗列数据还不够直观，进而思考是否可以进行直观表示，从而对自己的初始方案和实验数据进行调整和改进。

通过上课的启发和引导，2.4% 的学生对实验方案没有思路；97.6% 的学生能够改进自己的实验方案，其中有 35.7% 的学生，在实验方案设计中关注到了实验的严谨性，通过多次实验取中间值的方法，让实验结果更有说服力。

在收集、整理数据的过程中，有 7.2% 的学生仅仅罗列了数据，92.8% 的学生能够尝试分析实验数据。其中，21.4% 的学生能够结合实验数据，通过列举生活中的现象对 1 年的滴水量进行直观说明。再次交流时，教师引导学生思考家里是否有浪费水的现象。对此教师也布置了相关的课后实验作业，激发学生的应用意识和环保意识。

通过课堂上的交流可以看出，从学生反馈的真实问题入手，让学生不断地发现和提出数学问题，尝试应用数学模型思考和解决现实中的数学问题，有助于培养学生的应用意识，发展学生的数学素养。

7. 实施建议

（1）创设真实问题情境，发展学生的模型意识和应用意识。通过真实问题情境，能够帮助学生在现实生活中发现和提出数学问题，根据问题设计实验方案，并通过交流调整方案，发展学生的模型和应用意识。教师在设计时需要思考应该创设什么样的问题情境，学生应如何设计实验方案，思考实验方案是否具有严谨性和科学性。

（2）强调实验设计，收集数据，整理与表达，发展数据意识。通过设计实验，调整方案，收集实验数据，分析数据，从而帮助学生解决问题。要重视学生的实验设计与数据分析，学生在设计实验时，需要关注实验的可行性、严谨性。在学生分析数据时，提醒他们不能仅停留在罗列数据的阶段，要注意运用让别人更容易理解的呈现形式，要结合生活情境，感悟数学与生活的紧密联系。

（3）重视交流反思，在交流中提升。学生在完成作业后，要进行交流与反思，展示自己的作品，检验自己的实验方法是否具有严谨性、可行性。还要关注数据是否结合生活实际，让别人一目了然。因此，在交流之后，学生还要继续调整自己的实验方案，调整自己的数据分析方法，在下一节课后继续交流实验方案与分析数据。实验类作业不仅有助于积累学习经验，还对学生的思维能力、思维严谨性、沟通能力等方面有帮助，从而促进学生核心素养的发展。

（本文作者：殷冠铨）

第十二节　梳理归纳类作业

一、概述

《义务教育课程方案（2022 年版）》在改进评价中强调要创新评价方式方法，增强评价双方的自我总结、反思、改进的意识和能力。小学是学生发展的重要时期，学生在这个学习阶段不断地丰富自我认知，逐渐构建新的世界观。归纳梳理是小学生在各门功课学习过程中的常用方法，学生在对知识进行归纳梳理的过程中，会使用发散思维和逻辑思维等进行探索和总结，从而逐渐建立完整的知识体系。在实际教学中教师发现小学生的学习多呈散点式，学生如果能及时总结自己的知识系统，掌握知识之间的联系，明晰知识规律，就有助于他们更好地构建自己的“知识体系”，进而提升自己的“能力系统”。由此可见，在核心素养的培养过程中需要学习者对自己的学习进行梳理和归纳，为适应个人终身发展和社会发展奠定基础。

梳理归纳类作业能帮助学生更好地建构自己的知识能力体系。为学生设计梳理归纳类作业时，教师要结合各学科的特点引导学生在真实情境中发现问题和提出问题，利用观察、猜测、实验、计算、推理、验证、数据分析、直观想象等方法分析和解决问题。再引导学生按照自己喜欢的方式（表格、思维导图等）将所学的知识有次序、有条理地整理、归类、分析，将知识和相关能力素养有序地存储在学习者的大脑分区中，最终形成自己的知识和能力体系。

二、梳理归纳类作业设计理念

梳理归纳类作业旨在帮助学生对所学知识进行整理、归类和分析，在梳理与归纳的过程中形成各个学科的知识能力体系，抑或跨学科的知识能力体系，进而形成适应个人发展和社会发展的关键能力。梳理归纳类作业的选材既可以来源于生活也可以来源于书本，既可以是单一学科也可以是多学科或跨学科。教师尽可能在真实任务情境中，引导学生开展有效的学习，对调动已有知识经验解决学习中的问题后获得的新知和经验能力进行分析、归类和整理，使之有条理地存储于学生大脑中，进而形成逻辑思维能力。在作业设计中，本着由浅入深、层层递进的原则，以各种真实任务情境为依托，引导学生在任务情境中进行知识和能力迁移，最终形成各学科的方法论，为学生开启解决生活中各种问题的新视角。

三、梳理归纳类作业设计方法

1. 设计思路

教师在设计梳理归纳类作业时，要遵循学生的学习发展规律，在真实任务情境下的主题单元教学活动中，尽可能创设真实任务情境调动学生原有知识储备和能力基础，解决新的学习问题，获得新的知识、能力与素养，再引导学生选择自己喜欢的方式，运用梳理和归纳的方法将在真实任务情境中习得的新知和旧知进行整理、归类和分析，交流总结，最终形成相应的核心素养。

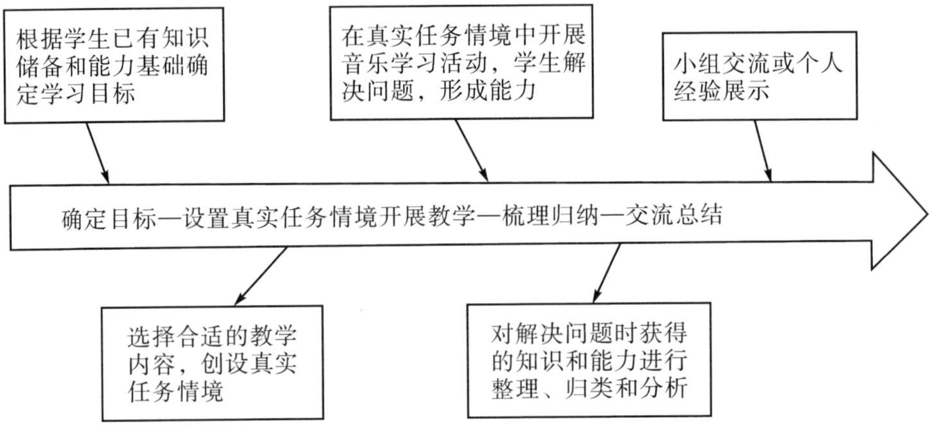

2. 设计建议

设计作业时，教师要根据学生已有的知识储备和能力基础，选择合适的教学内容进行单元整合教学，创设与之匹配的任务情境，鼓励学生在真情境中运用已有的知识和能力储备解决情境任务中的问题，梳理归纳总结学科知识和能力。

四、梳理归纳类作业与实施案例

1. 教材内容

“进行曲”作为一种重要的音乐体裁，贯穿人音版小学音乐教材（敬谱主编），主要以乐曲和歌曲两种表现形式呈现。新课标在第二学段中明确提出学生要能分辨小型音乐的体裁与形式，简单描述它们的特点。初步了解不同体裁与形式、不同风格的音乐与生活的关系，能根据情感表达和生活需要，选择合适的音乐。

梳理教材后，教师汇总具有“进行曲”风格的歌曲，共 10 首，乐曲有 8 首，具体如下表。

教材进行曲信息汇总表

信息		教材						
		一年级上册	一年级下册	二年级下册	三年级下册	四年级上册	四年级下册	五年级下册
歌曲	名称	《中华人民共和国国歌》（欣赏）	《中国少年先锋队队歌》（欣赏）	《小号手之歌》（欣赏）、《红星歌》（欣赏）、《共产儿童团歌》（演唱）	《只怕不抵抗》（演唱）	《中华人民共和国国歌》（演唱）、《歌唱祖国》（欣赏）	《街头少年》（欣赏）	《我们要做雷锋式的好少年》（演唱）
	地区	中国	中国	中国、苏联	中国	中国	法国	中国
乐曲	名称	《玩具兵进行曲》	《狮王进行曲》	《同伴进行曲》	《进行曲》	《中华人民共和国国歌》《拉德茨基进行曲》	《土耳其进行曲》	《中国人民解放军进行曲》
	地区	德国	法国	德国	俄罗斯	中国、奥地利	奥地利	中国

在五年级下册中，有两首音乐作品为“进行曲”（一首为管乐合奏曲、一首为进行曲风格的歌曲）。纵观整套音乐教材，“进行曲”体裁的学习在五年级为小学阶段的终结性学习。如何帮助学生对“进行曲”体裁有更深入的认识和理解，需要教师做更深入的思考。教师决定将这一主题单元的学习进行纵向延伸，拓展课外学习内容来补充课内音乐作品的不足。具体内容见下表。

进行曲拓展曲目信息表

要素	具体信息		
乐曲名称	《凯旋进行曲》	《婚礼进行曲》	《葬礼进行曲》
地区及曲作者	[中国]戴逸青	[德国]瓦格纳	[波兰]肖邦
音乐情绪	胜利、骄傲	神圣、庄重	哀痛、悲伤

续表

要素	具体信息		
节拍	2/4	2/4	4/4
调式	降 E 大调	降 B 大调	降 b 小调
速度	稍快	稍慢	缓慢
旋律特点	多四、五音程，少小三度及旋律级进	多四、五音程，少小三度及旋律级进	旋律平稳 / 整体下行
节奏	附点节奏、四分、二分、八分等	附点节奏、四分、二分等	附点节奏、四分、二分等
表现形式	管乐合奏	管弦乐合奏	钢琴独奏
适用场合	胜利而归 / 凯旋	婚礼	葬礼

2. 作业目标

五年级学生经过四年半的音乐学习，对“进行曲”这一音乐体裁基本能够辨别，但对“进行曲”的节奏、旋律、调式等音乐表现要素的基本特点仍未掌握。多数学生认为“进行曲”只适用于军队仪式，对“进行曲”作为仪式音乐在生活中的作用了解甚少。本次作业需要学生在能辨别“进行曲”的基础上，通过主题单元学习后，对“进行曲”这一音乐体裁的音乐风格特点进行梳理和归纳。具体作业目标如下。

（1）在“真实任务情境”中对“进行曲”主题单元展开学习，欣赏不同场合中的进行曲作品，能对音乐作品进行音乐表现要素、音乐结构以及表现形式等方面的音乐评述。

（2）了解“进行曲”的产生、发展史和经典曲目，认识“进行曲”的表现形式，体会“进行曲”作为仪式音乐在人们生活中的重要作用。

（3）在“进行曲”主题单元学习的基础上，对其音乐表现要素的使用进行梳理与归纳，总结“进行曲”的音乐风格特点、发展史、经典曲目、曲作者等。

3. 作业内容

梳理归纳“进行曲”体裁的相关知识。

要求：请同学们在音乐课上就“进行曲”进行头脑风暴，对不同场合中使用的“进行曲”音乐作品的赏析进行整理、分类，总结“进行曲”的音乐语言特点、经典曲目、适用场合、演奏形式等，用自己喜欢的方式梳理归纳。

4. 作业设计流程

本作业案例设计以“为学校即将举办的运动会选配合适的背景音乐”这一真实任务情境展开单元学习，激发学生重新认识“进行曲”的兴趣，引导学生对小学阶段的“进行曲”进行梳理、归纳、整理，对“进行曲”有更为全面的认识和理解。

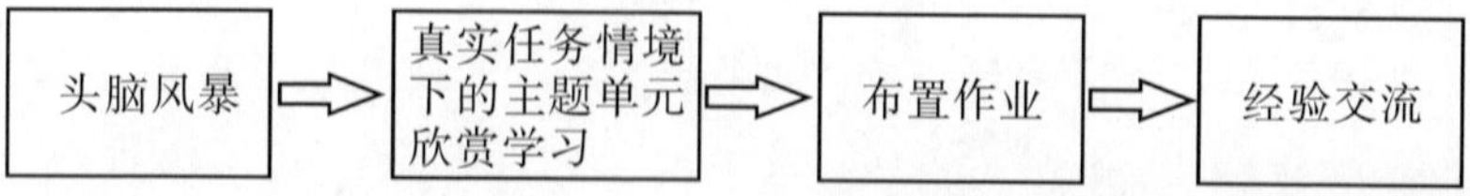

师生先对“进行曲”展开头脑风暴，利用“气泡图”将与“进行曲”有关的内容和问题进行罗列，以梳理归纳“进行曲”作为仪式音乐适用的场合作为切入点展开音乐欣赏教学活动。然后，欣赏适用不同场合的“进行曲”，引导学生将查阅到的相关信息进行交流。布置梳理归纳类作业时，教师既要考虑学生的实际能力，又要考虑学生梳理归纳的方法。本案例中的梳理归纳作业是梳理归纳“进行曲”体裁的乐曲，对其艺术特点、音乐语言特点、中外曲作者、适用场合、经典曲目等进行归类与总结。

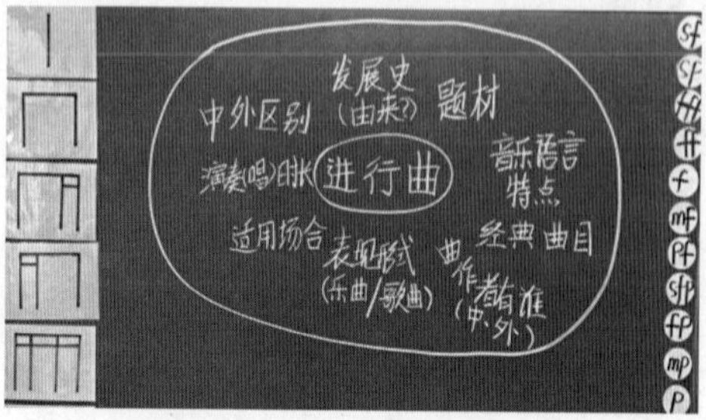

5. 评价标准

梳理与归纳“进行曲”的相关知识以及作为仪式音乐在生活中的重要作用的过程，是学生对“进行曲”体裁整体性认识和相关知识体系的形成过程。本次作业任务的评价主要采用表现性评价，评价细目涉及学生梳理归纳“进行曲”相关内容的质量以及完成的态度等。

评价量规如下。

评价标准表

评价对象	对应水平标准			
	水平 1	水平 2	水平 3	水平 4
梳理归纳“进行曲”相关内容	能独立根据头脑风暴图和音乐课上对不同场合下使用的“进行曲”音乐作品的赏析进行梳理归纳，总结出进行曲的音乐语言特点、经典曲目、适用场合、演奏形式的相关内容，并用自己喜欢的方式或思维导图的方式进行整理	基本上能独立或跟同学合作，根据头脑风暴图和音乐课上对不同场合下使用的“进行曲”音乐作品的赏析进行梳理归纳，总结出进行曲的音乐语言特点、经典曲目、适用场合、演奏形式的相关内容，并用自己喜欢的方式或思维导图的方式进行整理	不能独立完成但能跟同学合作，根据头脑风暴图和音乐课上对不同场合下使用的“进行曲”音乐作品的赏析进行梳理归纳，总结出进行曲的音乐语言特点、经典曲目、适用场合、演奏形式的相关内容，并用自己喜欢的方式或思维导图的方式进行整理	不能独立也不能跟同学合作，根据头脑风暴图和音乐课上对不同场合下使用的“进行曲”音乐作品的赏析进行梳理归纳，总结出进行曲的音乐语言特点、经典曲目、适用场合、演奏形式的相关内容，无法用自己喜欢的方式或思维导图的方式进行整理

6. 实施效果

围绕“真实任务情境”开展的主题单元学习，能够调动学生学习音乐的兴趣。课上学生欣赏不同场合中使用的进行曲作品后，多数学生能用自己的语言对不同场合中使用的“进行曲”的共性和特性进行评述、总结。学生对“进行曲”的产生、发展史以及经典曲目，“进行曲”的表现形式以及“进行曲”作为仪式音乐在人们生活中的作用等有了更为深刻的认识和了解。

多数学生不仅能用手抄报的形式将“进行曲”的起源、发展、风格特点、音乐表现要素特点阐述清楚，而且对“进行曲”适用的场合等也进行梳理归纳。此外，手抄报的版面布局合理，配色和谐，可以看出这些学生能从整体把握梳理归纳作业的内容和形式。但也有学生只关注形式而没有将梳理与归纳的具体内容呈现出来。

也有学生能用思维导图的方式将自己对“进行曲”相关内容的理解和“进

行曲”适用的场合等进行细致的梳理与归纳，最终形成自己对于这一音乐体裁的认识和理解。

7. 实践建议

布置梳理归纳类作业时，需要教师精心策划，尽可能在教学过程中帮助学生从单元整体架构出发，梳理教材并形成主题单元（以人文或知识结构），结合学生已有知识储备和能力基础，与学生共同设置合理的学习目标，尽可能为学生创设“真实任务情境”，以此调动学生的学习兴趣，引导学生主动参与到音乐学习中；教师还需要根据学生的具体情况予以指导和帮助，引导学生对自己在任务情境中习得的音乐知识和相关素养进行定期梳理与归纳，使之储存在大脑相应的分区中，以便在遇到新的学习任务时能随时调动大脑分区中的知识储备，进而在感受音乐作品美感的同时获得音乐学习的快乐，形成核心素养，为学生发展和社会需要做准备。

（本节作者：肖新苗）

第十三节　体验类作业

一、概述

《教育部关于全面深化课程改革落实立德树人根本任务的意见》提出，教育部将组织研究提出各学段学生发展核心素养体系，明确学生应具备的适应终身发展和社会发展需要的必备品格和关键能力。六大核心素养之一“实践创新”的具体表现为劳动意识、问题解决和技术运用。

《义务教育课程方案（2022年版）》指出，注重培养学生在真实情境中综合运用知识解决问题的能力。学生要能够深入地理解学科知识，灵活转化抽象概念为实践场景，提升艺术创造力、创新思维和团队合作能力，掌握实践技能和解决问题的能力。

体验类作业是以“情境中的学习活动”为作业载体，通过发掘、拆分“体验”要素，创设真实或虚拟的体验情境，以引领学生亲身体验知识和培养创造思维的学习过程。体验式作业设置，既以学生学习兴趣为基础，注重学生“习得过程”中知情同步协调发展，又体现沉浸式学习的作业特征，促进学生认知与情绪交互及体悟学习。体验类作业能够促进学科融合，体现以学生为中心的教育理念，激发学生的学习兴趣，增强自信心，培养综合素质和自主学习能力，使学习与生活实现有机融合。

二、体验类作业的设计理念

体验类作业旨在丰富学生的直接经验，激发学生的学习兴趣，促进学生的知识建构和应用，让学生亲身体验实验过程和结果。通过作业的设置，学生在具体情境中进一步理解思想方法或知识技能的形成过程，将其和日常生活联系起来，从而更容易理解和应用。通过实际体验和探索，学生能够更深入地了解数学知识，培养数学思维和创新能力。同时，结合创作过程中的美术表现，提升学生的动手能力、立体图形理解力和美术表现力等美术学科能力。让学生不再面对单一枯燥的文本作业，而是参与到充满情趣、蕴含灵性、多元生动的作业中来，使数学作业的历程溢满“体验”的味道，最大限度地归还学生自由探索、自主学习的空间。

三、体验类作业的设计方法

1. 设计思路

依据课标要求，分析作业目标与学生现有知识的对接度，根据目标设计有趣、具有挑战性的项目体验主题。了解项目需要实现哪些功能，将项目根据任务分解，梳理体验活动的设计思路，精心安排体验任务，确保体验活动能够有效激发学生的探究兴趣。设计相关的项目思考问题，活动设计和问题设计并重，采用任务驱动、问题导向的方式，指导学生完成体验类作业，在丰富学生感性经验的同时引发学生思考。选择体验活动所需要的材料（必须符合安全性原则），既要满足要求，又要容易获得、易于操作。由教师划分实验分组和人员分工并建立奖励体系，设置奖励标准和具体激励措施，调动学生的学习积极性，按分工安排进行制作并及时指导，组织学生展示作品、互相交流总结。

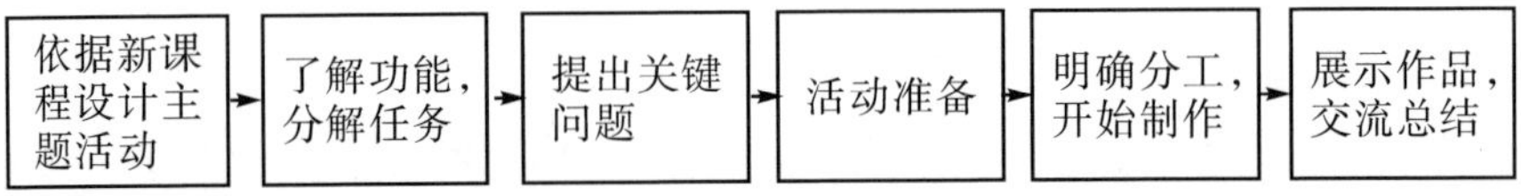

2. 设计建议

教师应设计有趣的作业，通过制作宫灯等活动吸引学生的注意力，提高他们学习数学的兴趣。添加“设计和思考 ”环节，引发认知冲突，提高学生的思维能力和创造力。保持适中难度，根据学生的年级、阶段来确定难度，避免难度过高使学生产生挫败感，也避免难度过低影响学习效果。

建立奖励机制，设置称号、小礼物或其他具体奖励，激发学生的学习积极性。有针对性地引导学生自主学习，培养他们的自学能力和自信心；构建反馈机制，及时给予作业反馈，明确错误点和改进方向，帮助学生调整学习方法和策略；提高作业设计质量，加强作业设计的规划、设计、实施和监管等环节的质量控制，确保作业设计的高质量和适宜性。

四、体验类作业设计与实施案例

1. 教材内容

“长方体（一）”是北师大版数学五年级下册第二单元，学生在一年级时认识了长方体和正方体的外部特征，后续也开展了对平面图形的具体学习，本单元帮助学生进一步认识长方体的内部结构特征。本单元的教学目标在于引导学生认识长方体和正方体的面、棱和顶点等结构要素，认识长方体的长、宽、高，认识长方体是由 6 个长方形围成的立体图形，理解正方体是特殊的长方体的概念。通过设计宫灯骨架，探索这些结构要素的特点，进而认识长方体区别于其他立体图形的本质特征。

“展开与折叠”部分，借助对正方体展开图的探究引发学生对长方体展开图的思考和学习，通过空间图形与平面图形的相互转化的空间想象和空间推理活动，发展空间观念，深化对长方体和正方体本质特征的认识。学生在学习求长方体表面积时，要想象其展开图，并根据这张图寻找计算表面积的思路和途径，体会几何直观在学习中的作用。在解决“露在外面的面”的情境问题时，可以按照面的朝向展开分类讨论，理解空间形式与数量关系之间的联系，并在实际问题中应用几何直观，发展空间想象和推理能力，积累解决问题的经验。

人美版美术（主编：杨力）五年级下册“扎花灯”一课，旨在让学生通过了解花灯的形状、样式、结构和制作过程，制作一件花灯作品。虽然与数学分属不同的学科，但在实践过程中有很多内容是融合的、交叉的。合理、有效地将两个学科结合，让学生体验感知探究、设计、制作的过程，对教师和学生都是事半功倍的良好体验，既是学科间的融合也是教学上的结合和延续。

作业过程重视观察与具体操作，通过经历探索长方体和正方体的结构特征和本质特征的思维过程，发展学生的空间观念。

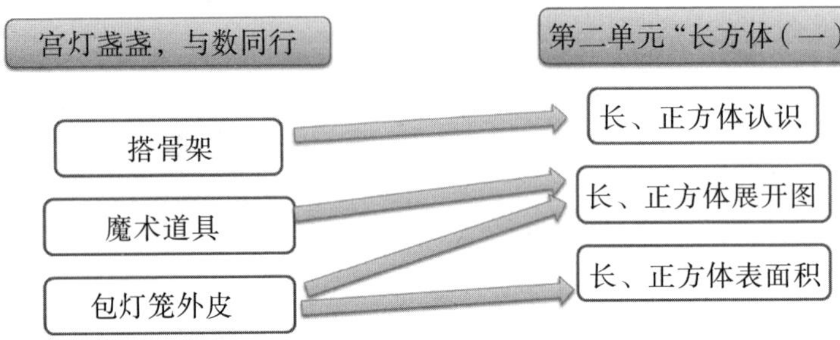

2. 作业目标

（1）通过学科间的知识融合与延续，引领学生感知各学科学习的必要性，感受学科的融合与合作，促进学生主动学习，全面发展自己。

（2）通过制作正方体魔术道具，经历正方体的展开与折叠过程，体验长方体、正方体展开与折叠之间的关系，发展空间观念。

（3）通过制作长方体宫灯的活动，进一步认识长方体、正方体的基本特点及其展开图。

（4）通过以上单元主题活动，提高学生的数学学习兴趣和动力，培养学生的合作意识和创新能力。

3. 作业内容

单元主题作业：了解并设计制作一个长方体宫灯。

要求：以小组为单位设计并制作一个长方体宫灯，宫灯外皮的粘贴处要尽量少，装饰要美观，有意义。

单元子作业：制作正方体魔术道具。

要求：以小组为单位，参考教师制作的正方体魔术道具，选择正方体展开图并尝试打孔、穿线，制作一个魔术道具。

示例：

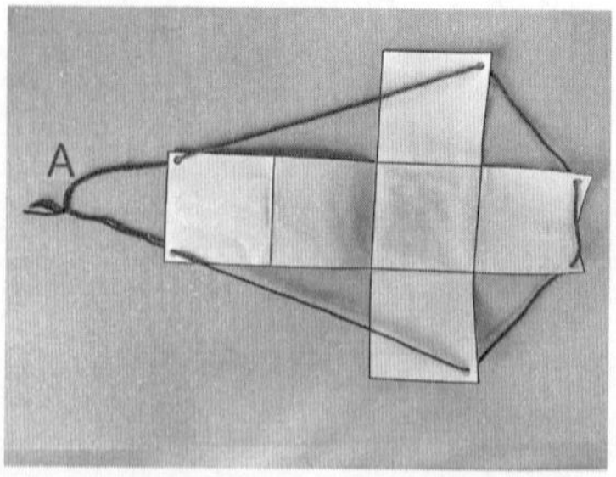

（从 A 点处拉动绳子，展开图就会折叠成正方体）

4. 作业设计流程

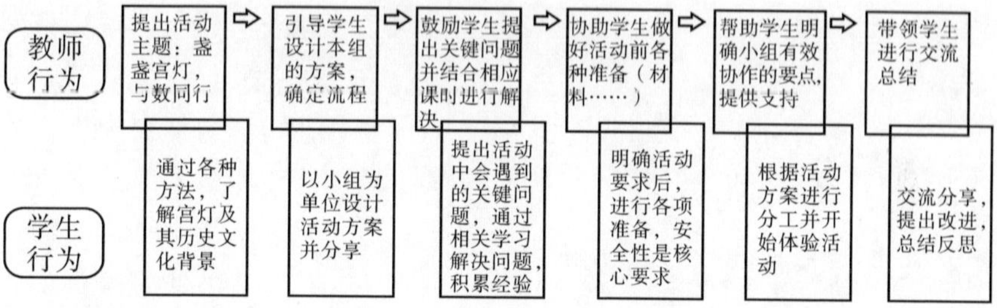

5. 评价标准

对单元子任务中学生表现的评价量规如下。

评价标准表

作业内容	对应水平标准			
	水平 1	水平 2	水平 3	水平 4
单元子作业：制作正方体魔术道具	正方体展开图与课上重复或错误	正方体展开图正确，但打孔穿线后不能正确闭合	正方体展开图正确，且打孔穿线后能够正确闭合	能够继续制作其他正方体展开图的魔术道具

对单元主题任务中学生表现的评价量规如下。

评价标准表

作业内容		对应水平标准		
		水平 1	水平 2	水平 3
单元主题作业：了解并设计制作一个长方体宫灯	宫灯制作完成度	骨架搭建完成	外皮裁剪完成并装饰	外皮粘贴完成
	宫灯骨架	吸管数量少，长短不一	吸管数量正确，长短不一，搭建后不能做到相对的棱长相等	吸管数量正确，有 2 种长短规格（8 根和 4 根）或 3 种长短规格（各有 4 根），搭建正确
	宫灯外皮	剪裁成 6 个面	剪裁成 3 个面（4 个面连接起来）	剪裁长方体展开图
	宫灯装饰	无装饰	简单装饰	装饰色彩协调，内容丰富有意义
	外皮粘贴	外皮过小，无法粘贴	外皮合适，但没有预留粘贴处	外皮大小合适，粘贴完好
	小组合作	部分学生参与度低	每一个学生都有具体分工，能完成自己的任务	分工具体，都能完成各自任务；能够头脑风暴共同解决问题，相互帮助和包容

6. 实施效果

通过分析作业成果，可以发现本次体验类作业的作业目标基本达成。

大部分小组都能够从折叠时图形要素之间的关系入手，在相应位置打孔，并结合折叠的过程正确穿线，成功制作出正方体魔术道具。在正方体展开图的选择上，大部分小组都优先选择了 1–4–1 式展开图进行试验，在后续的活动中尝试其他类型的展开图制作正方体魔术道具，且基本能够成功闭合。

学生在搭建骨架的过程中，认识到了长方体的棱长和顶点以及它们之间的大小关系和位置关系。大部分小组结合生活经验，还搭建出了含有正方形的长方体。90% 的小组都能够根据长方体的展开图设计宫灯外皮，最大限度减少了粘贴处的空间。在绘制长方体展开图的过程中，学生对长方体的要素以及要素之间的关系有了进一步的认识。通过想象展开图的折叠和粘贴的过程，学生对展开图的数据进行了调整，使其能够很好地粘贴起来。

所有小组的宫灯都按时制作完成。大部分小组的宫灯装饰都具有较为突出的意义和主题。大部分小组在完成任务期间，分工明确，氛围欢乐和谐，组员之间能够做到共同解决问题。

在完成本单元的两次作业后，教师采取班级内互相交流的形式进行评价。各小组对正方体展开图和宫灯进行介绍，总结活动中遇到的问题、解决的方法、自身的收获，最后与全班同学分享本组的心得体会，为下次活动做好经验准备。

7. 实施建议

在体验类作业中，学生需要运用概念、已有知识和经验完成作业和解决问题，在新情境中解释概念，获得新的知识和技能。这包括观察生活、设计规划、动手操作、解释说明等类型。整个项目学习过程大致分为设计规划、材料准备、制作流程、修饰装饰和成果展示等阶段。依据不同阶段的需求，分别设置拟订项目规划书、搭宫灯骨架、制作正方体魔术道具、设计制作宫灯外皮、制作完整的宫灯等作业。

在拟订项目计划书作业环节，学生通过布置设计规划类的作业，写出规划方案、做事流程、团队成员的分工与合作等，熟悉项目的一般流程。用头脑风暴的方式讨论并明确做一个项目都要干哪些事情，并达成初步共识，包括查找资料了解项目的背景，确定项目主题；了解项目要求，实现哪些功能；项目任务分解及进度安排；实现方案；小组合作人员分工安排，需要有专门的记录人员，记录制作过程中遇到的问题，是如何解决的，运用了哪些知识；等等。通过制作正方体魔术道具，熟悉正方体、长方体展开图，熟悉平面图形和立体图形要素之间的联系。

学生制作完成宫灯后可以与美术学科的教学内容结合延展。在本课的学习过程中学生已经掌握了长方体、正方体的基本框架制作和灯身装饰、粘贴的方法，结合美术学科“扎花灯”一课的教学内容，让学生体验三角形、六边体、多边体的花灯制作。一方面让学生有个循序渐进的学习过程，学生感受到了自己的梯度提升，能够获得良好的体验感受；另一方面让学生感受到各个学科之间是相互关联的，认识到学好任何一个学科都是有必要的，都是促成自己成功和进步的因素。

在完成作业过程中学习和传承中华优秀传统文化。中华优秀传统文化和革命传统集中反映了中华民族的价值理念和精神追求，是实现中国梦的力量源泉。宫灯起源于东汉，繁盛于隋唐，在中国已有上千年的历史，是中华传统文化的体现和象征。宫灯的种类非常丰富，常见的有白帽方灯、纱圆灯、罗汉灯、走马灯、蝴蝶灯等，并以其美观的造型、华丽的外表和丰富的寓意享有盛名。本单元学习以一个长方体宫灯主题制作活动为载体，将传统文化融入数学学习中，设计一个建构性的实践体验活动作业。不仅可以让学生领会数学图形的构成奥妙，还在宫灯制作活动中体验学习的乐趣，进一步把中华民族优秀文化基因植入青少年心田。

实践过程中，教师要关注每一份作业背后的价值，利用错误，捕捉资源，澄清认知偏差，发展学生的理性思维，培养学生的应用意识和创新能力。教师可以通过引导学生自主思考和创新设计，培养学生的应用意识和创新能力。还可以对学生的错误进行分析和讲解，让学生能够从中学习正确的知识和方法。同时，教师也可以注重团队协作和交流，让学生在交流互动中不断拓展自己的思考和创新能力。

（本节作者：袁利华、王晴、刘娜）

第十四节　阅读类作业

一、概述

近年来，随着科技的进步，现阶段的阅读条件和阅读环境得到了逐步改善，全民阅读的氛围逐渐显现。小学阶段是学生提高阅读能力、掌握阅读技巧、学习阅读方法的基础阶段，也是他们养成良好阅读习惯的重要阶段。因此，阅读类作业的出现满足了社会发展的需求。

此外，各个学科都以核心素养为导向，以培育社会主义事业的建设者和接班人为目的。学生通过阅读获取知识、提高阅读能力，从而具有认识世界的能力。学生阅读的能力水平如何，阅读结果如何，需要教师通过阅读作业的方式来了解。那么，阅读作业是什么呢？事实上阅读作业本身就是通过让学生参与阅读活动，以阅读为方法，以作业方式呈现阅读的结果，从而培养学生的阅读思维。①

以语文学科为例，《义务教育语文课程标准（2022 年版）》指出，义务教育语文课程培养的核心素养是学生在积极的语文实践活动中积累、建构并在真实的语言运用情境中表现出来的，是文化自信和语言运用、思维能力、审美创造的综合体现。以核心素养为导向，义务教育语文课程内容主要以学习任务群的方式组织与呈现。其中整本书阅读是拓展型任务群中重要的一部分。本学习任务群旨在引导学生在语文实践活动中，根据阅读目的和兴趣选择合适的图书，制订阅读计划，综合运用多种方法阅读整本书；借助多种方式分享阅读心得，交流研讨阅读中的问题，积累整本书阅读的经验，养成良好的阅读习惯，提高整体认知能力，丰富精神世界。

二、阅读类作业设计理念

随着人们对阅读重视程度的不断提高，国内外有关阅读类作业设计的研究也逐渐增多。阅读作业设计就是教师以教材里多种阅读文本为样例，以设计为方式，实现读者与文本之间的互动，从而达成特定目标。事实上，课内阅读是为了更好地完成基本的教学任务，由课内向课外延伸的阅读作业也应得到更为

---

① 诸秋辰．“双减”背景下小学语文阅读作业设计研究：基于 PIRLS 视角［D］. 漳州：闽南师范大学，2022.

适切的设计，从而实现课内与课外相结合的目的。

阅读作业设计目的要以学科的素养为导向，以育人为根本目的。在阅读作业设计的过程中，要以课程标准为依据，找准学生的已有经验和认知特点，强化阅读理念，完善设计方法。当然还要培养学生学会各种阅读策略，提升阅读能力。

三、阅读类作业设计方法

1. 设计思路

设计阅读类作业，首先是要依据课程标准和学生的实际认知特点确定阅读的文本。其次要对文本进行多方面的解读，根据新课标中的要求以及学生的特点确定以核心素养为导向的作业目标的设计。最后依据目标设计相应的前置性作业以及评价标准。学生在完成作业的过程中，教师要收集和分析数据，并做好对作业设计的反思和改进工作。

2. 阅读类作业的设计建议

（1）文本解读要细致。身体力行的榜样作用，远远大于说教的力量。所以教师要认真解读书籍本身，然后再设计学生的阅读作业。

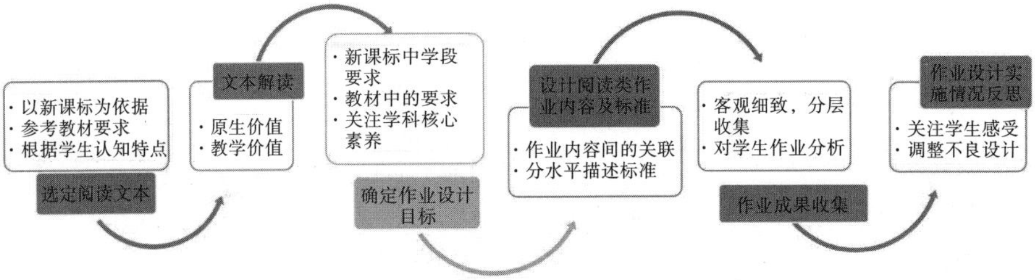

（2）设计习惯养成的作业。选定图书后，要求学生坚持把书读完，可以在阅读过程中使用跳读等阅读方式，但要尽量读完全部内容，这也是良好阅读素养的表现。对于小学生而言，完成整本书的阅读，更需要意志力。学生的阅读情况，需要教师通过多种过程性的评价进行监控。所以，在确定阅读书籍之后，教师要引导学生基于自身的阅读速度制订阅读计划。

（3）关注阅读书籍的文体特点，设计恰当的阅读成果展示作业。阅读后的读书交流是了解学生是否理解图书内容、获取阅读经验与审美体验的重要活动。作为教师，要基于文体特点，设计出适切的作业，以便学生有效的表达自身的阅读体验。

（4）以课程标准为依据，关注素养的养成。阅读作业的设计要以新课标为依据，根据其要求设计相应的任务。此外，作业的设计要体现学生素养的养成，不能仅局限于学科知识。也就是说，教师的观念要转变。

（5）作业设计要以学生发展为中心。从目标的设定到作业内容的实施，均要考虑不同层次学生的实际需求，从兴趣点入手，创设恰切的情境，以学生的发展作为作业设计的基本出发点。所以，作业设计的反思环节，要通过多种形式了解学生完成作业过程中的情感体验，以便更好地调整作业设计。

四、阅读类作业实施案例

1. 教材内容

（1）版本选择。统编版语文三年级上册第三单元以“童话”这种特殊文体组织单元学习内容，引导学生通过想象感受童话世界的神奇。在“快乐读书吧”中，编者推荐了一系列著名童话，《安徒生童话》名列其中。《安徒生童话》版本众多，其中以叶君健先生翻译的版本最为突出。所以教师选择的是四川少年儿童出版社出版的《安徒生童话》。

（2）内容梗概。这个版本的《安徒生童话》共收录了 43 篇童话故事，这 43 篇童话分别创作于安徒生的不同时期。其中属于安徒生早期（1835—1845）创作的经典童话有《打火匣》《豌豆上的公主》《皇帝的新装》《丑小鸭》等，安徒生的很多经典童话也是在这一时期完成的。中期（1845—1852）创作的有《影子》《卖火柴的小女孩》等，这一时期的作品，融入了很多反映现实社会的元素。晚期（1852—1873）创作的作品有《笨汉汉斯》《癞蛤蟆》等，这一时期的创作延续了中期创作的风格，同时大家会发现写实的元素更加明显。

这些童话故事反映的主题各不相同，有的反映了作者对真善美的理解，对新世界、新生命的无限向往与不懈追求；有的故事则反映自我认知、不断成长的历程；有的则反映了人性的虚伪、愚蠢与丑陋；还有的则反映了社会现实。

（3）教学价值。从知识积累的角度来看，《安徒生童话》是一本故事集，其中的故事被认为是安徒生生活的回归，人们从他的故事中，看到不同时期、不同境况下的安徒生的影子。通过阅读这些故事，学生能初步感受“自传体”这个概念。

此外，安徒生将诗性和文学性注入每一个童话故事里，所以读这本故事集，学生可以感受作者诗一般的、富有哲思的语言，学习作者如何运用多种修辞手法塑造人物形象，创造奇幻的童话世界。

从能力提升的角度来看，学生在阅读这本故事集的过程中，在梳理故事情节的过程中实现信息提取、整体感知能力的提升；从故事中人物命运的变幻中，获得精神成长，从而迁移运用，解决自身成长的问题。

从阅读策略的获得上看，学生在阅读这本故事集的过程中，会学习使用多种阅读策略，比如联结策略、跨界阅读策略、图文转化策略等。

从精神成长的角度看，阅读《安徒生童话》，学生会感受到人生的真善美。书中的大部分故事内容都是在表达“真善美”的主旨。此外，书中人物对梦想的不懈追求也会令学生为之动容。学生能够发现有好几个故事的主人公充满了对“广大世界”的向往。比如一直鼓励自己“向上，不断地向上”的癞蛤蟆；不甘于被人欺侮，想走到广大世界，寻找更好的自己的丑小鸭……这些人物总是在提醒读者，只有不安于现状，不断地挑战自我，才会看到更广阔的世界，发现更好的自己。对现实社会的多元认知也是阅读本书时能够获得的体验：在学生的生活中，很少会出现暴力、冷漠、欺骗、虚伪等词汇，然而这些内容在现实社会中并非不存在。安徒生在创作童话的过程中，思考到了这些，也创作了抨击社会现实的一些故事。在阅读故事的过程中，教师引导学生正确看待社会现实中的负面内容，树立正确的人生观。

2. 作业目标

《义务教育语文课程标准（2022 年版）》的整本书阅读任务群对第二学段的要求包含三个方面，其中第二个方面是能够感受作品传达的真善美，用自己喜欢的方式讲述故事大意。

对于绝大部分刚刚升入三年级的学生，完成整本书阅读的任务还是有一定困难的。这种困难主要源于阅读不持久，识字量不够，理解能力较弱，阅读策略缺乏等。所以在统编版语文三年级上册中，编者以“童话”这种文体组织学习内容，并在“快乐读书吧”中推荐阅读童话故事集。这一编排也是为了满足学生对整本书阅读的需求。

基于学生现有的阅读挑战以及教材的推荐，教师选定《安徒生童话》进行通读指导，并提供丰富多彩的作业形式，帮助他们完成整本书的阅读，提升阅读能力，获得情感体验。

（1）在阅读故事的过程中，能够发现童话故事中人物形象的丰富性，感受人性的真善美，获得独特的情感体验。

（2）能够在阅读中，展开想象，体会多种不同的艺术表达手法，积累丰富的语言表达素材。

（3）学习使用故事图示转述故事内容，建立故事与故事之间的多种联结，提升阅读能力。

（4）了解、借鉴《安徒生童话》独特的表达方式，尝试创编属于自己的童话故事。

3. 作业内容

（1）前置性作业。整本书阅读作业的设计一定是以学生的起点为依据的，所以前置性作业的设计，就是了解学生已有的阅读童话的经验、他们的兴趣点以及他们对故事内容的把握等情况，从而有的放矢地在本次阅读作业的完成过程中，实现多方面阅读素养的提升。

推荐学生阅读《格林童话》中的《白雪公主》和《灰姑娘》。

作业 1：在阅读《白雪公主》这篇童话故事后，请你试着完成下面的图示，并和你的同伴讲一讲这个故事。

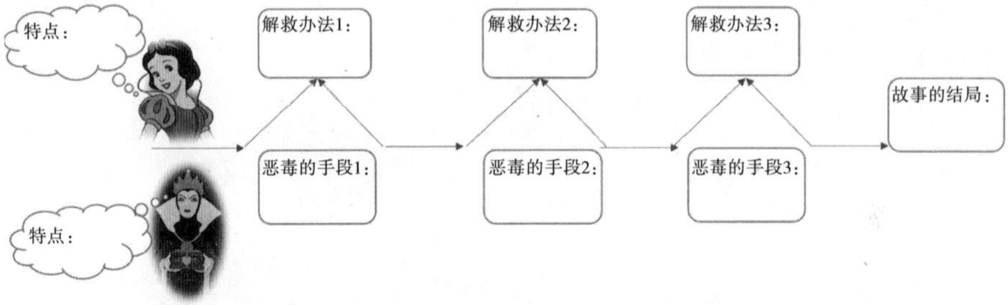

作业 2：在阅读《灰姑娘》之后，你能仿照上面的图示，也绘制一张这样的图，帮助你讲清楚这个故事吗？

作业 3：在阅读完两篇故事之后，我有以下发现。

评价表

评价对象		自评	他评
找出故事的异同点	我能找到两个故事的 1—2 个相似点和不同点		
	我能找到两个故事的 3—4 个相似点和不同点		
对他人分享的反应	我能在听完同学介绍后，及时补充自己的示意图，使自己的观点更加丰富		
	我能在同伴介绍时认真聆听，并做出礼貌的回应		

进行前置性作业的设计是为了更好地了解学生转述故事内容的能力，以及建立多个故事之间联结的能力。此次前置性作业选择了班级中不同层次的学生 17 名，共计完成了 3 项前置性作业。具体情况分析如下。

作业 1：

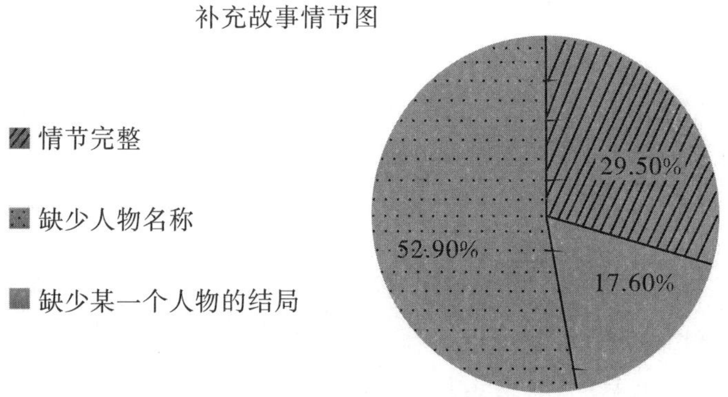

教师发现能够全面、准确地把握故事中的重要情节的学生不算多，约占总数的 1/3，剩余的大约 2/3 的学生基本上都出现了信息不全的问题。比如，在解决办法处没有写清谁帮忙解决危机；在结尾处，只关注到了公主或王后的命运，而忽略了另一个角色的情节。所以在过程性作业中，如果为学生提供更为清晰的故事图示，学生会在图示的帮助下，完成情节梳理的工作。

作业 2：

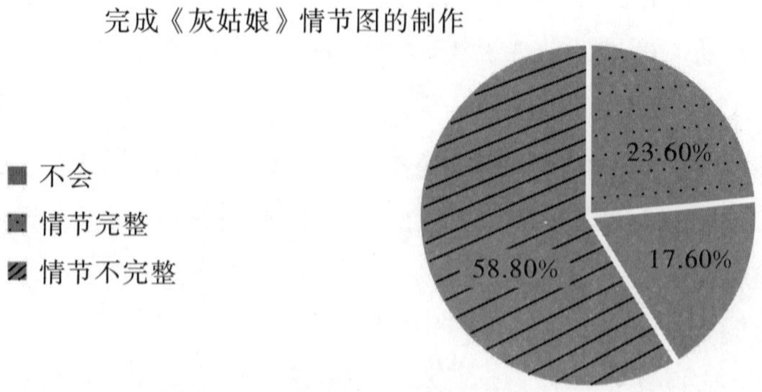

从作业 2 中不难发现，在没有任何框架的情况下，让学生模仿作业 1 的样例完成《灰姑娘》的情节图的绘制，是有一定难度的。但是对于能力较强的学生而言，确实会给他们提供更为灵活的空间。在情节不完整方面，有超过半数的学生缺失继母如何阻拦灰姑娘参加宴会的情节。这一情节对于体会人物形象非常重要，是不可或缺的。

从以上作业可以看出，如果进行分层教学，提供框架和自主设计，可以实现不同层次学生的不同水平的发展。

作业 3：

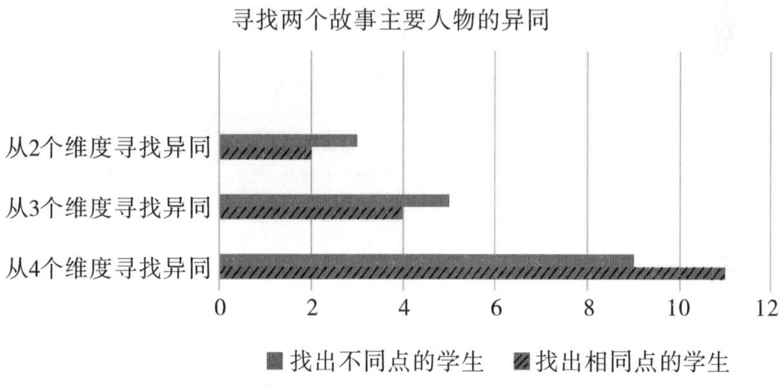

这道前置性作业主要想了解学生概括、对比分析的能力。从作业 3 中发现，能从 4 个维度对人物进行对比的学生占大多数，他们能从身世、性格特征、遭遇等角度进行概括，比如有的谈到，白雪公主和灰姑娘身世很可怜，她们的心地都很善良，她们得到了别人的帮助，最终都很幸福。当然也有学生只是抓住某一个细节来对比，没能将其提升概括。

（2）过程性作业。设置过程性作业主要是为了把控学生阅读的全过程，引导学生完成所有的通读任务，实现第一本整本书阅读的实效性，从而落实新课标中针对整本书阅读的要求——根据阅读目的和兴趣选择合适的图书，制订阅读计划，综合运用多种方法阅读整本书；借助多种方式分享阅读心得，交流研讨阅读中的问题，积累整本书阅读经验，养成良好阅读习惯，提高整体认知能力，丰富精神世界。

①制订阅读计划。

首先，引导学生估一估自己一分钟能读多少字。选择一本图书，请父母或者伙伴为你计时，看一看 10 分钟内你能阅读多少字，然后做一做除法，用你的阅读量除以 10，就可以得出 1 分钟内你的阅读量了，这就是你的阅读速度。

其次，制作自己的阅读规划卡。根据自己的阅读速度，以及每天至少阅读 30 分钟的建议，自己规划一下，每天可以读几个故事，阅读《安徒生童话》这本书大概需要多长时间。

《安徒生童话》阅读生活规划卡

了不起的阅读者：　　　　　　　　阅读速度：　　字 / 分钟

阅读日期	阅读页码	对应的故事名称	完成情况

②制作故事情节卡。

为了更好地讲述学生喜爱的故事，教师会和学生一起走进不同的故事，梳理故事情节，在完成一张张有趣的童话故事图示之后，学生就会拥有将故事讲清楚的制胜法宝。

样例 1：《打火匣》（第一阶段） 和士兵一起玩“情节过山车”。

故事中的士兵人生起起伏伏，而这些都与打火匣有关，请你跟着士兵一起玩一玩“情节过山车”的故事，并把这个故事讲给大家听！

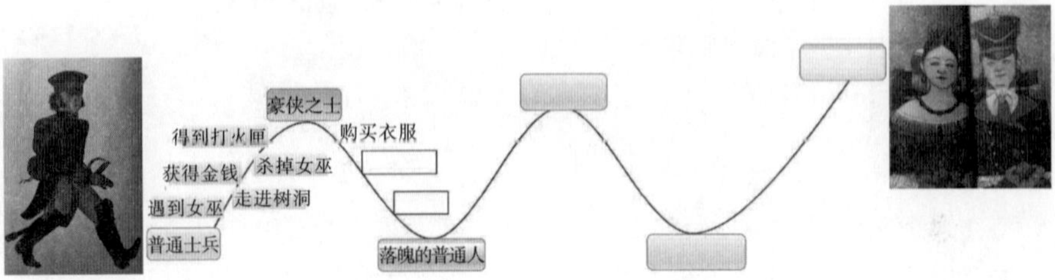

样例 2：《完全是真的》（第二阶段） 新闻大发布（扩音器）。

完成新闻大发布，你会发现这个故事的情节变化，寻找到事实的真相！

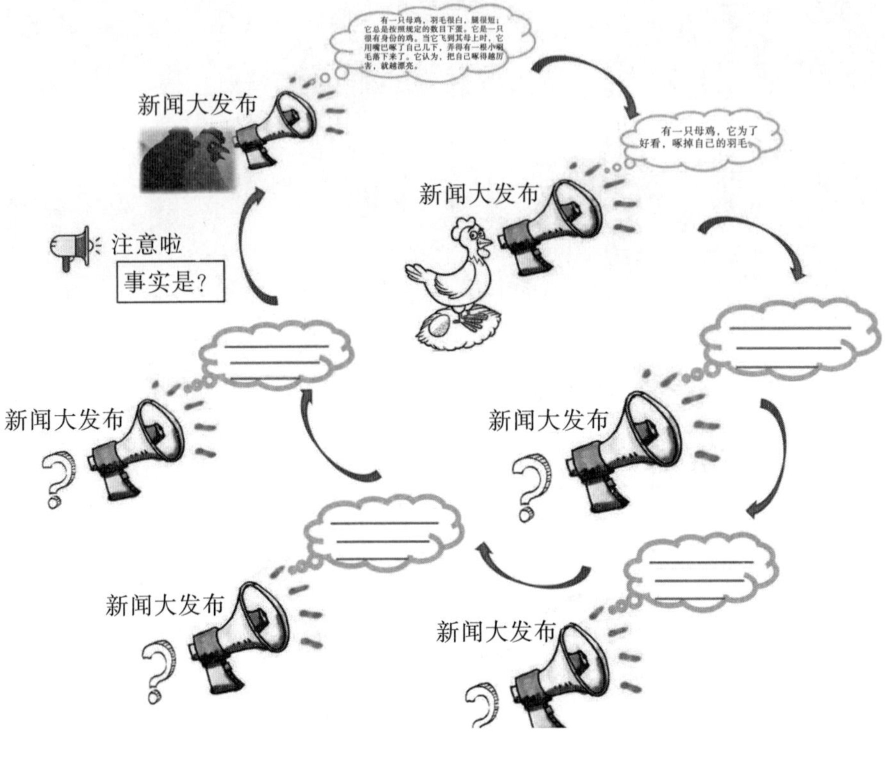

样例3：《皇帝的新装》（第一阶段） 我问你答。

借助问题卡，可以帮助我们梳理故事情节，并很好地帮助我们讲故事！

《皇帝的新装》
问题卡

1.皇帝是个什么样的人？
2.谁给皇帝做新装？
3.新装什么样？
4.皇帝穿着新装做了什么？
5.结果如何？
……

样例4：《丑小鸭》（第一阶段） 故事拼图游戏。

你能根据故事情节，给这些插图排序，并借助插图讲讲这个故事吗？

样例5：《笨汉汉斯》（第三阶段） 小表格，比比看（列表）。

老乡绅有三个儿子，他们都想向国王的女儿求婚。为此，他们都做了哪些事呢？借助表格梳理故事内容，会让你对故事中不同的人物形象一目了然。

人物	不同时间点的所作所为			
	准备期	求婚路上	求婚时	结果
第一个哥哥				
第二个哥哥				
汉斯				

样例6：《癞蛤蟆》（第三阶段）癞蛤蟆有个小梦想（圈圈图）。

家族中最小的也是最丑的癞蛤蟆不甘心井底的生活，它想到外面的世界去看看，凭着这份渴望和希求，它不断努力，也因此获得了不灭的灵魂。

在这个圈圈图中，记录着癞蛤蟆所看到的世界，你能结合这个圈圈图，说说它所看到的、听到的世界吗？

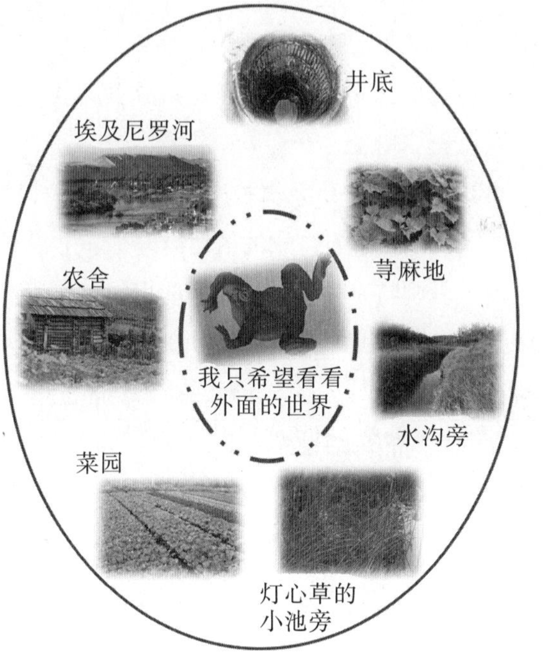

样例7：《卖火柴的小女孩》（第二阶段）小火焰带来的奇幻世界（思维导图）。

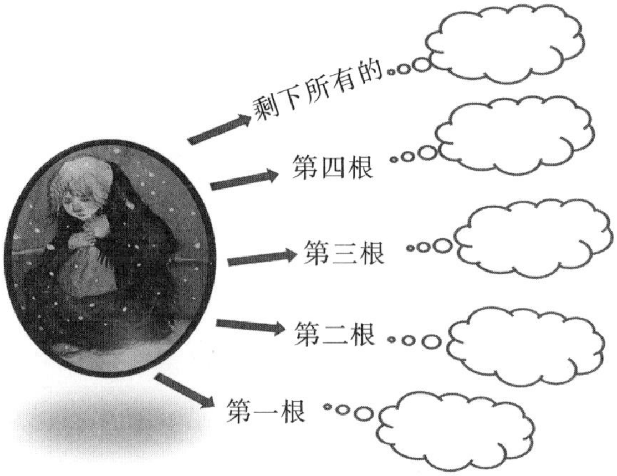

之所以提供以上 7 个故事图示，是因为学生在阅读不同的童话故事时，会发现其中的情节呈现方式是不同的，在讲述故事时也会有所不同。这些图示可以帮助他们更好地了解、梳理故事情节，降低讲述的难度，同时又可以实现提取信息、整合信息等多种阅读能力的提升。

需要说明的是，以上 7 个故事图示都作为参考，学生可以使用某一种图示，将喜欢的故事的情节梳理出来，为自己清楚地讲故事提供帮助。

③妙语连珠，感受语言魅力。

统编版语文三年级上册多个单元都关注到了引导学生积累富有新鲜感的词句，并做抄写。《安徒生童话》富有诗意的语言恰好是学生积累语言的良好素材，所以，在设计作业时，教师特别关注到了这一能力的培养。

摘录不同类型的语言，张贴在墙报上，并辅之以图画，增强视觉效果。以下为几种摘录角度。

角度 1：安徒生童话中的奇幻世界。

角度 2：安徒生童话中的动人心弦的话语。

请你将自己摘录的卡片张贴在墙报上，并说一说，安徒生在童话中，使用了哪些特别的方法，让你想把这些故事读完呢？想好之后，可以在留言板上说一说！

童话中的奇幻世界		
摘录人：	摘录日期：	摘自第（　　）页

童话中动人心弦的话语		
摘录人：	摘录日期：	摘自第（　　）页

④安徒生童话人物盛典。

样例：姓名、特点（外貌、性格……）、喜爱原因（3 条以上）。

从读懂故事情节到读懂故事中的人物，并清晰地说明理由，就是在为学生发现故事与故事之间的联结做好铺垫。学生将自己的人物卡张贴在墙报上之后，寻找其中的规律，比如主题相似的内容、人物性格特征相似的内容等，而这些都是为了更好地与作家进行对话搭建桥梁。

安徒生童话人物盛典	
人物画像（用图画、语言描述均可）	我选择这个人物的原因
	1.
	2.
	3.
我发现这个人物与______很像，因为他（她）们都______________。 不同的是：________________________。	

（3）拓展性作业。完成“我的童话故事”的创编。关于文化自信——我们中华民族是个包容的民族，对于人类文明优秀成果一向是虚心接纳的态度。学生在阅读安徒生童话的过程中，感受到了童话这种文体独特的表达方式，受到了审美的熏陶。学生在此基础上进行童话故事的创编，既是对优秀文化的借鉴和学习，同时也会在使用本民族语言创作童话时，增强学生的自豪感。

（4）总结性作业。这项作业是对学生阅读《安徒生童话》一书的体会以及阅读策略的梳理，其目的就是要实现对阅读过程的反刍，为接下来阅读其他图书提供经验支持。

如果让你给明年三年级的弟弟妹妹推荐《稻草人》这本书，你能说出哪些推荐的理由呢？在阅读的过程中，你遇到过什么问题，又是如何解决的呢？让我们完成一份《稻草人》阅读指导手册吧！

4. 作业设计流程图

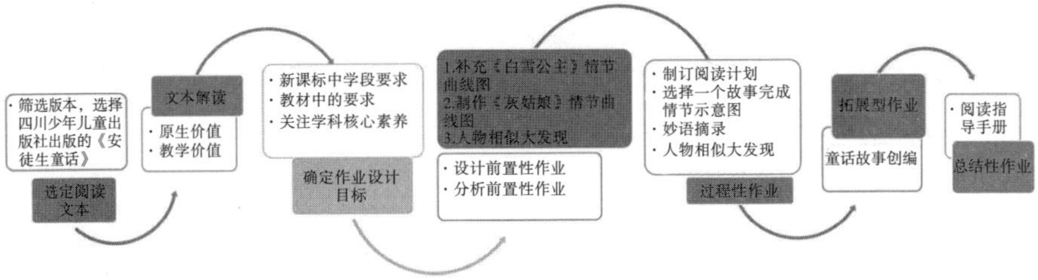

5. 评价标准

评价维度	对应水平标准		
	水平 1	水平 2	水平 3
关于完成故事情节卡	能提取出故事中的重要情节，并以关键词或短语的方式填写在故事图示中	遗漏故事中的 1—2 个重要情节，能以关键词或短语的方式填写在故事图示中	遗漏故事中 2 个以上的重要情节，以抄写句子的方式填写在故事图示中
关于讲故事的内容	能根据故事图示，完整地、清晰地将故事讲给他人听，情节之间关联性强	遗漏故事中的 1—2 个重要情节，内容不完整，有情节之间的关联	遗漏故事中 2 个及以上的重要情节，内容不完整，情节之间无关联

续表

评价维度	对应水平标准		
	水平 1	水平 2	水平 3
关于讲故事的态度	能够声音洪亮、流利地讲故事，能注视听众，自信大方	能够声音洪亮地讲故事，但是讲述不够流畅，能时而注视听众，比较大方	讲述时，声音较小，不够流畅，不能注视听众，比较胆怯
关于摘录语言	能够摘录 3 句及以上富有哲理的话；3 句及以上运用不同修辞手法描写奇幻世界的话语，且书写工整	能够摘录 2—3 句富有哲理的话；2—3 句运用不同修辞手法描写奇幻世界的话语，且书写比较工整	只能够摘录 1 句富有哲理的话，1 句运用不同修辞手法描写奇幻世界的话语，且书写不工整
关于人物评价	能够对人物从 2 个及以上维度进行评价，且能从文本中找到相关依据	能够对人物从 1—2 个维度进行评价，且能从文本中找到相关依据	只能够对人物从 1 个维度进行评价，但不能从文本中找到相关依据
关于联结能力的评价	能够找到几个故事中的某 2 个及以上人物的 2 个及以上共同点和不同点，并清晰地表达出来	能够找到 2 个故事中的某 2 个人物的 1 个共同点或不同点，并清晰地表达出来	不能找到故事中的某 2 个人物的共同点和不同点
关于童话创作	能选择有中华文化元素的人物形象，展开想象，创编童话故事。故事情节有趣，立意积极向上，语言流畅，没有错别字	能选择有中华文化元素的人物形象，展开想象，创编童话故事。立意积极向上，故事情节比较有趣，语言比较流畅。有 1 处病句，1—3 处错别字	能选择有中华文化元素的人物形象，展开想象，创编童话故事。立意积极向上，故事情节平淡，语言比较流畅。有 2—3 处病句，4—6 处错别字
关于阅读指导手册	能从版本选择、阅读策略指导等角度撰写指导手册，图文并茂，内容充实	能从版本选择、阅读策略指导角度撰写指导手册，图文配合较为合理，内容较为充实	能从版本选择、阅读策略指导角度撰写指导手册，图文不够合理，内容不充实

6. 实践效果

（1）关于故事图示的制作。

《豌豆上的公主》问题卡

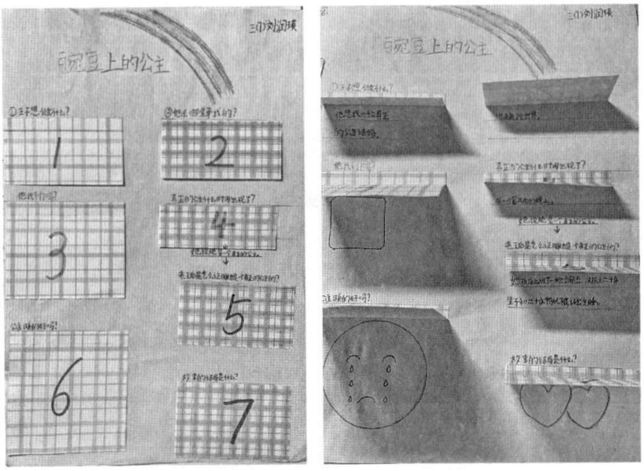

实践效果评析：

从作品可以看出，学生对《豌豆上的公主》这个故事的情节有了较为清晰的梳理，所提的问题都是关乎故事情节发展的核心问题，其提取信息的能力得到了锻炼。比较有趣的是，学生将问题与答案做成了“翻翻书”的形式，既保证所讲故事情节的完整性，又增加了趣味性，为其他学生提供了示范。

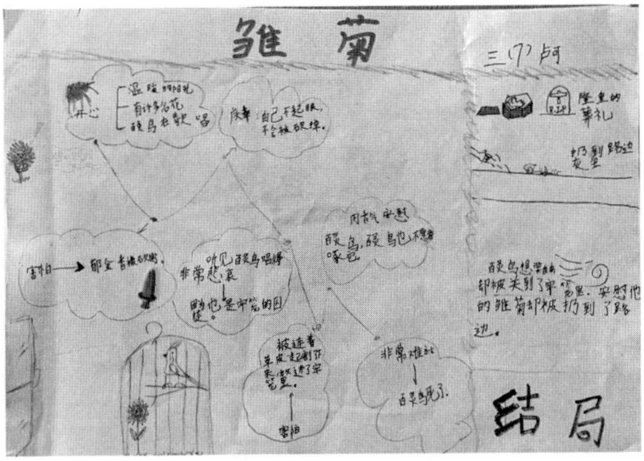

实践效果评析：

学生采用情节曲线图的方式将《雏菊》这个故事的情节梳理了出来。值得肯定的是，他不仅提取了关键情节中的关键语句，还将主人公的心情变化也做了梳理，为其清楚明白甚至绘声绘色地讲故事提供了支持。

（2）关于语言积累的作业。

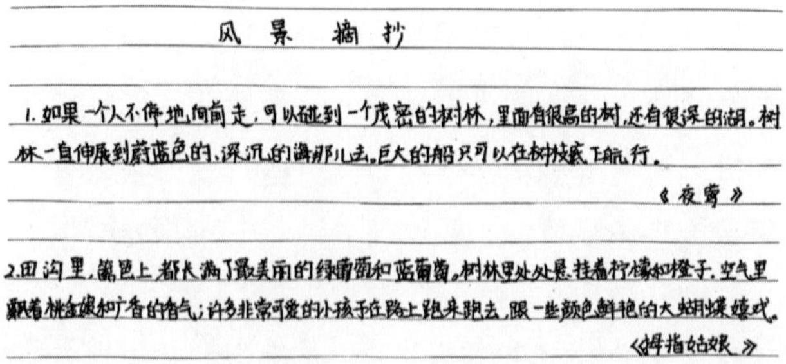

风景摘抄

1. 如果一个人不停地向前走，可以碰到一个茂密的树林，里面有很高的树，还有很深的湖。树林一直伸展到蔚蓝色的、深沉的海那儿去。巨大的船只可以在树枝底下航行。

《夜莺》

2. 田沟里，篱笆上，都长满了最美丽的绿葡萄和蓝葡萄。树林里处处悬挂着柠檬和橙子。空气里飘着桃金娘和麝香的香气；许多非常可爱的小孩子在路上跑来跑去，跟一些颜色鲜艳的大蝴蝶嬉戏。

《姆指姑娘》

实践效果评析：

安徒生是一位了不起的作家，他使用了生动的语言描写童话世界的奇幻景象。这个学生关注到了文章中富有新鲜感的语句，比如蔚蓝、嬉戏等词语的运用，又如比喻这种修辞手法的使用。从三年级开始，学生尝试抄写句子，从学生作业可以看出，其摘录字迹工整，字的大小适中，间隔合理，标点使用正确，有着较好的书写习惯。

（3）关于人物评价。

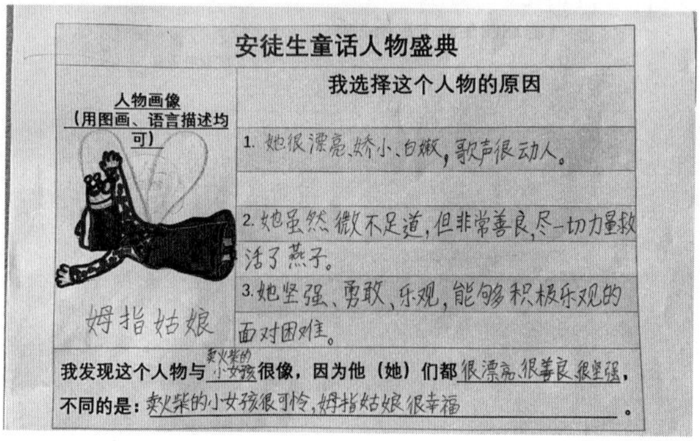

实践效果评析：

从作品可以看出，学生能够从三个维度对拇指姑娘进行评价，且能从文本中找到相关依据。她也能够找到《卖火柴的小女孩》和《拇指姑娘》这两个故事的主角之间的共同点和不同点，并用较为清晰的语言概括出来。由此可见，学生做出评价、对比分析的能力得到了提升。

（4）拓展型作业。

战神天马

在古老的故宫里，有一群忠心守护这里的神兽。天马就是其中一位英勇无畏的战神。在战争时期，它也曾冲上战场，与要侵略故宫的敌人对抗。但如今和平的年代，人们也渐渐忘记了战神天马。因此，天马整天无所事事，也不在蔚蓝的天空飞翔了，它非常伤心。其他神兽很担心天马，它们决定帮助天马找回原来的自己，但它们都想不出什么好点子，于是就把这件事交给吻兽了。

吻兽找到了故宫里的两个小志愿者——萧晓彤和杨逍遥，请他们帮忙。他们得知消息后，就马不停蹄地赶到了御花园。他们站在一丛牡丹花旁大声呼喊："天马，天马！你在哪儿？"这时，一匹长着金色翅膀的马从房檐上腾空而起，飞到他们面前："我就是天马，找我有什么事？"杨逍遥说："听说您没有事干，我们来帮您找点事干。""天呐！"天马没好气地说，"我能干什么事呢？"萧晓彤一本正经地说："现在是和平年代，不需要你冲锋陷阵，可是你有很多本领，只要你想，你一定会找到为大家服务的机会！"

天马若有所思地站在那里，它好像明白了些什么。

那天，故宫里游客很多，在熙熙攘攘的人群中，有一个小男孩哇哇大哭起来。屋脊上的天马听到哭声，迅速飞到孩子身边。经过询问，它才知道原来小男孩是因为找不到妈妈才痛哭起来。天马慢慢蹲了下来，小男孩儿羞怯地趴在天马的背上，紧紧地抱住它的脖子。他们渐渐升高，飞了起来。他们在人群上空飞啊，飞啊。忽然，天马发现了一位十分焦急的妈妈在到处询问，好像在找什么。天马飞得很低，小男孩大声地喊："妈妈，妈妈——"妈妈抬头一看，眼泪夺眶而出。他们缓缓降落，孩子奔跑着向妈妈扑了过去。周围的游客纷纷向天马竖起了大拇指。天马不好意思地飞走了。小男孩和妈妈挥着手，大声喊道："谢谢——"

从那以后，天马每天按时上岗，在故宫屋脊上巡逻，帮助很多游客解决各种难题，成了人们心中的大英雄！

实践效果评析：

这篇童话是由两个学生共同完成的。他们选择了中华文化元素——屋脊神兽“天马”作为主人公，在迷失自我与找回自我的过程中，重新诠释了“英雄”这个词语的意义。可以说，故事的情节想象合理，且有创意。

7. 实施建议

（1）关注学生体验，明确评价标准，可根据学情适当调整。在评价的过程中，教师要根据不同的作业内容，解读评价标准，甚至可以与学生一起完善评价标准，使评价更好地发挥指导学习的作用。此外，如果发现学生在完成作业的过程中困难重重，教师要思考评价的标准是否符合学生现有的学习水平，及其与目标之间的差距，并调整评价标准，从而提升学生阅读的兴趣。

（2）作业内容、评价标准设计紧扣目标，实现逻辑自洽。在作业设计的过程中，教师总要做到回头看，也就是不可忘记作业设计的初衷，使作业内容、评价标准不偏离目标轨道，正常有序地实施。

（3）准确而科学地寻找学生的起点。阅读作业设计的难度取决于对学生起点的准确把握，教师可以通过寻找类似的阅读文本以访谈、观察、问卷等方式展开调研，收集更为准确的数据，为确定适当的作业目标、作业内容以及评价标准提供依据。

（本节作者：王珍荣）

第十五节　专题类作业

一、概述

《义务教育道德与法治课程标准（2022年版）》中把热爱伟大祖国、中华民族、中华文化、中国共产党和中国特色社会主义，为自己是中国人而自豪归结为学科总目标之一。小学阶段是培养学生爱国主义情怀的黄金阶段。

专题类作业是小学生课后服务作业类型中的一种，也是道德与法治学科教育的组成部分。专题类作业的设计关注学生的社会性发展需求，关注学生爱国主义情怀的培养，力求让学生在丰富的专题类作业实践中得到体验，在体验中成长，唤起学生心中的爱国意识，并转化为爱国行为，提高认同感。

二、专题类作业设计理念

《义务教育道德与法治课程标准（2022 年版）》与旧课标相比，更聚焦培养时代新人的新要求，更突出政治性，坚持核心素养导向，从政治认同、道德修养、法治观念、健全人格和责任意识五个方面提炼了道德与法治课程要培养的学生核心素养，进一步明确了素养导向的课程目标，并依据核心素养对课程内容进行结构化、一体化设计，增加了学业质量评价标准。

专题类作业是小学生德育教育中的一种实践类型作业。这类作业旨在帮助学生把在道德与法治课堂上所学的爱国知识与生活实践结合起来，发展学生的政治认同、道德修养、法治观念，健全他们的人格。

专题类作业的选材注重以素养为导向，同时也根据教材的内容、当前的德育教育热点、学生的身心发展特点设计符合学生的专题。专题类作业重在体验、实践、操作，学生通过完成专题类作业，加强情感共鸣，自觉践行社会主义核心价值观。

三、专题类作业设计方法

1. 设计思路

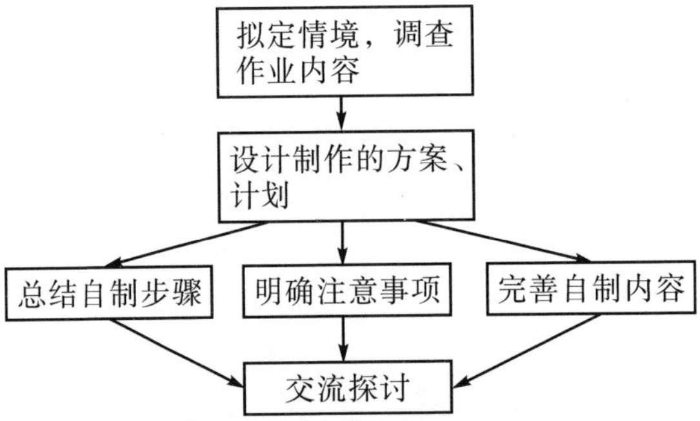

基于新课标的要求以及小学低年级学生的身心发展特点，教师设计了特定的情境，调查学生喜欢的作业内容。调查结果显示，小学低年级的学生喜欢动手操作的作业且对手工活动类实践活动十分感兴趣。教师据此设计专题类手工实践作业内容，指引学生根据专题类手工实践作业的要求拟订方案和计划，通过剪、粘、折等方法，在完成作业的过程中进一步总结制作的步骤、注意事项，完善自制内容，最终制作出自己满意的作品。

2. 设计建议

培养学生的爱国情感是义务教育阶段道德与法治教育的重心，专题类作业目标的确定要遵从新课标的学段要求，根据学生的身心发展特点，以核心素养发展为导向确定作业设计目标。

专题类作业内容设计应注重学生的实践体验，通过跨学科作业形式，丰富学生的知识视野，让学生自主思考、自主探究，充分发挥学生的主观能动性，让他们理解并践行社会主义核心价值观。

四、专题类作业实施与案例

1. 教材内容

“欢欢喜喜庆国庆”是统编版道德与法治二年级上册第一单元的内容。该课结合二年级学生的身心发展特点，分设“新中国的生日”“庆祝我们共同的节日”两个板块，旨在培养学生的家国意识、爱国情感，为学生树立正确的世界观、人生观、价值观奠定基础。

爱国教育是道德与法治课程的重心，是落实立德树人的根本体现。《义务教育道德与法治课程标准（2022 年版）》指出，政治认同是本学科课程教育的核心素养，政治认同是指具备热爱伟大祖国、中华民族、中华文化、中国共产党、中国特色社会主义的情感。在教授这一内容时，正好是庆祝新中国成立 73 周年的国庆，又适逢党的二十大即将召开，于是教师结合教材主题，创设“给祖国妈妈庆生”的情境，设计专题类手工实践作业，指导学生以小组为单位，合作设计并制作简单的、有创意的手工作品，表达对祖国的热爱之情。

2. 作业目标

《义务教育道德与法治课程标准（2022 年版）》第一学段中提出要求：认识国旗、国徽，知道自己是中国人；了解老一辈无产阶级革命家和英雄模范人物，对他们有崇敬之情；感知中华优秀传统文化的主要文化符号，对中华优秀传统文化具有亲切感。基于课标要求本次的作业目标有以下几点。

（1）信息素养目标：通过对祖国基本情况资料的收集和整理，提高对祖国基本信息的了解。

（2）实践素养目标：在实践过程中，通过思考、交流、探讨，提高思维能力。

（3）动手操作素养目标：在实践过程中，通过剪、粘、折，发展动手操作能力。

（4）爱国主义情怀目标：在完成作业的过程中，培养爱国情怀，加深对祖国的热爱之情。

3. 作业内容

小学阶段是培养学生爱国主义情怀和民族认同感的黄金阶段，对此教师设计专题类跨学科手工实践作业“给祖国妈妈庆生——祖国妈妈‘翻翻书’”，通过动手操作，学生感知中华美食文化的博大精深，提高民族认同感。

4. 作业设计流程

这次专题教育的作业形式是“翻翻书”。对于低年级学生而言，绘本是他们经常看的书籍，有些学科还采用制作绘本的形式帮助学生学习。“翻翻书”兼顾绘本的优点——文字少且图画多，便于低年级学生阅读，同时还兼顾趣味性，学生在翻阅过程中既是在阅读又像在玩玩具。制作“翻翻书”对低年级学生有一定难度，但学生有制作纸质手工的经验，所以教师选择让学生制作比较简单的“翻翻书”。制作前先让学生看“翻翻书”，动手研究“翻翻书”是怎么翻起来的，然后组织学生讨论制作“翻翻书”的步骤，学生边尝试边探讨制作过程中遇到的问题，不断修改，最后完成作品，进行全班分享。

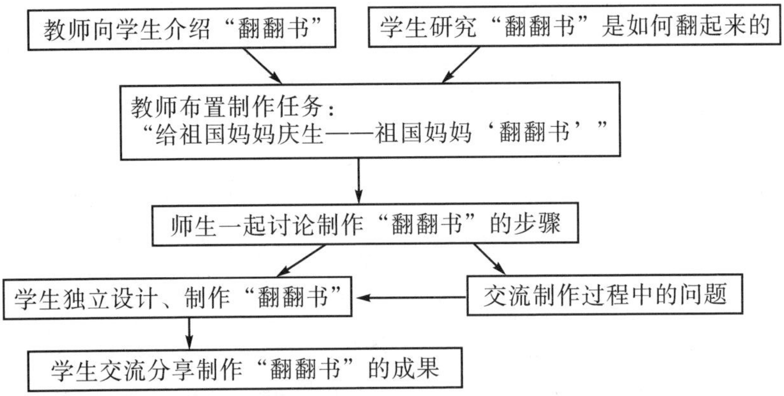

5. 评价标准

根据本班学生的表现，设计以下评价标准。

考察内容	星级表现			
	★★	★★★	★★★★	★★★★★
动手操作实践能力	了解关于祖国的基本知识，但不能根据要求进行裁剪、粘贴、折叠	了解关于祖国的基本知识，能根据要求进行裁剪、粘贴、折叠	了解关于祖国的基本知识，对手工制作有自己独特的想法，能根据自己的想法，进行裁剪、粘贴、折叠	不仅能够完成“翻翻书”的制作，还能总结出制作的技巧，从中得出感悟，对祖国有认同感

6. 实施效果

①大部分学生都能够完成小档案的内容，说明学生认真查阅了资料，经过课堂学习，对祖国的基本知识有了一定了解。

② 95% 的学生不仅能够完成小档案的内容，还能根据教师的提示和步骤进行裁剪、粘贴、折叠。

③部分学生能够自主选择自己喜欢的、自己收集的名胜古迹和美食的图片，进行裁剪、粘贴、折叠。

④还有的学生不仅能独立完成“翻翻书”的制作，而且能通过这次专题类手工实践作业表达自己对祖国的热爱之情，抒发爱国情感。

在完成本次作业的过程中，采取自我评价、小组评价、教师评价的方式。首先检查小档案的资料是否正确，完善并修正；其次检查所需要的材料是否能够完整、整齐地剪下来；再次检查粘贴的步骤、位置是否正确；最后进行全班展示，相互交流制作的心得，评选出最具创意的若干本“翻翻书”。

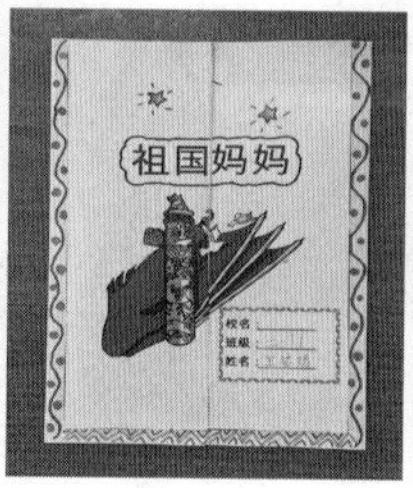

7. 实施建议

专题类作业的作业形式较丰富，在选定作业形式前可以先征求学生的意向，然后通过投票的方式选出大部分人认同的作业形式。因为学生年龄较小，所以本次作业的调研教师安排了举手投票形式。聚焦手抄报、“翻翻书”、绘画三种形式，其中，新奇的“翻翻书”以绝对的优势获得了“胜利”。确定作业形式后每组学生兵分两路，一部分学生负责收集祖国小档案，一部分学生在教师的指导下准备制作“翻翻书”的各种材料。

接下来是拟订思路。制订设计方案也是这次作业的关键环节，教师引导学生思考“怎么样让‘翻翻书’看起来更好看？”此时学生的目光关注到了“翻翻书”内容的完善上。有部分学生表示自己不会做，没有想法，而大部分学生都有自己的想法。大家一起展开了热烈探讨——“中间可以放地图”“上面是祖国妈妈几个大字”“再下面一点可以放警察叔叔还有小飞鸟”“左边是名胜古迹”“那右边是中国美食”“左下角是天安门和敬礼的同学”“右下角是祖国的小档案”……学生发现其实自己的想法有很多，但材料包有限，怎么办？有人提议：“咱们可以先写、先画在草稿纸上。”于是全班统一了意见。因此，在制作“翻翻书”之前，先拟草稿制订计划是很有必要的。

在各组确定了方案后，开始自制“翻翻书”。这时有的学生发现自己的“翻翻书”并不成功，本该立起来的天安门和敬礼的同学没有立起来。于是教师借此机会和全班学生分析了失败的原因：有的同学在剪的时候不按要求和步骤剪，也不会粘贴，把胶水直接贴在了图片上；还有的把“天安门”图片粘在了书页的折痕上。随后，大家一起探讨了制作步骤和注意事项：要严格按照步骤要求去剪，要细心，并且要先向后折才能粘贴；“天安门”图片不能贴在书页的折痕上。有学生还提出把制作的步骤以 PPT 的形式播放，提醒那些不会操作或者忘记了步骤的同学。有学生还提出请会的同学帮助那些不会的同学。在此环节中，学生形成记忆回顾，寻找失败的原因，总结经验教训，加强体验，形成自己的自制经验。

每个学生都是天生的“手工大师”。大部分学生能够根据既定的要求、组内自制的方案进行“翻翻书”的制作。栩栩如生的天安门，像雄鸡一样的中国地图，庄严的国旗国徽，数不尽的传统美食，美丽的名胜古迹……在相互交流的过程中，有学生提出了新的想法：传统美食和名胜古迹部分可以放自己收集的图片吗？在得到肯定的答案后，学生提出了新的问题：收集的图片太多了怎么办？收集的图片太大了怎么办？教师又借此引导学生展开全班交流探讨，有学生提出了建议：选择 4 幅自己最喜欢的美食、名胜古迹图片；按“翻翻书”的位置比例剪下来，再粘贴。但操作的过程发现图片还是太大了。受到启发，学生还想到了一个技巧：把自己喜欢的美食、名胜古迹图片先按比例画下来，然后再剪下来，贴到对应位置即可。在这个过程中，教师随时随地关注学生的想法和动态，引导学生及时发现问题、思考问题、分析问题、解决问题。

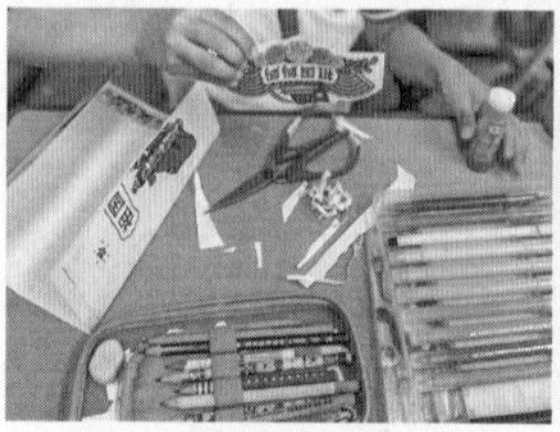

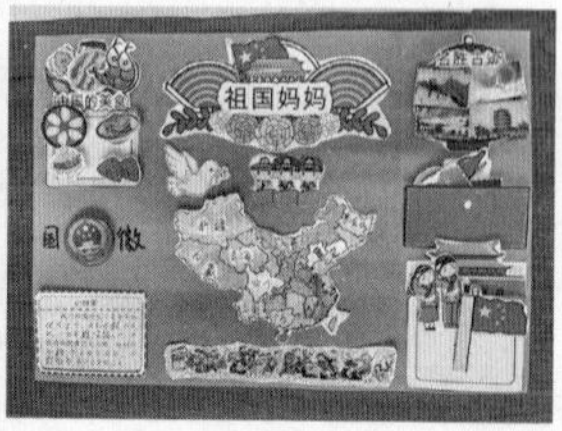

完善“翻翻书”的过程中，有的学生还发出了体会和感悟，“祖国妈妈的孩子真多，有 56 个民族呢！”“祖国妈妈的美食真多！”“祖国妈妈的名胜古迹也很多！”并且有的学生提出了自己的愿望，“长大了，希望可以尝遍祖国妈妈的美食！”“我要游遍全中国的名胜古迹！”“我要去天安门看升国旗，跟着小同学那样敬礼。”……在这样的氛围和过程中，学生不仅锻炼了动手操作能力、实践能力，还增强了爱国情感和认同感。

这份作业把爱国主义教育和学生的实际生活相连，把爱国主义教育融入学生喜欢的专题类手工实践作业中，既发展了学生的动手操作的能力，又培养了学生的爱国主义情怀。

（本节作者：付蕾）

第十六节　竞赛类作业

一、概述

《义务教育课程方案（2022年版）》中指出，注重学生的经验与社会生活的联系，加强情境创设和问题设计。

竞赛是人们通过竞争和比赛来发挥人的潜能的一种方法，通过竞赛可以培养学生的专注力，以及坚持不懈、持之以恒的决心。在竞赛过程中人们获得成功或者遭遇失败，引导学生以正确的心态和姿态面对这些成功或者失败，建立一个强大的内心，才能使学生在竞赛过程中保持积极的心态。由此可见，健康的心理、持之以恒的心态是学生发展中的一项关键能力。对小学阶段的学生而言，培养持之以恒的品质和顽强拼搏的心态变得越来越重要，但学生在课堂上的学习内容相对单一和专项，如何把学生学习的知识和技能与勇敢顽强的心理意志联系起来，培养学生良好的心态，竞赛类作业可以在其中发挥重要作用。

为学生设计竞赛类作业，学生可以在真实的比赛情境中通过挑战自我，坚持不懈地练习，感受比赛带来的真实体验。教师要结合各学科的特点引导学生在真实情境中发现问题和提出问题，利用数据分析、AI技术和视频动画等方法分析和解决问题。

二、竞赛类作业设计理念

竞赛类作业可以引领学生亲身经历知识的发展和应用的过程，使学生切身感受学习内容在比赛中的趣味与锻炼价值。这类作业注重学生在亲身体验的过程中实现知情意行、同步协调发展，着眼于竞赛情境活动对学生个体潜能的唤醒和情感浸润，体现出学习者全身心投入式的作业特征，是增加学生的专注力、巩固课堂教学的重要手段，也是落实新课程标准的重要举措。

以“比赛情境中的学习活动”为作业载体，发掘、拆分体验要素，创设真实或虚拟的竞赛体验情境，设置以学生学习兴趣为基础，又有利于学生认知与情绪交互作用的作业，促进学生体验式学习。

三、竞赛类作业设计方法

1. 设计思路

教师在设计竞赛类作业时需要优化作业设计。教师与学生创设比赛情境，共同设计比赛的规则，建立规则意识，然后在竞赛类作业设计中创设多种比赛情境模式，如学生自己与自己比赛（前后成绩对比）、与家人一起比赛、与同伴邻居一起比赛等。在参竞赛过程中提升学生的综合能力，增进学生的身心健康和适应外部环境的综合能力，培养学生的学科素养，实现学生的全面发展。

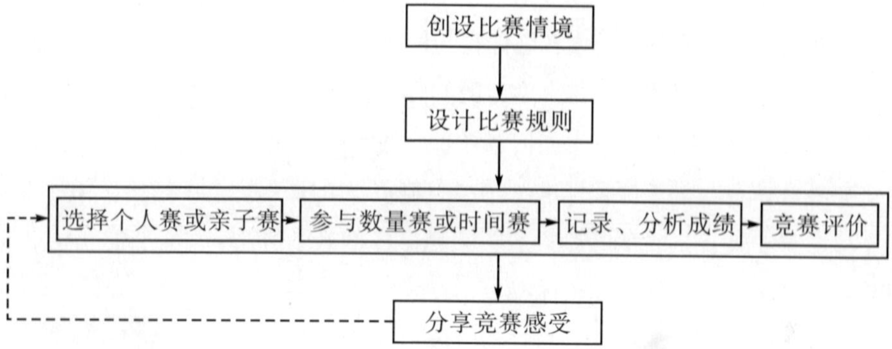

2. 设计建议

义务教育阶段要想培养学生的积极心态和持之以恒的决心，需要先让学生了解基础的知识和技能，经历分化—泛化—自动化的过程，逐步形成正确的概念。竞赛类作业通过学生亲身参与比赛，用所学的知识与技能提高自身的全面素养。竞赛类作业将学生的学习场域从课内延伸到课外，从校内走向校外，在完成作业的过程中学习与同伴、与其他人交往，学会沟通技巧，学会以积极的心态面对比赛的结果，不断坚持。

（1）适度性。根据每个阶段学生的身心发展特点设计作业，比如低年级的学生身心发展处于懵懂阶段，应该选择一些相对简单的且趣味性比较强的作业。中高年级的学生身心发展较健全，因而可以增加作业内容。

（2）差异性。每个学生的作息、身体、饮食、家庭等因素存在差异，所以在布置竞赛类作业的时候要遵循学生个体差异，制订出不同方式、不同内容的项目。

（3）针对性。竞赛类作业的制订，还要有针对性和目的性，如学生的某一项或某一学科比较薄弱，对此教师可以专门布置一些针对性的作业，来解决特定问题。

（4）趣味性。竞赛类作业的布置可以创设一定的比赛情境并设计表格，同家长或者邻居朋友一起发起挑战，然后将成绩记录在表格中，通过比赛来提高学生的兴趣。学生也可以自己记录自己的成绩，将今天的成绩和昨天的成绩做比赛，看看是否提高了成绩。

四、竞赛类作业设计与实施案例

1. 教材内容

“单脚交换跳短绳”是人教版体育与健康一至二年级第五章第二节的内容，属于基本体操类跳绳项目。结合学生的实际情况，体会左右脚配合，动作协调、连贯，在学习过程中教会学生如何选择长度适宜的跳绳，培养良好的跳绳习惯。《义务教育体育与健康课程标准（2022 年版）》的课程理念中指出，关注学生的个体差异，选择适宜的教学内容，采用多样的教学方法与学习评价方式，促进每一个学生产生良好的学练体验。

30 秒单脚交换跳短绳等级表

等级	性别		练习时间
	男生	女生	
优秀	单脚（右）50 个	单脚（右）55 个	每周 5 次 每次 3 组
良好	单脚（右）30 个	单脚（右）35 个	
合格	单脚（右）20 个	单脚（右）25 个	

50 个单脚交换跳短绳等级表

等级	性别		练习时间
	男生	女生	
优秀	30 秒	28 秒	每周 5 次 每次 3 组
良好	40 秒	38 秒	
合格	50 秒	48 秒	

2. 作业目标

三年级学生处于快速生长发育阶段，肌肉骨骼富有弹性，柔韧性好，但关节稳定性较差，心肺功能发育尚不完全，容易疲劳，练习中需要控制运动负荷。这一阶段学生的心理特点为好奇心强，喜欢挑战，乐于在他人面前展示自己，希望得到他人的肯定，但是情绪不稳定，自控力弱，在练习中教师应多给予鼓励性评价和指导。在以往的学习中，他们已学习过两脚依次跳绳和并脚跳短绳。本次作业中学生需要在原有学习经验上学习用单脚交换跳短绳，在练习过程中更深入地学习摇绳动作，发展全身协调用力和手腕摇发力的意识。基于对学情的分析和对单脚交换跳短绳学习目标的分析，本次作业目标如下。

①学生在跳绳练习和比赛中应当遵循跳绳的运动规律和比赛规则，形成正确的价值追求，做到不怕吃苦、顽强拼搏、克服困难、坚持到底、勇于挑战自我、克服压力、积极向上，始终保持积极进取的心态。

②学生积极参与跳绳的学习、训练、比赛，养成每天坚持跳绳的意识与习惯。学会安全地练习跳绳，并且与其他跳绳者保持安全距离。

③学生通过练习，体会单脚交换跳绳的锻炼方式和方法，激发对跳绳运动的学习兴趣，掌握跳绳的动作技术，能够用跳绳来增强自己的体能。

3. 作业内容

①单人单跳作业：计数计时作业的设计一定是以学生的身心发展和个体差异为中心来设计的，所以计数作业需要了解学生在课堂教学中的表现和自身的身体状况，以及通过学生对动作技术的掌握情况来综合考量，实现多维度提升。如单脚交换跳短绳可以设计 50 个、80 个、100 个、300 个或者 30 秒、45 秒、1 分钟等层级，由学生自主选择。

②观赏类作业：观看速度跳绳比赛或者体育竞技类电影如《中国女排》《败者为王》《点点星光》等，激发学生意志力。

③健康行为作业：基于《义务教育体育与健康课程标准（2022 年版）》的要求，要让学生养成良好的锻炼习惯，树立安全意识，控制体重，远离不良嗜好。要注意预防运动损伤和疾病，消除运动疲劳，保持良好心态，适应自然和社会环境。

4. 作业设计流程

学生在完成单脚交换跳短绳作业前，先随着教师的课堂教学活动完成基本动作的学习，帮助学生建立正确的动作概念，然后教师与学生或者家长与学生共同制订比赛规则，创设真实的比赛环境。学生独立或与他人合作完成一定数量和一定时间的绳王挑战。参与作业的类型主要采用自主选择的方式，目的是充分发挥学生的主动性。最后全班交流、小组评优，帮助学生记录和分析作业成绩，学生客观评价自己最后的成绩，分享自己的感受。

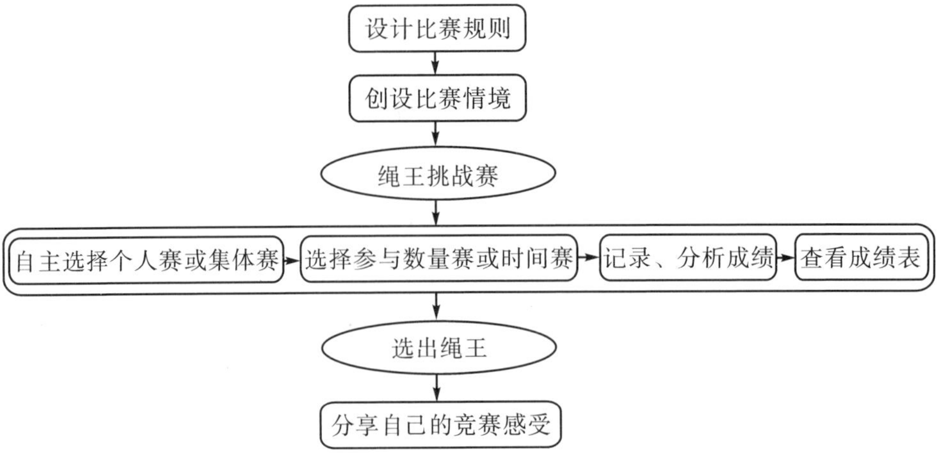

5. 评价标准

30 秒单脚交换跳短绳评价标准表

内容	标准	30 秒单脚交换跳绳内容
运动技能	优秀	左右脚交替抬腿协调连贯，摇绳快速，有节奏，能连续跳 80 个以上
	良好	左右脚交替抬腿协调连贯，摇绳快速，有节奏，可用单摇衔接 60—79 个
	合格	左右脚交替抬腿协调连贯，摇绳快速，有节奏，可用单摇衔接 45—59 个
	再努力	左右脚交替抬腿协调连贯，摇绳速度慢，单脚交换跳不过去
健康行为	优秀	制订合理的学习目标，克服一切困难，自觉遵守课堂规则，自信心强，有配合
	良好	学习、练习比较认真，基本按要求完成各项教学活动，有一定自信
	合格	学习、练习不认真，不能按要求完成教学活动，缺乏自信
体育品德	优秀	练习中积极与同伴交流，不断纠正动作技术，坚持练习单脚交换跳绳
	良好	练习中能够与同伴交流，能参与单脚交换跳绳动作
	合格	练习中与同伴交流较少

时间类单脚交换跳短绳评价标准表

等级	性别							
	男生				女生			
	30 秒	40 秒	50 秒	1 分钟	30 秒	40 秒	50 秒	1 分钟
优秀	50 次以上	70 次以上	90 次以上	166 次以上	55 次以上	75 次以上	95 次以上	179 次以上
良好	30 次以上	50 次以上	70 次以上	116 次以上	35 次以上	55 次以上	75 次以上	117 次以上
合格	20 次以上	40 次以上	60 次以上	110 次以上	25 次以上	45 次以上	65 次以上	116 次以上

竞赛类作业日志表

姓名：	班级：	学号：
观赛体会：		
健康日志：		
观影感受：		
家长签字：		

6. 实施效果

竞赛类体育家庭作业可设置三类项目，即必选项目、首选项目、自选项目。

教师也会通过相关软件制订出不同类型的作业，在软件上搭建平台，学生通过完成不同项目所用时间来获得自己的成绩等级，教师在平台上批改学生的作业或者提示学生及时完成，教师多采用鼓励的手段激发学生练习的热情。

布置竞赛类家庭体育作业之后，学生每天坚持打卡训练，宋予馨、李明远、刘诗斓、段雅然几个学生的跳绳成绩逐年提升。并且在北京市体质健康测试中我校全体学生的跳绳项目成绩稳步提升，学生在并脚单摇跳绳的测试中优秀率达到 86.28%。

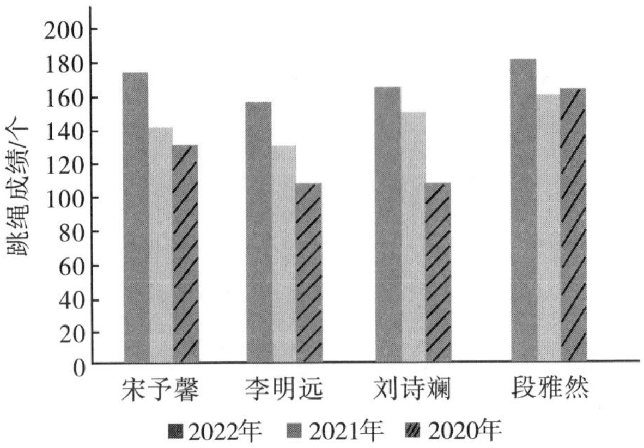

竞赛类体育家庭作业实施前后跳绳成绩对比图

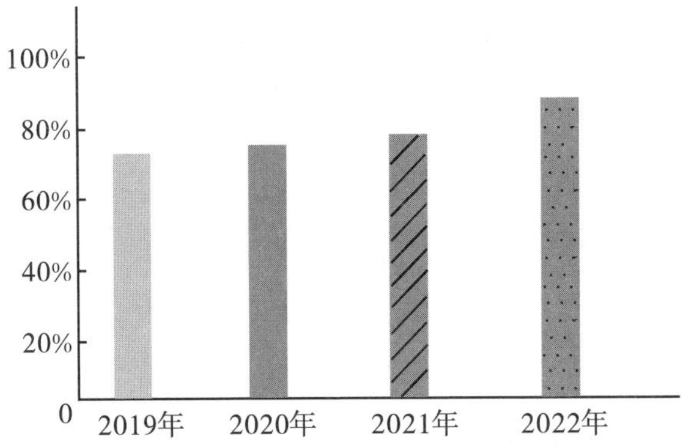

竞赛类体育家庭作业实施前后四年来全校学生跳绳成绩优秀率对比图

7. 实施建议

竞赛类体育家庭作业要基于《义务教育体育与健康课程标准（2022 年版）》中要求的“学、练、赛、评”一体化教学来设计，不仅要提高学生的身体素质和学科技能，还要激发学生积极锻炼的热情。

（1）多样化的教学方式，促进学生全面发展。竞赛类体育家庭作业的设计以“作业内容的多样化”为导向，以“运动能力”“健康行为”“体育品德”为发展目标，使学生在日积月累中养成良好的锻炼习惯和锻炼意识，树立正确的价值观，从而促进学生全面发展。

（2）家校共育，多维度评价。“学”是教师在体育课堂上教会学生如何有趣地学；“练”是教师布置多样化的作业后，学生在家中勤练；“赛”是学校为学生搭建平台，鼓励学生展示自我，让学生在多维度的评价过程中体验运动的成功和运动带来的快乐，促进学生带着积极的心态参与体育家庭作业。

（3）落实“教会、勤练、常赛”提升学生核心素养。竞赛类体育家庭作业的设计要培养学生在学、练、赛中逐步提升自身的核心素养。学生主观上喜欢参与、积极练习、自觉地完成体育家庭作业，最终形成正确的价值取向，养成日日练、周周赛、月月评的有效机制，进而培养学生终身锻炼的意识，落实立德树人的根本任务。

（本节作者：唐雪鹏）

第五章 新课标背景下的学校作业管理

作业既是学生学习活动的重要组成部分，又与学校教学质量有着内在关联，还直接影响家庭对学校教育的评价。中小学要有效发挥作业的育人功能，就必须在作业改进实践中坚持全面育人的基本导向，加强作业统筹管理。作为学校教育教学管理工作的重要环节以及课堂教学活动的必要补充，作业是促进学生核心素养养成、思维能力提升的重要途径。因此，学校作业管理的本质是协调教师、学生、家长之间的关系，发掘他们的潜力，完成立德树人的共同目标。

当下，学校最紧急的事情，一方面是依据新课标系统规划，找对方法，挖掘一线教师的潜力，实现作业研究、设计和实践的一体化，提升教师的作业规划和设计水平，让普通教师通过作业成为学科专家，为学生科学地、有质量地减负；另一方面是把握当前育人的新要求，在单元整体教学的前提下，以思维型教学理论为指导，根据单元学习任务整体设计思维进阶的单元作业，让新课标核心素养切实落地，关注学生思维、个性的发展。

第一节　提高教师作业设计与实施能力的途径

提升作业质量是提高教学质量的重要一环，提升作业质量关键在于提高教师的作业设计能力。现有研究关于教师作业设计能力和实施能力提升路径可以分为两个方向，一是从学校管理的角度入手，二是从教师自身管理的角度入手。

一、依靠学校管理的提升策略

（一）由学校提供的“短期＋长期”教师培训策略

教师的作业设计能力提升和实施能力提升是一项系统的、长远的工作，而且这一能力也是教师专业能力必不可少的部分，所以需要学校创造性地开展各种培训活动，为教师助力。学校可以基于教师的工作计划，合理规划时间，开展短期和长期相结合的培训活动。短期的培训可以以短视频、微讲座形式让教师利用碎片化时间学习；长期的培育则是以项目化或任务群的方式统筹规划进行。这种形式可以非常有效地减轻教师的培训压力。

持续地读书、学习是提升教师专业素养的必经之路，教师只有不断地接触、学习最前沿的研究成果，才能保证自己能掌握最新的教育动态，跟上时代的脚步。提升作业设计与实施能力也不例外，学习是一项长期而有效的自我提升的方法。学校为教学干部和学科组长购买有关作业设计的专著和作业设计成果汇编等书籍，在教师自读的基础上开展阅读分享活动，使这部分教师先行，更新理念，从而带动其他教师一起贯彻新理念，尝试进行作业设计。

同时，学校教学服务部设计关于作业设计方面的调查问卷，了解教师的困惑与需求，定期开展作业设计相关主题的培训。例如，如何设计单元作业及如何利用评价提升作业效果等。数学组在假期中组织教师进行单元整体备课并设计单元作业，聘请专家有针对性地指导，通过分析备课组关于作业的初步设计，与一些成熟的、比较好的作业进行对比，使教师明确在设计作业时，要坚持目标导向，做到“教学评一致”，根据学习目标匹配相应的练习，既能减轻学生负担，又能发展其核心素养。

（二）由学校进行管理的学生分层作业策略

学校的管理者应该转变思维，加强学生作业分层设计的管理，不仅关注教师的教，也要关注学生的学。也就是说学校应该为教师分担一部分作业管理的压力。比如可以借助学校教研组的力量，对分层作业中的基础作业进行管理，帮助教师提高对学生基础作业学情的把握。而对分层作业中提升作业的管理，则可以借助学校备课组的力量，关注学生的个性化作业需求。

1. 挑战式分层作业设计

教师每个学科根据学生的实际情况设计了适合不同水平学生发展的练习手册。以数学学科为例，《金穗数学成长手册》是在单元整体备课的前提下，为所有学生设计的单元作业；《金穗助跑手册》提供不同难度等级的作业，学生可以根据自己的需求挑战难度，方便教师开展个性化辅导。这样分层的作业设计让学生在做作业过程中不再感觉作业是一种负担，而是一种乐趣，既减轻了学生的作业负担，也让他们在挑战的过程中找回了自信，享受到了学习的乐趣，从而巩固学科知识，掌握单元的核心要点，发展核心素养。

2. 基础作业和弹性作业相结合

为了优化作业达到提质增效的目的，学校在统一作业布置、协调总量控制的前提下，鼓励各学科教师针对不同的学生设计个性化作业，学生可以自主选择作业题型和数量，同时教师要关注学生的学习习惯和学习态度。比如语文学科，低年级语文组针对字词掌握较差的学生适当增加看拼音写词的作业；中年级语文组鼓励学生完成成语释义的个性化作业；高年级语文组为提高学生的阅读兴趣，设计读名著导读、人物介绍卡等作业。这些作业不限制数量和固定的模式，学生根据自身的需求和能力选择并完成。

3. 学科作业和实践作业相辅相成

通常来说，作业多数局限于学生的课堂作业和课外作业，多数是以练习习题为主。为了能真正让“双减”政策落地，实现“五育”并举，劳逸结合，除了布置常规的学科作业，还应布置一些手工制作、益智等的实践类作业。例如，数学教师在作业的设计中，要注意将数学问题和学生的日常生活密切联系，让学生亲身体验生活情景中的数学问题，并运用数学知识和数学问题的思考方法去考察、分析、解决实际问题，感受数学的真正价值，并培养学生的数学应用意识。教师应设计科学有效、实用性强的实践类作业，体现学生的主体性，借助任务驱动的方式引导学生实践探究，通过不同形式充分调动学生多感官学习参与，提升学生发现问题的能力、动手操作能力和实践创新能力。完成过程中，注重理论和实践相结合，培养学生发展应用意识，提高学习数学的兴趣。

（三）由学校引领的教师作业观念转变策略

这一策略是指想要提高教师的作业设计能力和实施能力，就要先转变教师对作业观的认知。部分教师对作业存在以下两种异化认知：一是对作业过程的异化，二是对作业结果的异化。[①] 所以有研究者就提出学校应该开展一些活动，引领教师转变作业观念。

1. 学科组“打磨”单元作业，以实践促转变

将“双减”精神和有关作业的教育学理论结合起来，树立并落实新的作业观。对学生而言，作业是帮助他们巩固各学科的核心知识、激发学习兴趣、训练技能方法、提升学科知识价值认识的学习工具和途径。对教师而言，作业是帮助他们诊断学生学习效果、发现问题、改进课堂教学的重要工具和手段。教师在作业设计与实施中应凸显课程的思想性、人文性、综合性、基础性的特点，提高作业质量，丰富作业类型，提升学生的核心素养，以达到“减负提质”的要求，落实立德树人的目标。农科院附小充分发挥教师的自主性，每学期组织不同学科成立设计单元作业的核心小组，由教学主管和学科专家引领，反复“打磨”，在一次一次地修改、完善中，更新并落实新的作业观。

2. 利用各级各类比赛、展示活动，以评价促发展

每个学期，学校都会组织各级各类的教师参加教学基本功大赛，比赛除了设置课堂教学或者说课的环节，还增加了作业设计项目，让广大教师深入领会“双减”精神，转变陈旧的作业观，设计出更多贴近学生生活，更有利于发展学生核心素养的不同类型的作业。

---

① 姚惠平 . 从外部驱动到内在动力带动教师作业设计能力提升 [J]. 教学与管理，2022（35）：20-22.

作业设计评价标准表

评价维度	分值	评价要点	得分	备注
科学性	25 分	1. 作业的育人导向正确 2. 作业的设计符合学生成长规律 3. 作业的表述科学规范 4. 作业预估完成时间合理		
匹配性	25 分	1. 作业内容与单元学习目标匹配 2. 作业内容能较好达成学业目标 3. 单元课时之间的作业设计有衔接 4. 作业设计的难易度适合学生		
选择性	20 分	1. 作业完成形式多样 2. 作业内容设计丰富 3. 作业有可选择性		
综合性	20 分	1. 素材关联真实情境 2. 任务指向问题的解决 3. 体现动手与动脑相结合 4. 关注高阶思维的培养		
创新性	10 分	1. 作业的素材选取丰富 2. 作业的评价形式多元		
总分				

3. 各学科开展主题活动，联合创新

新课标增加了“跨学科主题学习”板块，要求教师引导学生围绕某一研究主题，将所学课程与其他课程的知识、技能、方法以及课题研究等结合起来，开展深入探究、解决问题的综合实践活动。农科院附小组织开展“我与植物共生长”跨学科实践活动，语文、数学、英语、科学、美术、音乐等学科共同围绕这一主题设计教学活动，同时设计相应的作业。三年级数学学科在“植物朋友的‘身份证’”这节课中，借助给植物编码的活动，引导学生会用数字描述植物的特征，探索数字在编码中的应用，体会编码中的规律和方法。课后作业设计为“制作植物的身份证”，设计了活泼可爱的卡片供学生填写，形式新颖，既能巩固课上所学的技能，也容易激发学生的学习热情和创造力。

二、依靠教师自身管理的提升策略

《国家中长期教育改革和发展规划纲要（2010—2020 年）》提出，教育大计，教师为本。教育事业发展的关键在教师，有好的教师，才有好的教育。提高教师专业水平既是时代的要求，也是教育改革的需要。同时，这也是教师个人专业化发展的需要。

教师要主动将新理念、新方法、新技术应用到教学中，通过个人反思、同伴互助、专家引领等多种途径提高自己的专业水平。作为教师，唯有树立终身学习、自主学习的理念才能实现自身的可持续发展。

（一）教师应该具备充分整合利用教材资源的意识

学科教师所使用的教材蕴含着编者的精心设计，有效使用教材是教师提高作业设计的能力的重要方法。对教材资源进行有效整合和利用，可以避免教材使用的封闭性和零散性，在对教学重点更优化的把握中，也为作业的设计提供了优质的内容导向。

要帮助教师提升整合利用教材资源的意识，可以从教材资源整合利用的计划性和主题性入手。

教材是服务于教师和学生的，对教材资源的整合要根据教学目标来进行，而作业设计也是为了达成教学目标。所以在整合教材资源之初，教师就要具备作业设计的意识，将教学目标、教材资源整合与作业设计三者列入教学设计中，放在一起考虑。如在英语学科中，在确定单元实践任务后确定相应的作业内容，设计框架如下。

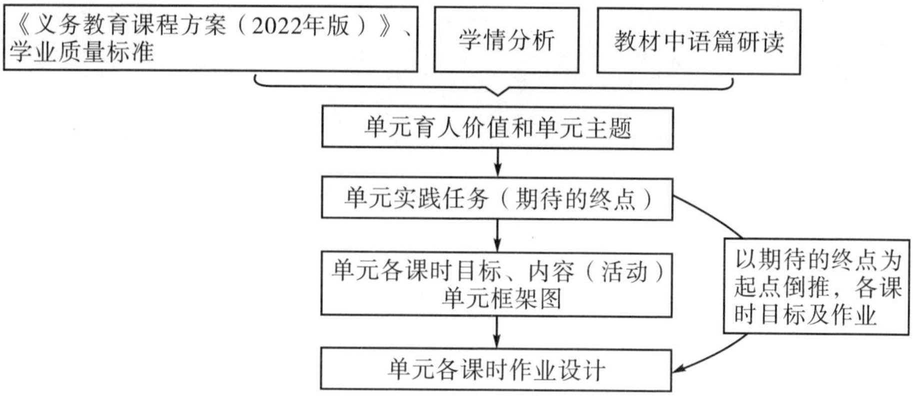

在整合教材资源的过程中，需要遵循不同的单元主题，并注重资源整合后教材的主题。同时，教师创新地使用教材的意识，也为作业设计提供了新的思路。

创新地使用教材就是要根据教学的实际需要，对现有的教材做出合理的、适度的加工、补充，为教学目标的实现服务。以科学学科为例，“船的研究”是教科版科学五年级下册第二单元的内容，“用沉的材料造船”一课是单元的第三课。在前一课中，学生学习了用竹棒制作竹筏。随着社会发展，人类需要载重量更大、更坚固的船，在这个过程中，人类也在思考和探索“沉的材料可以造船吗”“沉的材料如何造船载重量更大、稳定性更高”等问题，在进一步的需求和思考中也促使着船只材料与结构不断发展。

依据课堂内容，教师设计了名称为“我们的造船日志”这一探究类的实践性作业单。作业单采用学生绘制实验设计图的记录方式，不仅可以将学生的设计思路充分展现出来，也为后期的制作提供了蓝图，还帮助学生把文字难以表述的、重要的、有意义的特征凸显出来，化繁为简、节省时间，有效地减轻学生在记录时的书写负担。活动一中学生只是发现了现象，根据现象对科学概念的实质进行了推测和假设，并没有得出确切的结论，学生在科学学习中应该养成用证据进行判断的意识，活动二中螺母数量的数据就是很好的证据。类似活动有助于学生科学概念的建构和实证意识的培养。

我们的造船日志

组长：　　　　　　　　组员：

<table>
<tr><td colspan="3">使用材料：1 块油性橡皮泥</td></tr>
<tr><td rowspan="5">橡皮泥船设计图：</td><td colspan="2">橡皮泥船测试：
提示：未按设计图制作部分，用红笔在设计图上标注</td></tr>
<tr><td>实验次序</td><td>能否浮起来
（能：打“√”，否：打“×”）</td></tr>
<tr><td>第一次</td><td></td></tr>
<tr><td>第二次</td><td></td></tr>
<tr><td>第三次</td><td></td></tr>
<tr><td colspan="3">思考：不改变重力的条件下，如何增大浮力让橡皮泥浮起来？
我们的发现：</td></tr>
</table>

<table>
<tr><td colspan="4">使用材料：1 张铝箔纸（15cm×15cm）</td></tr>
<tr><td rowspan="5">铝箔船设计图：</td><td colspan="3">铝箔船测试：
提示：未按设计图制作部分，用红笔在设计图上标注</td></tr>
<tr><td>实验
次序</td><td>能否浮起来
（能：打“√”，否：打“×”）</td><td>螺母数量
（单位：个）</td></tr>
<tr><td>第一次</td><td></td><td></td></tr>
<tr><td>第二次</td><td></td><td></td></tr>
<tr><td>第三次</td><td></td><td></td></tr>
</table>

此项作业设计不仅让学生记录了科学活动的过程，体现了学生科学思维的轨迹，还突破了教学重难点，发展了学生科学思维。这其中基于对教材的创新式使用所设计的作业，起到了重要且必不可少的作用。

另外，教师在进行作业设计时可以充分利用教材中的课后练习题，将其转化为作业设计。这是帮助教师提升整合利用教材资源的意识的重要方法。课后练习题是教材的重要组成部分，是教材编者智慧的结晶，有效地使用课后练习题，不仅可以为教学导航，也可以为作业设计提供相应的资源。

作为落实语文要素重要的助学手段，课后练习题在教学的各个环节均可以使用，教师应该关注并灵活运用，比如在统编版语文四年级下册第六单元课文《小英雄雨来》中有这样一道课后题：

○ 给其他五个部分列出小标题，再说说课文的主要内容。

一 游泳本领高　　四 ＿＿＿＿

二 ＿＿＿＿　　五 ＿＿＿＿

三 ＿＿＿＿　　六 ＿＿＿＿

在课前的预习作业中，教师在预习课文的基础上，给学生布置了尝试填写小标题的任务。在课上，通过认真学习教师教授的方法，学生再尝试修改自己的小标题。

一 游泳本领高　　四 与鬼子斗争

二 上夜校读书　　五 河沿上的枪声

三 掩护李大叔　　六 雨来没有死

课后，通过介绍小说的章节创作技巧，教师留了创编小标题的作业，鼓励学生尝试对本课的小标题进行创造性改编。

➛ 小标题还可以这样列：

一 游泳	四 ____
二 ____	五 ____
三 ____	六 ____

以课后题为依托，学生经历了“课前—课中”的学习，在课后对小标题进行再创造，学习了新的表现形式，也对小标题中最重点的内容进行归纳，再一次熟悉了课文内容。

➛ 小标题还可以这样列：

一 游泳	四 勇斗
二 读书	五 枪声
三 掩护	六 逃生

如果教师关注课后题，有善用课后题的意识，那么就能够有效地整合利用教材资源，达到提升自身设计作业能力的目的。教师可以尝试多阅读案例，多进行实践，强化设计作业时关注教材资源的意识。

（二）教师可以借助作业设计清单优化自己的作业设计

除了通过实践提升思想意识，教师还可以借助工具优化自己的作业设计，比如作业设计清单就是很好的选择。作业设计清单是指教师通过对自己的作业设计进行简单摘录来反思的一种模式。

作业设计清单

要素	具体信息
作业名称	
所属教材单元	
具体学情	
背景知识	
学生的个体差异	
作业内容	

续表

要素	具体信息
作业量	
作业形式	
作业批改方式	

该清单上可以记录具体学情、背景知识、学生的个体差异、作业内容、作业量、作业形式、作业批改方式等内容，教师可以利用作业设计清单对自我的作业设计进行总结，提升作业管理水平。

以语文学科为例，统编版语文五年级上册第六单元的自读课文《“精彩极了”和“糟糕透了”》，是安排在《慈母情深》和《父爱之舟》两篇精读课文后的自读课文。作为一篇自读课文，其设置旨在提升学生的阅读能力，促使学生成为积极主动的阅读者。根据本单元的阅读要素——“体会作者描写的场景、细节中蕴含的感情”，学生已经在两篇精读课文中从场景和细节描写入手，深入了解了写人抒情的写作手法。“语文园地”中的“交流平台”也提示学生，要从字里行间用心品味文章描绘的场景与细节，更好地体会作者的思想感情。

在本次作业的实施中教师会设计符合学情的语境，为学生搭建实践的“语言场”，通过讨论、交流、比照、推论、预测、判断、追问等学习活动，促进学生多种阅读素养的融合与提升，也为本单元整体学习任务的完成和习作内容的布置打下基础、提供素材。

通过梳理具体学情和背景知识，教师可以反思作业设计是否符合学生的认知水平，学生能否在现有的认知水平上获得提升，关注学生的个体差异，同时检验为学生搭建的梯度是否合适。

在《“精彩极了”和“糟糕透了”》这一课中，教师设计了这样的作业：

巴迪理解了自己的父母，你呢？老师为大家准备一张爱的明信片，你想将它送给谁呢？你会在上面写下怎样的心里话呢？静静地想一想，请你在课下将心里话写在这张明信片上，偷偷地藏在一个地方，等着他（她）来发现吧。

这项作业量不大，形式开放而有趣，既引起了学生的兴趣，又在符合单元主题要求的前提下提升了学生的语文素养，是一项合格的作业。

根据学科和学情的不同，此项表格中的项目还可以进一步增减，以适应教学的需要。总的来说，作业设计清单，就像是一面镜子，时不时取出用一用、照一照，引领自己的思路，指导自己的进步。

教师学会自主学习和反思是专业成长的关键，教师要把学习融入教育教学工作中，通过学习主动适应社会和教学的变革，追求适应时代要求和自身特色的教学风格。肩负培养知识型、智慧型人才重任的教师，应把知识和能力的更新视为自己的责任。教师自身要具有强烈的自主学习思想，不断进取、不断提高自我，言传身教，把自主学习内化为教育者的自觉行为，以自主学习的实践者和示范者身份，来影响学生、影响社会。

三、学校和教师双向促进策略

前文提到依靠学校管理和教师自身管理来提升教师的作业设计能力，如果这两者可以结合起来，则可以发挥更大的作用。

通过反思引导教师认清自己的行动并采取更有效的行动，比如下图的表格就是一个可以帮助学校和教师双向促进的支架。

反思行动的性质表

摆脱	朝向
由教师主导做决定	所有利益相关者协作做决定
教师指导下的参与	学生以个人或集体的形式积极主动地投入和参与
开展学习之前由教师制订行动计划	作为学习的一部分，行动出现在学习的过程中
行动与其他学习无关	行动利用并基于以前的学习
行动发生在探究单元结束时	行动可以随时发生，可长可短，可以重复或持续

续表

摆脱	朝向
行动是一项要求	行动是自愿的，并展现学生的能动性
行动是孤立的单一事件	行动可以持续开展
行动是看得见和可测评的	承认行动并不总是可见，或会立即产生影响
合作制订行动计划并实施行动	相互协作设计，计划联动教学研联盟

由校方在对教师的管理培训中引入反思行动的概念，并在引导鼓励教师在备课尤其是作业设计中付诸实施。

鼓励教师用多样的形式，反思自己的成果和制订的行动计划，而不是长篇大论的个人总结。教师采取行动的过程，是一个由被引领到自主行动的过程，所以作为学校管理者，对教师进行循序渐进的引导是必要的。

这一策略将学校管理和教师自身管理结合起来，一方面，以学校管理促进教师自身管理。作业设计能力提升工程是一项需要全校共同行动的系统工程，它需要学校管理者关注教师疑惑的点、感兴趣的焦点和亟待解决的难点等，进行统筹规划。这种常态化的培育将通过学校层面的“公转”带动教师行为上的“自转”。不同学科的作业设计有不同的目标、内容、策略等，教师可以根据学科特点，在学校的“普适性”培训中调用丰富的经验储备进一步助力作业设计能力的提升。以“公转”带动“自转”模式可以为教师提供正确的理论指引和系统的技术规约。在基于学校大背景的循环迭代中，教师将进一步干预自己的作业设计能力，不断调整、反思、优化，以促进作业实践智慧的生成。

另一方面，教师自身情感认知的提升会使教师自发进行提升能力的实践，从而推动学校管理的展开。作业设计能力是基于情感认同和专业自觉的一种重要能力。从本质上说，一个会设计作业的教师才是一个具有可持续发展潜力的教师。在“自转”的过程中，教师基于专业认同进行自主学习、提升，不断感知作业设计能力提升给自己带来的专业生活改变、专业实践体验和专业价值提升。在此过程中，教师会主动地进行自我反思与调试、自我诊断与解决。与此同时，不同的教师会衍生出不同的专业需求，这将在一定程度上促进学校培育走向校本化、实践化和个性化。这就意味着学校培育要真正对接教师的课堂教学实践，要及时探知教师的日常教学需求。在具有实践指导意义的研修中，学校可以在研究、实践中进一步归纳、创新，虚心听取不同教师的意见和建议，不断优化培训模式，完善培训内容的设计、培训过程的组织和培训效果的评估。

农科院附小针对不同阶段的教师都有相应的培训项目，刚入职五年内的教师是“青苗”，在教学和科研部门的引领推动下，激发他们的内在动力，辅以坚强有力的指导，助力他们在作业设计与实施方面的提升，“青苗”在内外助力的大环境中快速成长，是学校未来发展的生力军。他们在团队中成长、在实践中历练、在交流展示中验证自己的实力。

郝丽廷是入职刚满三年的年轻教师，她勤奋好学、多思善问，主动加入学校促进学生学习品质提升的研究团队，在课堂教学的设计与实施、作业设计等方面加强学习。她在课前设计前测题目，了解学生对教学内容的掌握情况以及学习现状，在课中针对学生只是简单模仿，缺乏学习策略的现象，把教学环节、教学目标、学习品质目标以及为达到这些目标设计的学生活动、课后作业和教学策略融为一体，让教学的每一个环节、教学策略、学生活动以及所达到的目标都一一对应，培养学生的学习兴趣、学习动机、学习策略。她针对二年级学生的特点，设计的作业目标指向清晰、形式多样、趣味十足。三年来，她的成长进步非常明显，不但在年级组内做研究课，参加学区的教学比赛，还代表整个团队在校长团参观学习的大会上做报告。

其他各级各类的学科带头人、骨干教师，在各自的岗位上发挥着引领的作用，他们和同事一起自觉地组成“学习共同体”，在年级组内、学段内就近结对子，方便日常教研。他们学习领会学校关于作业培训的精神，以单元为依托，设计、实施本学科的作业，时刻交流学习感受、实施经验和评价促进的“妙招”，促进自身的专业成长和学生的发展。

高春艳、周兴华两位学科带头人带领专业成长的小团队对个性化作业、动态分层作业的设计与实施进行课题研究。她们针对小学数学作业存在的作业量较大、形式较单一、一刀切等问题展开研究。她们对一至四年级的学生进行了调查，通过访谈发现一、二年级的学生认为好玩的作业是有挑战性的内容，能亲身参与活动，能和生活密切相关，能小组合作交流；三、四年级的学生更喜欢动手实践类，或者具有挑战性、题目新颖的作业。所以她们在设计作业时充分考虑学生的需求，关注学生的年龄特点，关注作业的趣味性、开放性和实践性，根据教学目标自创或者对课本、练习册中的题目进行改编，让学生、家长和教师都能很好地了解学生的学习水平和努力的方向，提高每个层次学生学习的成就感，愉悦情感体验，从而减轻学生的学业负担，提高学生的学习质量，也为教师积累了设计分层作业的实践经验，提高了设计个性化作业的能力。

第二节　校本教研中如何开展作业问题研究

为深入贯彻国务院办公厅印发的《关于进一步减轻义务教育阶段学生作业负担和校外培训负担的意见》（以下简称《意见》）文件精神和新课标的精神，切实减轻义务教育阶段小学生过重的作业负担，学校校本教研围绕各科作业问题展开了系统的研究。通过研究，引导广大教师进一步更新教育理念，提升教育教学和研究能力，设计“轻负高质”的作业，建立学校作业设计体系。

一、设立作业设计校本教研平台和作业库

《意见》中明确要求健全作业管理机制、明确作业总量、提高作业设计质量、减轻学生过重作业负担。把作业设计纳入教研体系，设立学校的作业库，将助力“双减”政策的有效落地。

为了具体落实“将作业设计纳入教研体系”，校内设立高质量作业设计的校本教研平台和作业库，并根据需要更新、整合、完善作业内容和形式。这种形式有助于加强校区间的相互联系，便于教师之间的合作、交流和学习，是实现资源共享、优势互补的重要手段，也使得优秀作业成果有效传承。

（1）作业库的含义。学科作业库是用于小学生教育的智能系统，供教师选择使用，以便区域共享，目的是减轻学生课业负担，提高学生作业效率。

（2）校本教研平台作业库设立基本原则。

①层次性。从教育心理学角度看，学生的身心发展由于先天以及后天诸多因素的影响，存在着差异。要想不同层次的学生都能在完成作业的过程中获得成功的体验，教师就必须采取作业分层的策略，让不同层次的学生自由选择适合自己的作业习题。作业的设计以学段为分层线，充分考虑到不同学生的差异。可使用以下表格对学生进行较为精确的评估，进而采取有针对性的指导措施和作业布置。

学生学习质量和学习品质分析表

班级：　　　　　　姓名：

评价对象	星级	评价对象	星级
学习方法		学习兴趣	
学习能力		学习态度	
学习水平		学习意志力	

注：“优秀”评 3 颗星，“良好”评 2 颗星，“一般”评 1 颗星。

对学生进行评估后，首先合理统筹安排，注重多元分层。分析学生情况，并围绕核心素养要求，做好多元分类统计，如学生的学习水平、自主学习能力、学习态度等，不断调整，按照 A、B、C 类，合理规划，建立合作学习小组，形成最优资源互补组合。对不同学生提出不同要求，使因材施教真正落到实处。

其次认真钻研教材，实现目标分层。钻研教材，确定总体教学目标，结合学生实际，制订适度且有层次的教学目标，使三维目标真正落到实处。作业设计围绕具体目标进行，可以让不同阶段的学生都有收获。

最后是关注学生情况，设计分层练习。根据不同学生的需要，布置作业时应遵循：能力较弱的学生低起点、补台阶、多鼓励；能力较强的学生有变化、有综合、促发展。还要根据学生在不同学习阶段的不同学习情况随时调整作业要求。作业布置采取分层设置：A 层次为基础巩固题；B 层次为能力训练题；C 层次为思维拓展题。尊重学生自主选择题目，鼓励学生勇于挑战难题，使各个层次的学生学有所获。

案例 1：作业内容的层次性设计

以统编版语文五年级上册第三单元为例。本单元的课内阅读共包括三篇课文，即《猎人海力布》《牛郎织女（一）》《牛郎织女（二）》，以及“口语交际”“习作”“语文园地”“快乐读书吧”等部分。民间故事的人文主题与创造性复述是进行本单元整体教学设计的重要依据。首先，根据课标要求，学生的复述能力要从二年级的借助图片和关键词句讲故事、三年级的详细复述、四年级的简要复述，到五年级的创造性复述，让学生通过阅读叙事作品了解事件梗概，简单描述自己印象中最深刻的场景、人物细节，说出自己在阅读时产生的感受，并在此基础上进行创造性复述。其次，在开启第三单元前，学生已经根据教师布置的任务阅读了《中国古代民间故事》《欧洲民间故事》等课外读物，在生活中也接触过根据民间故事改编的影视作品，对民间故事的内容、主题、人物性格等方面已经有了一定程度的了解。因此，本单元要通过引导式教学帮助学生更加深入、广泛地了解民间故事的更多内容及艺术形式，并结合学生自身的理解进行创造性学习。

本单元作业以情境任务为载体，学生每完成一项任务即可在相应的任务栏盖上自己的学号印章。主线任务为基础和巩固作业，属于必做类；支线任务为提升和综合作业，可选做。考虑到学生的差异性，每项作业均有分层评价。

任务	形式	作业内容	设计意图	作业时间
主线任务一 初入江湖	全员独立完成	1. 初步阅读民间故事——长周期作业 抄写《中国古代民间故事》目录，制订阅读计划，并按照阅读计划完成本册书阅读。我准备一天看(　　)个故事，(　　)天看完	制订明确的读书计划，明确每天的阅读内容，并把准确的数据记录下来，是一份自己可以看到的承诺	需延续到整本书(20分钟)
		2. 抄写生字——课堂作业	抄写并默写应掌握的生字是本单元的基础目标	课堂完成
		3. 复习生字——课后作业	通过复习本单元重点的词语，学生可以快速积累词语	课后完成（15分钟）
主线任务二 崭露头角	全员独立完成	1. 变换视角进行创造性复述 （1）读海力布劝说乡亲们赶快搬家的部分，用不同的口吻讲述给小组成员听，或者分角色和同学演一演 （2）根据课文内容，从三种方式（自述、村民的口吻、读者的口吻）中任选一种，给那块叫“海力布”的石头写一段话，简要介绍它的来历	创造性复述的练习中，变换视角是一种很重要的方式。在课堂上教师进行示范后，学生在小组内练习并进行口头尝试，课后用小练笔进行二次练习，同时运用“改变故事结构”进行创造性复述的方法	课堂完成（15分钟） 课后作业（20分钟）

续表

任务	形式	作业内容	设计意图	作业时间
主线任务二　崭露头角	全员独立完成	2.“添油加醋”——增加合理细节进行创造性复述	语文园地词句段运用第二题，要求仿照例子，把牛郎织女初次见面的情节说具体，这就要求学生进行创造性复述时，合理想象，增添细节（如对人物的动作、语言、神态、外貌等描写）	课堂完成（15分钟） 课后练笔（20分钟）
		3.创造性地讲述《猎人海力布》《牛郎织女》给家人听	在学习完两篇课文后，学生进行了创造性复述的多次练习，为了检测复述效果，特设计本次口头讲述作业	课后作业
主线任务三　锋芒毕露	全员独立完成	1.《牛郎织女》连环画创作	对《牛郎织女》故事进行连环画创作，首先要梳理故事的主要情节，其次列出每幅画面的场景、人物、事件，用简洁的语言概述出来	课后作业（30分钟）
		2.为推介民间故事进行缩写训练	想要把故事简要地介绍给别人，就需要缩写。在本单元中，创造性复述与缩写这两个语文要素相互联系，训练点渗透在本单元的各个学习环节当中	课堂完成

续表

任务	形式	作业内容	设计意图	作业时间
支线任务	自选任务 独立完成	1. 中国民间故事探索与传承（梳理单附在后面）	把中国四大民间故事放在一起对比阅读，引导学生尝试梳理出民间故事特点：口耳相传；寄托了人们对美好生活的盼望和朴素的愿望；具有固定的类型和重复的结构，方便在讲述中记忆，加深听众的感受	长周期作业
		2. 结合古诗《乞巧》，交流古诗与《牛郎织女》的关系，课后搜集、背诵其他有关《牛郎织女》的古诗词	将课内故事学习与民间故事结合起来，激发学生阅读民间故事兴趣的同时，引导学生积极思考民间故事与传统文化传承之间的关系，激发学生对传统文化的兴趣，鼓励学生主动传承传统文化	长周期作业 阅读时长不定
	小组合作自愿完成	3. 探寻当下民间故事如何获得新的生命力，可从内容、主题、创作群体和创作方式等方面进行探究，并做成PPT展示	本项任务旨在提升学生综合运用学科知识的能力，在活动过程中强调学生的自主性与参与性，对学生的综合素养提升大有裨益	长周期作业，从搜索资料到最终展示大概需要两周时间

中国民间故事梳理单

故事名称	故事梗概	故事主题	感动之处	故事异同	
				相同	不同
《牛郎织女》					
《白蛇传》					
《梁祝》					
《孟姜女》					

案例 2：同一作业内容下，不同任务的层次性设计

可以在同一作业内容下，进行个性化任务的设计，通过评价来体现作业的层次性。

以阅读《鲁滨逊漂流记》，设计鲁滨逊主题乐园这一整本书阅读作业为例。

《鲁滨逊漂流记》是统编版语文六年级下册外国名著单元中“快乐读书吧”指定的学生阅读书目之一。围绕《鲁滨逊漂流记》整本书阅读，教师可以用项目化学习的方式来开展作业设计。学生可以根据感兴趣的话题，在真实的学习情境中，为了解决指向核心知识的驱动性问题不断研究文本，持续调动自己所掌握的知识和能力，综合其他学科，发展高阶思维，最后获得可视化、可评估的成果。在核心知识再构建的过程中，深刻领会此次整本书阅读的要义，实现学习目标。

本作业任务、内容、目标及作业评价如下。

任务	作业内容	作业目标	作业评价
任务一 文学与地理握手	绘制漂流地图；讲述漂流故事	1. 综合运用语文、地理等多方面知识和技能，绘制鲁滨逊的漂流地图，形成综合思维 2. 阅读整本书，把握文本的主要内容，结合漂流地图讲述鲁滨逊的传奇故事，提高语言运用能力	1. 能通过观看视频，拓展学习地图知识，记录、梳理视频中的关键信息，提取重要的地理位置，并在地图中进行标注
			2. 能自主梳理出鲁滨逊的惊险旅程，语言简洁，情节完整。结合地图知识，绘制出鲁滨逊的多次冒险轨迹，线路要清晰，概括要精当
			3. 能运用漂流地图辅助表达，将地图与故事情节结合起来。有条理地讲述鲁滨逊的漂流故事，语气、语调适当
任务二 用色彩塑造形象	设计园区大门；绘制人物肖像	1. 通过阅读批注提取关键信息，了解鲁滨逊五次航海发生的不同背景，以及人物形象、性格方面的不同特征，加深对文本的理解 2. 通过选择不同的造型、色彩、加入各式元素等，命名并设计不同主题园区的迎宾门及人像，感受美术在表现小说方面的独特魅力，进而提升审美感知力和艺术表现力	1. 能依据五次航海的不同经历进行命名，园区名称与小说情节贴近，有代表性。园区命名有一定的文学表现力和感召力，能够达到吸引游客的效果

续表

任务	作业内容	作业目标	作业评价
任务二 用色彩塑造形象	设计园区大门；绘制人物肖像	3. 合理、巧妙地安排迎宾门与人像的相互关系，呈现每个主题园区的特点，使学生了解不同国家的文化，进行创意表达，做一个会阅读、善表达的小设计师	2. 能够选择印象最深刻的典型场景进行大门的背景创作，恰当融入小说当中的元素。人物形象设计与背景相呼应，通过装束、神情、动作等，展现人物不同时期的性格特点
			3. 人像与迎宾门组合关系合理，整体性强，能够突出相应区域的主题
任务三 沉浸式体验之旅	体验荒岛生活；感悟人物形象	1. 运用快速阅读的方法，有目的地阅读《鲁滨逊漂流记》中与制作生存器具相关的片段，了解基本的制作方法，提升阅读理解能力 2. 能结合鲁滨逊在荒岛上的处境，仿照运用鲁滨逊的制作方法，选取简易的材料，应用数学、科学的学科知识，及劳动学科的方式，制作日历、面包、雨伞等物品 3. 能够以鲁滨逊的角色体验，通过记日记、梳理器具制作流程、制作图文结合说明书、录制制作介绍视频等实践活动进行展示交	1. 能借助数学相关知识，结合小说中有关制作器物方面的内容，制作一个万年历，并用正确的日记格式以鲁滨逊的视角，写一篇能够表达人物心情与想法的日记
			2. 能观看面包制作视频，仿照鲁滨逊的方法，成功制作一个面包。用流程图的方式将制作过程与方法及要点写清楚

续表

任务	作业内容	作业目标	作业评价
任务三 沉浸式体验之旅	体验荒岛生活；感悟人物形象	流，提升在不同情境中的语言文字运用能力 4. 能够通过参与阅读、实践、体验活动，制订方案，发现问题、分析问题、解决问题，综合运用多学科知识、能力完成学习任务，提升综合能力	3. 能运用科学知识，仿照鲁滨逊的方法，制作一把能够自如开合的雨伞，用视频解说的方式清楚地介绍完整的制作方法
任务四 美食与激情碰撞	设计游乐项目；打造招牌美食	1. 运用有目的地阅读、快速阅读获取关键信息、联系生活思考等阅读策略，对《鲁滨逊漂流记》进行深入阅读，产生独有的阅读体验 2. 结合美术、信息技术等学科进行创意表达，分享自己的奇思妙想 3. 通过联想想象、分析比较等，提高形象思维、逻辑思维能力；通过感受、理解和欣赏作品，获得更加丰富的审美经验	1. 能运用带着目的批注阅读的方法阅读，体会五次历险中鲁滨逊不同的心情。通过设计不同的游乐项目的方式表达自己对作品中人物的理解和感受
			2. 能在写介绍词的过程中，体现对作品的理解，选择合适的表述方式，进行创意表达
			3. 能借助成功案例，了解乐园美食的两种设计思路，并尝试迁移思考。能通过跳读等方法快速搜索到关于美食的有用信息，找到作品中的特有元素
			4. 能根据提取的信息，结合生活经验，运用美术、信息技术等学科知识，设计乐园美食并进行图文结合的创意表达，有自己的独创性

通过以上跨学科作业中教学目标和评价的呈现可以发现，在同一作业内容之下，为达成不同的学习目标，学生可以根据自己的特长、意愿以及学习水平选择不同的学习任务。每一个任务下的多角度评价满足了学生学习的个性化需求，同时也体现了作业设计的层次性。

②多样性。学校作业库聚焦教材版本，结合各学科课程标准设计了包括一至六年级语文、数学、英语、音乐、体育、美术、科学、道德与法治等在内总计八个学科、六个年级的作业。在作业库中，教师可以根据不同维度搜索到适合的题目，如学段、学科、单元、知识点、题型、能力、难度等。题型包括单选、多选、判断、填空、主观题等。教师可以按照学科知识点选题，也可以按照教材的章节选题，甚至可以以学期为单位搜索相关学科的《金穗成长手册》。

在作业类型上，各学科设计的作业涵盖了单元式作业、表达类作业、调查类作业、观察类作业、生活类作业、合作类作业、实践类作业、阅读类作业、探究类作业、梳理归纳类作业、制作类作业、综合类作业等形式。多种形式的作业能够充分调动学生的主观能动性，刺激学生动手、动脑、动口、动腿，以全身的反应来提高完成作业的积极性和兴趣，促进学生全面素质的发展，如交际能力、动手能力、反应能力、克服困难的能力，以及形成坚韧不屈、坚持不懈等品质。

③实际性及可操作性。作业题库的设计在充分了解学生的需要和现有的作业状态，以及学生对作业类型的认可程度、感兴趣程度、完成的可行性程度的基础上实施。切合学生的实际，避免浮夸和华而不实，使作业库真正解决学生的实际作业问题，推动作业改革的实施。

各项作业要本着由易到难、循序渐进的原则进行，先由较为熟悉的作业形式开始，最后由点到面，整体铺开。作业库中的作业设计可行性要强，要符合学生心理特点及知识层次。

（3）高质量作业库的价值。为什么要建设高质量作业库？因为单独的几份优质作业或者几个单元的优质作业都无法发挥系统效应，所以高质量的作业需要系统化。很多学校并不缺少校本作业，而是缺乏高质量的学校作业库；很多教师也能设计出好的作业题，但是缺乏设计高质量学科作业体系的意识与能力。以校为本建构高质量作业库，可以充分发挥学校教师的专业能力，保证各个学校布置给学生的作业更加具有针对性、适切性。

（4）高质量作业库的具体操作流程。

统筹安排 ⇨ 高质量作业预案设计 ⇨ 集中补改 ⇨ 实践应用及反思

①统筹安排。统筹安排是指每学期初始学校统一安排各年级科室筹划与准备作业。学校建立作业库领导小组和工作小组，选取核心组教师率先展开研究，辐射全体教师。在学校网站建立作业资源库，实现优质作业库资源的共享。

②高质量作业预案设计。高质量作业设计预案设计需要发挥教师的智慧，各年级备课组具体操作实现，形成具体方案。

③集中补改。教研组进行修改校对，保证作业的严谨性。

④实践应用及反思。在实践中反复发现问题。在实践过程中，教师发现学生在进行故事内容梳理时有困难，于是在反馈问题后，为学生搭设学习支架。在实践过程中不断反思，再次修订。

作业库的管理机制（内容更新等）应该是动态的。学校要加强作业库的动态管理，根据教育教学改革的实际，不断更新作业库内容，淘汰不符合要求、质量较低的内容。积极调研和总结学校建设作业库的经验和存在的不足，及时对作业库建设工作进行调整、总结和完善。及时对各科作业库建设工作进行评价，对作业库建设的成效做出客观的评估。

二、研制作业管理指南，为学校作业管理提供标准

作业管理指南是学校依据相关政策，对学科校本作业的设计与实施提出一系列限制性要求及建议。制订学校作业管理指南是学校作业管理工作规范化运行的保障。

农科院附小作业管理指南（总纲）

一、总体原则

全面贯彻落实《中共中央办公厅　国务院办公厅印发〈关于进一步减轻义务教育阶段学生作业负担和校外培训负担的意见〉的通知》关于减轻学生过重作业负担的意见、《教育部办公厅关于加强义务教育学校作业管理的通知》的要求。

实施核心素养背景下的单元作业设计。学生在课程内容学习过程中整合形成结构化知识或技能、学科观念与思维方式、解决陌生和复杂现实任务的综合能力。作业设计则应立足于培养学生个体能够整合具体学科领域知识和技能、思维模式、探究方式和价值观的综合品质，具备应对和解决复杂现实情境与问题的综合能力。

二、具体要求

1. 调控总量

依据年段严格控制作业总量。精心设计、合理布置书面作业，指导学生在校内基本完成；确保一、二年级不布置书面家庭作业，在校内适当安排巩固练习；三至六年级书面家庭作业时长控制在每天平均 30 分钟左右。周末、寒暑假、法定节假日也要控制作业总量。

2. 科学设计

根据学生认知水平科学设置作业，统筹课堂作业和家庭作业，协调基础性作业、拓展性作业、实践性作业等。确保作业严格依照课程标准设置。注重作业与课堂教学的有机结合，凸显课堂学习评价的一体性。

3. 提高质量

将作业设计纳入教研内容、教科研内容，建立教学评良性互动机制；充分发挥作业诊断、巩固、学情了解等功能。基础性作业，要符合学生年龄特点，紧扣课标要求；实践性作业，要创设真实情境，体现核心素养；跨学科作业，要联系生活，综合各学科特点。避免机械性作业和重复性作业，杜绝无效作业和惩罚性作业。

三、具体内容

1. 作业设计

制订作业设计流程，统一作业设计模板。作业设计模板中需要包括如下要素：单元目标、单元作业目标；课时目标、课时作业目标；作业设计、作业分析及作业评价。

2. 作业的评价

应明确指出作业的批改时限及方式。为保障作业的效益，一般性的书面及口头作业，需要在当日或次日完成批改，习作应在一周以内完成批改。批改符号必须规范、清晰。以等次与评语相结合的方式进行评价。倡导个性化评价。除了对作业答案本身进行评价，还应关注学生的书写习惯、批注习惯等学习习惯的培养。

3. 作业讲评

作业的讲评需要在作业完成后的两天内进行。讲评应对作业中所产生的问题进行分析。

①共性问题。对于作业中的共性问题，要及时进行错因分析并采用作业讲解方式解决，并适当补充练习予以巩固。

②个性问题。对于批改作业时发现的个性问题，应及时采用面批的形式进行讲评。并适当补充练习予以个别巩固。

4. 作业管理机制

①作业时长的规定。北京市在《关于进一步减轻义务教育阶段学生作业负担和校外培训负担的意见》中严格规定了义务教育阶段学生作业时长“要确保小学一、二年级不布置家庭书面作业，可在校内适当安排巩固练习；小学三至六年级书面作业平均完成时间不超过 60 分钟，初中书面作业平均完成时间不超过 90 分钟”。

在此政策规定的指导下，我校作业指南中规定：要严格依据政策布置作业，一、二年级不布置家庭书面作业，可在校内适当安排巩固练习；三至六年级各学科书面作业总平均完成时间不超过 60 分钟。

②各科作业沟通机制。为了保障以上政策的严格落实，我校作业指南对沟通机制进行了进一步的规定。包括以下三级沟通机制，保障各科作业总平均时长不超过政策规定的时长。

A. 班级各科教师沟通机制

在班级的黑板中布置作业贴板，各科教师均将所布置作业及预计学生完成的平均时长写在贴板上，以便布置时可相互协调。

B. 班主任责任审核机制

班主任每日填写《班级作业记录本》，填写时再次累加、确认并填写各科作业总时长，确保其不超过标准。一、二年级填写在校练习项目及时长，规定其不得超过课业辅导时间；三至六年级各科填写家庭作业项目及时长。如遇各科作业总平均时长超过作业指南的要求，班主任需要协调各科教师加以调整。

C. 校级监管机制

教学管理部门每周统一检查《班级作业记录本》，根据学校指南进行检查，对填写的及时性、总时长的控制、调整情况予以监督。

③校级对作业的监管、评价机制。

A. 作业设计的分享与评奖

指南规定，每学期对优秀作业设计者颁发奖励。以教研组为单位推荐优秀作业设计，教学管理部门审核并组织分享，进行评奖。

B. 作业批改情况的教师互评、校级检查评价

指南规定，每月月中进行作业批改的互评工作，互评过程中填写互评表，从而就作业批改的数量、质量、规范性做出评价。

C. 个性化批改的表彰

倡导个性化批改方式。对于个性化批改、优秀批改案例做出表彰，并进行同学科教研组间的分享；对于批改中发现的问题，以教研组为单位跟进。

下面将以语文教研组的作业管理指南中“作业设计”方面为例加以说明。

农科院附小语文学科作业管理指南

1. 作业设计流程

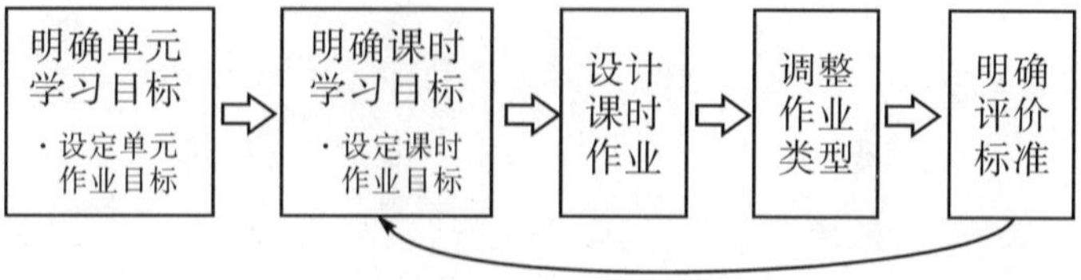

作业设计以单元为单位，以实现明确的单元学习目标为基础。因此作业设计的流程是以明确单元学习目标开始，从而设定单元作业的目标。再通过对单元目标的分解，结合学情，明确每课时的学习目标，根据课时学习目标设定明确的课时作业目标。在课时作业目标明确后，开始设计课时作业，再立足单元，根据完成时间、题目难度、题型进行综合调整。形成完整题组之后制订作业评价标准，其评价标准最终指向课时学习目标及课时作业目标。

2. 作业设计举例

小学语文作业旨在对课内所学进行巩固和拓展。依据《义务教育语文课程标准（2022年版）》课程目标相关内容，分为识字与写字、阅读与鉴赏、表达与交流、梳理与探究四个板块。根据不同板块的学习目标，制订如下要求。

（1）识字与写字。

识字作业要注重识字方法的积累，注意识字与运用相结合；写字作业要关注书写习惯的养成，注重学生的审美体验。

案例1：一年级上册第四单元《秋天》作业设计（识字部分）

一、单元学习目标

1. 认识45个生字、9个偏旁和1个多音字，会写16个字和6种笔画。在识字过程中逐渐丰富识字方法，培养分类的思维习惯和复习积累的学习习惯。

2. 正确朗读课文，读准字音。认识自然段，正确背诵课文，学习和尝试多种背诵方法。

3. 仿照例子，积累和拓展带叠词的偏正短语。仿照课文的表达方式，说说自己喜欢的季节。

二、单元作业目标

1. 巩固复习45个生字、9个偏旁和1个多音字，复习书写16个字和6种笔画，养成良好的书写习惯。

2. 通过对所学生字分类，培养分类的思维习惯和复习积累的学习习惯。

3. 通过个性化朗读、画背诵支架等活动，尝试多种背诵方法。

4. 通过对日常生活的观察和表达，积累、拓展叠词。

三、课时学习目标

1. 认识 10 个生字，会写 4 个字和 1 种笔画。

2. 正确朗读课文，认识“，”和“。”，读准“一”字不同读音。

四、课时作业目标

1. 复习巩固 10 个生字，会写 4 个字和 1 种笔画。

2. 正确朗读课文，能读出“，”和“。”，复习巩固标句子。

3. 在生活中继续寻找“一”字的不同读音。

五、作业设计

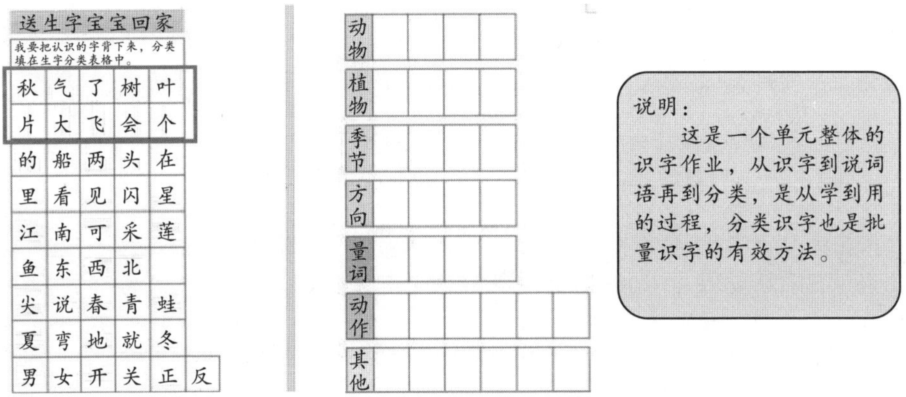

1. 将本课学习的生字剪下来，认一认，组组词，将认识的字分类贴在右边的格子里。

2. 在你与家人、同伴的日常交谈中找一找“一”的不同发音，如果你愿意，可以用拼音把找到的词语记在便笺纸上。

说明：
这个作业属于拓展型作业，从课内读好“一”字在课文中的不同变调，拓展到发现生活中“一”的变调现象。

六、作业分析

作业名称	难度	类型	时长
作业 1：分类识字	低	基础型	10 分钟
作业 2：生活中的“一”	中	拓展型	5 分钟

七、作业评价

本次作业采用学生互评方式。

标准	星级
认识课文中的 10 个生字	
会给 10 个生字组词	
能给生字进行分类	
找到了 2 个“一”字在生活中的不同读音	

注：已完成评 2 颗星，未完成评 1 颗星。

评价标准指向课时作业目标。

（2）阅读与鉴赏。

案例 2：六年级下册第二单元“外国名著”作业设计

一、单元学习目标

1. 借助作品梗概，了解名著的主要内容。

2. 就印象深刻的人物和情节交流自己的感受，从多角度评价人物。

3. 学习写作品梗概。

4. 阅读世界名著，感悟伟大作品的艺术魅力，获得人生领悟。

二、单元作业目标

1. 阅读《骑鹅旅行记》，复习通过阅读梗概把握整部小说主要内容的方法。

2. 交流《骑鹅旅行记》中印象深刻的人物和情节，复习多角度评价人物的方法。

3. 尝试写作品梗概。

三、课时学习目标

1. 快速阅读课文，抓住课文主要信息，概括内容。

2. 了解《汤姆·索亚历险记》这部长篇小说的梗概，欣赏作品的精彩片段，激发阅读整部作品的兴趣。

3. 初步了解汤姆·索亚的历险经历，知道他的性格特点，加深对作品的理解。

四、课时作业目标

1. 学生用已学的略读和精读相结合的方法，借助梗概了解全书的内容，运用批注等多种方法阅读整体故事，熟悉精彩片段。

2. 在阅读实践的过程中，发展多向思维的能力，提高语言综合素养、审美素养。

3. 品读原著，感悟作品的艺术魅力，学习汤姆·索亚的优秀品质，并对社会和人生产生新的领悟。

五、作业设计

1. 审美性实践——人物形象塑造。

同学们，《汤姆·索亚历险记》这本书大家喜欢吗？马克·吐温以汤姆·索亚的冒险经历为线索，描写了一个个生动又惊险的故事。让我们看到了一个顽皮、活泼而富于冒险精神的小男孩不断成长的过程。现在，杂志社想邀请大家为这本书设计封面或插图，希望大家在设计时注意做到以下几点：能够通过脸型、五官特征以及细微表情展现人物的精神状态；通过装束、动作等，展现人物不同阶段的性格特点。另外，根据书中场景的描述设计背景，能够结合自己的生活经验、课外知识合理设计，让画面更加生动形象。

为了方便大家的创作，老师为大家提供了以下的学习单，大家可以在梳理书中内容的基础上进行创作。期待大家精彩的作品哦！

《汤姆·索亚历险记》封面插图设计学习单　　设计者：____	
我选择的篇章	
我选择的场景	
主要人物	

2. 创作性实践——巧设续写活动。

阅读后续写结局，在保持原著语言风格和表达方式的基础上，合理地展开想象，将自身的主观意愿融合在续写的文本之中。

《汤姆·索亚历险记》续写单

续写的章节：

续写的要求	评价星级
①保持原著语言风格和表达方式的基础上，合理地展开想象	
②有自己的独特想法，能够将自身的主观意愿融合在续写的文本之中	
③续写内容符合原著人物性格特征	
④续写内容完整、积极向上，语言流畅，有逻辑性	

注：能达到要求评 5 颗星，达不到要求评 3 颗星。

讲故事要求	演讲得分
①条理清晰，语句流畅，语言生动，感染力强（20 分） ②精神饱满，动作得体，仪态自然（20 分） ③脱稿独立完成，时间 5 分钟以内（10 分）	

六、作业分析

作业名称	难度	类型	时长
作业 1：封面插图设计	中	实践型	20 分钟
作业 2：续写	高	拓展型	40 分钟

七、作业评价

本次作业采用自评方式进行评价。

评价内容	基本要求	评价星级
封面及插图设计	1. 人物形象设计能够通过装束、动作等，展现人物不同阶段的性格特点	
	2. 人物形象设计能够通过脸型、五官特征以及细微表情，展现人物的精神状态	
	3. 背景设计符合书中的场景描述，能够结合自己的生活经验、课外知识合理设计，生动形象	
续写	1. 在保持原著语言风格和表达方式的基础上，合理地展开想象	
	2. 有自己的独特想法，能够将自身的主观意愿融合在续写的文本之中	
	3. 续写内容符合原著人物的性格特征	
	4. 续写内容完整、积极向上，语言流畅，有逻辑性	

注：完全达到要求评 5 颗星，基本达到要求评 3 颗星，没有达到要求评 1 颗星。

（3）表达与交流。

案例3：五年级上册第六单元《“精彩极了”和“糟糕透了”》作业设计

一、单元学习目标

1. 从字里行间用心品味场景与细节，更好地体会作者的思想感情。

2. 用恰当的语言表达自己的看法和感受。

二、单元作业目标

1. 掌握从字里行间品味场景与细节的方法，从而体会作者的思想感情。

2. 尝试用恰当的语言表达自己的看法和感受。

三、课时学习目标

1. 学生在品读课文内容的基础上，感受巴迪父母对巴迪的不同的爱。

2. 学生回忆自己的成长历程，寻找自己对父母教育方式不理解的事件并重新分析，体会父母之爱。

四、课时作业目标

借助明信片的形式，抒发自己对于父母之爱的理解与感恩之情。

五、作业设计

巴迪理解了自己的父母，你呢？老师为大家准备一张爱的明信片，你想将它送给谁呢？你会在上面写下怎样的心里话呢？请你静静地想一想。

请你在课下将心里话记录在这张明信片上，偷偷地藏在一个地方，等着他（她）来发现吧。

六、作业分析

作业名称	难度	类型	时长
爱的明信片	中	拓展型、实践型	20分钟

七、作业评价

1. 能借助生活中真实发生的事抒发自己的理解与感悟。

2. 能在过程中真实、准确、恰当地表达自己的感受，抒发自己对父母之爱的理解与感恩之情。

3. 在表达时能够注意“您、请”等敬语的恰当使用。

（4）梳理与探究。

案例 4：一年级下册第五单元“语文园地”作业设计

一、单元学习目标

继续了解形声字的构字规律，并运用这一规律自主识字。

二、单元作业目标

尝试运用形声字的构字规律自主识字并进行梳理。

三、课时学习目标

1. 认识 8 个生字，了解“包”字族汉字的特点，体会形声字的构字规律。

2. 继续了解形声字的构字规律，感受形声字“音、形、义”之间的关系。

四、课时作业目标

1. 运用形声字的构字规律，梳理学过的“包”字族、“青”字族的字，并尝试运用形声字构字规律梳理学过的其他字族的字。

2. 尝试通过给字族的母体字添加形旁感受字的意思，尝试组出正确词语。

五、作业设计

六、作业分析

作业名称	难度	类型	时长
一字开花	中	拓展型	30 分钟

七、作业评价

本次梳理与探究作业采用自评方式进行评价，评价表如下。

"一字开花"活动自我评价表				
识字数量	1 个字族 10 分□	2 个字族 20 分□	3 个字族 30 分□	4 个字族 40 分□
	每个字族至少 5 个字□			
书写	正确规范	10 分□	组词正确	10 分□
版面	干净平整	10 分□	色彩美观	10 分□
完成	自主完成	10 分□	态度认真	10 分□
总计	我共认识了______个字，我得到了______分			

综上，作业指南的制订，在开展作业问题研究方面有着指导性、启发性、标准性等不可替代的作用。

3. 建设校级研究共同体

（1）研究共同体在作业研究中的价值。作业的设计、实施、评价、评改是一个系统过程。研究共同体的主体一般为同学科、同年段的教师，组建共同体对于教师在作业问题方面的专业化成长，作业问题的研究、创新都有着不可替代的作用。同时，研究共同体拥有更广泛的学生资源，对于作业的数据统计更具客观性。

（2）作业问题研究共同体的组建思路。第一，以教研组为核心的作业问题研究团队。教研组有成为作业问题研究团队的先天优势。教研组针对同一年级进行同一学科的教学，作业的设计、评改等都有着共同的标准，因此以教研组为核心组建作业问题研究团体是一个最为高效的选择。针对作业中的问题，以教研组为研究团队进行研究，在研究团队组建，研究思路的统一，研究活动的组织，形成某一学科、某年段较为系统的、可推广的成果方面具有巨大的优势。

第二，以项目、课题为核心的作业专题研究团队。核心素养的提出，使得跨学科作业进入研究视野。现实情境中的问题通常不是一个学科可以解决的，学生需要通过多学科的知识与方法解决现实情境中较为复杂的问题。以项目、课题为核心的作业专题研究团队具有跨学科的优势。

进行跨学科、多角度、多思路的交流对于开阔作业设计思路，形成作业体系，形成跨学科作业资源、多元评价及实现作业管理机制的优化，都有着更大优势。

（3）研究共同体的组建步骤及实施研究的过程。不论是以教研组为核心，还是以项目、课题为核心的作业研究团体，都要以作业中的“问题”为起点，将“问题”转化为课题进行有针对性的研究。

下面以我校低年级语文组课题“小学低年级语文非书面个性化作业的设计与实施”为例，阐述研究共同体的组建步骤。

第一，以作业设计为契机组建研究共同体。2021 年 7 月 24 日，中共中央办公厅、国务院办公厅印发《关于进一步减轻义务教育阶段学生作业负担和校外培训负担的意见》，其中提出了“学校要确保小学一、二年级不布置家庭书面作业，可在校内适当安排巩固练习”的要求。

一年级语文组教师面对这一政策产生了迷茫和困惑，对“作业”谈虎色变，产生了不敢布置作业、不知如何布置作业、不知道所布置作业是否违反政策等一系列困惑。针对这一情况，一年级语文组对文件进行了研究，根据共同的真实需求，开始了课题研究。

第二，共同制订作业研究的方案。首先，确定研究主题。作业研究共同体组建伊始，最重要的部分便是界定研究主题。对于作业问题的研究来说，作业的设计、实施、评价等都可以作为研究的主题。界定研究主题对于作业研究共同体有针对性地开展研究至关重要。一年级语文组教师经过前期调研发现，教师的困惑主要是非书面作业设计的思路太窄，不知道非书面作业都有哪些种类，都可以怎样设计。讨论后发现，作业的实施方法也是教师感到困惑的地方，因此研究主题就界定为：小学低年级语文非书面作业的设计与实施。

随着对学情的了解，对文献研究和对政策的解读加深，“个性化作业”越来越多被提及，因此最终研究主题确定为“小学低年级语文非书面个性化作业的设计与实施。

其次，有效的人员分工。在研究主题确定后，主要依据教师的意愿和特点进行人员分工。教研组组长作为课题负责人具有组织职责上的便利，且教研组组长具有较强的组织规划能力，承担课题负责人可以较好地推进课题研究。经验丰富的老教师在作业实施等实践方面，有足够的经验判断作业的可行性，对于学情也有更精准的把握，所以老教师主要研究“作业的实施”部分。具有高学历的年轻教师，在文献的查询、撰写，调研软件、数据统计软件的使用方面具有不可替代的优势，因此承担前期撰写调研报告、文献综述的工作。中青年骨干教师兼具经验和创新思维，主要承担非书面个性化作业的设计工作。

最后，讨论与制订研究计划。在研究主题和人员分工确定之后，团队全体成员要对整个研究计划烂熟于心，才能够更好地推进作业课题。

第三，实施作业研究。首先，文献研究是研究团队成长的必经之路。文献研究可以说是研究共同体成长的一条捷径。比如作业问题的研究不是一个全新的课题，文献的研究使团队的研究方向更为清晰。比如“小学低年级语文非书面个性化作业的设计与实施”项目中，通过文献研究，界定了作业的类型有“阅读作业、书面作业、口头作业、实践作业”，而非书面作业就是除了书面作业的其他三种，这样研究就有了较为明确的界定以及分类标准。同时非书面作业和个性化作业的结合研究成果也为研究提供了空间。

其次，前期调研是研究的起点。调研不仅可以帮助课题组确定研究主题，还可以帮助课题组确定研究内容。在“小学低年级语文非书面个性化作业的设计与实施”课题研究初期，便编制了问卷，对作业设计与实施中存在的问题展开调研。

“‘双减’背景下小学低年级语文非书面个性化作业的设计与实施”

调查问卷

尊敬的老师：

您好！首先非常感激您在百忙之中抽空协助填写这份问卷。本问卷采用匿名填写，问卷的资料仅做学术研究之用，问卷的填答仅代表您个人的看法，无关对错，恳请拨冗填写，依据自己的感受认真填写最适切的答案，在与您情况最接近的选项下打“√”。请不要遗漏任何题目，您的意见至为宝贵，由衷地感谢您的参与。

特别说明以下概念：非书面作业指不用书写，具有趣味性、操作性、生活性，用耳听、用口说、动手做等形式来巩固、体验、转化和深化所学知识，并能使知识转化为技能与应用的作业。

一、基本信息调查

1. 年龄：（1）25—30 岁　（2）31—35 岁　（3）36—40 岁　（4）41—45 岁　（5）45 岁以上

2. 您所执教年级：（1）1 年级　（2）2 年级

3. 您的最高学历：

（1）中专及以下　（2）大专　（3）大学本科　（4）硕士生及以上

4. 您的教龄：（1）1 年以内　（2）1—5 年　（3）6—10 年　（4）10 年以上

5. 职称：（1）未评　（2）二级教师　（3）一级教师　（4）高级教师

6. 是否兼任行政职务？　（1）是　　（2）否

如果是，请填写您的行政职务：__________

二、选择题

1. 您对语文非书面家庭作业重要性的看法（　　）

A. 重要

B. 不重要

C. 没想过

续表

2. 相比书面化作业，您是否更愿意布置非书面家庭作业？（　　） A. 是 B. 否 C. 两者都愿意布置 D. 两者都不愿意布置 3. 您在什么时候会精心设计语文非书面化家庭作业（　　） A. 所有的课 B. 公开（竞赛）课 4. 您布置的语文非书面家庭作业通常需要多长时间完成（　　） A. 平均 5 分钟以内 B. 平均 10 分钟以内 C. 平均 15 分钟以内 5. 您对语文非书面家庭作业的量的看法（　　） A. 越多越好 B. 适量，有针对性 C. 教材安排多少就做多少 6. 通常情况下，您布置非书面化家庭作业是为了（　　）（可多选） A. 补充课堂上的教学内容 B. 检查学生的学习情况 C. 帮助学生进一步理解课堂上学习的知识 D. 培养学生良好的学习习惯 E. 应付考试 F. 让学生重视这门课 G. 完成教学任务 7. 通常情况下，您布置的语文非书面家庭作业信息来源是（　　）（可多选） A. 课堂讲授的内容为主 B. 教材上的课后练习 C. 练习册上的练习题

续表

D. 教辅资料上的练习题

E. 其他 例如：__________

8. 对于语文非书面家庭作业的布置，您一般会设计以下哪种形式？（ ）（可多选）

A. 阅读作业（阅读课外书、看资料等）

B. 口头作业（朗诵、背诵、讲故事、看图说话等）

C. 手工作业（做手工、做手抄报等）

D. 体验式作业（例如扮演小记者采访别人、分角色朗读课文并表演等）

E. 其他 例如：__________

9. 您会改变非书面化家庭作业的类型吗？（ ）

A. 经常改变

B. 偶尔改变

C. 不确定

D. 不太改变

E. 完全不改变

10. 您布置非书面化家庭作业的原则和方法是（ ）

A. 根据教学目标和教学要求布置与该节课相应的作业

B. 根据配套练习册上的练习题要求学生完成相应的课时作业

C. 根据学生当时具体的掌握情况另行设计相应的作业

D. 根据学生的意愿和兴趣设计与教学内容相关的作业

11. 您在布置非书面化家庭作业时，有没有考虑过学生的个体差异性？（ ）

A. 从来没有，所有学生的作业都一样

B. 每次都会提供不同难度的作业以供不同层次的学生选择

C. 偶尔考虑

12. 您觉得学生完成非书面化家庭作业的态度怎么样？（ ）

A. 非常认真

B. 一般

续表

C. 敷衍了事 13. 学生平时完成非书面化家庭作业的主要方式是什么？（　　） A. 独自完成 B. 在家长的辅助下完成 14. 学生非书面家庭作业的完成质量如何（　　） A. 大部分作业质量高，只有小部分不尽如人意 B. 大部分作业质量不高，只有小部分差强人意 15. 对于非书面化家庭作业的批阅，您会做到每天检查吗？（　　） A. 会 B. 不会 C. 偶尔 16. 您将通过怎样的形式来评价学生的非书面化家庭作业？（　　）（可多选） A. 口头表扬 B. 书面表扬 C. 同学表扬 D. 奖励表扬 17. 您认为学生通过完成非书面化家庭作业都得到了哪些方面的提高？（　　）（可多选） A. 提高了学习语文的兴趣 B. 巩固了所学知识 C. 增强了语言表达等能力 D. 养成了良好的学习习惯 E. 扩大了知识面 F. 成绩有所提高 G. 没什么变化 H. 其他 18. 目前，您在布置非书面化家庭作业上存在下面哪些困难？（　　）（可多选）

续表

A. 评价方式难以确定 B. 实施效果难以确定 C. 作业形式单一 D. 学生完成情况不佳 E. 没有充分的时间和精力准备作业 F. 设计出的作业达不到预期效果
三、问答题
您觉得您在小学语文非书面化家庭作业及个性化作业方面还存在哪些困扰？请您列举在下面。

通过对以上调研问卷反馈结果的分析，研究团队总结出了非书面家庭作业的功能定位落入“简单化”“狭隘化”；教师对非书面家庭作业设计意识表现出“依赖性”和“被动性”；学生完成非书面作业兴趣不高，实施效果不佳；非书面家庭作业的评价方式具有“单一性”，效果难以评价等问题。这些结果为研究提供了更为准确的方向。

最后，对实践过程的及时总结与调整。在研究内容和方向愈加明确之后，课题组开展扎实的研究非常重要。在研究过程中，课题组可以采用的研究方法有很多，重要的是每一次作业设计和实施后的及时总结和调整。如在“小学低年级语文非书面个性化作业的设计与实施”这一研究中，曾在个性化作业中设计了学生自主选择的“个性化”作业菜单，实施后发现，由于学生年龄较小，对自身情况缺乏客观判断，所选择的作业常常出现“不合身”现象，如基础好的学生选择了较为简单的项目，能力无法得到提升；基础较为薄弱、需要巩固知识的学生选择了提高性的作业，完成度不高，受挫感严重且知识没有得到巩固。针对这一现象，课题组总结后将“个性化”菜单及时调整为“必选”项和“自选”项，取得了较好的实施效果。

第四，作业研究的成果呈现。作业研究的成果是研究共同体同舟共济的意义所在。可以有多种呈现方式，比如学科作业设计资源库、相关论文、研究报告、调查报告等形式。抓住研究中发现的新问题，做更深入的研究也可以成为组建新的研究共同体的契机。

4. 积极推广校本研究成果，培育并推广典型

各级教育行政部门与各中小学要提高对作业相关研究的关注度，从典型案例中汲取宝贵经验，结合自身实际情况进一步完善相关政策、制度与方案，积极调度各界资源，充分发挥学校教育主阵地作用，切实提升作业管理有效性。①

校本教研的最终目的是提高学校的教育教学质量。对于广大基础教育工作者来说，最终要能把先进的理念、科学的方法、对教育教学规律的认识等研究成果转化为自身的教育教学生产力，才能真正解决自身的问题，提高教育教学质量。所以要将理念、要求和目标转化为具有实际操作性的行动策略和实践案例。其主要措施为发现典型案例，培育提炼核心并将之推广。

（1）各层级共同聚力。作业设计和管理是一项系统工程，需要专业引领和制度支撑。学校层面先进行专题研讨，制订工作方案，出台各学科作业设计与实施的指导建议和具体方案，邀请专家进行专题指导，在此基础上，各年级备课组选择相关主题开展作业及命题的专题研讨。如语文的整本书阅读手册、数学的《金穗成长手册》、英语的“项目化”作业等。确定主题后，在集体备课时开展作业设计研究活动。任课教师需要将对作业的思考落实到备课环节，使作业真正成为课堂的延伸和补充。

（2）树典型示范引领。广大教师受其态度、能力等多方面因素影响，追求教育教学研究齐步走很难，必然有先有后。作为成果推广的组织管理人员，确定一批热心教育教学研究的教师先推广应用，再以实际教育教学过程中取得的成果来激励其他教师参与到成果的推广运用中来。

学校打破年级和学科的界限，定期开展优秀作业展评，如以“学习单设计”“金穗习题设计”“单元作业设计”等为主题的成果展示和交流活动，借助典型案例，强化示范引领。学校积极引导教师科学设计作业，并将作业设计和管理作为全面评价教师教学质量的要素之一。引导教师反思操作成果的理论依据和思维方式，从而加深对教育教学规律的认识。可以通过案例、论文、教学随笔等方式进行反思。

（3）多形式推广成果。第一，以课题的方式推广成果。将成果推广的运作按课题研究的方式进行，成立课题组，进行方案设计、组织实施，在研究中

① 郭昕瑶．高质量作业管理的实施路径探索 [J]. 吉林省教育学院学报，2023，39（3）：161-167.

推广，在推广中研究。多课题组立项作业研究相关课题，并积极撰写相关论文案例，固化成果。

第二，以课程培训的方式推广成果。将科研成果转化为特色课程，并进行课程化推广。以语文学科为例，每学期各年级围绕一个单元深入研究，推出一单元符合新课标要求的精品作业设计，并以经验介绍和课程培训的方式推广设计的作业成果。再如综合了语文（观察日记）、数学（观察与测量）、美术（未来农业幻想画）、科学（科学配比基质土、拓展水培和营养液栽培）、体育（消灭害虫和丰收运粮）等学科的“我与植物共生长”跨学科综合实践活动课程，以课程的形式进行成果的推广。

第三，加强信息反馈，在推广中创新。“推广”实际上也是进一步的研究，推广应用成果绝不是简单的模仿和机械性照搬，而是一个对原有成果的吸收、内化、利用、改造，最终再造成果的过程。

在校本教研中开展作业研究并积极推广校本研究成果应该是广大基层学校教育科研工作的重要任务之一。实践证明，作业研究的校本教研推广活动是教师学习学科相关知识和科研基础知识，熟悉科研方法行之有效的途径。也是提高教师业务素养的途径之一，还是增强教师科研意识，形成学校作业问题教育科研基础，使教育科研扎根教师群体的土壤，壮大作业研究的校本科研队伍的有效途径。

第三节　学校加强作业内涵管理的方法

提高作业的质量，需要加强学校对作业的管理，形成保障高质量作业的管理制度。加强作业管理，不是简单地一统了之，而是从作业的全过程思考，实现作业的高质量管理。作业的设计在教师，统筹在学校，因此要先完善作业统筹机制。

一、完善作业统筹机制

过去，作业布置往往是从巩固知识技能的角度出发，例如学科教师在布置作业时，以传授学科知识的角度出发，学科间没有相互交流，彼此隔离，在布置作业时会产生作业量大、各学科之间内容或有重叠的情况；作业主要以基础练习为主，忽视学生能力水平的差异，不能满足不同能力层次学生发展的需求；有的教师甚至以练习册代替作业的设计，简单地布置了之。这些都需要进行作业统筹，以优化作业的布置，发挥作业的育人价值。

1. 严格控制作业总量

协调总量指的是根据学生年龄段，从整体上设置学生作业的上限。“减负”之“减”，要切实减轻作业量多带来的负担。量减，来自集体改变，更来自精准管理。学校通过常态作业监控来督促各年级的总量控制，用“班科协调家庭作业实践安排表”来整体调控高年级各学科作业布置的“整体运营”。整体科学安排，更需要专人专项的协调调度。学校规定以各班班主任为第一负责人，进行班科作业的整体协调，给每个班配备“家庭作业记录本”。同时要求，科任教师要有“互让”意识。每日班级的整体作业单上，首位布置作业的教师留有余地，末位布置作业的教师让路减量，由班主任负责控制整体作业量“不超载”。对此，学校建立作业审核四级监管机制，教学副校长监管全校作业内容、作业总量，学科主任监管各学科作业总量、完成情况，行政组长、教研组长监管本年级不同学科的作业总量，班主任、学生、家长监管本班作业总量。

2. 合理调控作业结构

学科协调指的是在学科教研中，尤其是语文、数学、英语学科，每周都会讨论、确定作业布置清单。对各学科常见作业类型的作业时速进行调研，以抽样调查的形式请家长反馈学生每天完成作业的总时长，精准把握对于不同学科中不同层次学生的作业常规速度，做到心中有数。但是各学科之间并没有进行相互的调控，导致有些时候各学科的作业结构比较单一或者又特别丰富。因此，仍然需要加强各学科之间的合理分配和合理调控，也需要班主任带领“作业监督员”加强班级学科教师之间的合理分配和合理调控。

3. 建立作业公示制度

学校建立作业公示制度，确定公示的形式、公示作业的内容、公示作业的用时等，接受家长与社会各界的监督。学生的家庭作业可以公示在学校的网站或者以微信推文的形式进行推送，学生每日及节假日的作业可由信息员在教师下班前更新完毕。公示的作业内容要表述清楚，应包括具体的年级、班级、学科，作业所在的书本名称、页码、完成形式等。公示的作业时间要严格按照规定进行，一、二年级不布置书面家庭作业，三至六年级书面作业平均完成时间不超过60分钟，每周至少安排一天无书面家庭作业。为锻炼学生的作业自主管理能力，学校要求学生坚持作业“记事”，对于低年级作业进行记录指导。在必要的情况下，学校会每天对班级作业进行整理，并发送至家长手机上。

4. 设立三级作业管理体系

（1）三“员”同管理，流程清晰。各班设置学生“作业监督员”，每天向科任教师反馈各科作业信息，协调作业量，避免作业“扎堆”。在作业完成的过程中，如果学生反馈作业量超标、设计不合理，“作业监督员”就会向科任教师反映学生对作业的意见和建议。各学科设置“作业监控员”，由各年级学科备课组长担任，统筹规划本学科作业项目，包括分层作业、常规作业、个性化作业、探究作业、实践作业等。学校设置“作业督察员”，由督学担任，统筹安排各年级、各学科作业形式，不定期对各班作业形式及作业总量进行督察，对发现的问题及时处理并监督整改。

（2）一“栏”两“本”三“反馈”。每学期开学在黑板上专设“作业布置栏”，其中包含本次作业的预估时间。专栏的设置可规范教师的作业布置，方便“作业监督员”及时与科任教师沟通并督促教师调整作业量。学校还设计了“作业监督本”，每班“作业监督员”用“作业监督本”对每日作业内容、时长进行监督，如果时长过长则及时与任课教师沟通，严格把控作业时长。为保证学生能够尽可能在学校完成作业，也为减轻学生、家长的负担，学校设计并运用“作业完成情况登记本”，鼓励学生在校完成作业，并奖励能够在校完成作业的学生。“作业监控员”根据“作业监督本”“作业完成情况登记本”的记录情况，先对本月作业情况和下月作业布置进行整体把控和调节，再反馈给“作业督察员”。“作业督察员”在每月末召开“作业监督员”会议，了解各班作业情况，督查学生的“作业监督本”“作业完成情况登记本”的填写情况，并对作业的整体情况进行督导、反馈，形成月减负报告（本月作业布置基本情况、应用结果分析、优化完善建议、总结），反馈给全体教师，督促教师对教学进行相应调整。

二、优化作业批改与反馈

“双减”背景下的作业评价需要贯彻全新的评价理念，注重对学生的思维、德智体美劳综合素质的考查。因此，教师要转变对作业评价的认识，学校要加强对作业批改和反馈的要求。

1. 作业全批全改

教师对所布置的作业要做到全批全改，对于从作业中发现的问题及时反馈。教师在批改学生作业时，有时会发现学生某道题的错误率超过了 20%，这就需要教师进行班级集体的讲评。在班级集体讲评时，并不是只是教师把本题讲一遍或由某个学生介绍，而是呈现学生运用的错误方法，让学生分析错因，或将学生的正确方法和错误方法对比呈现，引发学生的深度思考。在批阅学生作业时，发现作业质量较好的，教师可以提出更高的要求，如换简便方法再做一遍；作业质量一般的，教师指出哪道题有错，并批注错因，简单提示，学生自行改正；对于错题比较多的学生，教师用红笔画出具体错误，利用课间面对面讲解错因，并找出同类题帮助学生进行练习巩固。学生找教师面批改错时，作业质量一般的，教师要用简短的语言说出错因；对于错题比较多的学生，教师要随机抽查，让学生把某道重点题再讲一遍他是如何思考的。全批全改，及时反馈是作业批改与反馈的底线。

2. 作业评价方式的创新

在全批全改的基础上，作业突破传统的分数、优良等单一的评价形式，文字上从原来的量性评价逐步转变为描述性评价，如“你真棒！”“恭喜过关！”“继续努力！”等；符号上从原来的五颗星、三颗星变为画笑脸、盖大拇指印，以及各班级特色班徽的评分设计。新的评价方式能够激发学生完成作业的兴趣，提高作业的效果。

3. 评价维度的多元化

新形势下的作业评价功能是多元的，应该从单一的只针对知识掌握的评价，提升至多元的对能力和情感的评价。如设计四年级假期作业时，可以借助项目式学习，设计“灼灼莲　亭亭出”的研究性活动，通过种莲花、学诗词、做美食、学歌曲等活动，在评价时通过自评、家长评、学生评、教师评的方式，针对“能自觉主动参与研究活动”“能查阅有关莲的资料并制作成小报”“能记录游览时的所见所闻所想”“能观察并测量绘制折线统计图”等评价维度对学生的学科知识综合运用及观察表达、获取信息等学习能力进行多方面的评价。

4. 师生都要建立“错题本”体系

教师要注重对作业中发现的问题进行收集、整理、反思，然后深入分析作业的过程表现，研究、归纳学生的共性错误，分析错因，为讲评作业和改进学习方法积累资料。横向比较可以发现教师在课堂教学中的漏项，纵向比较可以发现学生学习中的薄弱项。学校还应努力打造资源库平台，基于数据的个性化学习最佳路径，从电子化自动错题本入手， 错题组卷，大数据平台自动收集、积累学生作业和课堂互动错题，生成错题集和学生学科知识图谱，降低纠错的教学时间成本，提升教学质量。

5. 重视作业反馈

落实作业批改后的反馈，提倡面批作业和集体反馈。面批是一种“一对一”有针对性的批改形式，虽然耗时，但是很有效，可以积极运用，特别是对学习有困难的学生。集体反馈，不仅是反馈普遍存在的亮点和不足，还需要树典型，更要提出需要努力和改进之处，给学生“做好这一类作业的方法”，而不是泛泛而谈。加强作业的针对性指导，对个别学生、个别问题展开针对性交流。要引导学生根据作业批改结果分析存在的问题，更好地开展后续学习。

6. 研究监控跟进作业

学校各教研组要创新教研方式，加强作业与评价研究，用课题推动作业评价反馈的研究，及时总结和推广各学科教师作业的典型经验。学校要完善备课组制度，将作业设计与实施情况分析纳入日常教研；开展以作业与评价为主题的校本研修活动，帮助教师掌握作业设计、命题、批改分析、讲评等技能，提高教师运用作业与评价促进学生有效学习的能力。

三、家校社协同联动，共同发挥作业的育人价值

1. 宣传作业管理政策措施，聚焦作业育人价值，转变传统观念

学校借助多方途径和资源，通过家长会、家访、家长信、教师与家长的在线沟通等方式，向家长宣传国家对作业管理的政策，学校对作业变革采取的一系列措施，消除家长的疑惑和不解，消除作业“内卷”焦虑。更新家长作业观念，转变他们对作业的传统认识，强调作业在学科育人、活动育人等方面的全新价值，获得家长在作业领域对学校的信任和支持。学校开放与家长、教师、学生的交流对话渠道，构建健康的育人生态，让学生作业凝聚关爱和智慧，成就学生愉快的学习之旅。

2. 接受家长与社会的监督，拓宽作业公示范围

学校建立作业公示制度，确定公示作业的形式、公示作业的内容、公示作

业的用时等，接受家长与社会各界的监督。学生的家庭作业可以在学校的网站公示或者以微信推文的形式进行推送，学生每日及节假日的作业可由信息员在教师下班前更新完毕。公示的作业内容要表述清楚，应包括具体的年级、班级、学科、作业所在的书本名称、页码、完成形式等。公示的作业时间要严格按照规定进行，一、二年级不布置书面家庭作业， 三至六年级书面作业平均完成时间不超过 60 分钟，每周至少安排一天非书面家庭作业。学校还可以设专门的信息员每天对班级作业进行整理，并发送至家长手机上。

3. 家校动态监测

家校动态监测，每周以问卷调查、每月以电话访谈的形式，根据学生的实际情况了解当月的作业情况。学校还通过家长委员会、家长学校等多种渠道引导家长形成正确的作业观，每学年举办 1—2 次专家讲座或辅导，指导家长根据孩子的个性特点、成长规律与发展需求进行学业规划和职业生涯规划，合理安排学生的业余生活，避免给学生造成过重的校外学习负担。加强家校联系，培养学生良好的作业习惯，加强作业的时间管理，关注学生学习能力的发展。

4. 家校社共育，借助体育类、劳动类作业，提高学生综合素养

活动类作业的开展离不开家庭、社会的支持和帮助，为进一步提升学生综合素养，积极落实“双减”政策，学校将劳动、体育作为“五育”融合的突破口，实现学校、家庭、社会协同育人，增强学生身体素质，提升学生的劳动素养，培养学生健康、劳动等习惯。例如，学校通过让学生参与清洁、烹饪、手工等家务劳动，抓住衣食住行等日常生活中的劳动实践机会，发挥家庭在劳动教育中的基础作用，把在学校学到的劳动技能在家里进行巩固和实践，服务于家庭，提升学生的责任意识；学校采用线上教育的方式，把坚持体育锻炼一小时的理念延伸到家庭，通过“金穗展示平台”、体育类软件等，学生积极参与到劳动类、体育类的作业中。家庭成为学生劳动实践的最佳平台，家长与学生开展体育类、劳动类亲子互动，增进了亲密关系，激发了学生的参与热情，提高了学生的综合素养。

5. 整合多方优质资源，发挥各类作业最大的价值

教育数据资源作为教育领域系统变革的工具，将会成为学校最宝贵的资产。教学中的教育资源，是师生之间进行教与学活动的基础，是支持教师课前、课中、课后不同教学场景所需要的资源，是学生实现自主学习的有力支持。学校将这

些学生学习的资源与表现，及时反馈给家长，形成教育的合力。

社会即学校，生活即教育，教育的有效实施自然离不开家庭、社会的配合。许多探索类、实践类、劳动类的作业需要家长和社会的广泛参与，以发挥其最大的育人价值。例如，学校联合家长和社会共同参与劳动教育，邀请家长进入校园，走进课堂，开展亲子种植、亲子劳动；联合农科院社区、北下关街道办事处，与国家农业科技创新园、农科院蔬菜花卉研究所等单位合作，挖掘学校周边院所和社会组织，鼓励学生积极参与“绿色啄木鸟”“闲置物品交易会”等公益劳动，在服务他人、服务社会中弘扬劳动精神，教育引导学生崇尚劳动、尊重劳动，长大后能够创造性地劳动。这些实践类的活动就是学校、家庭、社会为学生共同搭设的作业平台。

第四节　建设校本作业体系的策略

校本作业体系是指在尊重学生发展差异的前提下，根据学生不同的发展程度设计分层作业。其中包括对学生进行分级的策略、对作业进行分级的策略、对教学进行分级的策略、对评价进行分级的策略以及在前四者基础上对校本作业体系进行保障的策略。

一、对学生进行分级的策略

在对学生进行分级的时候，要先充分地了解学生的差异性，再对其进行多维度的分级。不仅如此，随着学习活动的展开，还要结合现实情况不断进行调整。对学生进行分级策略的研究主要有两个方面：一是学生分级依据的研究；二是学生具体分层情况的研究。

在进行关于学生分级依据的研究时，需要教师采取多种方式对学生情况进行大量且细致的调查，在此基础上对学生进行分级。依据调查结果，对学生分级的依据可以分为三种：第一种是根据学生的学习成绩进行分级，这种分级被称为硬性分级，它的优点是分层比较公平，缺点是比较单一，没有考虑到学生其他方面的因素；第二种是依据学生完成作业的情况来进行分级，这种分级被称为软性分级，它的优点是可以照顾到学生的心理因素，不足之处是可能导致学生在完成作业时产生懒惰心理；第三种是从多种因素出发对学生进行的弹性分级，这种方式不适合运用到全体学生，它不能对学生进行明确的分层，而是要在与学生沟通的基础上，产生弹性空间。基于以上三种分级方式，教师可以在低年级以软性分层为主，它可以激发学生对学习的主动意识；高年级学生以硬性分层为主，这有利于形成公平公正的学习氛围，并将弹性分层作为补充，以期关注到个体的差异性。

在进行学生具体分层情况的研究时，教师会依据每一名学生的具体情况，提出具体的分层等级。根据每名学生的学习能力、学习品质和学习兴趣，将其划分为三个发展层级。反应一般，学习兴趣不高，学习基础薄弱，欠缺刻苦学习精神的学生，可以划分为第一个发展层级；反应较快，但学习成绩不够稳定，具有较大发展潜力，但刻苦学习精神不足的学生，可以划分为第二个发展层级；反应敏捷，学习成绩优秀且稳定，具有刻苦学习精神的学生，可以划分为第三个发展层级。值得注意的是，这些发展层级的划分，并不是一成不变的，而是要依据学生的发展，结合实际情况，动态调整。

二、对作业进行分级的策略

在完成对学生的分级的基础上，可以对作业也进行分级。根据学生的分级，教师可以对不同发展层级的学生所需要完成的作业进行分级。将作业也分成三个等级，包括模仿性作业、理解性作业和探究性作业。

对第一发展层级的学生，以模仿性作业为主，层次较为简单，主要方式为朗读、抄写、仿写等，使学生通过复习书本知识就可以顺利完成作业。以统编版语文六年级下册第五单元《真理诞生于一百个问号之后》为例，这篇课文通过三个科学发现的具体事例，向人们展示了科学家是如何敏锐地抓住常见的或不为人注意的现象，不断发问，反复实践探索，进而找到真理的。本单元的语文要素是“体会文章是怎样用具体事例说明观点的”，旨在引导学生初步了解论说类文章常见的表达方法，使学生不仅要敢于表达自己的观点，还要有理有据地论证观点。课堂学习后，学生可以仿照课文的写法，用具体事例说明观点，巩固、运用本课所学知识，首先确立自己想要说明的观点，其次围绕观点初步选取事例，最后通过小组交流、互相评析的方式来完成此次作业。

对于第二发展层级的学生，以理解性作业为主。在教学北师大版数学六年级“圆”这一单元时，教材内容可以为学生演绎推理能力的发展提供良好的载体，所以教师在教学时，围绕圆的概念本质“圆是平面内到定点的距离等于定长的点的集合”进行作业布置，促使学生通过演绎推理的方式深入探究圆的特征、圆的周长和面积，既培养学生的结构化思维，又发展学生演绎推理的能力。作业设计时可创设如下情境：《埃涅阿斯纪》中记述了这样一个故事，狄多女王在国家发生动乱以后逃到了非洲，她乞求当地的土著首领给她一些土地。她说自己所求的只是一张公牛皮所能围起来的地方。这似乎是一个很微小的请求，首领便答应了她。精明的女王把公牛皮分割成细细的条子，并决心用它围出一块最大的土地。她围出了一个圆，并在此建立起一座城市——毕尔萨（意为牛皮城）。由此引出问题：当圆和正方形的周长相等时，圆的面积总是大于正方形的面积，请你想想，要说明这个问题需要借助哪些知识和经验？你会怎么说明这个问题呢？本项作业包括简短的阅读材料和需要解决的问题，可以把这项作业作为单元教学设计的起点，引领本单元的教学。学生一边学习“圆”的相关知识，一边回忆和积累关于图形学习的经验，如感知和理解图形的特点，周长和面积的相关概念以及计算方法的由来。在明确计算方法的基础上，了解周长、面积的获得方法，理解公式。在课时教学结束后，让学生借助先前积累的经验，运用所学知识来完成这道题，不仅仅要让学生准确熟练地掌握、灵活运用基础知识，还要让学生把学过的知识系统化，更深刻地理解概念、原理，提高分析、解决问题的能力。

对于第三发展层级的学生，以探究性作业为主，它通过学生发现、分析、解决问题的模式来获取知识、提升能力与综合素养，强调对所学知识、技能的实际运用，注重学习的过程、学生的实践体验与合作探究。所以在评价时要采用多元化的模式，不仅要关注知识与技能，更要关注过程与方法、情感态度与价值观。要全面考查学生的学习情况，激发学生的学习热情和合作探究能力，促进学生全面发展，让学生在评价中得到教育、改进和提高，增强自信，不但要促进学习上的进步，而且要推动人的潜能的开发。在设计此类作业时，应当多采取交流、辩论、展示等形式，还要加强多学科的融合。例如在教学统编版语文四年级上册第七单元“家国情怀”后，学生了解到不同历史时期的人们在家国大义面前的不同风采，由此，教师可以设计拓展性作业，让学生从书本走向生活，设计“走访身边名人”的活动。由学生设计采访环节，推敲采访时提出的问题，记录采访成果，推荐一位身边的名人，并为他设计一张人物名片。需要强调的是，在对作业进行分级设计的时候，一定要依据学生的实际情况、实际需要加以调整和变通，关注学生的学习风格和学习能力的差异，努力使每一名学生在不同的基础上都可以得到进一步的发展。又如从传统意义上讲，体育是没有“家庭作业”的，在理论上体育学科虽然也需要复习、巩固和加深理解，但其复习、巩固的方式不同于其他学科。体育是通过身体练习，习得运动技术的一门学科，需要一定的运动场所、设施和器具，甚至团队合作才可进行，所以受多方面条件限制。另外，运动学科具有一定的技术性，需要体育教师的专业指导、保护与帮助，学生独立做存在安全隐患，因此布置体育家庭作业时需要遵循因材施教、安全性、全面性、循序渐进、趣味性、可操作性等原则，才能有效地延伸体育课堂，帮助学生掌握知识和技能，促进体育课堂教学的高效开展。五年级的学生，思维活跃、想象力丰富，好奇心、表现欲比较强，具备一定的探索、自主创新的能力和勇于竞争的意识，他们有一定的跳长绳的基础，但是技术掌握不到位，因此教师设计了探究类的作业：学生能够说出跳长绳的动作名称，通过实践和合作探究，在“8”字跳长绳的基础上，进一步探究出交替穿梭跳长绳的路线和方法，并学会画出相应的路线。掌握相应的上绳顺序；能够合理分工进行跳长绳练习，做到摇跳配合，能够在同伴面前进行展示；能够在练习过程中，主动与同学交流，发现同伴上下绳的路线问题，积极与同学探讨问题的原因，并找到正确的方法，帮助同学掌握穿梭跳长绳的动作技术方法；能够在现有学习的基础上，进行展示和比赛，事后客观进行自评、互评，表现出良好的参赛礼仪；还能进行小组合作探究，创编出多种跳长绳的方法，比如跳方阵等。这项探究类作业“穿梭跳长绳”，促使学生进一步掌握上下绳、起跳的时机、顺序以及跑动的路线，并创编出多种跳长绳的方法。

不仅如此，对作业分级的策略还可以灵活运用，例如由发展层级最高的学生为第一、第二层级的学生讲授作业，这样既可以使学生获得成就感，也能够让其巩固自身的知识与技能，更可以促使不同层级的学生得到进一步的提高。

此外，在进行作业分析时，要遵循层次清晰、梯度完整和灵活调度的原则。设计分级作业时，要关注单元整体，层层递进，体现出由学习到迁移的过程。作业不仅要起到巩固复习的作用，还要具备引导学生学习、推进、拓展学习活动的作用。作业设计要随时根据学生的实际需要加以调整和变通，满足不同层级学生的个性需求，在不同的基础上均得到发展。另外，作业承载着评价功能，教师应当通过作业诊断学情，从而改进教学，不断调整、完善对作业进行分级的策略。

三、对教学进行分级的策略

建立校本作业体系必然会给教师的教学带来改变，教师会更加重视学生的发展差异性，由此制订不同的教学目标。但是受限于班级授课这种教学组织形式，目前尚不能将全体学生划分为不同的等级。因此在教学的过程中，就需要教师制订一些特殊的策略。日常教学中，教师普遍采用的是对作业进行面批和抽检两种批改方式，有研究者提出了具体的教学分级策略。

以抽检策略为例，对于第一发展层级的学生，应当采取每天抽检的方式，督促学生尽快掌握每天所学知识；对于第二发展层级的学生，可以采取隔天抽检的方式，给予其自主学习的时间和空间，引导学生自主完成作业、检查作业和评价作业，提高其学业水平；对于第三发展层级的学生，可以再延长抽检时间，比如每周一抽检，以此促进学生学习习惯的巩固，进一步养成良好的思维方式。

关于面批策略，目前教师批改作业的主要方式是指出错误、评分或者打出等级，而绝大多数学生喜欢的批改方式是在其错误旁写批注，指出存在的问题以及解决问题的思路或方法，这表明了多数学生是期望能在他人的引导下通过自己独立思考解决问题的。为了满足学生的实际需求，可以采取个别化辅导、同学互助、“小老师制”等方式来给予其帮助。例如第一层级的学生可以由第三层级的学生来进行面批，然后进行讲授；第二层级的学生可以由教师每天面批，关注他的学业水平变化；第三层级学生可以与教师进行面批方法的讨论，制订更加适合自己与其他同学的面批内容与方式。

在教学中，教师可以采取分层作业的方式来进行教学。例如把作业划分为基础知识训练、扩展知识应用和解决问题三个层级。通过设置必选题和自选题的方式来布置作业，这样就从数量、质量、形式上形成了平衡的状态，既缓解了学困生的心理压力，又提高了中等生和优等生的创造性和自信心。这种弹性作业最大限度地满足了每一个学生的学习需求，最大限度地发展了每一个学生的智慧潜能，不仅关注学习上暂时有困难的学生，而且能够为有特殊才能和爱好的学生提供更多发展的机会。教师布置家庭作业时要根据学生的年龄特点和知识水平来确定作业的数量、难度和形式，不管布置什么作业，都要以提高质量、减轻负担、培养兴趣、发展能力为目的。教师可以对不同的学生提出不同的作业要求。作业既要有统一的要求，也要有选择的余地。例如，在设计关于圆的周长和面积作业题时，进行分层设计：一个圆形环岛的直径是20米，中间有一个半径是5米的花坛，其余地方是草坪。（1）花坛的面积是多少？（2）环岛的周长是多少？（3）草坪的占地面积是多少？（4）如果每隔2米栽一棵树，最多能栽多少棵树？其中（1）（2）小题涉及基础知识，所以规定是必做的；（3）（4）小题是能力培养方面的，规定所有学生可以选做。这样设计的作业由易到难，层层递进，给了学生选择的范围，提供了自由度，使学生能够根据自己的能力自由选择作业。

不仅如此，我们在教学中要多布置一些实践性作业，让学生自主选择，借此激发其完成作业的兴趣，充分发挥学生的潜能和创新能力。实践性作业能够充分利用学生优势，考虑学生的兴趣特长，充分发挥学生的创新思维和个性特点。例如，在学习了“My friends”一课之后，教师可设计以下实践性作业：（1）爱绘画的你，不妨根据好朋友的特征画一画你的好朋友；（2）爱唱歌的你，不妨用你动听的声音唱一唱歌曲“Friends”；（3）爱写作的你，不妨用英语写一篇小短文，介绍一下你的好朋友；（4）爱表演的你，不妨把课文改编成英语短剧，表演给同学看；（5）爱观察的你，不妨好好观察一下你的好朋友，找出他们的特点，设计成小谜语，让同学们猜猜是谁。以上5种作业，学生可根据自己的能力、兴趣任选一题或几题。作业包含了唱、演、画、讲等多种形式，既打破了传统机械的书面作业形式，又给学生展示自我的舞台，有利于学生创新思维的发挥。灵活多样、趣味化和弹性化的实践性作业为学生提供了自主选择的空间，作业不再是被教师强迫完成的任务；自己选择作业任务增强了学生的自主感、投入度，“我要学”的心态得到强化；在自愿投入的过程中学生充分感受到了快乐，收获更多。

针对不同层级的学生，在教学中设计综合性学习的作业，会使得每一名学生都能够得到更加全面充分的发展。例如在教学“汉字真有趣”这一单元时，可以让学生组成学习小组，自主选择研究主题，进行小组内的合理分工：每个人都要完成资料的搜集与整理，再结合自身特长选择研究与汇报的方式，共同撰写研究报告。在这个综合性学习过程中，每个学生都充分发挥自己的特长，善于文字表达的可以撰写汉字的历史，长于绘画的可以出画谜猜汉字，擅长信息技术的可以制作展示课件……不仅如此，在完成作业的过程中，学生之间要取长补短，充分地沟通合作，形成合力，进行跨学科的学习，将语文、美术、信息技术、数学等学科进行整合。总之，这种综合性学习使得层级不同的学生都能够得到充分的锻炼，他们的能力在完成作业的过程中均得到了锻炼与提高。

总而言之，对教学进行分级的策略必然会促使教师改变以往一成不变的教学方式。从学生的实际出发，设计更加灵活多样的作业，可以促进每一名学生更加全面地发展。这也使教师在抽检和面批这两种批改方式的基础上，更加关注学生的成长，把过程性评价和终结性评价落实得更加全面和灵活，通过自评、互评、师评、家长评等多种方式，促进每一名学生的全面发展。

四、对评价进行分级的策略

评价的目的是促进学生的学习和发展。因此，作业评价作为形成性评价的一种方式，是教师收集学生学习效果的必要途径。教师以此来检测学生的学习效果，进而反思、调整之后的教学方案。对学生来说，作业评价是对其学习成果的肯定，可以了解自己当前的不足和长处，以此来促进自己的学习。那么，教师就需要深入思考作业评价，在保证部分学生学习目标达成的基础上，也要能够面向全体学生，让所有人都参与进来，确保作业评价的公平性。因此，作业评价需要进行分级。对评价分级的策略是指批改同等难度的作业，对不同层级的学生应采取不同的评价方法，以此来实现评价的公平性。目前，各学科教师在作业评价设计方面，对不同类型的作业评价标准都进行了分级。学校定期开展校级作业展示，各学科将学生完成的特色作业在校园内展示，供学生互相学习。

比如英语学科的教师基于二十四节气这一传统文化主题，组织学生制作二十四节气古诗书签等相关实践作品。学生根据节气特点，设计自己的节气书签，文字内容需要包括该节气的中英文名称、反映节气特点的古诗以及相关图画等。该活动的评价主要是以学生自评为主，之后再在学校和班级进行展示。

对于喜爱表达的同学，英语学科六年级教研组对学生的英语学习表现通过英语戏剧展演的方式进行评价。学生通过小组合作，有感情地分角色演绎课内外小故事，可适当加入动作。这一部分的评价除了教师评价，还包括学生互评。学生借助评价表格进行评价。

为了更好地完成展示，在排练前，学生借助评价单，了解展演的形式、步骤及评价标准和维度。这一阶段，学生借助评价单，了解最后展演的要求，并借助评价单完成分工，为练习做准备。在练习过程中，学生借助小组排练评价表，进行评价和反思，评价表中含有本次排练的内容，对于不易解决的难点也有问题设置，希望学生借助问题，及时反思和调整。其目的和作用是帮助学生实现目标。而在展演过程中，学生则可以借助评价表从剧本选择、语言表达、表演感情、分工合作和服装道具等方面进行综合评价。

又如，为了激发学生学习古诗的热情，语文学科每学期会定期举行背古诗的活动。每个班级都有评比单，学生每完成一首古诗的背诵就可以得到一个章。因为评价方式是可视化的形式，学生可以清楚地知晓自己的完成情况，这无形中激发了学生主动学习的动力。课间，学生会自发组成小组互相帮助背诵。除了教师检查学生背诵、学生互查，学校还组织了高年级检查中年级背诵，通过不同方式来激发学生学习古诗的热情。经过一个学期的积累，学生借助诵读古诗，更加深入地了解我国的传统文化。

另外，体育学科为了激发学生的运动潜能，会定期开展不同类型和形式的比赛，满足不同学生的需求。为了增加趣味性，体育学科还定期开展如拔河比赛等趣味团体赛，激发学生自主参与体育活动的积极性，并在活动中培养学生的合作意识。学生在增强体质的过程中，又提升了自己的品质。

除了上述评价方式外，各学科教师在课堂中也通过评价量表等形式将评价分级。下面是具体的案例。

在数学学科实践类作业“写数学故事作业”案例中，教师将“请写出生活中你遇到的真实发生的数学故事”这一任务的评价，进行分级，具体如下表所示。

项目	等级			
	★	★★	★★★	★★★★
故事内容	能够想到生活中真实发生的数学故事，没能运用小数四则运算的数学知识来解决问题	能够想到生活中真实发生的数学故事，且运用小数四则运算的数学知识解决问题	能够想到生活中真实发生的数学故事，能较好地运用小数四则运算的数学知识来解决问题	能够想到别人想不到的生活中真实发生的数学故事，能恰当地运用小数四则运算的数学知识来解决问题

续表

项目	等级			
	★	★★	★★★	★★★★
故事情节	有运用数学知识解决问题的过程，但使用数学语言进行描述时有三个或以上的错误	有运用数学知识解决问题的过程，但使用数学语言进行描述时有一个或两个错误	有详细运用数学知识解决问题的过程；能正确使用数学语言进行描述	有详细运用数学知识解决问题的过程；能正确使用数学语言进行描述；故事的结尾有自己的分析与反思
故事表现形式	对版面没有设计且没能插入与故事相关的实际照片	对版面有一定设计，没能插入与故事相关的实际照片	对版面有较好的设计，能插入与故事相关的实际照片	版面布局合理、设计美观，能插入精选后的与故事相关的实际照片

注：每个作品最后的成绩为三项获得星星之和。

优：9星及以上；良：7星或8星；达标：5星或6星；待达标：4星及以下。

教师将具体的学生表现通过评星的方式体现，并对不同级别的评星还有具体的描述，以及对评星结果还有“优、良、达标、待达标”四个等级，让学生对自己的学习效果一目了然。分级评价，可以让不同层级的学生融入评价活动中。

在英语合作类作业“英文跳蚤市场活动”评价中，教师将学生完成作业的评价分为两个维度。第一个维度是根据学生在完成任务过程中的表现进行自评，如下图所示，表格中结合作业类型，凸显了小组合作及学科特点语言能力，考虑到学生是低年级段，采用了“符合”“基本符合”“不符合”等明确分级语言，让学生能够准确地完成自评。第二个维度是针对学生完成单元目标（跳蚤市场）的情况进行评价，在此维度中还增加了对学生学习态度和价值观的评价等。

我的过程性表现单

评价项目	评价标准	评价结果
小组合作	我能够主动带来闲置物品，与小组成员共同使用	符合　基本符合　不符合
	我能够胜任小组职责，合作完成任务	符合　基本符合　不符合
语言能力	我能够将物品标记出简单的英文名称，并合理标价	符合　基本符合　不符合
	我能够听、说本单元5个英文学具词汇	符合　基本符合　不符合
	我能够听、说、编写购物相关对话，如 Can I help you? Yes, please. I want to buy.../How much is it? It's ...yuan.	符合　基本符合　不符合

注：在对应结果后面画"√"。

我完成单元目标（跳蚤市场）的情况表

评价标准	评价结果
我能够在跳蚤市场中按规则进行买卖	符合　基本符合　不符合
我成功用英文交际，卖出小组商品	符合　基本符合　不符合
我购得了自己想要的商品	符合　基本符合　不符合
我是一个文明有礼的售货员／顾客	符合　基本符合　不符合

注：在对应结果后面画"√"。

体育类竞赛作业"快速跳绳——双人配合练习"的评价量规，如下表所示，结合体育学科活动特点，明确的量化指标可以方便学生了解自己的完成情况。另外，根据其作业内容，在之后的评价表中还将具体的跳绳方式、数量、合作者都进行了记录，学生根据实际数量参考评价量规表，监控和调整自己的学习效果。在具体的量化表格中，不同层级的学生都能根据自己的实际情况进行评价，确保了其参与度及公平性。

30 秒一带一跳绳运动评价标准表

评价内容	标准	30 秒一带一跳绳标准要求
运动能力	优秀	双人跳跃有同步，摇跳配合有节奏，能连续跳 50 个以上
	良好	双人跳跃有同步，摇跳配合有节奏，能连续跳 25—50 个
	合格	双人跳跃有同步，摇跳配合有节奏，能连续跳 15—25 个
	再努力	双人跳跃不同步，跳得低，摇跳不协调，双人节奏感差
健康行为	优秀	积极参与教学活动，练习认真，自觉养成锻炼的好习惯，自信心强，有配合
	良好	学习、练习比较认真，基本按要求完成各项作业活动，有一定自信
	合格	学习、练习不认真，不能按要求完成作业活动，缺乏自信
体育品德	优秀	练习中积极与同伴交流，相互帮助、纠正、指导，积极练习双摇跳绳动作
	良好	练习中能够与同伴交流，能参与双摇跳绳动作
	合格	练习中与同伴交流较少

家庭体育作业记录表

姓名：　　　　性别：　　　　年级班级：　　　　合作者：

两人并排跳		数量		运动等级	优秀	良好	合格	再努力
两人交替跳		数量		运动等级	优秀	良好	合格	再努力
一带一跳		数量		运动等级	优秀	良好	合格	再努力
交叉跳		数量		运动等级	优秀	良好	合格	再努力
新跳法		数量		运动等级	优秀	良好	合格	再努力

快速跳绳——双人配合练习评价表

评价项目		星级		
		一般（★）	较好（★★）	好（★★★）
模型外观				

续表

评价项目		星级		
		一般（★）	较好（★★）	好（★★★）
内部设计				

以上的作业评价案例中，教师都能根据学生的情况，将自评表进行有效的分级，有的还进行了具体的量化，方便学生能更客观地了解自己的学习情况。有的评价更能突出评价主体的作用，如数学实践类作业“收集关于火箭小知识调查”中，该活动的自评表分为作品评价表和组内个人表现评价表，在作品评价表中具体的评价量规由全班商讨确定，确保了学生是评价的主体，且评价内容和标准也是学生根据自己的情况分层制订。而组内个人表现评价表，教师不仅给出了评价方向，还根据层级的不同给出了具体的评价分数，让评价更具有指向性。

作品评价表

（该表评价项目细则由班级内部讨论得出）

评价项目		星级		
		一般（★）	较好（★★）	好（★★★）
模型外观				
内部设计				
汇报效果				

组内个人表现评价表

<table>
<tr><td rowspan="2">评价方向</td><td colspan="6">姓名</td></tr>
<tr><td></td><td></td><td></td><td></td><td></td><td></td></tr>
<tr><td>制作环节：
能跟着组内同学，可以理解任务内容（2分）；能在组内发表自己的想法，积极倾听别人的想法，做出合理的判断（3分）；能够在完成任务过程中建立知识的联系，总结经验，并能结合别人的观点表达自己想法（5分）</td><td></td><td></td><td></td><td></td><td></td><td></td></tr>
<tr><td>汇报环节：
能听懂别人的发言，并能通过别人的发言形成自己的想法（2分）；能通过别人的发言获得启示，并积极表达自己的想法（3分）；能结合别人的观点进行总结联系，表达自己的想法（5分）</td><td></td><td></td><td></td><td></td><td></td><td></td></tr>
</table>

五、校本作业体系的保障策略

综上所述，校本作业体系的建立和实施需要对学生、作业、教学、评价进行灵活细致的分级，还要为校本作业体系可能出现问题的地方提供保障策略。现有研究中，校本作业体系建设理论研究充分，研究者可以从实践研究的角度入手，为校本作业体系的建设提供可靠的实践依据。

基于以上内容，在实施校本作业时，可以提供的保障策略如下。

1. 理念的更新

在新课标和“双减”大背景下，作业质量的提高是课堂质量提高中的重要部分。从学校层面上，可以通过短期、长期培训渗透最新理念，为教师提供必要的支持。从教师层面上看，教师需要认真学习新课标，在作业中落实核心素养。首先，教师要转变对校本作业的认识，作业不仅仅能巩固课堂学习内容，也能体现课堂学习的效果。作业的设计应符合当下学情，贴近学生实际生活，能够让学生主动运用所学知识解决现实生活中的问题，让学生觉得作业不再是负担，而是促进自身成长的必要途径。因此，作业设计就需要教师具备较高的站位，对学生年龄特点、认知特点了如指掌。其次，在作业的内容设计上，也不能局限于死记硬背、机械重复等基础类作业。要根据学生的特点设计具有趣味性、挑战性、育人价值的作业。因此，教师作为校本作业体系核心的编写者，需要不断地学习及实施新的理念。在实施的基础上，根据学生的反馈及时调整作业形式或内容，实现作业的创新。学校和教师应该是相互促进的，学校为教师提供专业支持，教师根据自己的专业，通过学习、内化和实施来提升作业设计能力，进而让学生不再抵触和被动写作业，而是积极地参与、高质量地完成作业。那么，教师的最新理念就需要向下传递，教师应当作为主体带动学生和家长的理念更新。

由于家长不同的工作性质，他们对于校本作业体系的了解可能并不全面，或者还停留在自己上学时对于作业的了解上。那么对于家长教育理念的更新，是基于学生的表现来实现的。当家长看到了学生的进步，自然也就会认可同步的教育理念，也愿意倾听和接受。那么，建立学生展示的平台，也是确保家长更新教育理念的重要手段。如体育类竞赛作业“快速跳绳——双人配合练习”，教师通过学生的体育家庭作业记录单了解学生每天跳绳的情况，以此来追踪和监控其学习进程。不仅教师可以看到学生的进步情况，作为第一评价者，学生自身更是感同身受。另外，教师再通过软件给予一定的评价和鼓励，激发学生学习或练习的热情，进而引导其养成健康的运动习惯。在记录单客观数据的支持下，家长自然也会认同新型的作业理念。

此外，学生对作业的投入度和感兴趣程度也能帮助更新家长理念。如观察类科学作业中以“观察校园植物”为线索，融入了相关的三课内容，让学生在观察中了解校园植物，熟悉校园。在作业设计中教师结合学生年龄特点，设计了多感官观察作业，如在“这是谁的叶”一课作业中，学生通过“看、闻和触摸”三个维度将观察到的叶子进行记录。这一类型的作业深受学生喜爱，一年级刚入学的学生对校园充满了好奇，而作业设计恰好为他们提供了探索和了解学校的机会。完成作业的过程也很有趣，需要学生动手操作去发现。这大大提高了学生完成作业的积极性。在兴趣指引下，学生作业完成的质量也会提高，有的学生因为作业有趣，还会和家长分享，这些都是在无形中向家长传递了理念。

理念需要层层传递，学校和教师要认同理念，相互促进。教师理念的更新带动学生的转变，学生的转变带动家长的改变，由此形成良性循环。

2. 教师的分配

教师是校本作业的设计者和实施者。因此，在全员育人的基础上，所有学科教师都应参与到校本作业设计中来，群策群力。当然，学校也要根据作业设计角色的不同进行不同的分工。如作业设计之初应在教研组内进行讨论，之后根据作业内容进行分工，如有核心编写人、资源收集人、审核人等。这样一来，大家都能清楚作业的设计理念，在铺垫作业及回答相关作业问题时，教师也能更好更快地解答。

3. 学段间的差异

作业要符合学生的年龄特点，并基于教材和课标进行设计。那么在设计之初，教师就需要从整体出发，将学习内容结构化，明确相关内容之间的联系，找到其递进性。在设计作业的时候可采取分层方式，就像爬梯子一样，在不同年段的作业之间建立联系，引导学生慢慢进步。比如农科院附小英语学科从单元整体出发，设计单元作业，通过单元实践任务来考查学生对知识的理解程度，即学生在真实或创设的情境中，运用所学知识探究、解决实际问题。在人教版新起点英语（一年级起点）全套教材中，一年级、三年级、五年级均涉及饮食话题，下表是有关饮食单元内容的纵向梳理，饮食话题内容从谈论个人喜好、意愿，上升到给他人健康建议。其最终目的都是传播生活中要有健康饮食的观念，能够给自己和他人一些相关的健康饮食建议。为了完成这一目标，学生就得明确什么是健康饮食，要先认识人们每天吃的食物种类。另外，还得知道一些健康常识。因此这些单元是基于一个大主题分散在不同年段和单元进行的。那么，教师在设计不同年级同一主题单元作业时就需要关注其内容的连续性、进阶性，以及能力要求的差异性等。

课程标准话题	主题	教材单元话题	语言知识
健康饮食 Healthy Diet	Healthy Diet	一年级上册 Unit 6 Fruit	能谈论个人喜好 Do you like pears？ Yes，I do./No，I don't.
		一年级下册 Unit 4 Food	能表达自己的意愿 I'm hungry. I want noodles.

续表

课程标准话题	主题	教材单元话题	语言知识
健康饮食 Healthy Diet	Healthy Diet	一年级下册 Unit 5 Drinks	能表达自己的意愿 I'm thirsty. I want juice. Do you want water？ Yes，please./No，thanks.
		三年级上册 Unit 3 Food	能谈论一日三餐的饮食愿望 What do you want for breakfast？ I want some meat and tomatoes. They are（not）good for you.
		五年级下册 Unit 1 Keeping Healthy	能给出相关建议 What's wrong？ I drink a lot of juice. Now I've got a toothache. What should I do？ You shouldn't eat too much meat.

4. 学科间融合

同一学段不同学科间的作业体系，由于教学内容的不同，完成作业的形式和方式也不相同。但就某些作业来看，又具有相通性，可以进行一定程度的融合或迁移。那么，这就需要作业设计者提前了解跨学科相关内容，以此来辅助学生更高效地完成作业。如数学学科实践类作业“写数学故事作业”，这类作业就与语文的写作有一定的相通性。作业设计者在肯定了两者联系的同时，也明确了从数学角度看待生活的要求，让学生综合运用所学数学知识来解决实际问题。那么，从学生的角度看，其能力的提高不仅仅是数学上的，其表达和写作能力也会相应提高。由此看来，在某些作业设计上，需要体现学科之间的融合及能力的互通性。

5. 作业设计的分层处理

作业是评价教学效果和改进教学方式的重要凭证之一。作业的设计应该从易到难层层递进。如英语学科采取了单元式作业设计，将实践类作业作为整个单元学习的最终体现，并设计了相关的自评表格。为了帮助学生顺利完成实践作业，教师将作业层级进行了划分。如基础作业，包括词和主要功能句型的练习。

词的练习有根据情境写出相关短语或单词、猜谜语等形式来进行操练，功能句型主要通过情境中的对话来体现。对于拓展类作业部分，教师则补充了与单元内容相关的短文来拓展学生的相关知识。在完成这两项内容的基础上，最终通过实践类作业综合运用所学进行体现。

附 录

作业故事

为爱代言　以笔为媒
——架起亲子关系沟通的桥梁

当下，孩子与父母之间的矛盾成了家庭不和谐的主要因素。经常听到家长抱怨孩子不听话、不好管，也经常听到孩子抱怨家长不理解他们、跟不上时代……而让孩子谈谈父母对他们的爱，则更多地流于生病时照顾他们、上下学接送他们这种形式类的表达。由此不难看出，孩子与父母之间的矛盾主要就在于没有深入交流与换位思考，更多地集中在对家庭教育理解与需求的偏差上。怎样才能借助语文课堂引导学生充分地、切实地感受父母之爱，怎样才能借助教材资源，给予学生自由地、坦诚地与父母交流与沟通对“爱”的理解与需求的空间，怎样才能借助语文学科的特点，为双方打造对“爱”的表达的渠道，成了我一直在思考的问题。

统编版语文五年级上册第六单元中的《“精彩极了”和“糟糕透了”》一文就为我提供了尝试与实践的机会。

这篇课文是一篇自读课文，讲述了巴迪童年时期写了第一首小诗，母亲和父亲给予了“精彩极了”和“糟糕透了”两种截然不同的评价，这两种评价在他的成长中产生了深远的影响，作者从这两种截然不同的评价中感悟到了父母给予的爱。母亲的爱是“灵感和创作的源泉”，而父亲的“警告”则时常提醒自己“小心，注意，总结，提高”。作者不仅认识到两种评价对自己健康成长的必要性，而且认识到这两种看来截然相反的评价所蕴含的共同点，那就是爱。该课文的重难点就是让学生理解作者是怎样逐渐理解了父母两种不同评价中饱含的爱。

从语文要素的角度看，该课是安排在《慈母情深》和《父爱之舟》两篇精读课文后的自读课文，作为一篇自读课文，其设置旨在提升学生的阅读能力，促使学生成为积极主动的阅读者。根据本单元的阅读要素——“体会作者描写的场景、细节中蕴含的感情”，学生已经在两篇精读课文中由场景和细节描写入手，深入了解了写人抒情的写作手法。“语文园地”中的“交流平台”也提示道：要从字里行间用心品味场景与细节，更好地体会作者的思想感情。所以，该课在教学中除复习从精读课文中习得的阅读知识外，还要兼顾“用恰当的语言表达自己的看法和感受”习作要素的落实，接受“舐犊情深”单元人文主题的再次浸润。“用恰当的语言表达自己的看法和感受”这一习作要素的达成，要求学生能根据不同对象采取不同的措辞、语气，谈论不同的内容，表达自己的想法。所以在本次作业的实施中教师会策划符合学情的语境，为学生搭建实践的“语言场”，通过讨论、交流、比照、推论、预测、判断、追问等学习活动，促进多种阅读素养的融合与提升，为本单元整体学习任务的完成和习作内容的布置打下基础、提供素材。

文学阅读是让学生感受人物、体会真情、汲取语言智慧的根本手段。学生通过阅读走进文章，积累语言经验。同时也要走出阅读，挖掘文中的语言知识和情感价值，用自己的方式进行表达，实现语言与思维的同步发展，进行有创意的表达。每个父母表达爱的方式不尽相同，爱的故事更不可能相同。所以从文学创作的角度来看，虽然“感恩父母”是十分常见，甚至是颇为“陈旧”的写作题材，但是学生依然可以写出新意，写出真情实感。从课程教学的需要来看，教师也应在迁移应用阶段引导学生用文字表达爱、感恩爱，运用阅读积累的语言知识和技能，以恰当语言表达爱的肺腑之言，让感恩之心根植他们的内心深处。为了提起学生的写作兴趣，教师可以设计更新颖、有趣的形式让学生参与语言实践。以明信片的形式延续阅读教学的主要内容，借助文章中的关键信息进行语言重构，表达对父母教育的理解，很好地复现了阅读教学中学到的内容，表达了自己的情感。

为此，我尝试从以下几个方面展开这次作业的实践。

1. 作业目标

（1）引导学生在品读课文内容的基础上，感受巴迪父母对于他和而不同的爱。

（2）引导学生回忆自己的成长历程，寻找自己对于父母教育方式不理解的事件并重新分析与感悟，体会父母之爱。

（3）借助明信片的形式，抒发自己对于父母之爱的理解与感恩。

2. 作业内容

巴迪理解了自己的父母，你呢？老师为大家准备了一张爱的明信片，你想将它送给谁呢？你会在上面写下怎样的心里话呢？静静地想一想，请你在课下将这心里话记录在这张明信片上，偷偷地藏在一个地方，等着他（她）来发现吧。

3. 评价标准

（1）书写工整、行款整齐、语句通顺，能借助生活中真实发生的事表达自己的理解与感悟。

（2）能在过程中真实、准确、恰当地表达自己的感受，抒发自己对于父母之爱的理解与感恩。

（3）在表达时能够注意恰当使用“您、请”等敬语。

在实践的过程中，我又根据学生的实际表现考虑了如下内容。基于语文学科核心素养的学习任务群设计，应该注意处理好语文学科核心素养和语文学科知识、单元设计和课时设计这两类关系。首先，语文学科核心素养并不等同于语文学科知识，但是语文学科知识是培养学生语文学科核心素养的重要载体，其形成过程蕴含着语文学科核心素养。在开展任务群设计的时候，要把握在情境任务与活动中安排教学内容这一要义，使学生在学习的过程中不仅获得技能与知识，更实现了个人能力的养成，进而有利于落实语文学科核心素养。其次，进行学习任务群的设计并非对课时教学设计的摒弃，它只是从整体上进行单元规划，弥补了课时教学设计导致教学内容碎片化的不足。而且，基于语文学科核心素养的单元教学设计要依靠课时化的教学来实现。因而基于语文学科核心素养的单元教学设计要注意借鉴、吸收课时教学设计的优势，二者互相配合，使教学设计更具有针对性和可实施性。

在这节课的教学中，学生在“我读”的过程中获得“我感”，在“我写”的过程中完成“我的创造”，在拓展延伸中实现了二次阅读，完成探究创新，厚植语文课堂与自我成长的土壤，促进了语文核心素养的提升。需要指出的是，拓展阅读要根植文本、立足生本，注重拓展文本的数量和质量，引导学生注重挖掘教材文本与拓展文本之间的关系，从而有效发挥拓展文本对于教材文本的补充和提升作用。同时在教学活动中，能够紧扣学习目标，借助学习提示，让学生在自主、合作、探究的学习方式中通过理解重点语句、重点段落，感悟父母不同的表达爱的方式，起到了良好的效果。同时，锻炼了学生迁移运用的能力。联系之前在第二单元学习中已经掌握的快速默读、寻找关键词、带着问题读文章等提高阅读速度的阅读策略进行再实践与再运用，同时与本单元“体会情感、恰当表达”的语文要素有效融合，提升了学生阅读的“速”和“质”。在写作过程中，教师更应该注意真情实感的流露，杜绝“喊口号”“戴帽子”等空洞的情感表达，要引导学生在读与悟的基础上，发现生活中的真实事例、回忆自己的真实感受、抒发自己的真实情感。从小事入手、从细节着眼，回忆、判断、品味、抒发，完成情感的酝酿与表达。言，贵在精；情，贵在真。

从学生作业完成的实际情况来看，大多数人能够结合自己在学习和生活中的实际事例描述父母的教育方式，既能抒发自己最初的不理解，也能在最后感受到父母对自己的殷殷期盼。结合课文的学习，更能抒发真正的感恩之情。部分学生更是在练笔中提出了对于家庭教育中一些自己可接受、乐于接受又显然能够起到更好效果的方法。真正地将真实的事件、真实的情感紧密地结合在了一起。同时，学生也乐于将这次特殊的作业与家长分享，家长也对学生的真情流露给予了积极正向的评价与反馈，不少家长还利用便签的形式给学生回信，诉说了自己的心里话，亲子关系通过这次特殊的作业获得了稳固与提升。

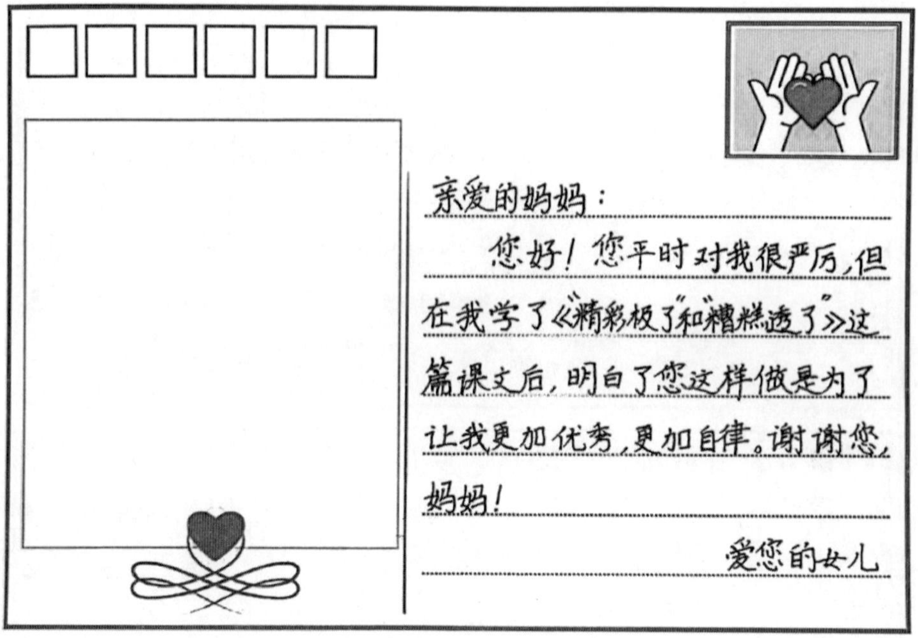

亲爱的妈妈：

您好！您平时对我很严厉，但在我学了《"精彩极了"和"糟糕透了"》这篇课文后，明白了您这样做是为了让我更加优秀，更加自律。谢谢您，妈妈！

爱您的女儿

亲爱的爸爸：

最近学业压力增大，每次我写口算时您总是要求我必须全对。这让我倍感压力，越有压力越写错，便陷入了恶性循环。今天我学了《"精彩极了"和"糟糕透了"》这篇课文，明白了您严格的背后是希望我越来越好的心，但我毕竟是个孩子，希望您能给我一个做错的机会。

爱您的女儿

2022年10月19日

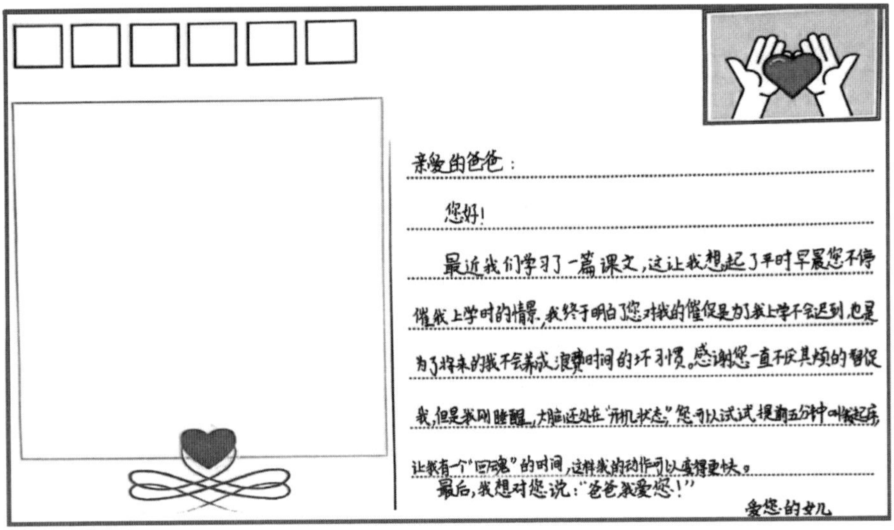
亲爱的爸爸：

您好！

最近我们学习了一篇课文，这让我想起了平时早晨您不停催我上学时的情景，我终于明白了您对我的催促是为了我上学不会迟到，也是为了将来的我不会养成浪费时间的坏习惯。感谢您一直不厌其烦的督促我，但是我刚睡醒，大脑还处在“开机状态”，您可以试试提前五分钟叫我起床，让我有一个“回魂”的时间，这样我的动作可以变得更快。

最后，我想对您说：“爸爸我爱您！”

爱您的女儿

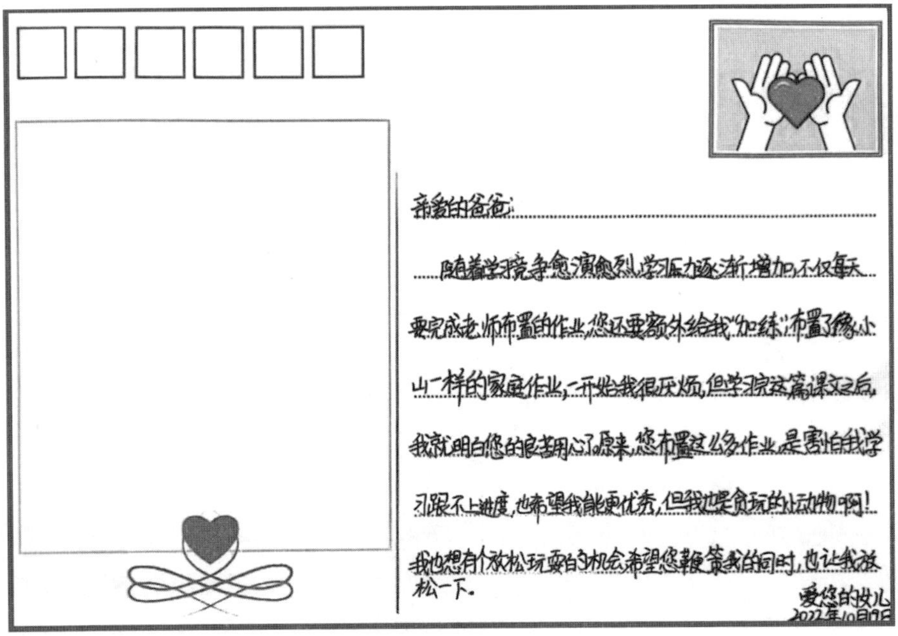
亲爱的爸爸：

随着学习竞争愈演愈烈，学习压力逐渐增加，不仅每天要完成老师布置的作业，您还要额外给我“加练”，布置了像小山一样的家庭作业，一开始我很厌烦，但学完这篇课文之后，我就明白您的良苦用心了。原来，您布置这么多作业，是害怕我学习跟不上进度，也希望我能更优秀，但我也是贪玩的小动物啊！我也想有个放松玩耍的机会，希望您鞭策我的同时，也让我放松一下。

爱您的女儿

2022年10月9日

但也有极少部分的学生仍然存在着对于父母之爱理解得不够深入，对于事件的描述过程、细节不清晰的情况。

不过总体上来看，这次作业的完成效果基本上达到了预期的目标，学生在感悟与表达的过程中体会到了父母之爱的良苦用心，这次作业成了学生与父母间沟通的桥梁。

（本文作者：王硕达）

“我眼中的最美家乡”

——贴近学生生活的英语实践作业

作业是检测学生学习成果以及教师进行评价、反馈、进一步设计课程的重要依据。新课标强调要整合课程内容，推进单元教学，这也指示我们要进一步探索单元作业设计。从单元整体视角出发，是提高作业质量的途径之一。站在单元之上教师才能看清全局，摸清教材中的脉络，为学生设计质高量少、最符合教学目标的作业。通过作业发展学生语言能力，培育文化意识，提升思维品质和提高学生的学习能力，让学科核心素养培育落到实处。

2022 至 2023 学年第二学期开学初，一进教室我就听到同学在谈论寒假的一些有趣的见闻。有人说：“这个寒假我终于回老家了，我们老家的贴饼子可好吃了！”还有人说：“我也回去了，我们东北老家可冷了，我跟哥哥姐姐们去滑雪了！”政法路的学生大部分都是非京籍学生，很多学生在寒假期间都跟随父母回老家过年了。他们谈论自己家乡时，脸上都洋溢着自豪的微笑，他们对于家乡的热爱难以言表，家乡的有趣见闻更是多得数不过来，恨不能跟同伴说上一天一夜。于是我也加入了他们的聊天大军：“你家乡是哪儿的？你最喜欢你家乡的什么季节？你家乡有什么特色小吃？……”我通过调查发现，自己所教的六年级三个班的学生来自五湖四海，有甘肃的，有福建的，还有河南的。既然学生来自祖国的四面八方，那不如就让他们用英文介绍一下自己的家乡，让更多的同学了解家乡的美。那么我要通过什么方式，引导他们从哪些方面介绍自己的家乡呢？

正巧六年级下册课本有一个单元的主题是“Nature and Culture”，涉及的内容也比较多、比较杂，有季节、气候、节日以及动物等，那如何将碎片化的信息巧妙整合成完整的知识体系呢？通过语篇分析我发现，“Nature and Culture”中的“and”不仅仅是并列关系，这两者中间也存在一定的关联。文化与自然是相融的，不能孤立来看，于是我想到了学生谈论的家乡话题，我能否把家乡作为这个单元的主线呢？于是我再次梳理单元内容，同时结合学生生活实际，将本单元的季节、节日以及动物等内容进行整合，融入学生的家乡，从家乡最美季节入手，到家乡特有的动物以及家乡特有的节日，最终形成本单元实践任务“我眼中的最美家乡”，尝试让学生构建自己的知识体系，将单元实践任务渗透到每课时中，最终达到综合运用语言的目的。

在学习本单元前，我首先了解学生的实际情况，通过调查问卷了解学生的家乡在哪里，以及学生对于自己家乡的了解程度，这样有利于学生在学习本单元时更有针对性和连续性。其次为本单元设计了针对实践作业的思维导图。该思维导图贯穿整个单元，结合教材，学生可以根据每节课所学内容进行补充以及查阅相关资料，完善自己的思维导图，以便后续能更好地完成单元实践任务。

在单元学习前，先让学生对本单元所涉及的词汇进行知识梳理，完成相应的思维导图。

在学习过程中，每课时都会对应思维导图的一部分，让学生结合自己生活实际进行梳理，为单元实践任务做准备。最后学生根据思维导图，完成以“My Hometown in My Eye”为题的实践任务。

在实施的过程中，我们也发现有些能力比较弱的学生不能面面俱到，只能完成其中的某个部分。因此我根据学生能力的不同，布置了分层作业。例如，能力较弱的学生只需要完成家乡的某个方面的介绍，如季节或者是天气等；能力中等的学生可以选择2—3个方面完成；能力强的学生则可以根据自己查阅的相关资料从多方面进行介绍。

在完成作业过程中我还发现，大多数学生只有在寒暑假才会回到家乡，在家乡待的时间有限，不能很全面地了解家乡，有的只是听家长的描述，并未亲身体验过。于是我就利用信息技术帮助学生查阅资料并教授他们如何查阅资料，例如，各个地方的特有的动物有哪些、当地的民俗活动有什么等。但是我的帮助还是收效甚微，许多学生都会面临着相同的问题，如家长限制使用电子设备或者家里没有网络等。针对这些问题，我开始寻求家长的帮助，做到家校合作。首先，针对家长限制学生使用电子设备的时间，我同家长进行沟通，商量能否在家长监督的情况下在周末让学生使用电子设备查阅相关资料。其次，家里没有网络的学生，上学时可使用学校电脑进行查阅资料等。学生通过学习，不仅更加了解自己的家乡，而且能发现家乡的美。

在最后的分享活动中，大部分学生能够较好地展示并介绍自己的家乡。通过分享，也让学生对其他同学的家乡有所了解。但是在展示中也出现了一些小问题，如受语言表达所限，学生不能较好地用英文表达所想，因此在教学中还应多关注语言的学习。这次作业设计让我觉得我们的作业其实要从学生实际出发，结合他们的实际生活，让学生有话说，愿意表达，喜欢表达，主动表达，真正实现语言实践活动的目的。这样才能发展学生的语言能力，培育他们的文化意识，提升他们的思维品质和学习能力，让学科核心素养培育落到实处。

针对单元作业，我也制订了相应的评价标准，学生可以对照标准进行自评、互评，与同伴进行分享。让同伴了解自己的家乡，也为自己的家乡做宣传。

评价标准	评价结果
我能朗读本单元所学的与季节、节日、动物等话题相关的对话、语段和配图故事	
我能就自然和文化的话题与同伴进行简单交流，如自己喜欢的季节、节日、动物等	
我能利用思维导图梳理与“My Hometown in My Eye”相关的内容	
我能用喜欢的方式，如海报、PPT、图片等，介绍我的家乡	
通过本单元学习，我能够从季节、节日、动物等方面综合介绍我的家乡，宣传我的家乡	

注：能做到就涂 3 朵花，只能做到部分就涂 2 朵花，不能做到就涂 1 朵花。

以下是学生的部分作品。

（本文作者：傅逻莎）

趣味身体尺　度量真生活

数学源于对现实世界的抽象，数学课程要培养学生用数学的眼光观察现实世界，用数学的思维思考现实世界，用数学的语言表达现实世界。这就要求数学教学要与学生的现实生活紧密联系，激发学生对数学的好奇心和求知欲，提高学习兴趣。低年级学生的生活经验有限，可以通过数学阅读帮助学生将课内知识与生活联系起来。而且多年的教学经验告诉我，学生的阅读理解能力直接影响学习效果，所以我从一年级开始就有意识地培养他们的数学阅读习惯。低年级学生识字量少，理解能力弱。数学绘本中有精美的图画，可以借助图画促进学生理解，也能提升他们的识字量。在小学一、二年级不布置家庭书面作业的背景下，阅读数学绘本成了作业的好选择。

二年级上册“测量”单元属于图形的认识与测量，要求学生结合生活实际，体会建立统一度量单位的重要性，认识长度单位米、厘米，能估测一些物体的长度并进行测量，在学习的过程中形成初步的空间观念和量感。测量是把待测量的量同一个作为标准的同类量进行比较的过程，使物体的属性具有了量化的特征。该单元是学生学习测量相关知识的起始，我认为应该调动学生参与测量活动的积极性，因为让学生觉得测量很有趣在生活中非常重要，在“做”和“思考”的过程中学生逐步积累度量活动经验，这些经验对于后续的度量学习是非常重要的。

在挑选数学绘本布置单元阅读作业时，我锁定了既与测量知识有关，又很有趣的《我家漂亮的尺子》。绘本讲述了妈妈借助“身体尺”帮小主人公量体裁衣的温情故事，绘本画面色彩丰富、精美，文字简单，但图画和文字中洋溢着暖暖的母爱和家的温馨，符合低年级学生的阅读水平。书中的插图直观展示了用手拃量、脚印量、步子量、胳膊“庹”量、胳膊“抱”量等非标准的测量方法，可以帮助学生了解身体各个“测量工具”的作用，也为学生的测量实践做好准备。

我想通过这次阅读作业达到以下目标。

①学生通过阅读绘本，体会测量在日常生活中的价值，激发对测量活动的兴趣。

②初步了解测量的方法，知道测量时可使用身体上的非标准单位，了解测量结果的表达方式。

③培养度量意识，体验度量的乐趣。

我要求学生独立阅读或与同伴、亲子共读绘本《我家漂亮的尺子》。阅读材料的提供往往是实际教学中需要想办法解决的，可以考虑为学生印制阅读材料，或是制作电子书，还可以录制有声版的学习视频。正巧学校图书馆有这本书，我借来发给同学们，能做到人手一本，并允许学生把书带回家看。谁知一个课间过后，就有好几名学生来还书，他们已经看完了。可见，单纯地要求阅读，部分学生往往会走马观花式地翻看浏览，不能保证阅读效果。为了促进阅读理解与成果追踪，为学生提供简单的绘本阅读评价卡显得十分必要。有了评价表作为指引，学生慢慢走进书中的故事认真地读起来，还有的同桌两人边阅读边交流。

绘本《我家漂亮的尺子》阅读评价表			
班级：	姓名：		阅读日期：
在绘本中新认识的三个字			
把绘本中的故事讲述给同学或家长听，并请听众进行评价	非常好  （　）	好  （　）	再努力  （　）
我的收获			

从学生交回的阅读评价表中可以看出：“庹”和“拃”是比较集中的生字；听众对讲述故事的评价都是“非常好”和“好”，而且“非常好”明显多于“好”；学生很喜欢这本绘本，收获中谈到了测量的方法。我在数学课上预留了十分钟，对阅读情况进行了简短的反馈，结合动作统一讲解了“庹”和“拃”。原打算就此结束本次阅读任务，可学生对于各种“身体尺”很感兴趣，争先恐后地为

大家介绍其他的“身体尺”。即使下课铃响起，他们分享的欲望依然不减。他们还忍不住在教室中三五成群地比画着尝试测量。低年级学生的模仿能力本来就强，在他们兴趣盎然之际我趁机增加要求：在阅读绘本的基础上用自己的“身体尺”也实际量一量家中物品，并把测量的结果用喜欢的方式记录下来，过程中有什么困惑也可以记录下来。

同时，我还为实践任务设计了学生表现的评价量规。

维度	对应水平标准		
	水平 1	水平 2	水平 3
维度一：测量方法正确，测量结果合理	没有测量结果或测量结果不合理	掌握测量方法，但测量结果有些是不合理的	掌握测量方法，测量结果合理
维度二：选择合适的“测量工具”	只记录了数，没记录单位，选择的工具不明确	用到身体尺（或其他工具），但不能根据物体的大小进行选择	用到了至少两种身体尺（或其他工具），并能根据物体的大小进行选择

从学生的实践作品来看，90% 的学生两个维度均处于水平 1 以上，说明学生通过阅读能够知道测量方法并关注了测量工具的价值。其中还有 17.5% 的学生两个维度均能达到水平 3，已经有了初步的量感。

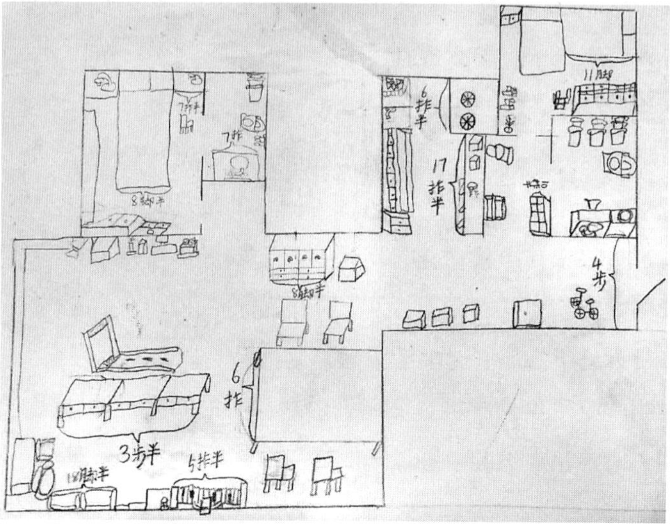

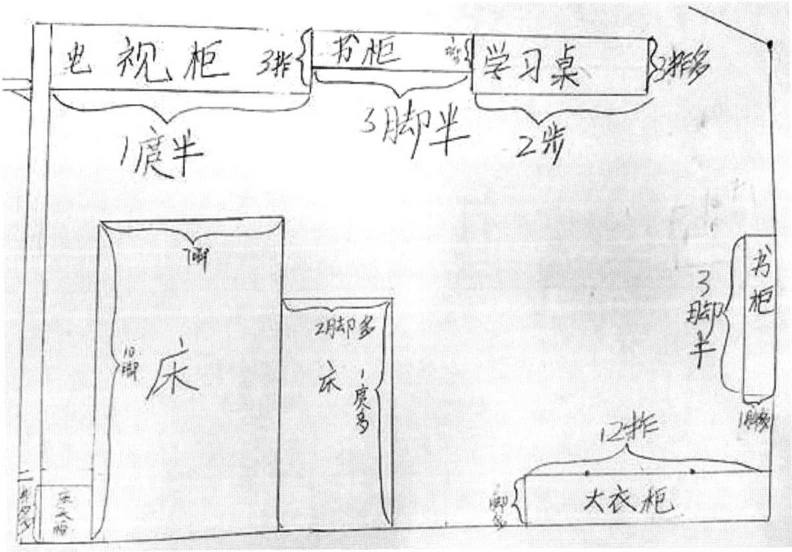

初次测量尝试安排在熟悉的家里进行，学生用绘本中提到的“拃、庹、脚、步、抱”量物品的长度。在交流作业时，我引导学生思考用“身体尺”测量有什么优点？又有哪些不足？大部分学生能说出身体尺比尺子更加方便，因为我们随身携带，随时可用。他们还能指出自己量时要尽量保持一样，用拃就要把手张到最大，用步就要尽可能迈同样大。一些学生还能分析出个别作品中存在单位之间有空隙、量歪了等问题，并提出改进意见。“我和妈妈都用拃量了我的书桌，因为妈妈的手比我的大，量出的数就会不同，同一张桌子有不同的结果，这样不就乱了吗？”这样的真问题在学生亲手度量、动脑思考后被提出来，是后续学习统一度量单位必要性时最宝贵的资源。

这次利用数学绘本开展的“阅读＋实践”作业，帮助学生体验了非标准单位的测量，学生已经积累了一定的测量经验，对度量单位的重要性有了初步的体会，在教学《教室有多长》时知道选用同样的物品，一个接一个地沿着直线测量，避免了很多操作上的错误，更快地聚焦到统一度量单位的重要性上来，提高了课堂的效率。更重要的是学生了解了测量的价值，觉得测量真有趣，愿意参与到测量活动中。他们对生活中的常见物品的长度不再陌生，它们有多高、有多长都在亲“身”度量中被真实感知。绘本中的间接经验转化为学生的直接经验，一读一量中，学生的量感逐渐发展。

（本文作者：高春艳）

动起来，一起做叶画

今年，我又回到了一年级担任数学教学工作，面对班里43个活泼的“小豆包”，怎样让他们爱上数学呢？我在假期里查找了很多资料，其中《义务教育数学课程标准（2022年版）》中特别强调，要重视幼小衔接，基于对学生在健康、语言、社会、科学、艺术领域发展水平的评估，合理设计小学一、二年级课程，重视活动化、游戏化、生活化的学习设计。由此可见，教学评中都要重视落实幼小衔接。那么到底选择什么活动可以让学生更有兴趣和参与感呢？一年级的学生又有哪些活动经验呢？

我调研了学生在幼儿园开展过的一些活动，他们提到了一个“认识树叶”的活动让我很感兴趣。随着“双减”工作的不断推进，小学生的作业形式越来越丰富，制作类作业在作业中的比例逐渐提高，小学生可以根据所学知识或任务要求，利用适当的工具和材料，做出手工制品、模型等作品，让学生在动手操作的过程中调动多感官的直接参与并获得具身体验，运用所学知识发展心智。制作类作业恰好满足了刚刚走进小学的这些学生好动爱玩的天性，既可以激发学生的主体意识，又能提高他们的创造能力，为学生未来创造美好的生活做准备。而一年级学生入学后正好是秋高气爽、落叶纷飞的时节，我们何不去大自然中收集树叶制作一幅精美的叶画呢？

那么学生完成了这项作业，又能收获哪些相关知识呢？我继续研读教材，把目光锁定在北师大版数学一年级上册“分类”这个单元。《义务教育数学课程标准（2022年版）》中关于第一学段的学业要求指出，能依据事物特征，按照一定的标准进行分类；能发现事物的特征并制订分类标准，依据标准对事物分类；能用语言简单描述分类的过程；感知事物的共性和差异，形成初步的数据意识。分类是一种重要的思想，在小学阶段独立安排的分类活动有三次，分别是一年级上册的分类单元、一年级下册的“数学好玩”中的“分扣子”，以及四年级下册的认识图形中的“图形的分类”。其实，分类活动无处不在，无论是数与代数、空间与图形，还是统计与概率，在数学学习过程中经常会遇到分类问题，常常需要通过分类讨论解决问题。可见，分类思想的重要性以及分类是解决问题的重要策略。该单元是渗透分类思想的一个启蒙阶段，它将为后续学习统计和概率等数学知识积累感性经验。学生在收集和挑选树叶时正好需要经历整理和分类的过程，可以将做叶画和分类单元很好地融合。于是，我为学生设计了贯穿单元学习的作业——制作叶画。

作业内容是以小组为单位利用这个季节能找到的树叶制作叶画。

作业目标是：①帮助学生回顾、总结分类方法，体会可以有多种不同的分类标准，并提高其分类能力；②在收集树叶、给树叶分类的过程中培养学生的合作意识；③制作叶画的过程中提高学生的动手能力。

学生完成这个作业需要经历“收集树叶—给树叶分类—制作叶画”三个过程。学生在这个过程中，将“分类”的思想方法与生活联系起来，既可以巩固学科知识，又可以培养动手能力和审美情趣。

学生在入学适应期，我将真实的主题活动贯穿课程始终，以直观感知和学生活动为主，给学生提供充分的动手操作的机会。这样一方面可以提高学生的学习兴趣，另一方面可以培养学生形成初步的动手操作能力，使学生真正地积累活动经验。

各组学生收集树叶后我安排了分享活动，关注学生分类意识的水平，将学生表现划分成三个水平等级。

评价内容	对应水平等级		
	水平 1	水平 2	水平 3
确定分类意识	完全不知道如何分类	能理解分类的含义，但标准混淆	能明确分类标准，正确分类，并清晰表达自己的想法

在交流过程中我引导学生思考怎样整理树叶更方便大家后续制作叶画。在学生利用分类的知识整理树叶的过程中，有 4.6% 的学生还不能理解如何进行分类，把叶子无序地堆在一起；95.4% 的学生能够根据自己对分类的理解按照一定的标准对树叶进行分类。有的学生按叶子大小分成大叶子和小叶子；有的学生按树叶的颜色分成黄色叶子、绿色叶子和红色叶子；还有的学生按叶子的形状分成针状形、椭圆形、圆形等。其中有 34.9% 的学生，在分类的过程中出现多种标准的情况，如分出黄叶子、红叶子、大叶子和小叶子这样的四类，还有的学生按形状分，但又把不同颜色的分开放。通过作业交流可以看出，学生对于分类知识的掌握程度是不同的。学生交流中我不断追问："你们是按什么分类的？"帮助学生反思"分类标准"。通过作业交流学生进一步理解什么是分类以及分类标准的多样性，不同的分类标准会有不同的分类结果。最终，学生将分好类的树叶按照需要制作成叶画。

以往，学生制作叶画具有随意性，捡到什么叶子就用什么叶子制作叶画，几乎没有学生在制作前思考"我需要什么样子的树叶"。这次我将单元教学与学生作业结合起来，将学生的作业转化为教学资源，边玩边学，边制作边反思。在选择制作叶画这个活动时我关注了幼小衔接，注意对接学生学前阶段已有的生活经验，让学生在亲身参与的动手活动中感悟分类的价值。

一、二年级是不留纸笔作业的，制作类作业是对低年级作业形式的有效补充，它是在特定的主题或情境中开展学习，运用数学和各种知识完成作品，促进学生学习兴趣的提升。我布置做叶画的作业，丰富了学生的直接经验，激发学生的学习兴趣，促进学生对知识的建构和应用，培养学生的创新精神和实践能力。制作类作业重视外显的、动手的、感性的活动过程，强调学生参与，关注学生的主观认知与实践活动之间的交互作用，以此发展学生的实践能力。在完成作业的过程中，学生可以选择独立完成，也可以采用合作完成的形式，合作的主体既可以是学生和学生，也可以是学生和家长，还可以是学生和其他班、其他年龄的学生，让他们在合作中充分发挥各自的优势，提高自身的合作能力和解决问题的能力。

（本文作者：王瑜）

我们的造船日志

——动手动脑下的探究类科学作业

探究式的实验活动在小学科学课堂中是必不可少的，学生的观察是实验活动顺利开展的基础，但仅观察不记录又很难体现学生的思维活动，不利于课堂的高效实施。因此在小学科学课的实验活动中教师须重视记录的过程，而实验记录正是需要学生在动手动脑下完成的探究类科学作业。

“用沉的材料造船”是教科版科学五年级下册第二单元的第三课。随着社会发展，人类需要载重量更大、更坚固的船，在这个过程中，人类也在思考和探索“沉的材料可以造船吗”，“沉的材料如何造船载重量更大、稳定性更高”等问题，在进一步的需求和思考中也促使着船只材料与结构不断发展。在前一课中，学生学习了用浮的材料竹棒制作竹筏，本课我以“造船”为背景，让学生用熟悉的橡皮泥（原型：水泥）和铝箔（原型：钢铁）这两种沉的材料亲历实践探究的过程。

在设计本课内容时，最初我想以超级造船厂招聘会出招聘考题为课程开展的背景，这样的设计富有挑战性的同时又极具乐趣。设计出以“造船日志”为线索的作业单是我开展课程的逻辑线，也是学生学习的暗线，帮助学生将分工、设计、制作测试、评价这一系列工程技术活动串联起来，使得本节课完整有序且更具有逻辑性，也将本节课的知识慢慢渗透进学生的头脑中。但在实施过程中我发现，因为有四张作业单（分工、评价、设计、试航各一张），文字数量多，学生要填写的内容也多，40 分钟的课堂时间对学生来说根本不够，导致很难完成，作业单没有起到很好的辅助促进的作用，反而成了学生和老师的负担。

故事的经过

因此，我转变了观念，在探索造船奥秘的过程中，只让学生记录实验过程中的重要信息，如设计和记录数据，删除分工等内容。在此基础上，我又进一步分析了本课的教学内容，并重构了教学活动，在探索环节共设计了两个活动，活动一是让橡皮泥浮起来，探究浮力；活动二是用铝箔纸造船，应用浮力。随着教学目标细化、教学活动更新，对于实施教学活动的“脚手架”——探究类作业单，我不仅精简了其字数，在内容上也有较大改动，最终一步步确定了探究类作业单的终版，并设计出与之相对应的作业评价标准。

我们的造船日志

“造船日志 1：分工”

“超级造船厂”团队信息		
职位	职责	姓名
设计师	设计	
工程师	制作	
船长	试航	
项目组长	统筹	

“造船日志 2：评价”

主要指标	评分			得分
	1分	2分	3分	
分工合作	团队分工不明确，团队成员缺少沟通	团队分工明确，团队成员有一定沟通，缺少对他人建议的思考	团队分工明确，协作流畅，并认真对待他人建议，改进设计	
设计蓝图	能画出简单的橡皮泥船和铝箔船设计示意图，缺乏文字符号标记	能画出简单的橡皮泥船和铝箔船设计示意图，有相应的文字和标记，并且通过团队试航后有改进的方案	能够画出多角度的橡皮泥船和铝箔船设计示意图，并能在示意图中标出尺寸和需要的材料，且有改进和再设计的方案	
沉浮及载重情况	橡皮泥船不能浮起来，铝箔船不能载重	橡皮泥船不能浮起来，铝箔船能载重	橡皮泥船能浮起来，铝箔船也能载重	

"造船日志 3：设计"

<table>
<tr><td colspan="2">限制要求：1. 两艘船都能浮在水面上；2. 铝箔船能载重
使用材料：1 块油性橡皮泥，1 张铝箔纸（宽 12cm，长 12cm）
温馨提示：图示细致清晰，文字结合</td></tr>
<tr><td>橡皮泥船设计图：</td><td>铝箔船设计图：</td></tr>
</table>

"造船日志 4：试航"

<table>
<tr><td rowspan="2">橡皮泥船试航</td><td>能否浮起来</td><td rowspan="6">（提示：用红笔在"造船日志 3：设计"图上标注改进部分）
思考：为什么沉的材料做成的船型就可以浮起来并载重
我们的发现：</td></tr>
<tr><td></td></tr>
<tr><td>铝箔船试航</td><td>螺母数量</td></tr>
<tr><td>第一次</td><td></td></tr>
<tr><td>第二次</td><td></td></tr>
<tr><td>第三次</td><td></td></tr>
</table>

作业评价标准表

水平	评价标准
水平一（低）	1. 设计图图示不清晰，且缺乏文字 2. 未按设计图制作部分，没用红笔进行标注 3. 沉浮现象记录和螺母数量记录不完整、不准确
水平二（中）	1. 设计图示细致清晰，但缺乏文字结合 2. 未按设计图制作部分，用红笔进行了标注，但标注与实际制作情况不同 3. 沉浮现象记录和螺母数量记录完整但不准确
水平三（高）	1. 设计图图示细致清晰，有文字结合 2. 未按设计图制作部分，用红笔进行了标注，且标注符合实际制作情况 3. 沉浮现象记录和螺母数量记录完整且准确

探究类的作业需依据学情设计，皮亚杰把儿童心理的发展划分为四大阶段，五年级的学生属于第三阶段：具体运算阶段，这个阶段的儿童开始建立具体的逻辑思维能力，学会理性地分析事物，但是尚不能完全脱离实物凭空地进行逻辑思考，仍具有很大成分的直观性。因此，对于五年级学生来说，图像和画图记录是他们更乐于接受的、直观性较强的表达方式。在本课的探究类作业的设计中，我采用的学生绘制实验设计图的方式非常符合五年级学生的认知特点，还采用了学生进行现象观察后采集数据的方式，一张科学合理、简易直观的探究类科学作业单不仅是数据采集的基础也是现象观察的辅助，在此基础和辅助下，学生再基于概括、归纳推理等思维方式对数据的准确性和可靠性及其对主张支持的切合性和充足性进行综合评估后，最终建构科学概念，实现教学目标。

故事的结果

我设计的“我们的造船日志”这一作业单非常切题，作业单的名称明确表述出了本课的任务，采用学生绘制实验设计图这种记录方式，不仅可以将学生的设计思路充分展现出来，也为后期的制作提供了蓝图，还帮助学生把文字难以表述的、重要的、有意义的特征凸显出来，化繁为简、节省时间，有效地减轻学生在记录时的书写负担。在活动一中学生只是发现了现象，根据现象对科学概念的实质进行了推测和假设，并没有得出确切的结论，在科学学习中要养成用证据进行判断的意识，活动二中螺母数量的数据就是很好的证据，对学生科学概念的建构和实证意识的培养起到了关键性的作用。

通过这个作业单，学生经历设计、制作和测试船只的过程，将理论知识与动手实践结合，提高了动手能力和科学思维能力，知道了有关沉的材料造船的原理。在课堂上，学生分享了他们的制作经验和学习成果，我看到他们充满自信地展示自己的作品，每个小组都有独特的设计思路，同学之间互相交流和探讨，彼此欣赏和学习。

在本课课堂实施过程中我采用了形式多样的探究类的作业，无论是画实验设计图，还是记录数据，都是学生在科学实验中的学习材料，也是学生科学活动中重要的实验证据，它记录了学生参与科学活动的过程，体现了学生科学思维的轨迹，对掌握本课科学概念，突破教学重难点，发展学生科学思维都起到了重要且必不可少的作用。

（本文作者：张宏伟）

匠心独运的实践任务，不分轩轾的成果展示
——记我与学生的作业“纠葛”

作为一名艺术教师，我在小学校园里是很受欢迎的。我布置的“作业”很少有学生不完成的！这可不是我在显摆，我把我的学科作业美其名曰“成果展示”。我会抓住时机给学生举办各式各样的“画展”，大至校园小至课堂，每个人的成果都可能成为“展品”，每个学生交的不是“作业”，而是“艺术品”。法国著名教育家第斯多惠曾一针见血地指出，我们认为教学的艺术不在于传授的本领，而在于激励、唤醒、鼓舞。在课堂的教学过程中我会对一些环节进行匠心独运的设计，开阔学生思路，帮助学生掌控作品表现的重难点，在实践的过程中增进师生感情，快乐学习，促进学生的学科素养发展。在各个学科教师为了让作业减负增效抓耳挠腮的时候，我又把注意力放在了教学上，放在了对实践任务的匠心独运的“设计”上。

我对美术和科学学科的融合探索基于我对两学科核心素养的理解。科学学科的本质要求是科学观念、科学思维、探究实践和态度责任；美术学科的核心素养即图像识读、美术表现、审美判断、创意实践和文化理解。在梳理教材的过程中我发现美术教材中有很多与科学常识紧密相关的内容，于是我匠心独运地设计了长期有意识进行科学观察，以多种形式完成美术表现的实践任务。

在此我以“季节”主题为例。自然界里的植物是持续生长、变化的，在一年四季中都有不同的美。科学学科让学生在不同季节多次观察校园植物。冬季，葡萄科植物爬山虎的果实像一串串小葡萄，黄色的小菊花到12月中旬仍在开放，玉兰花毛茸茸的苞片，以及常绿植物都是冬天亮眼的景色。春季，在不同植物的发芽时间，观察海棠、紫藤花，还有杨絮、榆钱、蒲公英这些春季就成熟的果实。夏季，观察厚厚的苔藓、雨后角落的蘑菇、大朵的月季、青涩的果实等。在美术表现中，要求通过观察、想象、构思过程，创造有意味的视觉形象，表

达自己的意图、思想和情感。在科学学科长期的观察储备后，当学生学到美术学科中的“四季的色彩”一课时，其创作表现可以通过任何景色、植物、色彩表现出季节的特色。学生长期细致的观察结果在此时成了画面表现的关键要素，比如老嫩叶片颜色的不同、叶子的形状等，学生也发现了植物的高度、叶片数量等方面的生长变化规律，科学知识藏在一幅幅图画中，学生既把科学课上的累积结果呈现在了自己的画作上，又在自己的美术作品上呈现了自己的科学成果，这就是相互成就吧。

教师关注美好生活，让学生的成果展示异彩纷呈。2019 年 6 月印发的《中共中央　国务院关于深化教育教学改革全面提高义务教育质量的意见》明确指出，要优化教学方式。坚持教学相长，注重启发式、互动式、探究式教学。

我在讲授“橙色的画”一课时先将四张水砂纸粘贴在黑板上，手里拿了油画棒，引导学生：“看着鲜艳的色彩，看着新鲜的画纸，我的脑海浮想联翩。”

“我想起了那由小及大的雨点儿”——教师在水砂纸上任意点点儿（有大有小、有密集有疏散）。

“我想起了任意肆虐的龙卷风”——教师在水砂纸上随意画圈儿（转圈时有疏有密、有大有小）。

“我还想到了飘忽不定的云朵”——教师在水砂纸上自由填画色块（有宽有窄、有高有矮）。

“或者我什么都没有想，那就由着我的心情吧”——教师在水砂纸上任意绘画（可以闭上眼睛）。

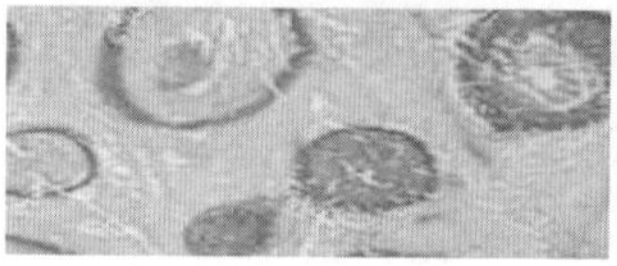 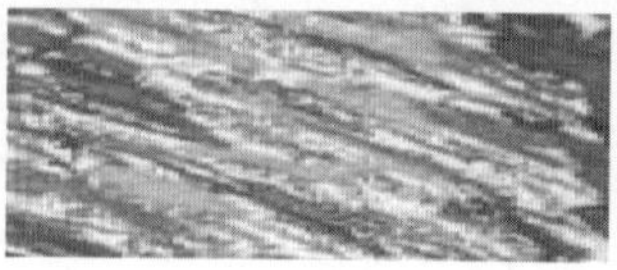 

通过此环节的设计，学生发现在红、黄两色油画棒的交替使用中，重叠的部分出现了色彩的融合变化，认识了红加黄能调和出不同的橙色，轻轻松松突破了教学重点。另外我借助雨、风、云等自然景观实现了绘画语言中的点、线、面教学，看似随意的演示却在无声中把重要的知识点传授给了学生。最后看似自我宣泄式的绘画表现方法，让学生的表现欲大增。他们感受到自由、愉悦的创作氛围，很愿意自我表现和创作，为实现个性化的有效创作提供了很好的条件。尤其当我说可以闭上眼睛任意涂画时，学生一方面回忆起了幼时的涂鸦，另一方面更是对后面的教学环节充满了好奇。试问，这样的“作业”如果你是学生，是不是很想抓紧时间去完成呢?

教师关注角色体验，让学生的成果展示丰富多彩。常有人说美术教师心灵手巧，其实，除了大学里专业课的学习，更多的是教师依据学科内容自己学习和提高多项技能。作为一名教师我看到学生眼神里求知、求助的期盼，深感要胜任艺术教师实属不易，没有精确高效的授课和有效的指导怎么能引领学生在全面发展中兼顾个性发展呢?

有人说，美术学科不用考试！其实，美术学科也是有“考试”的，只是我把考试设计成了多个环节。在所有学科期末复习的阶段，我先请一个班的学生做“出题官”，即让学生根据教材出几道题，可以是填空、连线、选择、判断、简答题。接着找下一个班的学生做“审核官”，即让学生对学生所出题目再度审核，对有意见的题目可以用另外颜色的笔写出调整意见或新的题目。我会在两人的基础上进行选择和最后的确认。定稿后把“试卷”交给一个班的学生进行测试。再交给另一个班的学生“判卷”。这样的一个流程下来，四个班的学生都得到了复习和检测，学生都乐此不疲呢。那些“出题官”一门心思要“为难”小伙伴，为了出个小卷儿快把书翻烂了；那些“审核官”都有一种给伙伴“纠错”的瘾，不仅翻烂了书更是把小眼睛“瞪”得大大的；被测试者虽然不那么“得意”，但也想着为了未来的“得意”必得先学习学习；那些“判官”可真的是深入角色啊，且不说自己的字迹潦草，却纠结答题人的钩没有、两横重叠看不清、画家的名字写错了……回想起那一张张“出题”脸、“判卷”脸时我忍俊不禁，因为他们的样子印在了我的脑海里，他们是那样的真实，那样的可爱，那样的美好。这样的“作业”既让学生体验了不同的角色又让所有人心甘情愿地完成了知识的梳理和复习。我的看似“轻松”倾注了教育的经验和智慧，用脑办事，事半功倍，两厢情愿，学生获益，育人为本，提升素养，我的设计是不是独具匠心呢？学生的成果是不是不分轩轾呢?

在多年的教育实践中，我深刻地感受到艺术学科的学习和表现对于学生自信心的建立和艺术素养的提升是至关重要的因素。2022 年义务教育课程改革的核心观点，在教育部文件中被概括为素养导向、综合育人、实践育人。美术课程本身就包含情感与理性的因素。教育要“授人以渔”，所以我努力将教学内容与学生的学科认知结合，激发学生的学习兴趣，并将兴趣转化成持久的情感态度；我努力让教学内容贴近学生生活，让学生感受到多重因素对美术创作的影响；我以活泼多样的演示方式呈现直观效果，使学生领悟美术的独特价值，产生用美术方法美化和创造生活的认知；我让学生感受身边的多重角色，自主完成学科知识的梳理与复习。我们在学习的过程中经历着、实践着、探索着、反思着、提升着……希望我用心的作业设计，让学生丰富技能、提升素养，展示最好的自己。

（本文作者：刘娜）

AI 智能工具让学生喜欢上做体育作业

体育家庭作业，是学生在课后完成的学习活动，是学校课程的重要环节，也是学校体育教育的延伸，是促进家校联系的重要纽带，同时在促进亲子关系，学生掌握知识、养成锻炼习惯，教师提升教学效率方面均有重要作用。如果我们再利用传统的“口头式”或纸质作业单打卡来布置体育家庭作业，难免会引发学生的厌烦情绪和枯燥感，导致学生被动练习或敷衍了事，同时还难以检查学生真正的练习情况，甚至有的学生根本没做，但最后也为了交作业而“口头”接龙作业已完成或填满了纸质作业单。这种情况屡屡发生，让体育教师很烦恼，也成了我们教学的痛点和难点。我们期待有一种既可以布置作业，同时也可以看到学生锻炼情况，还可以批改的工具或软件来协助我们。

一次假期结束返校后，作为一名小学体育教师的我，收到了所任教的 4 个班级学生的体育家庭作业“打卡单”，一眼看上去，每一张单子上都整整齐齐地打着“亮眼”的红对勾，显示了学生“认真的态度”和“努力的精神”，我重点关注了三年级（7）班“小淘气”东东的仰卧起坐和跳绳作业“打卡单”后，更是让我眉开眼笑，单子上每一栏都被满满的红钩所覆盖，我想这次开学测东东的仰卧起坐和跳绳成绩一定会很不错的。但实际测试时，我傻眼了！“小淘气”东东的仰卧起坐和跳绳成绩分别才只有 7 个和 65 个，我顿时火冒三丈地质问他，他委屈巴巴地告诉我，感觉做体育作业没意思，另外，假期外出游玩了，他把体育作业的事也给忘了，所以开学前一天，他让父母打印出单子，“加班”画了作业单。我听完很生气，但在冷静之后，检查了其他三个任教班级的作业完成情况，竟然发现每个班都有 10 多个学生是这样完成作业的，我顿时陷入了深深的懊恼当中，我应该怎么做才能让学生喜欢做体育作业并保证作业的质量呢？

正在我愁眉不展时，一次偶然的机会接触了一款健身软件，开始我自己先实践，发现很有意思，只要用手机打开软件，立于墙角就能录入我锻炼的情况，而且不标准的动作无法计入其中，练习结束后能很快计算出数量，同时还能对练习的项目进行评价，给出相应的评价等级。我感叹，好先进呀！我灵机一动，介绍给我们的学生用，是不是效果会比较不错呢！

于是，我马上开始小范围的实践，和几个成绩不理想的学生的家长一一打电话沟通，介绍该软件的使用方法。我通过软件发布作业，家长接收，学生借助父母的手机进行锻炼，锻炼的视频还可以及时上传到软件里。我可以从软件里清楚地看到学生的锻炼项目和情况，还及时反馈了学生完成作业的数量和规范等级；我还可以参考软件的反馈给学生的作业附上鼓励的语言或指出相应的问题。我特别开心，终于找到了一款心仪的工具，于是我们迫切地想要引入这款 AI 智能软件，进一步探索高效体育课后作业的布置。

在小范围推广使用的实践中，我更进一步地了解到这款软件，实际上是“AI 智能＋体育”，即人工智能与体育相融合所架构的一个网络平台，它可以通过电子设备视觉捕捉、跟踪、测量，利用 AI 技术在运动过程中实现对动作的自动识别，并对锻炼数据进行捕捉、整合、分析、评价，能够快速、准确地评估锻炼的次数、频率，以及热量的消耗等，还能绘制出相关的速率图。这些功能让我们的作业变得更加智能化和信息化，让我们的体育锻炼变得更科学、更方便、更精准、更高效。

另外，我发现这款软件还是一种智能综合体育运动平台，其功能不仅仅局限于跳绳，同时可以是体能、跑步、趣运动、AI 健身、合舞团、AI 拳击、广播操、球类、竞技训练等。在体能专项中可以进行热身拉伸、体能康复及各种训练动作等，如拉伸类的坐位体前屈、大风车、跪姿背部拉伸等，下肢的深蹲、踩柱子等，核心类的仰卧起坐、平板支撑等，上肢类的俯卧撑前合掌等。在趣运动项目中，可以进行“切水果”、剑术之路、疯狂机器人、飞叉大冒险等运动。在 AI 健身项目中，可以进行蹦跳律动燃脂 HIIT、趣味运动、跑跳大冒险、高强度有氧训练等运动。这款软件丰富多彩、形式多样，很容易引起学生的练习兴趣，同时还可以参加各种小组、班级、年级、全校甚至全国的各种挑战赛，只要用手指轻轻触动按键，马上就可以参加分布在全国各地的各种比赛，操作极其简单、内容极其丰富。

在实践过程中，我的想法得到了学生和家长的高度认可。家长认为这款软件，内容丰富多彩、形式多样，学生的练习兴趣高涨，日常除了完成体育家庭作业，还要加练一些别的趣味项目，例如“切水果”、剑术之路等体能锻炼游戏；学生也很期待我布置的有趣的作业，甚至日常在学校看到我，就主动询问当天要布置什么内容，甚至给我建议，想多布置或少布置一些，甚至想让我发起全班甚至全年级的跳绳比赛等，我从中受到很大启发，开始思考如何设计分层作业的问题。

在一次组内研讨学习《义务教育体育课程标准（2022 年版）》时，我茅塞顿开，发现这个问题正是新课标对我们的要求！

于是，在全体学生实施前，我对全体学生的身体健康状况进行了调查和评估，通过精准分析学情，做到心中有数，同时依据学情，开具了不同的“运动处方”，根据需要设置了必选项目与自选项目，让学生根据自身实际情况，选择适合自己的最佳运动方案。

为了培养学生的独立自主能力，我设置了独立型的必选和自选项目。如设计 200 个跳绳为一组共 2 组，1 分钟仰卧起坐为一组共 3 组等为必选项；观看乒乓球比赛，说出比赛中 2—3 种乒乓球技术动作，并说出技术动作的运用时机和方法为自选项。

为了培养学生的合作探究能力，我设置了合作必选和自选项目。如合作创编双人操，观看大型比赛，合作探讨比赛中运用的技术和战术等为必选项；利用节假日与家长一起爬山或远足等为自选项。

我对运动项目难度、强度等设置了几个不同级别的要求，让不同水平的学生按照自身条件选择合适的级别，因材施教，尽量确保每一名学生都能通过体育家庭作业的练习提高自身身体素质。例如，仰卧起坐项目，我分别在组数和数量上进行了调整，不再是一刀切的模式，设置了 2 组或 3 组的选择，数量有 20 个、30 个、50 个的不同要求，让学生依据自身情况自主选择。另外，在项目上也做了调整，既关注到了上下肢的全面发展，也关注到了不同学生的不同需求问题，例如关于快速跑项目锻炼的高抬腿、小步跑、后蹬跑等项目，让不同需要的学生自主选择，频率慢的学生选择小步跑项目，跑步时手前摆不积极的学生选择高抬腿跑，后蹬无力的学生选择后蹬跑项目分别练习，这样既做到了关注全体，又做到了因材施教。

作业设计遵循了循序渐进和趣味性的原则，依据由易到难、由简到繁，有计划、有步骤地安排相关训练内容。例如新升入三年级的学生，增加了仰卧起坐项目，最初布置内容时，先选择卷腹练习、反向卷腹练习等，增加腹肌力量后，再布置仰卧起坐完整练习，先进行30秒的，再进行1分钟的，循序渐进，让学生在不知不觉中便掌握了动作技能，同时也激发了学生练习的积极性。

最初，我布置作业的内容是根据软件里的内容进行轮流、循环布置，但经过一段的实践以后，发现会出现给学生布置的作业和当前学校教学内容不同步的现象，于是我开始思考和调整体育家庭作业的内容，逐渐结合新课标，总结出以下几点。①体育家庭作业内容要与体育课堂教学相关联，真正做到体育家庭作业是体育课堂教学内容的延伸，围绕体育教学内容，配合单元教学有意识地设计体育家庭作业，帮助学生掌握教学内容，促进体育课堂教学的高效开展；②体育家庭作业内容要与体育测试达标相关联，体育锻炼最根本的目的是提高学生的身体素质，以《国家学生体质健康标准》为设计依据，科学地设置各年级学生体育家庭作业的共性标准；③体育家庭作业内容要与体育常识相关联，体育学科核心素养中提出了三点要求，其中两点分别为健康行为和体育品德，旨在提高学生的体育文化素养，布置一定的体育常识积累型作业，促进学生体育素养的全方面发展；④体育家庭作业内容要与学校体育活动相关联，学校开展各类各项体育活动，鼓励学生在活动中展现自我，培养学生的自信心，学生通过体育家庭作业可提高体育项目的运动技能。

在实践的过程中，我不断摸索、改进家庭作业的布置方式，通过前期、中期对学生体能和技术掌握情况的分析和诊断，把学生水平分为三个层次。对体能较好，技术掌握快且全面的学生，进行了拔高的促进和训练；对于中等体质水平的学生，采用了持之以恒、稳步推进的作业办法；对体能较弱的学生采用

了兴趣激发、逐渐递进难度的办法，让不同层次水平的学生都有针对性的训练。另外在训练的过程中，为了提高同学的参与积极性，我采用了精神激励和奖品激励的办法，效果不错。

软件的使用，需要教师先与各位家长沟通。再建立班级群，生成二维码，家长通过扫描二维码进入软件班级群里，教师就可以通过软件发布作业，家长接收相关信息后，学生在父母的帮助下，借助父母的手机进行锻炼。学生锻炼的视频可以及时通过手机识别到软件里，教师可以从软件里清楚地看到学生的锻炼项目和锻炼情况的数值，甚至还可以批改作业，给学生完成的作业打不同等级，同时还可以附上鼓励的语言或指出相应的问题，教师再把相关情况反馈给各位家长，这样也加强了家校的沟通，很好地形成了家校的沟通桥梁。

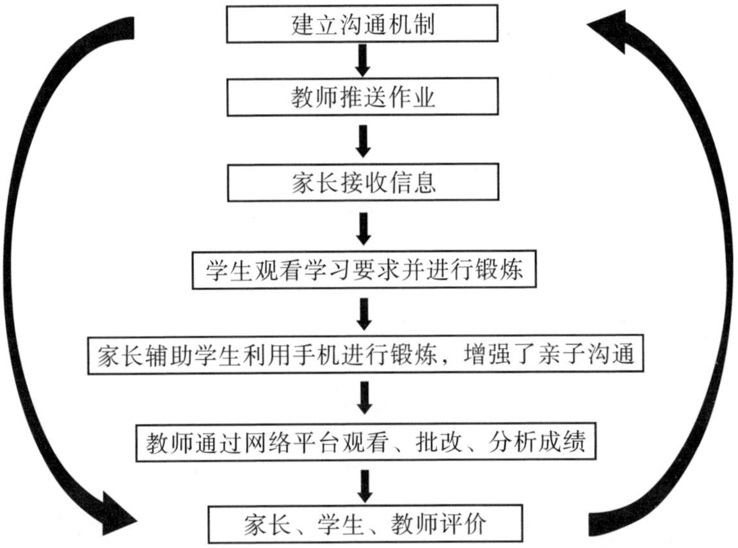

打开软件，首先映入眼帘的是“首页”“计划”“好友”及“我的”。可以在“首页”里看到各种练习的项目和内容；在“计划”里制订自己的锻炼计划，比如每周、每天的运动计划；可以在“好友”里邀请本班的同学、朋友，也可以创建自己的小队等，形式多样；在“我的”界面里，教师可以从“我的体智云”，进入本校的平台，布置作业、检查作业、发布校内比赛、进行体质测试等，具有方便、快捷、高效、范围广等优点，可以快速地查看学生的完成率，还可以观察作业报告等情况。

为更好地了解和分析体育家庭作业的实际完成率，我导出日常布置作业共计 3 周的锻炼数据进行统计分析。我对任教的 4 个班级 160 人布置作业共计 50 次，平均完成率为 79.65%，周平均作业完成率为 80.02%，完成率的稳步提升主要得益于家校的共同监管和 AI 智能软件，通过设置趣味多样的场景模式激发学生积极参与锻炼，它内容丰富、形式多样，学生的练习积极性和兴趣比较高。通过后台数据分析得到，学生每日及每周的作业人均练习时长分别为 25 分钟、35 分钟，每周人均运动时长基本维持在 100—140 分钟。

为了检查 AI 智能软件布置体育家庭作业的效果，我采用实验的方法进行如下研究。

实验班和对照班学生实验前后身体素质情况分析对比表

项目	具体信息				
	班级	实验阶段	$\overline{X} \pm S$	T	P（双侧）
50 米快速跑（秒）	实验班	实验前	9.86±0.94	4.870	0.000★★
		实验后	9.43±0.76		
	对照班	实验前	9.74±0.72	1.806	0.081
		实验后	9.66±0.77		
1 分钟仰卧起坐（个）	实验班	实验前	31.43±7.72	−11.846	0.000★★
		实验后	38.13±7.03		
	对照班	实验前	31.10±6.32	−2.066	0.048★
		实验后	32.20±5.29		
1 分钟跳绳（个）	实验班	实验前	149.33±23.46	−9.812	0.000★★
		实验后	162.17±19.00		
	对照班	实验前	156.20±23.72	−2.277	0.030★
		实验后	159.17±18.03		

注：显著性差异 P<0.01，无显著性差异 P>0.05，★表示 P＜0.05，★★表示 P＜0.01。

可以观察到，经过 10 周，利用软件平台布置体育家庭作业对比实验后，将实验班和对照班的 50 米快速跑、仰卧起坐、1 分钟跳绳三个项目实验前后成绩进行 T 检验结果显示，关于 50 米快速跑和 1 分钟仰卧起坐和 1 分钟跳绳成绩，实验班实验前后 P 值均小于 0.01（P＜0.01），说明差异具有高度显著性；对照班 1 分钟仰卧起坐和 1 分钟跳绳实验前后 P 值均小于 0.05（P＜0.05），说明差异具有显著性；对照班 50 米快速跑成绩实验前后 P 值大于 0.05（P＞0.05），说明差异不具有显著性。由以上分析可知，利用软件布置体育家庭作业的实验班，学生的 50 米快速跑、1 分钟仰卧起坐、1 分钟跳绳成绩均有明显提高，效果非常显著；而通过“口头”布置家庭作业的对照班，学生的 1 分钟仰卧起坐和 1 分钟跳绳成绩虽然也有提高，但提高幅度不如实验班明显，甚至 50 米快速跑成绩差异不具有显著性，说明通过“口头”布置家庭作业，对学生 50 米快速跑成绩的提升效果不明显。

另外，这样的练习频率和练习状态，也培养了学生每天坚持锻炼的好习惯，强化了学生意志品质，提升了学生的能力，这也正符合了新课标当中的关于运动能力、健康行为和体育品德的渗透要求，同时也弥补了校内体育课堂教学的缺失，加强了亲子间和家校间的沟通，构建了学生的健康生活方式，是学校体育的高效“第二课堂”。

（本文作者：王花燕）

不只是一场比赛

新课标，新要求，在培养学生各种素养、能力的同时，教学目标从侧重某项技术环节的学习开始更清晰地指向在真实比赛中实践，可以说体育与实践本身就密不可分。据我调查，我任教的4个班里，每个班至少超过半数的学生曾经在课余参与过各种体育活动，个别学生甚至掌握了不错的运动技能，可见课余时间的安排对于学生学习和成长也起着重要的作用。那么怎么利用灵活开放的课余时间布置体育家庭作业来帮助学生更好地掌握一项运动，就成为我一直在探索的重要问题。

体育课上，除正常的体卫常识等理论学习外，还会出现因天气等原因转入室内的情况。应新课标的要求，我会为学生播放一些体育类的比赛视频，起初大家还觉得新鲜，终于可以看一会儿电视了。本以为这是学生在文化课学习之余放松身心、深入了解体育运动的机会，他们应该非常喜欢，可时间一长，许多学生提不起兴趣。左思右想我也没弄清其中缘由。于是我尝试在班里询问学生："你们想看什么样的体育类视频？""我想看昨天的那场篮球比赛""我想看精彩比赛片段""我想看体育搞笑集锦"……学生的回答五花八门。参考学生的回答，我试着找了一些相关视频，发现完整比赛仅受少部分学生的喜欢，而更多的学生比较倾向于观看精彩片段或搞笑集锦。后来，通过观察以及跟学生的进一步沟通发现，能够专注看某场比赛的学生本身就对该项目已经有了较为深刻的认识且已建立浓厚的兴趣，他们有自己认识且喜欢的球队或运动员，甚至有人了解其中的战术和队员特点，而喜欢看一些集锦片段的学生则对这些体育项目认识较少，兴趣也停留在初级的认识阶段。

通过前面的观察，我不断反思后逐渐意识到，其实绝大部分学生对于体育运动都有着一定的兴趣，只是每个人对于体育运动的认知程度不同，这取决于每个人的兴趣。于是我在体育课上尽量全面地为学生介绍体育运动项目的各个方面，包括技术、战术、规则、文化以及组织比赛等，给学生更全面的体验。但只在体育课上讲述是不够的，对于同一项目学生也有着各自喜欢的点。比如有的人比较关注运动员；有的关注技术、战术；有的关注比赛判罚。于是我开始思考如何利用课余时间以布置体育作业的形式来促进学生对于体育运动项目的学习。正好赶上体育课教学中要学习足球，而球类运动普遍深受学生的喜爱，所以我着手布置体育家庭作业。

要想布置好作业不仅要了解学情，而且要结合项目特点和教材要求。足球运动是同场对抗类项目，要随时应对场上变幻莫测的复杂场面，做到人与球的高度结合，并在实战中灵活运用。新课标指出，球类运动的主要特点是结果的不确定性、应激反应的即时性、技能操控的复杂性、战术选择的针对性和有效性等，在激发学生兴趣，提高学生的快速反应能力、预判能力和决策能力，培养学生勇敢顽强、遵守规则、公平竞争等体育品德方面具有独特的育人价值。

在教材中还进一步提出要求：学生能做出所学球类运动项目的基本动作和简单组合动作，并在游戏和比赛中运用；能参与班级简化规则与要求的游戏和比赛；体能有所提高；说出与所学球类项目相关的动作术语；每学期观看不少于 8 次所学球类项目的比赛；体验游戏的乐趣，与同伴一起参与学练，适应新的合作环境，与同伴互爱互助，发扬团队精神；按照规则和要求参赛，在挑战自身身体极限且保证安全的情况下能坚持完成学练任务，表现出克服困难、勇敢坚毅的意志品质。

在以往设计体育作业过程中我发现让学生利用课余时间做太多的体能以及技术练习内容很容易产生枯燥感，而结合球类的运动即使让学生自主练习也有着较强的趣味性。

因此，根据新课标以及教材的要求，我制订了相关体育实践作业。

（1）作业目标。①学生通过上网搜索理论知识、技术动作解析，观看比赛视频，加深对于体育动作的理解，了解体育文化，激发学习兴趣。②学生结合实际情况，依据教师的指导以及自行学习的相关练习方法，进行基本身体素质练习，增强相关的力量、速度、柔韧、协调、灵敏等身体素质，提高基本运动能力。③根据课堂所学专项内容以及观看比赛而获得的经验，进行专项体育活动或参加相关比赛。学、练、赛结合，培养学生兴趣的同时，强化学生自律能力，也根据新课标的要求促进学生掌握一项基本运动技能。

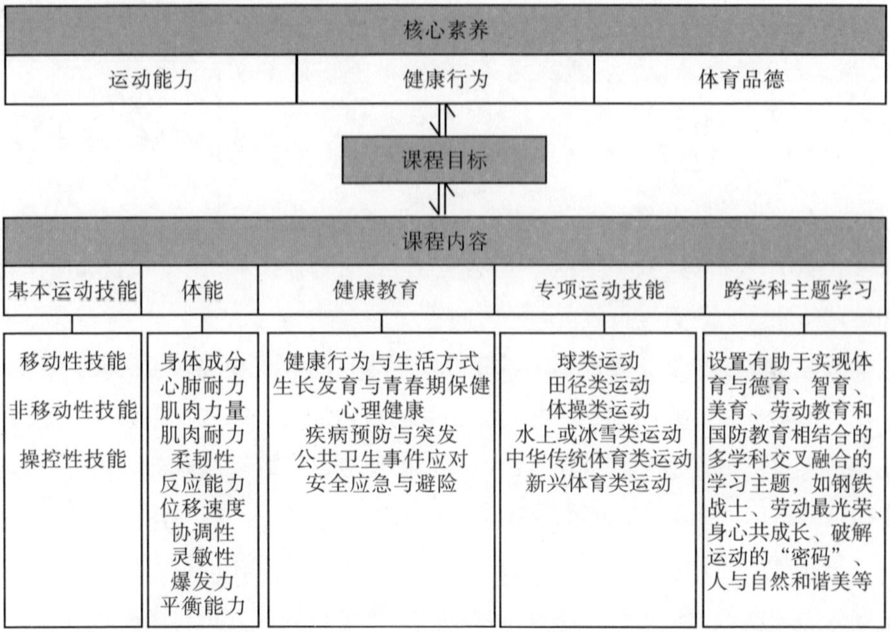

（2）作业内容。①上网搜索足球球性、球感练习内容，观看比赛，有意识地去了解其中的技术及战术运用、比赛规则、重要球员等。②主动进行球感练习，练习基本技术。练习内容包括课上所学以及通过网络搜索的内容。③参与足球游戏或比赛。可以在课余时间与同学约在一起寻找合适的场地进行足球游戏或比赛。

要求：根据自身生活环境、场地，上网搜索适合的练习内容，并进行相关的球感、运球技术学习。选择适合的场地以及相近水平的同学进行足球比赛。

（3）评价标准。

评价项目	对应水平标准		
	水平 1	水平 2	水平 3
足球实践作业评价	知道一些与足球相关的专业术语；具有基本的球感，能够完成简单的体能练习；初步掌握基本的技术动作	知道足球运动需要的体能简单学练方法；初步掌握简单的技术动作组合；能参与简化的足球游戏	熟练掌握简单的技术动作组合；了解足球比赛的规则；能够在比赛中合理运用技术动作

（4）作业实施。我根据在课上对学生指导的基本技术动作，布置相应作业，如运球的形式、距离、组数、间歇时间等。

为激发学生自主学习的能力，我鼓励学生自己查找相关教学资料。我推荐了相关搜索平台，并与学生一起讨论相关的检索词语，来查找相关比赛或教学视频。学生可依据适合自身能力以及环境的原则，选取适合练习的内容。这其中包括基本体能练习、球感练习和运球技术动作练习。

安排学生通过上网学习相关理论。我会布置较为具体的学习目标内容，如足球运动的发展史、足球运动基本规则、足球场地划分、精彩比赛欣赏等。再如以小组的形式搜索一段精彩的比赛，并讨论其中精彩的技术运用、规则运用、比赛方法的体现等。

鼓励学生利用课余时间，与小伙伴一起练习，相互指导，并尝试举行相关的足球小游戏或比赛。

实施过程中我会带学生回到课堂上及时分享所学，与学生一同评价、欣赏比赛。也会通过微信群及时得到学生的学习反馈，并适时指导。

（5）实施效果。①大部分学生能够利用现代网络手段，搜索获得足球基础理论知识、丰富多样的身体素质练习内容、足球球感练习内容、运球技术，观看比赛中的实践运用。②大部分学生能够根据所掌握的基础知识并结合教师的引导，主动进行身体素质练习和足球球感、技术练习。且经过练习，球感和运球能力得到明显提高。③部分学生懂得观赏足球比赛，能够说出一些足球队、著名球员的名字，以及部分足球运动技术、战术、规则等。能够主动参与适合的足球游戏或比赛活动。

在完成一系列的足球实践作业后，我采用口头交流以及实践展示的形式进行评价。过程中可生生互评、师生共同评价，发现错误及时纠正，同时表扬好的内容以及实战能力突出的学生。

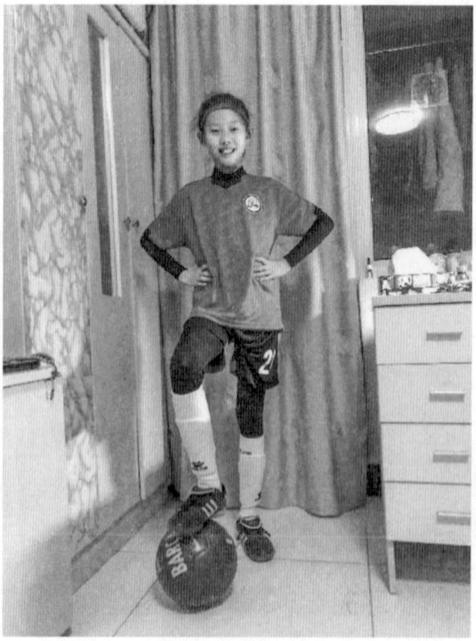

（6）实施建议与反思。布置作业前，教师应先向学生介绍足球运动的发展历程，以及基本开展方法，并组织学生在体育课上对于基本的体能练习、球感练习、技术动作进行学习。让学生有初步的足球运动体验。

组织学生分组讨论并制订出所需要学习的各个模块。小组内分工查阅所需学练的内容，然后共同汇总并讨论出各小组的完整内容，其间教师适当进行引导，期望设计内容尽量合理。各小组参照所设计的内容进行一系列的练习。在练习的过程中教师也应适当地介入指导，引导学生采用正确、合理的方式进行学练。

经过一段时间的学练后，回到体育课上进行展示，师生共同讨论、评价，全班一起总结相关的学练经验，然后各小组根据现实的学习情况以及值得借鉴的经验修正各组内容，继续进行课后作业学练。最后，回到体育课堂，组织学生进行足球运动相关专业知识分享。

整个实施过程中，小组需要纪录从初步确立内容到后续调整的每一步的学练计划。与此同时，个人可以通过学练日记、拍照片或视频的形式记录练习过程中遇到的问题，感受进步过程，可在体育课堂进行分享和展示。教师通过体育实践作业的形式可培养学生对足球运动的兴趣，同时结合新课标培养学生探究、合作学习的能力，增强学生身体素质，帮助学生掌握相关技能，促进学生自尊、自爱、自律等可贵品格的形成。学生需要掌握的不只是一场比赛！

（本文作者：刘谱）

“呼吸与健康”大揭秘
——一举多得的科学作业

2021 年，教育部办公厅发布了《关于加强义务教育学校作业管理的通知》，强调了作业管理的重要性。我作为科学老师，平时很少给学生布置作业，于是开始思考：我应该如何基于核心素养发展，结合课程内容，融入跨学科教育手段，来设计学生的作业呢？

在讲科教版科学四年级上册“呼吸与健康生活”这节课时，在课堂上要让学生测量自己平静状态下、做完操（一套室内操）、跑完步（2 分钟原地跑）时自己的呼吸次数。学生都特别兴奋，笑着说科学课改成体育课了。在测量之前，我先让学生猜想：“在这三种状态下，你觉得你的呼吸次数会怎样？”有的学生认为会有差异，但不会太大；有的同学认为自己平时体育成绩一般，可能呼吸次数相差会比较多……究竟会怎样呢？带着疑问，我们开始了测量。因为很感兴趣，所以测量的时候大家都很认真，测量数据和结果是比较准确的。

测量完以后，通过学生的汇报，大家发现同学之间同一状态下的呼吸次数是有差异的，有些同学差异还非常明显。我们把不同状态下的呼吸次数相差最小和最大的学生名单分别列出来，发现前者是班里参加了学校田径队的学生，而后者是班里体育成绩达标的同学。为了让大家更便于观察数据，我们又填写了记录单，对全班学生进行了统计。

不同状态下一分钟呼吸次数测量记录表

姓名：________　　体育测试成绩：________　　是否参加田径队：________

活动	次数			
	第一次	第二次	第三次	平均数
平静状态				
做完操				
跑完步				

按照学生体育测试成绩，分别将体育成绩优秀、良好、达标的学生呼吸平均数相加，再取平均值，用三年级学过的柱形图方法，做成一目了然的柱形图。学生根据柱形图，发现了呼吸与运动的关系。

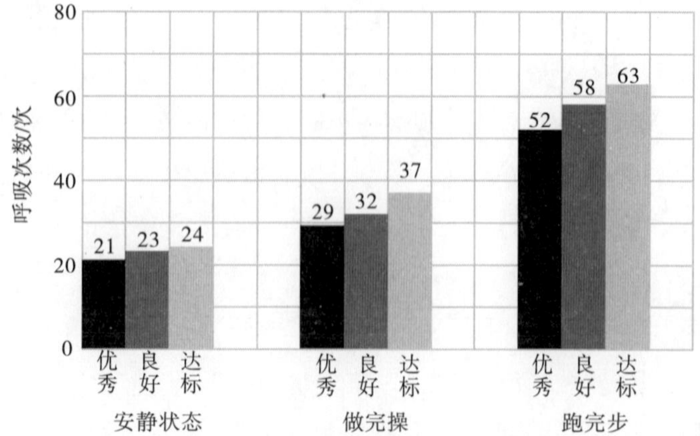

测量不同状态下1分钟的呼吸次数

而后，我们再将田径队学生的数据单列出来，和非田径队学生的数据进行对比。

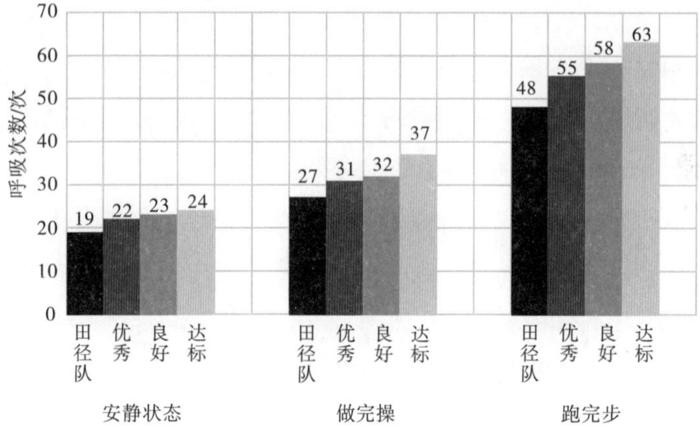

测量不同状态下1分钟的呼吸次数

学生发现：田径队的同学在不同状态下呼吸的次数都是最少的，变化幅度都是最小的；而在体育测试中达标的同学在不同状态下的呼吸次数都是最多的，变化幅度都是最大的。因此大家一致认为体育锻炼能够让我们的呼吸次数减少，增强我们呼吸系统的功能，提高身体素质，有利于身体健康。

“到底是不是这样呢？你们有没有什么好方法来证明呢？”我提出了问题。

有的学生说：“通过这些数据就可以证明了啊。”有的学生说：“这需要自己和自己比，但不是一两天就能看到结果的，得坚持锻炼至少1个月吧。”听到这儿，我赶紧补充道：“为了让我们得到更准确的结论，我们一起制订一个为期一个月的锻炼计划吧，主题就叫‘呼吸与健康’，怎么样？”学生纷纷说好。

在我们的讨论下，最终达成共识，制订了如下的锻炼计划。设计运动计划表和记录表，持续测量每天吃完晚饭一小时后进行锻炼，跑步、跳绳、游泳等各种形式自选，每天坚持一小时，一个月以后再对学生不同状态下1分钟呼吸次数进行测量，看数据变化。

运动计划表	
姓名：________	
健康目标	
对健康的影响	
我的计划	
计划的实施效果	

每日运动记录表		
姓名：________		
日期	运动项目	持续时间

虽然制订计划的时候大家都兴致勃勃，但结合以前布置的持续观察作业完成情况，我不得不打了个大大的“问号”。一个星期之后的科学课上我问大家坚持得怎么样，已经有个别学生说坚持不下来了。于是我想了一个主意：让他们每天早晨到校之后把前一天晚上的记录给课代表看，由课代表盖章。盖满一个月的学生可以领一个小奖品，鼓励他们坚持。这样一来，学生热情高涨，能够从实践中总结出科学的结论，还锻炼了他们的意志品质，一举多得。

最后经过一个月的时间，绝大部分学生都坚持下来了。我先问了学生运动一个月以来身体有没有什么变化或者感觉。体育成绩达标的学生深有感触：“之前我跑完步喘得厉害，现在已经好一些了。”“之前我跳绳总是掉，所以成绩不太理想，经过这些天的锻炼，掉的次数少了，成绩也有所提高，跳完了也没有那么累了。”我追问：“这说明了什么呢？”“说明我们的身体素质提高了。”“我们更健康了。”学生抢答道。我再次给坚持下来的学生进行测试。测试后经过统计，学生惊喜地发现，坚持下来的学生与之前相比，不同状态下1分钟的呼吸的次数都有所减少，且变化幅度也都减小了。

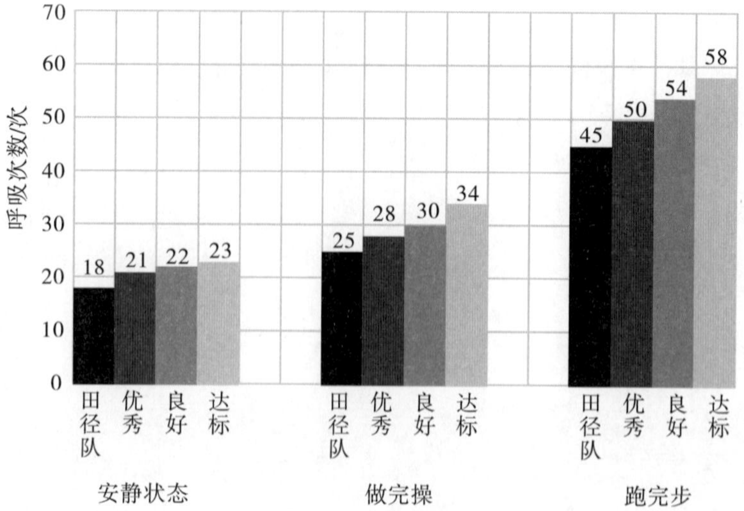

测量不同状态下1分钟的呼吸次数

看来体育锻炼真的能够让我们运动后的呼吸次数减少。这是怎么回事儿呢？学生结合已经学过的呼吸系统、肺活量、氧气等知识，开始各抒己见："老师，我认为这是由于经常锻炼，增强了我们的呼吸系统，这样我们一次性吸入的空气就多了，所以我们运动后呼吸的次数就少了。""老师，我给他补充。我们吸入的空气多了，呼出的气体也就多了，一次呼吸用的时间就会增加，所以1分钟呼吸的次数就减少了。""我们人体是需要氧气的，吸入的空气多就意味着进入体内的氧气多，能够和更多的二氧化碳进行交换，能够提高我们的身体素质，有益于我们的身体健康。"……由此可见，通过这次实践作业，学生对"呼吸与健康"有了更深层次的了解。这次作业既锻炼了学生的身体，提高了身体素质，同时他们也明白了呼吸与健康的关系，对自己的身体更感兴趣；坚持锻炼还培养了自己的意志，体会到运动带来的快乐和成就感。真是一举多得！

教育专家王月芬指出，跨学科作业更加强调情境性、主题性、开放性、合作性、长周期性等。由于科学学科的特点，经常会融入跨学科教育手段布置一些长周期的具有主题性的作业。在布置"呼吸与健康"这个作业的时候，我曾担心学生会坚持不下来，毕竟一个月的时间并不短，但好在绝大部分学生都坚持下来了，说明他们对这个作业很感兴趣，对自己的身体也很感兴趣，想弄明白到底怎么回事。其实完成作业不是学习的结束，而是学习的延续，学生通过作业对呼吸与健康的关系有了更深层次的了解，相信以后他们学习血液循环系统以及身体其他系统的时候，一定会想到这次作业得到的结论，并将它与新知识融会贯通。

（本文作者：刘延平）

做个阳光开朗的大孩子

——《汤姆·索亚历险记》整本书阅读作业

带了六年的学生即将迈入中学的大门，我时常在想小学的语文学习究竟可以带给学生什么？面对初中庞大的阅读量，学生是否能够适应？他们掌握阅读大部头书籍的方法了吗？我的理想是用语文为学生铺就一条成长的道路，使他们可以倾心交流，获得生命的滋养，具备持续前行的动力。为了使学生的初中学习更加顺利，除了提升上课时的阅读质量，我们的作业是否也可以尝试改变呢？

一、作业缘起

阅读作业是语文学习必需的过程，它既是学生实践课堂所习得阅读方法的途径，也是学生进行语言积累，拓宽阅读视野，从而实现习作提升的重要过程，很大程度上决定了学生语文之路的走势。我们以往的作业，往往停留在积累摘抄、写读后感的形式上，内容单调，形式雷同，难以给高年级学生自悟创作的空间，因此学生完成作业的积极性不高，这也是我一直苦恼的地方。

新课标在实施层面提出的任务群概念，让我眼前一亮，学生之所以对抄写作业不感兴趣，是因为其内容枯燥，形式单一，无法调动起学生的阅读兴趣，但是如果阅读伴随的是一系列调动学生感官的有趣的活动，他们会做何反应呢？特别是针对高年级提出的 “文学阅读与创意表达”任务群，以“爱读书”为中心，把文学阅读层层嵌入学生的整体学习之中，以“读书既是娱乐又是学习”来实现学习者的双重收获，让学生不断地体验学习的乐趣，建立信心，从而激发学生的学习热情，这与本单元的语文学习主题相契合，不是正好可以据此设计相关的活动，变革一下作业形式吗？

六年级是小学学习的最后阶段，学生积累了中年级阅读整本书的经验，再加上五年级阅读中国名著的学习基础，具备了自主阅读大部头书籍的条件。所以这次我敢放开手脚，给大家一些自由，设计一些更有意思的任务，甚至可以结合其他学科布置融合式的阅读作业，于是有了这次与众不同的《汤姆·索亚历险记》阅读作业。怀着忐忑的心情，我把这个想法和学生说了，没想到他们十分积极，就连平时总是拖拉不交作业的小祥同学也双眼放光了。是的，对不擅长写作的学生来说，融入不同学科，给了他们从另外一个视角表达自己想法的机会，对他们来说更具有鼓舞性和挑战性，他们怎么能不喜欢呢？有了学生的肯定，我就开始专心设计这次不一样的阅读作业。

二、作业内容

在浩瀚的世界文学宝库中，有许多灿若星辰的作品，它们是人类共同的精神财富。第二单元围绕“外国文学名著”编排，选编的三篇课文都是从长篇小说中节选的，《汤姆·索亚历险记》就是其中的一篇，这同时也是“快乐读书吧”中的推荐阅读书目。利用此书展开课外阅读指导活动，有利于培养学生的想象力和联想能力，让他们追随着主人公，深入体验其旅程的艰辛与快乐。其实，随着学段升高，作业设计也应该在识记、理解和应用的基础上加强综合性、探究性和开放性，为学生发挥创造力提供空间。在设计作业时，我以学生的真实需求为依据、以目标为导向，给予学生自主阅读和感悟的机会，课内学方法，课外加强实践，从而增强课外阅读指导的效果。

这次作业设计我遵循课内与课外相结合，紧紧围绕语文要素展开，通过课内对梗概这一概念的理解和运用，让学生习得提取整本书主要内容的方法。在学习本单元前两篇课文的基础上，达到运用的目的。梗概的提炼与概括，是学生将自己的阅读体会与小说内容对照，从而进行判断的过程，实际上是对整本书重点内容的准确把握。怎样检验学生的学习效果呢？简单地完成一份小说梗概，学生已经没了兴趣，于是我想到了用设计书籍封面和插图的方式表现阅读深度的方法。

另外，阅读整本书是精读与泛读相结合的过程，意味着学生对书中故事的理解是不断加深的，所以在关注学生阅读进程的时候，我有目的地指导学生回读，针对人物情节进行交流，加深理解和感悟。慢慢地，学生对书中人物的认识越来越全面，甚至对马克·吐温的写作风格也越来越熟悉，于是一个大胆的想法在我头脑中形成，何不让学生试试再续写一下这部小说呢？

于是，这次的整本书阅读作业，没有枯燥的抄写，而是用充满想象力和个性的方式展开……

三、作业实施

在单元阅读教学时，我先借助课文让学生了解作品梗概是把握名著主要内容的方法之一，引导学生通过阅读梗概，把握整部小说的主要内容。在后面课文的学习中，尝试让学生自己对照着梳理完成部分篇章直至整本书的梗概。在这个过程中，我发现，学生能够借助目录，将整本书的重点章节进行提炼和概括，这为学生接下来的封面设计奠定了很好的基础。我们都知道一本书的封面是对书中最重要或最精彩章节的再现，学生需要筛选整部书的若干场景，这种筛选当然也会因带有学生的个人视角和生活经验而显得精彩纷呈。

为了使学生封面设计的画面感更强，我进一步引导学生利用学习单就印象深刻的人物和细节交流感受。有的学生在小说开头就被吸引住了，汤姆和哈克在埋葬小猫的时候，误打误撞看见了印江·乔埃失手杀人，这种紧张得让人窒息的环节很容易吸引学生，但是想把文字转换成画面，还需要引导学生细读文本，进行头脑风暴。学生在交流的过程中逐渐关注到每个人的表情应该各不相同，两个孩子的惊恐可以通过捂住嘴、瞪大的双眼、佝偻的身形表现，而印江转动的眼珠则显得狡猾而狠毒，佯装的表情更暴露出他的心怀鬼胎。扭打在一起的三个人在明处，而汤姆和哈克则在暗处……通过交流，不仅加深了学生对文本的印象，更打通了文学语言与美术之间的通道，将枯燥的字块变为生动鲜活的画面。小祥作为绘画的高手，自然不会缺席这样的讨论。“我印象最深的情节是汤姆虽然和好朋友发誓不说出印江杀人的事情，但是经过激烈的思想斗争，汤姆还是勇敢地站出来，指证了凶手。尽管他吓得浑身颤抖，声音都颤颤巍巍的，却依然维护了正义，我很钦佩他！一个孩子，敢于面对杀人不眨眼的恶魔，说出真相，保护无辜，何其难得！”这是小祥少有的主动发言，而且我觉得他不仅读懂了小说，更读懂了人物，这不正是在学生成长的道路上又点亮了一盏明灯吗？

经过以上的阅读交流，学生的创作热情逐渐高涨，我又制订出了相应的评价标准，帮助学生更好地完成创作，事实证明大家设计的封面和插图都很有新意，达到了将整本书读活的目的。

整本书的阅读仅仅停留在把握大意，再现最喜欢的章节的程度肯定远远不够，我们还应该从语言积累表达的角度设计出学生感兴趣的活动。通过本单元的学习，学生逐渐感受到不同作家创作小说时的特点。《鲁滨逊漂流记》是一部百科全书式展现人生的冒险故事的作品，语言平实但是情节却环环相扣，扣人心弦。《骑鹅旅行记》语言生动优美，中间穿插描写的小动物都活灵活现，地方传说充满瑰丽的想象。而《汤姆·索亚历险记》更擅长用诙谐幽默的语言塑造人物形象，故事情节的推进也是有条不紊的。对这三部以游历和冒险为主题的小说的学习，能够极大地激发学生进行文本创作的兴趣，加之小说开放式的结尾给了学生创作的可能，他们迁移运用课内阅读学到的表达方法，可获得更深的阅读体验。

所以，在完成小说封面插图创作后，我进一步指导学生在阅读后续写结局。在保持原著语言风格和表达方式的基础上，学生可合理地展开想象，将自身的主观意愿融合在续写的文本之中，从而锻炼自己的写作技能。让学生按照自己的想象和联想，续写故事的结局，以此启发他们的创造性思维。作品完成后，我们还开展了讲续写故事的活动，在小组里互相交流，然后进行评选，可以说学生经历了丰富的读—写—画—讲的学习历程，收获满满。

四、作业效果

评价项目	具体要求	评价结果
续写结句	1. 保持原著语言风格和表达方式的基础上，合理地展开想象	
	2. 有自己的独特想法，能够将自身的主观意愿融合在续写的文本之中	
	3. 续写内容符合原著人物性格特征	
	4. 续写内容完整、积极向上，语言流畅，有逻辑性	

注：能做到就评 5 颗星，不能完全做到就评 3 颗星，做不到就评 1 颗星。

评价项目	具体标准	得分
讲故事	1. 条理清晰，语句流畅，语言生动，感染力强（20 分） 2. 精神饱满，动作得体，仪态自然（20 分） 3. 脱稿独立完成，时间 5 分钟以内（10 分）	

历时两个多月，我们的整本书阅读活动圆满完成。从学生的作品来看，他们能把整本书的重要情节通过一幅幅插图生动地演绎出来，联系当时的环境，揣摩人物的心理活动，配上人物的表情，加上合理的动作，发挥大胆的想象，加深了对整本书精彩章节的感悟。比如对第十四章“海盗们”野外乐逍遥的插画设计，学生绘制了野外幽静的环境，小虫子和蝴蝶在他们身边快乐地飞舞，渲染出轻松快乐的氛围。哈克、汤姆和乔伊这些“海盗们”在河里嬉戏。学生把他们追求自由、天真活泼的性格淋漓尽致地表现了出来。通过这幅插图，加深了学生对文本内涵的理解，也提升了学生的美术素养。

更重要的是，这样的作业提升了学生的语文学习力。在文学阅读与创意表达任务群中，语文的学习力其实就是学生对文学作品的感受力、体验力、评价力和表达力。在该单元的阅读作业当中，这四个方面实现了融合统一。

由于阅读作业大多没有固定的答案和呈现方式，所以在作业批改方面，我更加强调学生对文本的理解和独特的表现方式，比如他们对书籍封面的设计可以采用不同的章节来呈现，人物的表情、衣着也会因创作者的不同而千差万别，这些不重要，重要的是学生是否可以表现当时的情境、表现人物的品质。

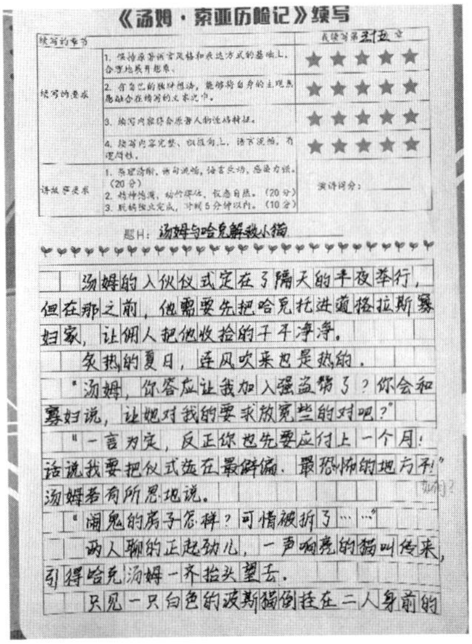

《汤姆·索亚历险记》续写

续写的章节		我续写第三十五章
续写的要求	1. 保持原著语言风格和表达方式的基础上，合理地展开想象。	★★★★★
	2. 有自己的独特想法，能够将自身的主观感悟融合在续写的文本之中。	★★★★★
	3. 续写内容符合原著人物性格特征。	★★★★★
	4. 续写内容完整、积极向上，语言流畅，有逻辑性。	★★★★★
讲故事要求	1. 条理清晰，语句流畅，语言生动，感染力强。（20分） 2. 精神饱满，动作得体，仪态自然。（20分） 3. 脱稿独立完成，时间5分钟以内。（10分）	演讲得分：______

题目：汤姆与哈克解救小猫

汤姆的入伙仪式定在了隔天的半夜举行，但在那之前，他需要先把哈克托进道格拉斯寡妇家，让佣人把他收拾的干干净净。

炙热的夏日，连风吹来也是热的。

“汤姆，你答应让我加入强盗帮了？你会和寡妇说，让她对我的要求放宽些的对吧？”

“一言为定，反正你也先要应付上一个月！话说我要把仪式选在最僻偏、最恐怖的地方矛！”汤姆若有所思地说。

“闹鬼的房子怎样？可惜被拆了……”

两人聊的正起劲儿，一声响亮的猫叫传来，引得哈克汤姆一齐抬头望去。

只见一只白色的波斯猫倒挂在二人身前的

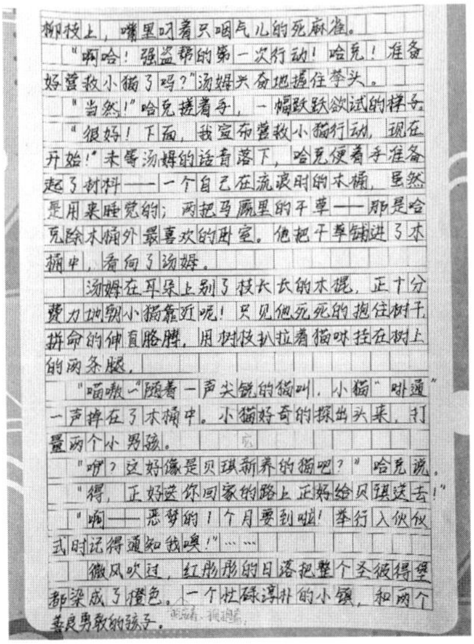

柳枝上，嘴里叼着只咽气儿的死麻雀。

“啊哈！强盗帮的第一次行动！哈克！准备好营救小猫了吗？”汤姆兴奋地握住拳头。

“当然！”哈克搓着手，一幅跃跃欲试的样子。

“很好！下面，我宣布营救小猫行动，现在开始！”未等汤姆的话音落下，哈克便着手准备起了材料——一个自己在流浪时的木桶，虽然是用来睡觉的；两把马厩里的干草——那是哈克除木桶外最喜欢的卧室。他把干草铺进了木桶中，看向了汤姆。

汤姆在耳朵上别了枝长长的木棍，正十分费力地朝小猫靠近呢！只见他死死的抱住树干，拼命的伸直胳膊，用树枝扒拉着猫咪挂在树上的两条腿。

“喵嗷～”随着一声尖锐的猫叫，小猫“咕通”一声掉在了木桶中。小猫好奇的探出头来，打量两个小男孩。

“咿？这好像是贝琪新养的猫吧？”哈克说。

“得，正好送你回家的路上正好给贝琪送去！”

“啊——恶梦的1个月要到啦！举行入伙仪式时记得通知我噢！”……

微风吹过，红彤彤的日落把整个圣彼得堡都染成了橙色，一个壮硕淳朴的小镇，和两个善良勇敢的孩子。

在此基础上的作业评改，我以展示交流的形式进行，以表扬鼓励为主，重点让学生说一说为什么这样设计，学生绘制的画面和续写的文章只是冰山一角，背后的想法才是教师更应该关注的。在这个过程中，我读懂了学生对冒险生活的向往，对正义的追求和坚守，给这些学生的青春增添了更加多姿多彩的元素。聆听着他们对自己创作作品的解读，和他们漫游在新奇的故事中，我恍惚间触碰到了这群少年的梦想，真心希望他们都可以做一个阳光开朗的大孩子，爱冒险，有坚持，甚至有点小毛病，这才是少年该有的样子。现在的小祥爱上了阅读，他经常在课间手捧一本书津津有味地读着，现在读的书叫《哈克贝利·费恩历险记》……

文学阅读与创意表达任务群的提出，为学生提供了一个更充分自主、更和谐、更规范、更有效的学习环境，让学生在文学阅读过程中更好地了解文学艺术，更好地认识文学文化，更好地走进文学的殿堂，向文学的精神寻求永恒的力量！教师如果改进原有固化的常规性作业，多给学生设计一些探究实践、跨学科的拓展性作业，就能够有效激发学生的语文学习兴趣，使他们养成热爱阅读和深入阅读的良好习惯，直指语文素养的核心能力。这次的尝试让我对阅读作业的设计更加大胆，我想只要我们的作业基于教学目标，为语文要素的有效落实服务，那么我的探索就是有意义的。

（本文作者：吴婷婷）

小车，快跑！

2020年因为肆虐全球的新冠疫情，中小学生开始居家学习。居家学习不是停学，只是不在课堂上课而是在网络上上课。从录制课程内容到通过信息技术手段进行网络直播课堂，我所在学校的教师都在不断地尝试。而我作为一名科学老师，每次的直播课总觉得差了点什么，思来想去才发现是直播课太安静了，学生只是安静地学习科学知识，缺少了实践活动。如果能让学生在家也能活动起来，这不更能体现生活处处是学问吗？在解决生活问题的过程中不是更能培养学生的核心素养吗？

2022年11月居家学习阶段正好是我所教的四年级学生学习“运动和力”单元的时段。本单元一共8课，选择车作为主要的研究对象，以“物体的运动及其受到的力”为主要线索，循序渐进地安排了“小车在力的作用下怎样运动起来”“不同的力对小车的运动产生怎样的影响”“运动的物体所具有的能量与其运动情况有什么样的关系”等活动，学生将认识物体的运动与其作用力之间的关系，在单元的最后完成设计，制作小车。教材中单元内容的设计在知识的传授上有着优越性，如果是在课堂上，学生可以在教师的指导下完成探究。但在学生居家学习阶段，只能利用互联网开展线上直播课堂，面临着学习时间较短，学生家里缺少实验材料等问题，学生很难完成每节课中的探究活动。我想能不能让学生在家设计制作小车呢？在设计制作过程中他们一定会遇到问题和困难，而解决问题的过程中也就是学习的过程。有了这样的想法，我马上着手进行教学设计。先让学生明确要设计制作什么样的小车，然后再收集学生在整个过程中遇到的问题，教师和学生一起解决遇到的问题，通过这样的实践活动来完成整个单元的学习。

我结合居家学习的实际情况，将单元教学内容设计为实践类作业——“设计制作小车”，把作业的实施过程分为作业启动、作业实施、作业汇报三个阶段。

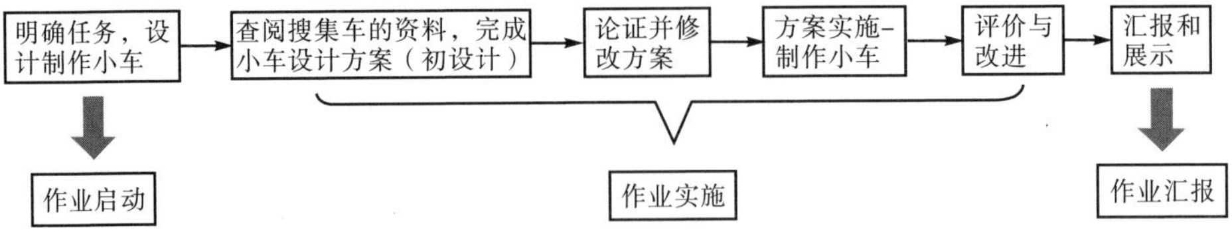

我把设计制作小车的材料设定为生活中的材料，并且未做特别的限制，可以是生活中的纸盒、气球、吸管、橡皮筋、胶带、线、剪刀等材料，结合课标和教材中的学习目标和内容，给出实践活动任务要求是“利用生活中的材料设计制作一辆具有动力的小车，使它能依靠动力在5秒内把两块橡皮运输1米远。车身长度不超过25厘米”。

考虑到居家学习的实际情况，为了学生能够更好地完成这个活动，他们必须清晰地知道自己要怎么做、做到什么样，所以在给出任务要求的同时要让学生知道作业的评价标准。

项目	评价标准		
	☆	☆☆	☆☆☆
小车设计	方案不合理，没有设计图	方案较合理，有简单的设计图	方案合理，有严谨、详细的设计图
小车制作	制作工艺差，对于出现的问题不能解决	制作工艺一般，能解决出现的部分问题	各部件连接合理，车架结实，车轴稳定，轮子转动灵活，制作时能及时发现问题并解决问题
小车功能	不能行驶	能够行驶，但距离较短，行驶较慢，载重能力差或不能按直线行驶	完全按照要求完成规定任务
展示讲解	展示不自然，声音过小或听不清楚，对同学提出的问题不能及时准确进行解答	展示比较自然，声音稍小，对同学提出的问题能够比较准确地进行解答	展示大方自然，声音洪亮或正常，对同学提出的问题能够及时准确进行解答

因为学生对于车的认知更多来自生活中的交通工具，他们并不能说出车的动力能驱动小车行驶的科学道理，所以我让学生查阅、收集车的资料，先形成对车的初步认知后再进行对“车”的初设计，画出设计图，写出简单的结构说明和制作步骤，完成设计方案。学生完成初设计后，在线上的课堂上进行设计的展示和交流活动。结合小车的设计制作任务，将问题聚焦在让小车在动力的驱动下运动，并能行驶一定的距离，学生修改设计方案，完成在此阶段最优方案的设计。在完成方案设计后学生进行初次制作，制作后按照评价标准进行评价并改进制作。学生在完成小车的设计制作后，在线上课堂对作品进行展示，同学之间互相评价。

在实践类作业“设计制作小车”结束后，学生有小车的设计方案、小车等成果。成果的数量不太相同，设计方案有的是 1 份，有的是多份，有的学生设计方案就改了 3 版，每一版都有比较大的改动。有的学生制作了多辆小车，在经过了自己的测试后选择了最优的一辆进行了展示。展示的方式也有不同，学生可以根据自己家的情况进行选择，有的学生采用拍摄照片，再通过腾讯会议分享图片进行展示，有的学生采用打开摄像头的方式，现场进行展示和测试。

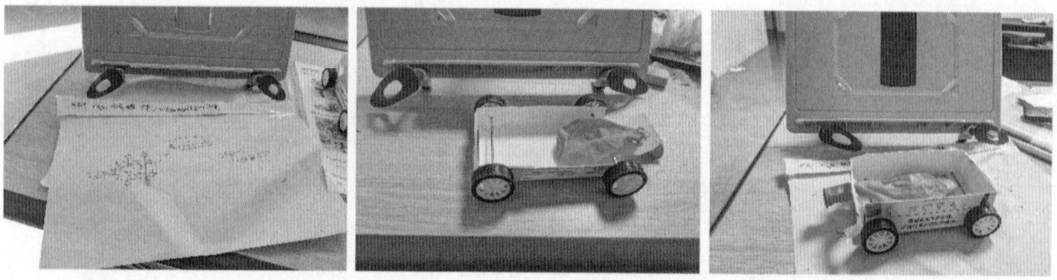

我在实施过程中发现，学生非常喜欢实践类作业“设计制作小车”，特别是在居家学习阶段，在缺少实验材料的情况下，为了完成任务，他们都在积极运用科学知识来解决问题。在经历发现、探究、学习和应用的过程，我帮助学生理解了科学原理，完成了对于技术与工程相关知识的学习，促进了学生认知能力的发展，培养了学生的创造精神、创造能力。

但是在教学过程中，我发现还有一些问题应该进行反思和改进。

（1）教师应加强指导设计方案的书写。因为居家线上学习，线上课堂时间有限，我没有要求学生打印设计方案，也没有给学生太多的时间抄写，所以对于设计方案并没有规定固定的格式。四年级学生，尤其是第一次设计方案的学生，他们的写法稍显随意，需要教师加强指导。

（2）充分利用互联网等信息技术。应用互联网技术的优势在于使全班交流展示成为可能，特别是照片、视频的展示与在课堂上交流相比更加清楚。但是对于小车的测试，却有一些不便之处。在进行小车测试时，要让小车行驶至少 1 米，所以不能使用虚拟背景，而有些学生由于一些原因不愿意开启视频，影响了和同学的分享。在分享的时候，学生使用的电子设备不同，很多不可移动，或者摄像头远近切换出现问题，导致展示效果不佳。因此如果有在线上的课堂上，应该先向学生提出展示的具体要求，学生可以事先录好测试的视频，在课堂上先展示作品，再通过共享屏幕就可以让全体同学看到测试效果，两种方式结合比在线课堂上的测试效果更好。如果是在线下的课堂，也可以充分利用信息技术，让学生事先录好测试视频，提升线下课堂的展示效果。

（3）加强小组的合作学习。在整个实践性作业完成的过程中，其实是需要小组合作的，而居家学习阶段，学生遇到问题大多是依靠家长和教师帮助解决，想要进行学生间的互助学习比较难。如果还是在线上课堂中，要加强学生间的互动和互助，引导和帮助学生利用互联网进行小组间的研讨和讨论，通过线上的方式形成小组合作的新方式。如果是在线下的课堂上，一定要充分利用课堂上的时间，让小组成员进行充分的讨论和研讨，加强学生间和师生间的互动。

（4）给予学生更多的时间进行展示。考虑到学生的身体健康，线上课堂的时间要比线下课堂的时间更短，而利用互联网的展示还要考虑网络的延迟，因而比线下的课堂需要更多的时间，所以能够在线上课堂展示的学生更少，教师不能关注到全体学生。所以如果还是使用线上课堂，可以结合班级群、作业提交小程序等收集学生的作品，做到充分关注每一名学生。如果在线下的课堂上，则需要给学生更多的时间展示作业，并且给予学生更多提问、提建议的时间。

（本文作者：谭丞）

讲述生活中真实的数学故事

在日常数学教学中，我发现只要遇到与生活实际相联系的、不熟悉的实际情境题目，学生的正确率就很低。分析其原因，主要是学生解答这类题目需要对问题的类型加以识别，并根据各类问题的特征将其归类，而这一过程离不开生活经验的积累。那么，教师该如何帮助学生积累这些经验呢？

假期里我有幸学习了《人脑如何学数学》一书。书中写到，通过写作活动，教师能帮助学生更有效地学习数学概念，发展批判性思维并提高问题解决能力；整理想法，探索知识的新应用，解决包含数学运算的问题；使主体个性化，这样学生可以有选择性地将知识应用到他们感兴趣的领域。《义务教育数学课程标准（2022 年版）》也明确给出数学核心素养的构成：会用数学的眼光观察现实世界，会用数学的思维思考现实世界，会用数学的语言表达现实世界。于是我想，既然写作对于数学是有益处的，且课程标准中也多次提到从日常生活中发现、提出、解决数学问题。那么可以引导小学高年级学生写生活中真实发生的数学故事，以帮助学生用数学的眼光看待生活，发现生活中的数学问题，同时培养学生的数学表达能力，提高解决问题的能力。

开学后我正好教五年级数学，北师大版数学五年级上册第一单元是“小数除法”，该单元的学习目标之一是运用小数除法的知识，寻找合理的运算途径解决一些简单的实际问题，能有条理地叙述自己的思考过程，发展应用意识。五年级学生的生活经验和知识背景相比一至四年级的学生要丰富很多，他们逐渐关注来自生活现实、自然、社会中更广泛的现象和问题，有进一步了解现实世界、解决实际问题的欲望。是不是可以布置一次写真实的数学故事的长作业呢？这样既可以巩固小数四则运算的数学知识，又可以培养他们用数学的眼光看待现实世界，用数学的思维方式分析现实社会中的数学现象的能力，以及用图表、符号等数学语言进行表达的能力。

于是，在开学初我就向学生布置了作业。

同学们，本单元结束我们有一项作业是：写出生活中你遇到的真实发生的数学故事。要求是能正确使用数学语言详细描述运用小数四则运算的数学知识解决问题的过程，故事的结尾有自己的分析与反思。手写或整理成电子版，版面布局合理、设计美观，插入或粘贴精选后的与故事相关的实际照片。大家这段时间留心观察一下生活中发生的事情，看哪些事情会用到我们学过的小数四则运算的数学知识。

两周后，我与学生再次交流。

同学们，你们都发现或遇到了哪些生活中的数学问题？

大多数学生只发现购物中用到了小数四则运算，这时我说：我们的衣、食、住、行都离不开数学，只要你肯去到生活中发现。这是本项作业的评价表，请大家看一看。

项目	评价等级			
	★	★★	★★★	★★★★
故事内容	能够想到生活中真实发生的数学故事，没能运用小数四则运算的数学知识来解决问题	能够想到生活中真实发生的数学故事，且运用小数四则运算的数学知识解决问题	能够想到生活中真实发生的数学故事，能恰当的体现运用小数四则运算的数学知识来解决问题	能够想到别人想不到的生活中真实发生的数学故事，能较好的体现运用小数四则运算的数学知识来解决问题
故事情节	有运用数学知识解决问题的过程，但使用数学语言进行描述时有三个或以上的错误	有运用数学知识解决问题的过程，但使用数学语言进行描述时有一个或两个错误	有详细运用数学知识解决问题的过程；能正确使用数学语言进行描述	有详细运用数学知识解决问题的过程；能正确使用数学语言进行描述；故事的结尾有自己的分析与反思
故事表现形式	对版面没有设计且没能插入与故事相关的实际照片	对版面有一定设计，没能插入与故事相关的实际照片	对版面有一定设计，能插入与故事相关的实际照片	版面布局合理、设计美观，能插入精选后的与故事相关的实际照片

注：每个作品最后的成绩为三项获得星星之和。

优：9星及以上；良：7星或8星；达标：5星或6星；待达标：4星及以下。

同学们，要想写好数学故事，还要会进行数学表达。下面我们一起欣赏一名同学写的数学故事。

买手机

五（1）班　黄泽宇

妈妈的手机又被妹妹摔坏了，妈妈决定网购一部新的。我负责帮妈妈在网上挑手机，首先来到天猫开始查找，由于我们都喜欢国产品牌华为，所以就在华为专区进行挑选。挑来挑去选中了华为 nova 5i pro ，天猫标价是 1648 元，底下还有一行字：消费满 1500 元减 100 元。我想，1648 大于 1500，1648−100=1548（元），那这样的话妈妈只需要付 1548 元。我大声惊呼："妈妈，这家可以省 100 元！"妈妈不慌不忙地说："咱们货比三家，再去京东看看。"

于是我们去了京东，在找到同款手机后发现手机的价格是 1799 元，贵了 151 元。"哎！还是天猫便宜。"我心想。突然，我发现旁边写着一行字上面写着"八折"，我想："八折就是原价的十分之八，那就是 1799×0.8=1439.2 元，1548−1439.2=108.8 元。"我急切地对妈妈说："妈妈，就在京东上买吧，京东比天猫便宜 108.8 元呢。"妈妈很惊讶我这么快就算出了折扣价和两家的对比差价，再次确认后，脸上露出了满意的笑容，还授权我完成了网上支付。

帮妈妈买到手机后，我感觉数学真神奇，它不仅仅是在课堂中，数学其实就在我们的生活中，吃、穿、住、行都离不开它。我暗下决心一定要学好数学，将来用数学知识解决科学难题，做一个对社会有贡献的人。

大家看，我们在写数学故事时，需要把问题中的数学信息及用数学语言（符号、图表等）解决问题的过程表达出来。怎么样，有点感觉了吗？

一个月后，学生上交了作业。上交的数学故事真的让我眼前一亮。故事的内容有购物策略、做美食、家庭用电、出租车费用、租充电宝等，学生能自觉用文字语言、符号语言、图表语言等多种数学语言表征。虽然每个学生所写故事不同，完成的水平也不同，但过程重于结果，在完成作业的过程中不同水平层次的学生都得到了发展。

我利用数学实践课组织学生进行组内分享，组内同学依据评价表进行评价并推荐最佳作业进行班级展示交流。我也会推荐自己最欣赏的作业与同学们赏析。通过分享活动，学生把数学与生活更加紧密联系在一起，拓展了学生多角度运用数学知识解决生活问题的见识。此外，在期中复习时，我还适时地将这些故事情境带进课堂，重组变成新的数学问题。

生活处处有数学

五（1）班，王烁冰

国庆节假期的一天早上，我们一家人去公园玩。

爸爸把车停在了停车场，恰好看到了电子收费牌。爸爸说："这个公园比较大，得逛好几个小时。"妈妈说："这里没有故宫大，我们上次去故宫玩了4个小时，所以在这里停车的时间应该小于4小时。但这里比动物园大，去动物园玩了2个小时，所以在这里应该小于4个小时，大于2个小时。"

我说："大概得3–4个小时。如果玩了3个小时，停车费就是：

60 ÷ 15=4（组），4 × 1.5=6（元）；

2 × 60=120（分钟），120 ÷ 15=8（组），8 × 2.25=18（元）；

18+6=24（元）。

如果玩了4小时，停车费就是：

60 ÷ 15=4（组），4 × 1.5=6（元）；

3 × 60=180（分钟），180 ÷ 15=12（组），12 × 2.25=27（元）；

27+6=33（元）

所以，我们要付的停车费就在24元到33元之间。"

生活真是处处有数学！

下面是某停车场的收费表：

白天（7:00–19:00）

首小时内

小型车：1.5元 / 15分钟

大型车：3元 / 15分钟

首小时后

小型车：2.25元 / 15分钟

大型车：4.5元 / 15分钟

夜间19:00（不含）– 次日7:00

小型车：1元 / 2小时

大型车：2元 / 2小时

王叔叔18:00把小轿车停在这个停车场，21:00把车开走，他要付多少元停车费？

学生面对这样熟悉的真实情境倍感亲切，大大激发学生写作业的兴趣。令我没想到的是，学生解答这个问题的正确率高达 88.6%。这样的作业学生喜欢吗？我也对学生进行问卷调研。

有 94.2% 的学生喜欢。原因为：

答：喜欢，可以复习这学期学的东西。

答：我喜欢，因为可以和别人分享自己的故事

答：喜欢，因为很有趣，也能发现生活中的数学

喜欢，因为数学故事可以锻炼我们的思维

91.4% 的学生认为对学习数学有帮助。主要体现在：

> 有帮助，对我提升表达能力有帮助。

> 答：有，书上就有生活中的题，对日常的数学问题有帮助。

> 我觉得有帮助，
> 它可以对我的计算与统计能力的帮助

> 有帮助，对我的数学编题能力和数学实践有帮助。

通过这次作业可以看出在小学高年级布置写真实数学故事的作业，对学生数学语言表达能力和数学应用意识的培养确实有很大的帮助。但同时也要注意写数学故事作业是长作业，不适合经常布置，一个学期布置一到两次为佳。另外，由于写数学故事需要学生有一定语文写作基础，所以教师还需对写作能力弱的学生适当降低标准，以鼓励为主，发现学生思考的闪光点，这样才能最大程度地发挥写数学故事作业对数学学习的积极促进作用。

（本文作者：葛芬）

一次精彩的邂逅

2023 年 5 月，我校和香港的一所小学建立了拉手校关系，结成了姊妹校。为了加强双方的文化交流，增进京港小朋友之间的友谊，很多同学想把自己的绘画作品当作礼物送给香港小朋友，这是非常棒的想法。但是画什么？怎样画？这些问题困扰着同学们。面对同学们的困惑，身为美术老师的我陷入了思考……

这次美术作业的意义是非凡的，为了做好此次作业设计，我从更深层面进行了学习，对作业设计有了更新的认识。首先，艺术课程标准中明确要求要坚持以美育人。其次，要围绕核心素养确立课程目标。最后，要达到美术课程标准中的具体目标要求。在遵循以上总方针的基础上，结合这次京港交流项目中学生的实际需求，考虑到北京的地方特色和涉及学生的学段，经过深思熟虑，最后，我决定将本次的美术实践作业内容定为“画牌楼”。

牌楼是中华传统文化中建筑类的代表之一，有着悠久的历史和文化内涵。以牌楼为题材的绘画创作过程，是落实美育的重要实践，遵循了艺术课程标准中坚持以美育人的总方针，集中体现了关于学习和领会中华民族艺术精髓，增强中华民族自信心与自豪感的具体要求。对牌楼的学习认知、创作实践过程也是提高学生审美感知，增强艺术表现力，加深文化理解和开拓创意实践的过程，这些都是核心素养的重要组成。就地方特色而言，北京是我国的首都，是历史文化名城，有众多的传统建筑，牌楼是比较有代表性的建筑之一，北京有众多的知名牌楼，特别是木牌楼。因此，把画好的牌楼送给香港的小朋友，既让香港小朋友了解了中华传统文化，建立了文化自信，又增进了彼此的感情，可以说这是个很好的选题。关于交流学生所处的学段，这次是四年级学生进行交流，画牌楼完全能够达到课标中能用传统或者现代的工具创作平面美术作品，表现自己的所见所闻，所感所想，学会以视觉形象的方式与他人交流的目标。

牌楼是中国建筑文化的独特景观，是中国特有的建筑艺术和文化载体。北京现存明清时期的牌楼 65 座，其中琉璃砖牌楼 6 座、木牌楼 42 座、石牌楼 17

座。现存街道上的牌楼仅有6座，即国子监街上的4座牌楼、朝阳门外神路街东岳庙前的琉璃砖牌楼、颐和园东宫门前的牌楼。所以，传承牌楼文化，了解并认识牌楼，对青少年而言显得尤为必要与重要。于是，我们把这次美术实践作业内容定为画牌楼。

对学生而言，本课要掌握牌楼的造型特点，初步掌握用线条表现牌楼的方法。能用线条表现牌楼的整体和细部特征，表现出牌楼的艺术美感。通过创设问题情境、自主探究，观察、发现牌楼的整体和细部特征，还要通过识图探究，观察欣赏等方法学习基本的线造型方法。经过学习，让学生感受牌楼及线造型的美，关注祖国古建筑文化，养成热爱家乡的情感。

基于上述目标，课堂上，我让学生欣赏了各式各样的牌楼，学生对牌楼的结构特点有了全面的认识。接下来，主要欣赏了北京的牌楼，对现存比较有代表性的国子监牌楼进行系统的学习，包括它的历史和风格特色，通过对比细节和刻画演示等手段和环节，让学生探究牌楼的特点与艺术表现力。木结构牌楼中斗拱的知识是极为重要的，我通过拆分实样让学生更深刻地感受到我国劳动人民是如此的聪慧，从而增强民族自豪感。木牌楼中，彩绘也是一种重要的表现方式，绘制的图案和颜色以及其中的含义，都是需要学生了解的，这也是画好牌楼的重点所在。通过照片与线描作品的局部分析，我们发现线条的粗细、疏密变化可以根据需要取舍。结合线条的运用方法，强调用粗线条表现楼柱、斗拱等关键部位的外轮廓，可以更加突显牌楼的结构。注意线条疏密变化，画面看起来才能更加生动。

在开始本课的作业之前，学生需要明确作业要求，参照本课图片，用线描的方法画一座牌楼，注意牌楼的高低错落和线条的疏密、粗细变化。

大部分学生都能按照要求完成牌楼的绘画。部分学生的作业完成得特别好，他们能够把牌楼表现得非常生动，在完成本课的基本要求和目标的情况下，还进行了升华。课后，我及时对作业进行分析点评。

关于作业评价，我充分利用学生自评、互评和师评相结合的方式，通过以下几个方面进行评价：牌楼的结构准确、线条富有变化、图案精美刻画深入。评价过程中，学生互相展示自己的作品，先介绍自己的作品，结合作业要求和评价要点，分析完成目标的情况。互评环节，同学之间能够按照自己的理解结合画面效果进行评价，结果比较客观。师评是提升的过程，在总结学生作业的同时，发现作业中的亮点并进行表扬，鼓励需要提高的同学和需要完善的作业。

画牌楼的步骤

（1）构图定位

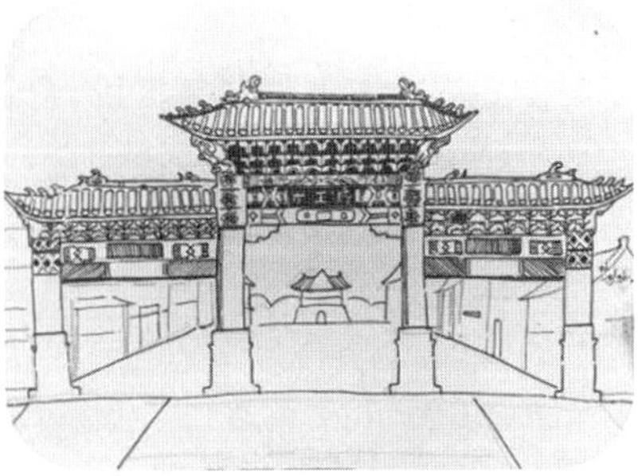

（2）局部刻画

（3）精细描写

（4）调整完善

本次作业学生完成得非常好，实现了教学目标，作业效果良好。就学生而言，则充满了成就感，除学习画牌楼的技法外，他们还对牌楼有了更加深刻的了解，从而增强了对北京的热爱。本课的实践作业表现的内容是学生喜欢的题材，学生能够运用所学方法表现出较好的效果，更为重要的是，通过本次作业为京港小朋友建立友谊搭建了桥梁，用学生自己的话说，他们与这次作业就是一次精彩的邂逅。

（本文作者：苑丽英）

轻叩诗歌大门　诗意浸润童年

在学习统编版语文四年级下册的时候，有一个综合实践单元“轻叩诗歌大门”，这个单元要求学生在学习现代诗的过程中，初步了解现代诗的一些特点，体会诗歌表达的情感；根据需要收集资料，初步学习整理资料的方法；合作编小诗集，举办诗歌朗诵会。

在备课阶段，我心里就在打鼓：这个单元教学内容多，有四首中外不同题材的现代诗歌，还有创编诗集和举办诗歌朗诵会这样的实践性活动。学习难度大，学生对现代诗歌知之甚少，在体会丰富的意象、理解深厚的情感时有难度，说到创作诗歌更是无从下笔。实践性活动不仅教学过程长，而且评价标准也难以把握。以往的实践性作业大多质量不高，呈现形式无外乎是手抄报、PPT、录视频等，缺乏新意且家长协助的痕迹较重。

经过深思熟虑，我打算在这一单元通过单元整体作业设计的方式来完成教学任务。除了上述困难，还有以下几点原因。

其一，遵循课程标准，落实“双减”任务。本单元包含的学习内容，《义务教育语文课程标准（2022 年版）》第二学段的学段目标和学习任务群中可以找到具体的要求。例如，“要阅读富有想象力和表现力的儿童文学作品，欣赏富有童趣的语言与形象，感受纯真美好的童心，学习用口头或者图文结合的方式创编儿童诗和有趣的故事，发展想象力。”“学习组织有趣味的语文实践活动，在活动中学习语文，学会合作。”“尝试运用科学、艺术、信息科技等相关知识和技能，富有创意地设计并主动参与朗诵会、故事会、戏剧节等校园活动。”在“双减”背景下，作业布置要求回归教育本质，回归育人初心，遵循控量、提质、增效的原则，消除其短视化、功利化等弊端，切实发挥并凸显育人功能，帮助学生巩固知识、形成能力、培养习惯、提升素养。

本单元能够基于语文课程标准，以减负增效为目的，构建包含基础性作业、探究性作业、综合性作业的单元整体作业体系。创设积极的语文实践活动和真实的语言运用情境，引导学生在诗意语境中读诗、悟诗、写诗。

其二，把握单元特征，实现单元价值。诗歌是文学宝库中的瑰宝，古今中外的诗人，给我们留下了无数优美的诗篇，叩击着一代又一代人的心灵。每一首诗歌都是诗人对事物和美的理解，表达了诗人浓烈的情感。以往教材中的现代诗都是以单篇课文的形式呈现，这是第一次以单元整组编排的形式呈现，旨在引导学生走进丰富多彩的诗歌世界，用美丽的眼睛看世界，提升审美鉴赏能力。构成单元主体的 4 篇课文，内容丰富，选材新颖，结合课后习题、综合性学习以及语文园地，以书面、口头、个人、合作等不同方式展示综合性学习的成果。多样的展示方式，为根据个体差异分层设计作业创造了条件，能够扎扎实实落实语文要素，综合提升文化自信、语言运用、思维能力、审美创造的语文核心素养。

此外，纵观整个小学阶段，综合性学习一共只编排了四次，“轻叩诗歌大门”这一综合性学习要求“根据需要收集资料，初步学习整理资料的方法”，不仅是对三年级下册第二单元语文要素“收集传统节日的资料”的巩固和提升，也为五年级下册“学习搜集资料的基本方法”、六年级下册“用学过的方法整理资料”打下基础。从“收集”到“根据需要收集”再到“学习收集资料的方法”最后到“用学过的方法整理资料”，是一个筛选、分类、编排循序渐进，不断巩固提升的过程。这是起到承上启下作用的重要单元，值得精心设计一番。

其三，激发学习兴趣，突破学习难点。本单元的几首短诗构思新颖奇特，音调自然和谐，语言明丽清新，学生很感兴趣。但是由于生活经验有限，学生读通句子容易，理解感情还是有一定难度的。同时，学生虽然已经初步掌握了收集资料和小组合作的方法，但是在制订计划、组织分工等环节仍容易出现问题。理解感情和合作学习既是教学重点也是难点，这些都可以借助作业设计和评价来尝试解决。

基于上述分析，我认为诗歌这一单元非常适合进行单元整体作业设计。通过把课文学习、综合性学习统整为有梯度的学习任务，设计不同形式的作业以及多元化的评价，让单元作业成为学生学习活动的有效支架，引导学生饱含兴趣地在丰富的语言情境中感受现代诗之美，激发热爱语言文字的情感。

在设计作业的过程中，我将作业分为基础性作业、探究性作业、综合性作业三种。基础性作业主要包括生字词语，通过字词书写的方式落实。探究性作业以阅读理解为主，结合练习册和阅读卷巩固所学。综合性作业又包含哪些内容呢？从单元整体教学设计可以看到，综合性学习贯穿始终，《短诗三首》和《绿》两课的课后“活动提示”分别是启动阶段和推进阶段，“综合性学习”为成果展示阶段。所以综合性作业重点在于引领学生开展综合性实践学习，“诗苑采蜜”是积累诗歌，“妙手写诗”是自己创作，最终以诗集和诗会的形式展示成果。

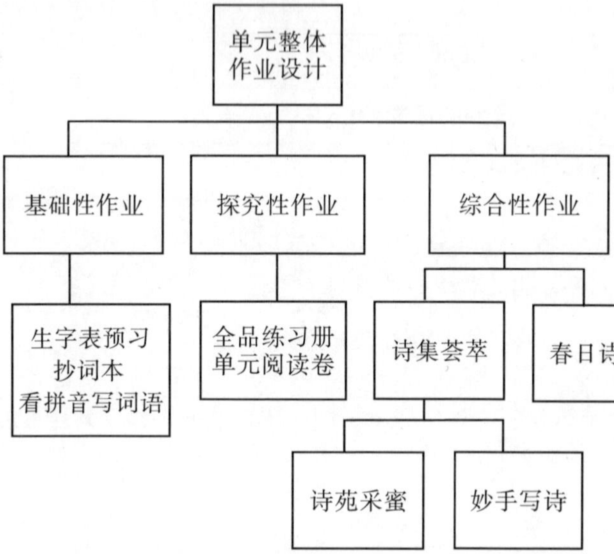

综合性作业实践过程包括了摘抄、创作、编撰、朗诵四个步骤，学生在教师引领、同伴互助、自主学习的过程中，对诗歌产生了极大的兴趣。

第一步：诗苑采蜜——摘抄诗歌。茫茫诗海好比百花园，长诗、短诗、中国诗、外国诗应有尽有。学生徜徉其中，寻得自己最中意的诗歌，摘抄在本子上，感受诗歌的魅力。在课内的基础上，我帮学生梳理相关的诗歌，引导学生了解作者、关注背景资料，掌握查找资料的方法，帮助他们更高效地收集整理资料。借助评价表评价自己的摘抄情况。

诗歌收集建议表				
分类	文本	延伸 1 （诗相关）	延伸 2 （诗人相关）	延伸 3 （拓展）
课内	短诗两首	短诗	冰心，繁星春水系列	飞鸟集
	《绿》	绿色	艾青	颜色诗
	《白桦》	白桦	叶赛宁	植物诗
	《在天晴了的时候》	雨	戴望舒	天气诗
课外	作业本、练习册		金波、华兹华斯……	
	个人喜好		顾城、徐志摩、海子……	

诗歌摘抄评价标准	星级
1. 坚持每天摘抄 1–2 首	☆
2. 摘抄格式正确	☆
3. 字迹工整、美观，能进行适当的修饰	☆
4. 喜欢摘抄诗歌，在摘抄中感受到快乐和趣味	☆

第二步：妙手写诗——创作诗歌。创作诗歌的前提是了解诗歌的写作特点，感受诗歌的美。

在教学过程中，我带学生认识现代诗的形式之美。古诗语言凝练，每行字数相同，一般常见的是五言或七言；现代诗每行长短不一，字数不定，比较自由。现代诗除了分行分节，还可以“缩进”，将一句话分成两行写，例如《绿》。这些都是追求形式的自由美感，形式自由的背后也是有规律的，有清晰的节奏感。

感受现代诗的音韵之美。读现代诗的时候每一行之间要有停顿，每节之间更要有停顿，节与节之间的停顿，要比行与行之间的停顿稍长一些。例如《白桦》每一小节的字数都不相同，读起来要错落有致，这样才富有节奏感。正如朱光潜所说，诗和音乐一样，生命全在节奏。现代诗也有押韵，《白桦》的洒、画、桦、花、霞、华，这些字都押“ɑ”韵，读这些字的时候，音调可以稍微拖长一些。《繁星》（一三一）的光、香、响，押的是“ɑng”韵，同音成韵；《繁星》（一五九）的韵脚是里，同字成韵；《绿》的奇、起，押的是“i”韵；

《在天晴了的时候》中的走、柔、垢、头、透、游、收、手、皱，押的是“ou”韵。此外，相同的句式，韵律一样，节奏也一样，例如《繁星》的三个反问句、《绿》的四个排比。由词到短语，由诗句到诗节，逐步发现现代诗韵律相对自由，但也有音韵美的特点，要读出诗歌的韵味和节奏。

欣赏现代诗的画面之美。诗人有着与别人不一样的眼睛，他们总能看到普通人看不到的地方。抓住诗歌中的重点画面，将理解感悟的内容和想象的画面有机结合起来。如果说叶赛宁是高明的摄影师，用自己善于发现的眼睛拍下了白桦的几个绝美的镜头，那么艾青就是最出色的画家，他用强烈而细腻的色彩描写，充分发挥了视觉效果的审美功能，构成鲜明生动的画面，为文本带来丰富的内涵。

体悟现代诗的情感之美。《短诗三首》美在清纯、美在朦胧、美在含蓄，冰心以童心照亮一切，在文字中展现出对母亲的依恋和对大海的热爱。艾青的《绿》则是写意的、充满生机的、有动感的“绿”，表达了诗人对自然和生命的热爱。叶赛宁的《白桦》不仅展现了窗前的白桦在雪花中、在寂静的朦胧中、在朝霞中的不同角度的美，而且赞美了白桦的精神，表达对家乡和祖国的热爱。的确，诗是强烈感情的自然流露，它源于宁静中回忆起来的情感。

学生对现代诗歌由陌生到了解，对这样的表达方式也不再畏惧，于是我以《在天晴了的时候》为例，系统地为学生讲解了如何创作现代诗歌。写好现代诗，选景很重要，要有一双会发现的眼睛。雨后天晴，诗人戴望舒关注到了泥路、小草、小白菊、凤蝶、新阳、溪水、云等景物。接着要运用想象的方式，看别人看不到的东西。作者按照身体的移动和视线移动将一个个景物连成了活动的画面，呈现出一幅幅独特的景致——泥路温柔，小草新绿，小白菊绽放，凤蝶儿自在，溪水晕皱等。用好色彩也很重要，诗中景物的颜色往往代表作者的心境，诗中的“新绿”“白”“暗绿”等都给人以明快舒畅之感。最后还要表达出自己的感情。这首诗写于1944年6月，当时抗日战争即将胜利。戴望舒是著名的“雨巷诗人”，他是中国现代象征派诗歌的代表人物，他诗中的每一处景物都有象征意义。他在歌颂光明和解放，表达了对抗战必胜的坚定信念。总而言之，可以按照“酝酿感受—选择景物—展开联想—遣词用句—分行表达”的顺序写作。

讲到此时，学生总是追着我问：“老师，我们什么时候才开始创作诗集呢？我有好多好多想写的，插图我都画好了。”我告诉他们不要着急，比起精美的画面，我更看重他们作品的质量。本单元有六首诗歌，每一首我都带着学生进行了仿写，写的过程中要求他们想象要大胆，语言要生动，要表达出自己的情感。在完成初步创作后，我让每个人选一首自己认为最好的作品，在组内交流，根据评价表互相评议，推荐优秀的诗作在班中朗读。

诗歌创作评价标准	星级
1. 能用诗歌的形式写自己的所见、所闻、所想	
2. 能用上比喻、拟人等修辞手法	
3. 诗句有节奏，朗朗上口	
4. 书写正确、美观	

注：能做到可评 2 颗星，不能做到则评 1 颗星。

第三步：诗集荟萃——编撰诗歌。在单元伊始，我便告知了学生本单元整体的作业设计，将任务前置。经过前两个步骤，学生已经积累和创作了足够的作品，自然而然地引出了合作编辑诗集的任务。

首先，我选了《艾青诗选》和《推开窗子看见你》两本学生比较熟悉的诗集，引导他们观察、关注诗集的封面、推荐语、内容简介、目录、插图等内容。恰逢世界自闭症日，全班同学都给自闭症儿童写了诗，我便将大家的作品做成一本诗集，展示出来。学生直观地了解诗集应是怎么制作出来的，而且看到了自己的作品展示在班级诗集中，学习积极性空前高涨。

其次，我们讨论了具体制作流程，主要包括以下环节。

①确定主题：根据主题搜集诗歌。

②分类建章：按照诗人、内容、情感、主题等分类。

③每页内容：诗题、诗人姓名、内容、诗人介绍（照片）、赏析、插图等。

④编写目录：有序排列，注明与内容对应的页码。

⑤诗集取名：可以用象征性的意象取名，如诗雨星空、星星草、百香果，或者引用诗句、歌词等。

⑥制作封面，整体装订。

再次，全班同学分成了 4–5 人的小组，安排各自的分工，确定时间节点。在这一步，我为学生提供了任务分工表、诗歌分类表、合作评价表。

第 ______ 小组任务分工表			
序号	承担任务	负责人	完成时间
1	材料准备（水彩笔、彩色贴纸、胶棒等）		
2	素材整理		
3	诗集内容录入（摘抄的诗、诗人生平、同学写的诗、与诗有关的故事和资料等）		
4	诗集封面、目录、插图绘制		
5	其他______________		

我的诗歌分类表 （我按　　　　来分类）				
序号	诗题	作者	类别	备注

在经过三周的努力后，各组都完成了自己的作品，其中有几个组真是让我分外惊喜。小齐带领的组在创作过程中与我沟通了十余次，最终制作了一本 40 多页的诗集，每页都十分精美，还加上了作者简介。小烨是个学习困难户，却在小组中摇身一变成了小画家，为他们组的作品配上了精美的插图。萱萱是个性格特别内向的小姑娘，完成学习任务对她而言难度不小，所以她平时总是不言不语，这次却用格外工整的字迹让大家看到了她的坚持和认真。冬冬、轩轩、阳阳这个组经历了不少波折，一开始冬冬不想参加这项活动，要自己单干，以前在小组合作的活动中他也出现过这样的情况，这次在同学和老师的多方劝说和鼓励下，他终于能够与同学开展合作了，后来他们又经历了作品遗失、修改诗歌等问题，最终克服困难完成了作业，成就感满满。最有意思的是小墨这个组，他们在诗集名字旁边偷偷写了三个小字“极速版”，原来是因为他们一开始小组合作不太愉快，耽误了很多时间，最后终于沟通好了，一天就完成了诗集，当然这还得归功于之前每一篇作品都已经修改好了，所以才能这么神速。经过这次磨炼，同学们的合作能力有了质的飞跃。

最后，我们评选了最佳编排奖、最佳插图奖、最佳装裱奖、最佳作品奖、最佳合作奖等奖项。学生们对自己的作品视若珍宝，还把这些作品放在校园展示活动中以及家长会上，给更多的人欣赏。

评价内容	评价等级		
	合格	良好	优秀
分类编排	能将诗歌编排成诗集	能将诗歌编排成诗集，有一定的分类标准	能将诗歌编排成诗集，并按标准做好诗歌分类，有非常清晰的分类标准
诗集美化	能给诗集取名字，制作封面和目录，装订好	能给诗集取名字，制作封面和目录，装订好并有插图	能给诗歌集取一个好听的名字，制作封面和目录，图文并茂，十分美观
合作分工	能初步完成任务。交流氛围不够和谐，组员间无法达成一致，合作效率偏低	能按照要求完成任务。组员间意见基本一致，合作效率一般	能根据任务分工，各司其职，出色完成任务。组内成员主动参与，合作效率高

第四步：春日诗会——朗诵诗歌。在诗集展示后，我们便开始了诗歌朗诵会的筹备工作。我针对学生的朗读进行了指导，按照书上的学习提示制订了朗读评价标准。指导学生利用符号对要朗读的文本进行标记。

班级初赛，推选入围选手或小组。确定要朗诵的作品后，我再次给这些选手逐一进行了指导，根据作品主题，把握朗诵基调，力求读出音韵之美。其他同学根据分工完成朗诵会准备工作，各参赛人员自行选取音乐，制作背景，编排动作。正式比赛前两天还进行了彩排。

读一首好诗，就如春风拂过湖面，荡开层层波纹；如春水流进心里，泛起层层涟漪。在诗歌朗诵会上，大家诵读了自己的原创小诗或喜爱的名家名篇等。在悠扬的配乐中或表达思乡之情，或赞叹伟大母爱，或歌颂前辈的精神。参赛学生精神激昂，情绪饱满，传递出诗歌的情感。同学们在诵读吟咏中品味诗中情，诗中意，感受快乐。这次活动评选出了优秀朗诵家、最佳表演奖、最佳合作奖、最佳配乐奖、最佳作品奖以及突出贡献奖。

兴趣是学生学习的内驱力，本次单元整体的综合性作业设计，充分调动了学生的学习积极性。在三周时间里，我带领学生轻叩诗歌大门，阅读描绘大自然、表现人类美好情感的诗歌，了解诗歌的基本特点。引导学生结合自己的生活体验，展开想象，感受文学语言和形象的独特魅力，并尝试用文学语言表达自己的情感，获得个性化的审美体验。在欣赏和评价诗歌作品的过程中，提高了学生的审美品位，培养了学生的语文素养，实现了学科育人的目标。

这一单元的学习结束后，学生创作诗歌的热情丝毫没有减少，在不久后的春季运动会中，他们纷纷以诗歌的形式为运动员、为班级加油助威。诗歌走进了学生的生活，不再仅仅是教师布置的作业，而是他们用以表达内心感受的一个重要载体。

“双减”背景下，学生的作业量明显减少了，教师的作业设计理念的转变迫在眉睫。作业不仅仅是巩固知识的手段，而是全面育人的有效途径。完成了这次有趣的综合性作业之后，学生不再满足于平常抄写生字、做练习册之类的任务，不仅经常问我还有什么好玩的任务，而且会主动出谋划策，给自己增加难度。他们获得了学习自信心，提升了学习主动性。我也将继续基于课标，从宏观上把握学段目标，了解单元之间语文要素训练点的前后关联，以单元整体为依托，设计单元作业体系，瞄准单元课文目标；从微观上确定该课的教学目标，精心设计每篇课文、每一课时的作业。再好的设计也需时常调整，才能满足学生不同的需求，保证学生的学习内驱力和效能感。

（本文作者：张关）

真问题促进深思考

——关于“密铺”的实践作业

“双减”背景下，学生的作业量、写作业的总时长都相应地减少了。在这样的情况下，作业形式要进行转化——由单一、量化的题海战术转化为全方位、多角度的形式。什么样的作业形式既能符合当前的政策背景，又能满足学生的需求呢？在反复阅读数学课程标准的过程中，我找到了答案。

《义务教育数学课程标准（2022年版）》指出，通过数学的眼光，可以从现实世界的客观现象中发现数量关系与空间形式，提出有意义的数学问题。由学生提出的问题其实是最贴近学生的，如果教师的作业设计是以解决学生提出的问题为初衷，那么，在完成作业的过程中，他们自主探究的意识必然会增强，对知识的思考也会加深。

在学习“密铺”一课的时候，我就做了一些尝试，通过学情调研发现，学生对密铺有一定了解，他们能用语言或者画图的方式说明什么是密铺，但是大部分学生认为密铺的图形局限于正方形、等边三角形，这说明学生虽然有一定的生活经验，也能将这些经验与数学知识联系起来，但是对平面图形密铺的道理还是理解得不够透彻。因此，我在课前下发了预习作业单，让学生通过课前预习初步了解相关内容，并在预习单中提出自己的困惑。我将学生提出的问题进行整理与归类，以问题为导向开展后续的学习。在这个过程中，我为学生创设探究的情境和氛围，面对他们自己提出的问题，学生的研究兴趣更浓了。在探究新知的过程中，学生学会了“猜想—验证—说理”的探究方法，对密铺这一知识的理解更深刻了。与此同时，学生将密铺的知识内化为能力，在真实的情境中，体验到了成功的快乐，增强了自信心。

学生通过预习数学课本，对学习内容有了初步的了解，他们把疑问记录下来，实现了思维外显。预习过后通过课堂学习来解决之前的一些困惑。在学生学习的过程中，我设计了问题串，帮助学生学习重点，突破难点，从而完成学习目标。有了预习作业单做支撑，学生的学习有了抓手，也提出了很多有想法、有价值的问题。例如，五边形和六边形可以密铺吗？为什么三角形可以密铺？为什么四边形可以密铺？所有图形都可以密铺吗？密铺在生活中的作用是什么？平面图形密铺跟什么有关系？为什么不规则的三角形和四边形也可以密铺？

整理问题后我发现，学生的问题基本上指向了本节课的核心内容：平面图形可以密铺与图形的内角有直接关系。在后续的学习中，我以学生提出的问题为导向，带领他们探索三角形和四边形等平面图形密铺的道理。学生通过实际操作发现四边形也是可以密铺的，并且在探索三角形和四边形密铺的过程中发现，密铺与图形的内角和有关。

随着学习的深入，一个同学提出了这样的问题：所有的三角形、四边形都可以密铺，但是凹四边形能不能密铺呢？同学们的学习热情一下子被调动起来了，他们在课堂上展开讨论。一种观点是认为可以密铺，理由是凹四边形是四边形的一种特殊形式，它的内角和也是360度，借助刚刚得到的结论是可以进行密铺。另一种观点认为不能密铺，因为凹四边形有两个尖尖的小角，角的差距过大，很难进行密铺。

有了之前解决问题的经验，学生就可以完成本次实践作业了。怎么检查学生的学习效果呢？我又设计了下面这个评价量规，结合本单元学习目标，我想在学生完成作业的过程中重点考查学生这两方面的水平：“哪些平面图形可以密铺”“密铺的本质”。引导学生关注平面图形角的特征，将内角和与密铺联系起来。

评价维度	图形密铺层级水平		
	水平 1	水平 2	水平 3
维度一：通过预习初步了解哪些平面图形可以密铺	没有理解密铺，以为铺满就可以，不考虑重复和遗漏的问题	理解密铺的含义，能初步判断特殊的平面图形是否可以密铺	理解密铺的含义，能了解哪些平面图形可以密铺

续表

评价维度	图形密铺层级水平		
	水平 1	水平 2	水平 3
维度二：平面图形可以密铺的道理	不能解释密铺的道理	能感受到密铺与平面图形的角有关系	能解释平面图形密铺的道理，关注到平面图形的内角和

对于学生提出的真实问题，鼓励学生动手操作，课后作业就是探究凹四边形是否能密铺，引导学生用事实说话，同学们剪出凹四边形，验证是否可以密铺。

有的学生呈现出这样的作品，觉得这是可以密铺的。从图片中我们可以发现，这个凹四边形的一个内角比较特殊，再加上剪拼的时候存在误差，这样看起来是拼成了360度，如果继续往下摆，到第二圈的时候就做不到密铺了。在这个过程中学生再次巩固了密铺的定义：用形状相同的平面图形进行拼接，彼此之间不留空隙，不重叠地铺成一片，仅仅用几个图形铺成一行或者一列是行不通的。

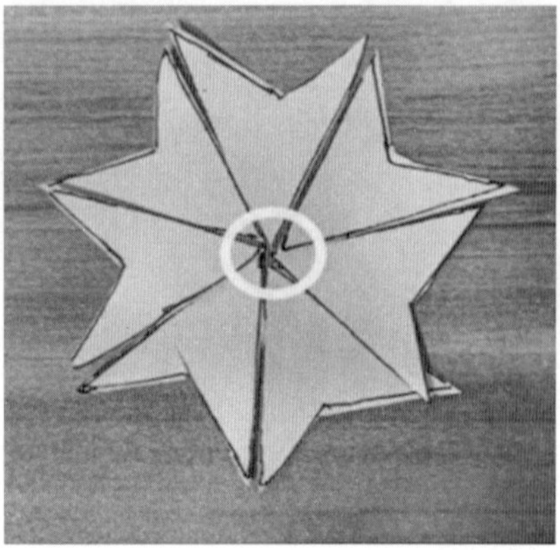

有的学生借助之前四边形密铺的学习经验，对凹四边形的四个内角进行标记，最后进行密铺，从而验证出凹四边形是可以密铺的，密铺与四边形中某一个内角的大小无关，与四边形的内角和有直接关系。

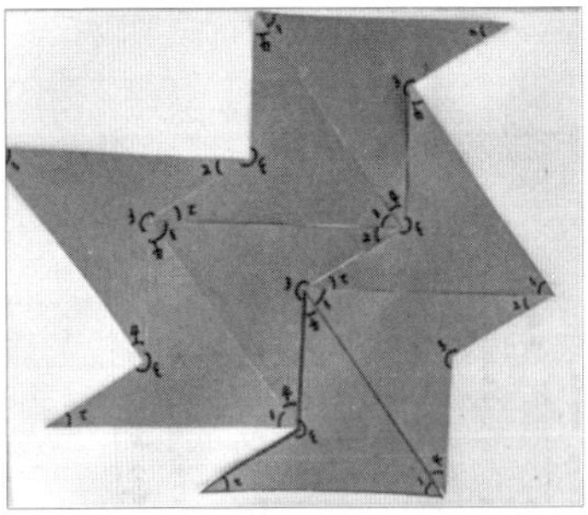 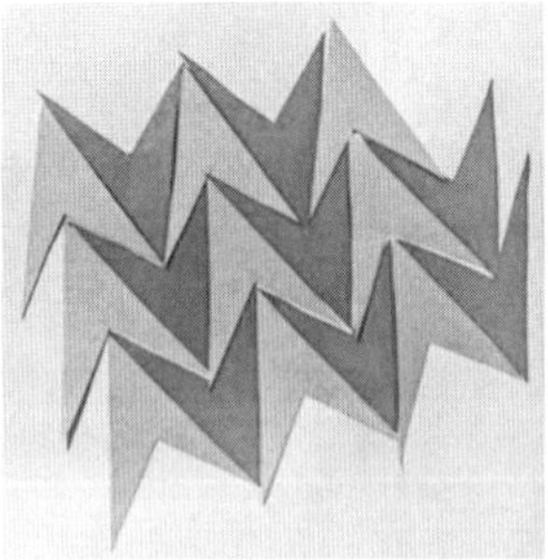 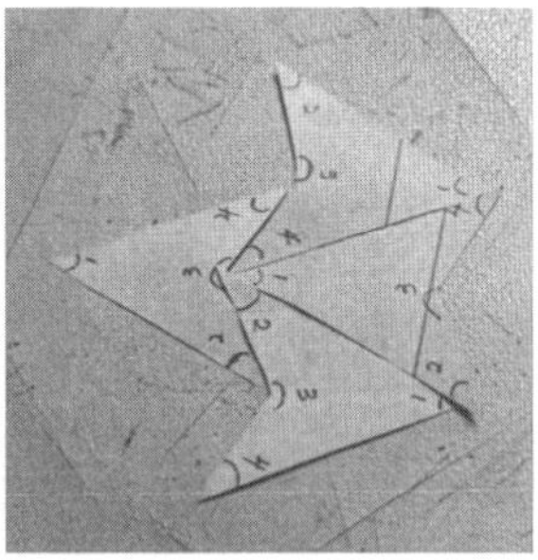

这次探究性作业我采用独立研究、组内交流、全班展示相结合的方式，学生独立探究之后，将凹四边形贴在 A4 纸上，然后在小组内分享，把自己的想法表达出来，结合图形说清楚是否能进行密铺。在小组交流的过程中，我有意识地观察各组学生的表现并适时引导，如果出现意见不一致时，要给予学生时间充分交流，表达自己的观点。在组内交流结束以后，全班开始交流展示。学生充分表达自己的观点，在交流辨析中理解平面图形密铺的道理，即密铺与四边形中某一个内角的大小无关，与四边形的内角和有直接关系。在学习密铺的过程中，学生可以综合运用所学知识并且感受数学在生活中的广泛应用，这个活动不仅巩固了他们对密铺知识的理解，提高了动手操作的能力，而且检验了他们分析和解决问题的能力。这次作业设计与实施的经历让我感受到作业不仅是对课堂学习内容的巩固，也是对学习内容的拓展与延伸。

培养学生的核心素养可以在课堂外。学生提出真问题并进行深入思考的过程，就是对数学产生好奇心与想象力的过程。在这个过程中，他们自觉主动地参与到数学探究活动中来，实现了创新意识的发展，学会了用数学的眼光观察现实世界。

（本文作者：董丹丹）

“我的社区，我来代言”

——贴近生活的英语单元实践作业

一直以来，我们英语教学始终坚持单元整体教学。而在单元结束后，如何通过单元实践类作业，让学生能够真正地运用整个单元所学的语言知识和文化知识，来完成有趣、真实且富有挑战性的作业，就成了我主要探索的方向。

我想，学生需要完成的单元实践类作业，应该根据整个单元主题及目标，在真实的情境中，通过参与、体验、讨论、探究等方式，用所学知识解决与单元主题相关的实际问题。要完成这个任务，学生不仅需要运用整个单元所学的知识，还需要对知识有深层次的理解，并且对所学的内容可以灵活运用、迁移。

我们即将学习的这个单元主题为“My Neighbourhood”。这个单元属于“人与社会”主题范畴，涉及“社会服务与人际沟通”主题群中的“校园、社区环境与设施”。单元谈论的话题是“我的居住区域”，借助学生常见的公共场所词汇让学生简单描述某个场所的方位以及怎么问路、指路。学生虽然每天都居住在自己的社区内，但是对于社区，他们了解得多吗？他们知道社区内都有哪些场所，了解这些场所的作用和意义吗？如果真的遇到了实际需要问路的人，他们知道如何指出正确且安全的路线吗？

基于以上的思考，我仔细分析了教材语篇，发现教材中的语篇从不同视角谈论社区，单元内各语篇与单元主题之间，以及各个语篇之间都相互关联，构成了四个子主题，子主题之间相互联系。因此，我通过调整教材教学顺序，设计了层层递进的单元教学结构图，使得各个课时能够围绕子主题依次展开，体现层次性。

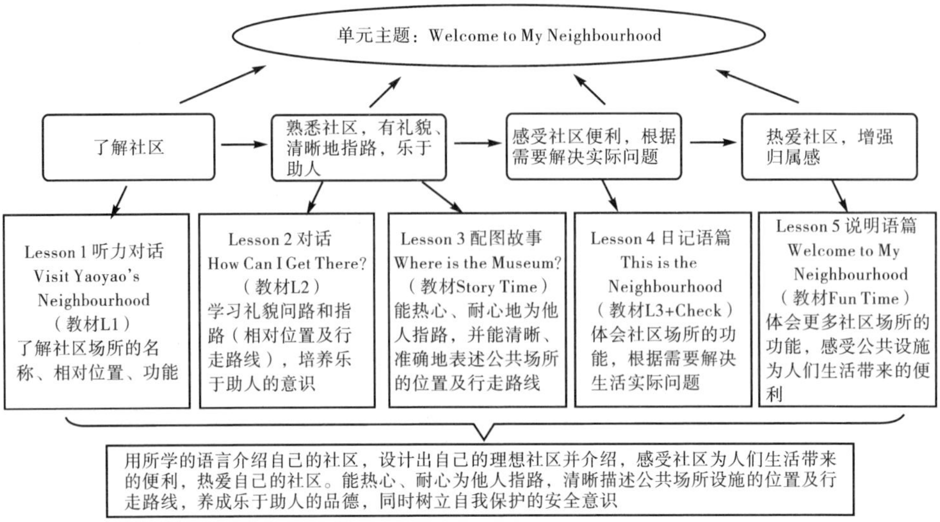

在设计好单元框架后，我又对几名有代表性的学生进行了访谈，全面分析了学情后，我开始了单元实践类作业的设计。对于单元实践类作业的设计，我有以下思考。首先，单元实践类作业应基于学生的真实学习情境。单元实践类作业是基于每一个单元的主题及目标来设计的，因此需要教师结合课标、学业标准，对本单元进行全面的教材及学情分析，确定单元主题及单元学习目标。根据单元主题及目标，设计基于学生真实学习情境的单元实践类作业。让学生在真实的语言情境中，学以致用。其次，单元实践类作业应涵盖整个单元学习内容。设计单元实践类作业，既需要教师分析单课时主题和目标，也需要整体分析和比较各课时的内容，充分挖掘教材各课时所承载的功能。将整个单元不同的课时所承载的重点囊括到单元实践类作业中，包含词汇、功能、阅读、写作。这样也有利于让单元实践类作业检测学生各个方面的学习情况。单元实践类作业还包括对学生学习习惯的评价。例如，学生在四线三格中的书写情况。最后，单元实践类作业应形式多样，生动有趣。单元实践类作业形式太枯燥，会让学生失去兴趣。而活泼可爱的形式，包括亲切的话语、丰富的活动、生动的配图、活泼的内容，都会帮助学生提高学习兴趣。因此，单元实践类作业的设计，应该避免重复、单调、枯燥，做到丰富、生动、有趣。从一个活动的设计，到一个配图的选择，甚至一个边框的使用，都能充分激发学生的学习兴趣和挑战任务的欲望。这就需要教师积累丰富的资源和素材，参考借鉴国内外书籍和网站的内容，选取生动且清晰的图片，设计真实且有挑战性的任务，让单元实践类作业真正成为辅助教师教学、提高学生学习兴趣的工具。

基于以上设计思路，“我的社区”这个单元实践类作业目标如下：①在教师的指导下完成实践任务，通过绘画、剪贴、制作等方式绘制简单的社区平面图，或设计、制作自己的“理想社区”；②根据语境及实践任务，简单介绍社区场所设施的位置、功能和作用，简单介绍自己的社区；③提升对居住地周边环境的认同感和归属感，激发学生热爱自己社区的情感。

基于以上目标，我设计的单元实践类作业如下。

同学们，在二年级我们曾学习过社区中常见的基础设施表达。你了解自己的社区吗？通过本单元的学习，你将能用所学的语言介绍自己居住的社区，如公共场所名称、所在方位及行走路线等。在以后的生活中，你将能够为他人指路，并体会社区生活的便利。本单元的实践任务是你将参加“我的社区我代言”活动，作为社区小小宣传员，你需要通过绘画、剪贴、制作等方式制作简单的社区平面图或立体图，向同学们整体介绍社区。并选择一个自己喜欢的场所，从喜欢的原因、位置等方面具体介绍。相信你一定是一名非常优秀的社区小小宣传员。快来试一试吧！

活动：Welcome to My Neighbourhood

通过之前的学习和活动，相信你已经成为一名出色的社区小小宣传员，能够信心满满地参加“我的社区我代言”活动，请你参考你制作的社区平面图或立体图，用以下语言介绍一下你的社区吧！

Welcome to My Neighbourhood

This is my neighbourhood. There is ______________（多个地点）

______________ in my neighbourhood. I like ______________（一个地点）.

Because ______________. It's ______________（相对位置）

______________. I love my neighbourhood. Welcome to my neighbourhood.

同时，我还设计了针对单元实践类作业的学生自评表。

实践任务自评表				
评价项目	评价标准	评价等级		
		非常好	一般	需要帮助
社区图制作	我能精心制作“我的社区”			
	我能介绍“我的社区”			
语言表达	我的声音洪亮，发音标准，能清晰流利地介绍			
	我能自信、大方、有感情地介绍			

在学生进行单元实践类作业的时候，我也可以根据学生的表现，从社区图制作和语言表达两个维度给予学生评价。

维度一，社区图制作。通过绘画、剪贴等方式制作简单的社区平面图或立体图。维度二，语言表达。声音洪亮，发音标准，清晰流利，能自信、大方、有感情地介绍。

在完成此次作业后，我鼓励学生采用互相交流的形式进行评价，首先学生互相展示自己的作品，同伴之间评价、学习；其次交流分享自己在社区制作过程中的方法和体会；最后全班汇报，结合大家分享的心得与体会，继续完善自己的作品。

我对作业进行分析后发现：①绝大部分学生都能认真制作社区平面图或立体图；②大部分学生能够认识自己社区主要的场所、位置及功能，理解社区对我们生活提供的便利，表达自己对社区的热爱之情；③大部分学生能够自信、大方、流利地运用所学语言介绍自己的社区；④小部分学生语言不够流利，但通过小组的分享和帮助有明显的进步。

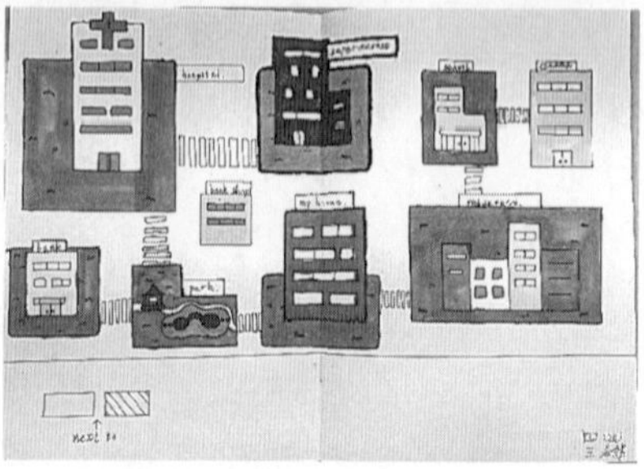

基于此，我总结出如下实施建议。首先，教师在单元学习开始时就向学生介绍单元实践类作业。单元实践类作业是学生在学完整个单元后，需要利用整个单元所学的内容完成的作业。要完成这份作业，学生不仅需要运用整个单元所学的知识，还需要实现对知识深层次的理解，并且对于所学内容可以灵活运用、迁移。 因此，需要教师在单元学习的开始向学生呈现并介绍这份作业，介绍可以结合的图片或者实物，要让学生明白整个单元完成后，自己需要完成一份怎样的作业，这样有助于学生有意识、有目的、有目标地开展学习，也给学生充足的时间在整个学习过程中思考、搜集、积累完成实践任务的素材。其次，给学生创造机会展示单元实践类作业。单元实践类作业是基于学生真实生活设计的，学生很乐于分享自己的生活。因此教师在课上应该通过小组展示、全班展示等多种展示方式，给学生创造更多展示自己单元实践类作业的机会，这样学生在交流和展示的过程中，互相合作、互相评价、互相学习，不仅能够激发学生的学习兴趣，也能让学生将学到的知识应用到实际生活中去。最后，通过单元实践作业反思并改进教学。单元实践作业的实施过程是循序渐进的，学生完成单元实践性作业后，教师可以通过学生作业的完成情况，来检测和证明学生学习目标的达成情况，也就是对知识的掌握和理解情况。因此，教师应在单元实践类作业后，深刻反思自己的教学，及时解决单元教学中存在的问题，发现自己课堂教学或教学活动设计上的不足，从而有针对性地进行教学改进和作业调整。

在小学英语单元整体教学中，设计单元实践类作业，并在教学中加以实施，不仅可以考查学生的语言能力，而且可以考查学生对于所学内容的理解程度、综合运用、问题解决等能力的掌握；学生在完成实践类作业的过程中，还能发展自身的语言能力、学习能力、思维品质和文化意识。此外，对于教师来说，单元实践类作业的设计与实施，能够辅助教学、评价教学，有利于教师更好地进行教学反思和改进。同时，单元实践类作业的设计，也需要教师不断学习提升，具备更全面的课程设计能力，在设计课程时，全方位、多角度地思考，最终有助于教师的教学胜任力的发展。

（本文作者：邓亚庆）

“大侦探，找一找学校里的秘密”

——有趣的数学实践作业

“双减”背景下，减负提质、减负增效成为高频热词，一、二年级不留书面作业，“留什么作业，怎么留作业”曾经一度困扰着我，直到有一天，一节数学绘本课后的小插曲，让我对数学作业有了新的认识。

那天，数学绘本课下课后，学生们还围着实物投影下的绘本边翻阅边叽叽喳喳地说个不停，我好奇地走过去问学生喜不喜欢这个绘本，“嗯，喜欢。”“我也想玩找爸爸的游戏。”“我也想。”……学生七嘴八舌地回答。今天我和学生们一起看的是《寻找消失的爸爸》，这本书讲的是主人公智娜根据爸爸留下的一系列线索最后找到爸爸的故事。书中的情境积极向上、生动有趣，故事情节和人物关系简单，学生容易理解；绘本中的画面简单清晰，文字数量较少，图文结合，便于学生阅读。在阅读绘本的过程中我还特别安排了两次讨论。

第一次讨论是“根据绘本中提供的线索，猜猜智娜的爸爸带走的物品是什么？”这次讨论的目的是指导学生有目的地解读信息，进一步感受“面在体上”，积累学习经验。

第二次讨论是“智娜的爸爸去了哪里？”这次讨论的目的是提升学生合情推理的能力。

绘本课结束了，学生们帮智娜找到爸爸的任务也完成了，但他们对“找爸爸”的兴趣依然存在。要不要满足学生的需要，为他们再创设一个类似的实践活动呢？

这几天我们正在学习数学一年级下册“认识图形”，这个单元是学生在学习了立体图形以及分类的基础上继续开展对平面图形的学习，初步认识长方形、正方形、三角形和圆等平面图形，结合现实生活中的事物认识、描述立体图形和平面图形的特征，初步形成空间观念。在课上，我不仅安排了丰富的操作活动，还借助数学绘本资源帮助学生从立体到平面的活动中，认识长方形、正方形、三角形、圆等平面图形，帮助学生经历从具体情境中抽象出平面图形的过程，在操作、思考和交流过程中积累有关图形的经验，形成空间观念。空间观念是小学阶段核心素养的主要表现之一，学生空间观念的形成是建立在观察、感知、操作、思考、想象等的基础上，特别是对于低年级的学生，实际观察和操作是发展空间观念的必要环节。从学生的表现看，他们对平面图形的好奇与探究还没有结束，培养和发展空间观念的时机依然存在。

考虑到学生的学习需求和他们的年龄特点，我为学生设计了一个需要小组合作完成的实践性作业——“大侦探，找一找学校里的秘密”。我希望学生在完成作业的过程中可以进一步认识长方形、正方形、三角形和圆，进一步体会“面在体上”；在寻找“秘密”的过程中进一步体会长方形、正方形、三角形和圆在生活中的普遍存在，感受数学与生活的密切联系；在合作中初步培养学生的观察、比较和合作能力，继续培养学生的空间观念。在这份作业单中我为学生提供了每个物体的三视图，学生以小组为单位利用这些信息找出校园中的相应的物体。每组中前两个任务各不相同，第三个任务相同。

有了数学课和绘本阅读的基础，学生具备完成本次实践作业的条件了。如何评价学生的学习效果呢？结合本单元学习目标，我又设计了评价量规，在学生完成作业的过程中重点考查学生这三方面的水平：“由平面图找立体图”“解释观测角度”“解决问题的策略”。

评价内容	层级水平		
	水平 1	水平 2	水平 3
维度一：由平面图找立体图	学生看不懂平面图，不能通过线索找到与平面图对应的物体	学生需要通过先观察实际物体，再对照图例，最后判断是否为要找的物体	学生通过平面图，结合生活经验，直接判断是否为要找的物体，并进行验证
维度二：解释观测角度	学生不能解释自己是怎样找到对应物体的	学生只能从一个角度（如正面）描述自己是怎样找到对应物体的	学生能从三个角度（正面、侧面、上面）描述自己是怎样找到对应物体的

续表

评价内容	层级水平		
	水平 1	水平 2	水平 3
维度三：解决问题策略	盲目地去寻找解决问题的方法	盲目寻找，但发现问题后能够及时分析问题再解决问题	先分析问题（如先观察判断），再寻找

接到任务后，各小组立刻分头行动，而我则开始观察学生完成作业过程中的表现，并把他们的表现记录在表格中。观察后我发现学生都有意识地关注了现实生活中物体表面的不同形状，能从不同的角度观察物体，发现了平面与立体之间，部分与整体之间的关系，具备了从具体物体中抽象出几何图形的能力，但验证的方法还不够全面。对于难度较大的最后一个任务，学生需要综合考虑每个长方形边之间的长短关系，11 个小组中仅有第 1 组、第 3 组、第 6 组最后作出了正确判断，说明有部分学生已经具备了很好的空间感。这些信息为我后续开展教学提供了重要依据。

我还发现在小组合作的过程中，有的小组拿到学习单后没有进行讨论，而是各自分开寻找，没有找到答案后又聚在了一起，他们的行为表现与数学绘本中智娜第一次看到提示后的表现非常相似，这时就需要教师及时介入。我引导学生明确任务："老师看你们分开找了很长时间，为什么还没找到呢？遇到什么困难了？再看看老师给大家的线索，怎么才能又快又准确地找到答案？"引导问题解决处在水平 2 的小组思考："你们在操场上找到了很多长方形的物体，还有的同学在教学楼里也找到长方形的物体了。这些物体都对吗？你们先互相说说吧。"组长带领小组成员讨论可能是什么图形，可能在校园中的哪个位置，讨论后组长组织大家再去寻找。当然，也有一些小组看到学习单后先聚在一起商量，再找答案，有的组即使没有想到先商量，在遇到困难后也想到要重新聚在一起商量，这部分学生的表现有可能是因为数学绘本阅读活动中的间接经验，在没有教师指导的情况下主动寻找解决问题的方法。

《义务教育数学课程标准（2022 年版）》中加强了学段衔接，在第一学段强调合理设计课程，注重活动化、游戏化、生活化的学习设计。本次作业设计我充分考虑了单元学习目标、学生的年龄特点和认知特点，设计了以小组合作方式完成的实践性作业，通过寻找校园秘密的任务帮助学生运用自己对平面图形的理解，共同解决现实生活中的问题，积累基本的活动经验，在学生完成作业的过程中我持续关注学生表现，有针对性地对出现问题的学生进行指导，帮助学生在原有水平层级的基础上向更高层级进阶，既发挥学生的主体作用又重视教师的主导作用。

我对完成作业的学生进行访谈，他们都觉得很有趣，喜欢和同学们一起完成作业。我还对完成过这次作业的往届学生进行回访，了解他们对这次作业的感受。

94% 的学生对这次作业依然有印象，32.5% 的学生认为这个作业很有趣，37.5% 的学生表示自己通过这次作业开始有意识地关注生活中的数学图形，24% 的学生认为和同学一起完成任务的时候很高兴。

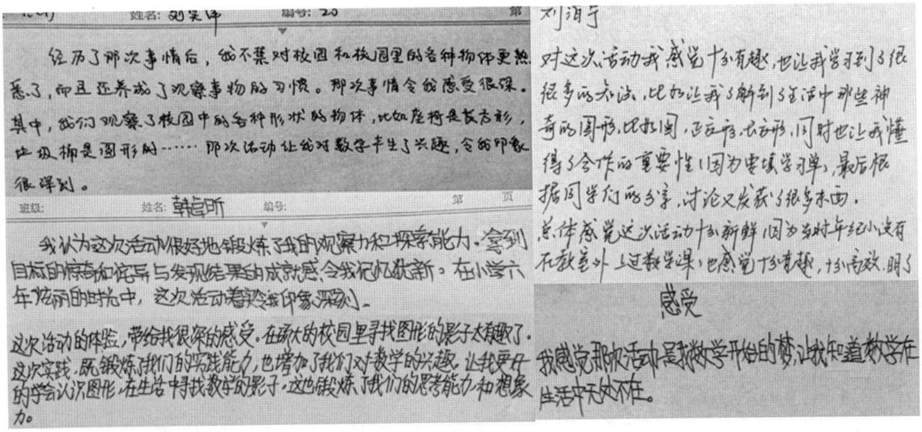

这次作业设计与实施的经历让我认识到作业不是学生学习的结束，而是学习的延续。这次实践作业将学生的学习从教室内带向教室外，将知识与活动结合起来，构成一个新的学习整体，学生在完成作业的过程中巩固、应用、深化所学的知识，构建多元知识结构，发展团结协作的能力，这样的作业设计让发展学生核心素养的目标逐渐落实落地。

（本文作者：朱立）

后 记

2019年初，教育部正式启动我国新一轮义务教育课程方案和课程标准的修订工作。此次修订旨在贯彻党的十八大、十九大和全国教育大会精神，落实立德树人根本任务，结合义务教育性质及定位，构建核心素养框架，完善育人目标体系，优化和重构课程结构与内容，创建素养导向的学业质量标准，引领义务教育阶段学习方式、育人模式和评价机制的根本转型，实质性深化课程改革。

我通过研读政策文件，并依据在课程改革教学实践中积累的经验，敏锐地意识到，学生的学才是关键。如何评价学生的学习效果，如何通过评价推动学生学习的深入，作业改革是实现教学方式转变的重要手段。同年，我着眼于研究小学作业的设计与实施，在此过程中的每一个阶段都有不同的挑战与收获。从最初的规划到对新课标的深入研究，再到以素养为导向的理念在作业设计中的落实与深化，最终延伸至跨学科的实践探索活动中，一路走来，我和团队成员不仅在学科教学领域取得了新的成就，而且在学生核心素养培养方面硕果累累。

学校组建了“基于课标的作业设计与实施”项目团队，开展专项研究。此阶段，我们对应课标中的学段目标制订并完善了评价方案，确保目标和评价方案保持一致。“作业设计”是研究的焦点，在反复研讨的过程中，我们经历了观念的转变，从研究教师“教什么，怎么教”转变为研究学生“学什么，怎么学”，再到“如何评价学生的学”。教研组研发的学习单与作业册，成为检验教师教学效果与学生学习效果的有效工具。

2021年7月“双减”政策的颁布，对基础教育作业设计研究提出了新要求，指明了新方向。“双减”政策是指“减负”和“减培”两个方面。在减轻中小学生过重的课业负担方面，政府要求学校合理安排学生的作业量，避免过多的书面作业和重复的练习，从而保障学生有足够的时间休息、锻炼和发展兴趣。在减少校外培训压力方面，政府采取措施限制校外培训机构的规模和授课时间，以防止过度的培训影响学生的健康和全面发展。

在“双减”背景下，作业设计变得更加重要。教师应该更加注重培养学生的综合素质和能力，而不仅仅是传统的记忆和应试训练。作业设计需要关注学生的实际需求和兴趣，鼓励他们进行创新性思考、实践性探究以及团队合作。合理的作业设计可以促进学生自主学习和深度思考，从而达到更有效的教学效果。此阶段，教研团队在前期研究的基础上，尝试将分散在课时中的作业，以单元为依托，按照大单元作业的方式整合，作业评价的目标也指向了单元学习目标。同时，注重过程性评价与阶段性评价，通过作业检测全面反馈学生学习的全过程效能。

在实施中，我们意识到学生在学习兴趣、学习态度、学习方法、学习能力等方面存在差异，于是便进行了全校层面的学习品质评估，从多元的角度客观评价学生的学习品质，并以此进行分层。在设计作业时，针对不同层次学生的特质，设计基础型、拓展型、创新型的分层作业，学生根据对自身学习水平的认知，选择相应水平层级的作业。分层作业设计保障了学生“吃饱”与“吃好”的需求。

《义务教育课程方案和课程标准（2022年版）》颁布后，学校教研团队根据新课标的理念，将作业研究的方向转变为“素养导向”的作业设计。素养导向以发展学生的全面素养为目标，注重培养学生的批判性思维、创造力和合作精神。在这个阶段，学校在作业设计中注重培养学生的综合素质和核心能力。

此阶段作业研究的显著特点是以实践性任务为载体，以解决问题为目标，将多个学科融入作业设计和实践中，以促进学生跨学科学习能力和综合能力的形成，着力培养学生的创新思维和解决问题的能力。

这一阶段的作业设计研究取得了重大成果。除语文、数学、英语学科外，体育、科学、音乐、美术、劳动、道法、综合实践等学科同步开展基于课标的作业设计研究，在实践中取得了良好效果，作业设计的类型呈现百花齐放的态势。随着研究的不断深入，教师在设计作业的同时，也逐渐注重作业批改方式、作业分析途径、作业讲评等方面的教学改进，向着规范、细致、个性化、创新性的方向发展。学校重视对全校各学科、各阶段的作业设计、作业总量、学生完成作业的时间进行整体统筹，落实“双减”“五项管理”的规定。

为了这本书顺利出版，我们还邀请了武汉市江岸区教育科学研究所、武汉市江岸区小学教研室、武汉市育才第二小学、武汉市江岸区堤角小学部分骨干教师一同研讨、一同编撰，也得到了中国教育学会秘书处时俊卿教授等专家的指导。这本书的问世，凝结了我们团队每个成员的心血与智慧。本书编写主要分工如下：刘芳、梅启华等编写了第一章；纪红、田洁、李露、戴春蕾、刘宁欣、黄珊等编写了第二章；李艳征、胡鑫编写了第三章第一节，苗若楠、傅逻莎编写了第三章第二节，朱立、高春燕编写了第三章第三节；许然编写了第四章第一节，牛春晓编写了第四章第二节，贺婷婷编写了第四章第三节，谢林娜编写了第四章第四节，苗若楠编写了第四章第五节，张郁馨编写了第四章第六节，朱立编写了第四章第七节，王爽编写了第四章第八节，武文颖编写了第四章第九节，周洋、王蓉编写了第四章第十节，殷冠铨编写了第四章第十一节，肖新苗编写了第四章第十二节，袁利华、王晴、刘娜编写了第四章第十三节，王珍荣编写了第四章第十四节，付蕾编写了第四章第十五节，唐雪鹏编写了第四章第十六节；谢琳娜、于淼编写了第五章第一节，柯梦青、田旭编写了第五章第二节，张颖莉、孙恩渠编写了第五章第三节，张郁馨编写了第五章第四节。

在这里，真诚地感谢每一位教研团队的成员，正是大家的协同努力和无私付出，才让这本书有了深度与内涵。感谢每一位参与研究的教师、学生以及家长，是你们的支持和配合，让我们能够在实践中不断完善和优化作业设计，取得了如此显著的成果。

这本书的出版或许只是一个开始，作为教育工作者，我们时刻肩负着培养祖国未来接班人的使命，要不断锐意进取，在探索中前行。我坚信，只要我们始终秉持着对教育的热忱和对学生的关爱，我们的教育事业必将迎来更加美好的明天！

中国农业科学院附属小学　刘芳